新訂

逐条解説
墓地、埋葬等に
関する法律

生活衛生法規研究会
監修

第4版

第一法規

新訂　逐条解説　墓地，埋葬等に関する法律〔第4版〕　　目次

序　　　説 ……………………………………………………………1

解　説　編 …………………………………………………………9

第1章　総　　　則…………………………………………………11

　第1条〔法律の目的〕………………………………………………11
　第2条〔定　　　義〕………………………………………………12

第2章　埋葬，火葬及び改葬 ……………………………………17

　第3条〔24時間内埋葬又は火葬の禁止〕………………………17
　第4条〔墓地外の埋葬又は火葬場外の火葬の禁止〕…………19
　第5条〔埋葬，火葬又は改葬の許可〕…………………………19
　※東日本大震災における対応…………………………………35
　第6条及び第7条〔削　　　除〕………………………………37
　第8条〔許可証の交付〕…………………………………………38
　第9条〔市町村長の埋葬又は火葬の義務〕……………………40

第3章　墓地，納骨堂及び火葬場 ………………………………44

　第10条〔墓地・納骨堂又は火葬場の経営等の許可〕…………44
　第11条〔他の法律による処分との調整〕………………………53
　第12条〔管理者の届出〕…………………………………………59
　第13条〔管理者の応諾義務〕……………………………………60
　第14条〔許可証のない埋蔵・収蔵又は火葬の禁止〕…………62
　第15条〔図面・帳簿・書類の備付又は閲覧の義務〕…………63

i

第16条　〔許可証の保存及び記入〕・・・・・・・・・・・・・・・・・・・・・・・・・64

第17条　〔管理者の報告〕・・・・・・・・・・・・・・・・・・・・・・・・・・・・・・・・・65

第18条　〔当該職員の立入検査〕・・・・・・・・・・・・・・・・・・・・・・・・・・・66

第19条　〔施設の整備改善その他の強制処分命令〕・・・・・・・・・・・・・70

第3章の2　〔削　　　除〕・・・・・・・・・・・・・・・・・・・・・・・・・・・73

第19条の2～第19条の4　〔削　　　除〕・・・・・・・・・・・・・・・・・73

第4章　罰　　　則・・・・・・・・・・・・・・・・・・・・・・・・・・・・・・・・・75

第20条　〔罰　　　則〕・・・・・・・・・・・・・・・・・・・・・・・・・・・・・・・・・75

第21条　〔罰　　　則〕・・・・・・・・・・・・・・・・・・・・・・・・・・・・・・・・・77

第22条　〔両 罰 規 定〕・・・・・・・・・・・・・・・・・・・・・・・・・・・・・・・・・79

附　　　則・・・・・・・・・・・・・・・・・・・・・・・・・・・・・・・・・・・・・・80

第23条　〔施 行 期 日〕・・・・・・・・・・・・・・・・・・・・・・・・・・・・・・・・・80

第24条　〔命令の廃止〕・・・・・・・・・・・・・・・・・・・・・・・・・・・・・・・・・80

第25条　〔処罰に関する経過措置〕・・・・・・・・・・・・・・・・・・・・・・・・・84

第26条　〔従前の命令による経営の許可の効力〕・・・・・・・・・・・・・・・84

第27条　〔納骨堂経営の許可申請の特例〕・・・・・・・・・・・・・・・・・・・・84

第28条　〔従前の命令による埋葬・改葬又は火葬の許可の効力〕・・・・・・84

通　知　編・・・・・・・・・・・・・・・・・・・・・・・・・・・・・・・・・・・・・・87

通知索引・・89

（1）　墓地の新設に関する件（昭和21年発警第85号）・・・・・・・・・・・・・97

（2）　墓地，埋葬等に関する法律の施行に関する件（昭和23年厚生省発衛第9号）・・・・・・・・・・・・・・・・・・・・・・・・・・・・・・・・・・・・・98

（3）　墓地，埋葬等に関する法律の疑義の回答依頼について（昭和

目　次

26年衛環第108号）………………………………………………100

（4）　埋火葬事務取扱について（昭和26年衛環第138号）…………100

（5）　墓地，埋葬等に関する法律施行上の疑義回答依頼について
（昭和27年衛環第31号）………………………………………102

（6）　墓地，埋葬等に関する法律並びに理容師美容師法運営上の疑
義について（昭和27年衛環第43号）………………………………103

（7）　墓地廃止等に関する疑義について（昭和27年衛環第52号）
………………………………………………………………104

（8）　墓地の名義変更について（昭和27年衛環第53号）……………104

（9）　墓地，埋葬等に関する法律の疑義について（昭和27年衛環第
66号）………………………………………………………………105

（10）　寺院墓地所有権回復について（昭和27年衛環第72号）………108

（11）　墓地，埋葬等に関する法律の運営について（昭和27年衛環第
74号）………………………………………………………………110

（12）　白骨死体取扱について（昭和27年衛環第80号）………………110

（13）　墓地，埋葬等に関する法律第19条の強制処分について（昭和
27年衛環第81号）…………………………………………………112

（14）　墓地埋葬等に関する法律施行上の疑義について（昭和27年公
保第437号）………………………………………………………112

（15）　墓地，埋葬等に関する法律施行上の疑義について（昭和27年
衛環第88号）………………………………………………………113

（16）　個人墓地の疑義について（昭和27年衛発第1025号）…………113

（17）　火葬の取扱の疑義について（昭和28年衛環第2号）…………114

（18）　墓地の許可に関する疑義について（昭和28年衛環第27号）
………………………………………………………………115

（19）　墓地，埋葬等に関する法律について（昭和28年衛環第37号）
………………………………………………………………115

（20）　個人墓地の新設許可について（昭和28年衛環第62号）…………116

iii

(21) 埋（火）葬並びに改葬許可証の取扱いについて（昭和29年衛環第7号）……………………………………………………………………117

(22) 墓地，埋葬等に関する法律の疑義について（昭和29年衛環第100号）………………………………………………………………………118

(23) 市町村合併に伴う公衆衛生に関する各施設の開設許可について（昭和29年衛環第36号）…………………………………………………119

(24) 墓地，埋葬等に関する法律の適用について（昭和30年衛環第1号）……………………………………………………………………………120

(25) 墓地改葬許可に関する疑義について（昭和30年衛環第22号）………………………………………………………………………………………121

(26) 墓地，埋葬等について（昭和30年衛環第56号）………………………121

(27) 墓地，埋葬等に関する法律施行上の疑義について（昭和30年衛環第36号）……………………………………………………………………122

(28) 墓地埋葬等に関する法律の適用について（昭和31年衛環第94号）……………………………………………………………………………123

(29) 墓地，埋葬に関する法律の疑義について（昭和31年衛環第113号）……………………………………………………………………………124

(30) 墓地，埋葬に関する法律の疑義について（昭和31年衛環第113号）……………………………………………………………………………124

(31) 墓地，埋葬等に関する法律上の疑義について（昭和32年衛環第23号）……………………………………………………………………………125

(32) 遺体を日本へ空送する場合の取扱規定に関する件（昭和32年衛発第293号）……………………………………………………………………126

(33) 改葬許可証の取扱について（昭和32年衛環第26号）……………127

(34) 火葬許可証再発行並びに改葬手続について（昭和32年衛環第25号）……………………………………………………………………………128

(35) 墓地埋葬等に関する法律施行規則第4条について（昭和32年衛環発第33号）……………………………………………………………………129

iv

目　次

(36)　墓地，埋葬等に関する法律第14条第3項について（昭和32年
　　衛環発第53号）……………………………………………………………129

(37)　墓地，埋葬等に関する法律の疑義について（昭和33年衛環発
　　第56号）……………………………………………………………………130

(38)　墓地，埋葬等に関する法律第13条の解釈について（昭和35年
　　衛環発第8号）……………………………………………………………131

(39)　墓地，埋葬等に関する法律の疑義について（昭和42年環整第
　　5015号）……………………………………………………………………133

(40)　墓地，埋葬等に関する法律施行規則第1条の申請について
　　（昭和41年環整第5032号）………………………………………………134

(41)　墓地，埋葬等に関する法律運営上の疑義について（昭和41年
　　環整第5041号）……………………………………………………………135

(42)　墓地，納骨堂又は火葬場の経営の許可の取扱いについて（昭
　　和43年環衛第8058号）……………………………………………………136

(43)　納骨堂の許可について（昭和44年環衛第9092号）………………137

(44)　墓地，埋葬等に関する法律の疑義について（昭和44年環衛第
　　9093号）……………………………………………………………………138

(45)　墓地，埋葬等に関する法律の疑義について（昭和45年環衛第
　　25号）………………………………………………………………………139

(46)　戸籍法の一部改正に伴う墓地，埋葬等に関する法律等の一部
　　改正について（昭和45年環衛第52号）…………………………………141

(47)　墓地等の経営について（昭和46年環衛第78号）…………………143

(48)　墓地経営の許可条件について（昭和46年環衛第113号）………143

(49)　火葬場管理者の資質向上について（昭和46年環衛第119号）
　　………………………………………………………………………………144

(50)　土地収用法と墓地，埋葬等に関する法律の関係について（昭
　　和46年環衛第220号）……………………………………………………145

(51)　外国で死亡した邦人の遺体の本邦における埋葬または火葬許

v

可申請について（昭和47年環衛第43号）……………………………146

(52) 土地収用法と墓地，埋葬等に関する法律の関係について（昭和47年環衛第88号）……………………………147

(53) 墓地経営許可について（昭和47年環衛第89号）……………………148

(54) 墓地等の経営許可に関する疑義について（昭和48年環衛第127号）……………………………149

(55) 墓地経営の許可の取扱いについて（昭和50年環企第100号）……………………………150

(56) 妊娠期間の算定に関しての墓地，埋葬等に関する法律の運営について（昭和53年環企第190号）……………………………156

(57) 行政事務の簡素合理化及び整理に関する法律等の施行について（抄）（昭和58年環企第128号）……………………………159

(58) 広域火葬計画の策定について（平成9年衛企第162号）………160

(59) 墓地，埋葬等に関する法律施行規則の一部を改正する省令の施行について（平成11年生衛発第504号）……………………………168

(60) 墓地，埋葬等に関する法律施行規則の一部改正について（平成11年衛企第30号）……………………………170

(61) 墓地経営・管理の指針等について（抄）（平成12年生衛発第1764号）……………………………171

(62) 樹木葬森林公園に対する墓地，埋葬等に関する法律の適用について（平成16年健衛発第1022001号）……………………………193

(63) 公益法人制度改革に伴う「墓地経営・管理の指針」の解釈等について（平成20年健衛発第0814001号）……………………………194

(64) 火葬場における有害化学物質の排出実態調査及び抑制対策に関する報告書の送付について（平成22年健衛発0729第1号）……198

(65) 「平成23年（2011年）東北地方太平洋沖地震」の発生を受けた遺体保存，遺体搬送，火葬体制の確保等について（平成23年健衛発0312第1号）……………………………200

目　次

(66)　「平成23年（2011年）東北地方太平洋沖地震」の発生を受け
た墓地，埋葬等に関する法律に基づく埋火葬許可の特例措置に
ついて（平成23年健衛発0314第 1 号）……………………………202

(67)　東京電力福島第一原子力発電所災害に係る避難指示区域内の
御遺体の取扱について（平成23年健衛発0331第 2 号）……………205

(68)　「平成23年（2011年）東日本大震災」の発生を受けた墓地，
埋葬等に関する法律に基づく焼骨の埋蔵等に係る特例措置につ
いて（平成23年健衛発0414第 1 号）………………………………210

(69)　公益法人制度改革に伴う墓地等の経営に関する許可の取扱い
について（平成24年健衛発第0621第 1 号）………………………214

(70)　墓地，埋葬等に関する法律に係る疑義について（平成24年健
衛発0724第 1 号）　………………………………………………215

(71)　新型インフルエンザ等対策特別措置法に係る埋葬及び火葬の
特例等の施行について（平成25年健発0412第11号）　…………216

(72)　墓地，埋葬等に関する法律の疑義について（平成26年健衛発
0603第 1 号）　……………………………………………………218

(73)　大規模災害時における御遺体の埋火葬等の実施のための基本
的指針の策定について（平成26年健衛発0730第 1 号）　…………220

(74)　広域火葬計画の策定の推進について（平成27年健衛発0306第
2 号）　……………………………………………………………223

(75)　一類感染症により死亡した患者の御遺体の火葬の取扱いにつ
いて（平成27年健感発0924第 1 号，健衛発0924第 1 号）　………228

(76)　「平成30年の地方からの提案等に関する対応方針」を踏まえ
た火葬場の経営主体に関する取扱い等について（平成31年薬生
衛発0111第 1 号）　………………………………………………233

(77)　海外で火葬した焼骨の埋蔵又は収蔵をするための許可につい
て（令和 2 年薬生衛発1105第 1 号）　……………………………235

(78)　デジタル臨時行政調査会の「デジタル原則」への墓地，埋葬

vii

等に関する法律における対応について（令和6年健生衛発0329

　　　第2号）‥‥‥‥‥‥‥‥‥‥‥‥‥‥‥‥‥‥‥‥‥‥‥‥‥236

　(79)　墓地，埋葬等に関する法律施行規則の一部を改正する省令の

　　　公布等について（令和6年健生発1101第1号）‥‥‥‥‥‥‥‥238

資　料　編　‥‥‥‥‥‥‥‥‥‥‥‥‥‥‥‥‥‥‥‥‥‥‥‥‥‥245

Ⅰ　現行法令

　1　墓地，埋葬等に関する法律　‥‥‥‥‥‥‥‥‥‥‥‥‥‥‥247

　2　墓地，埋葬等に関する法律施行規則　‥‥‥‥‥‥‥‥‥‥‥263

　3　新型インフルエンザ等対策特別措置法第56条第2項の規定によ

　　り特定都道府県知事が行う埋葬又は火葬の方法を定める告示‥‥282

　　（参考）　墓地，埋葬等に関する法律の改正経緯‥‥‥‥‥‥‥‥283

Ⅱ　廃止法令

　1　自葬の禁（明治5年太政官布告第192号）‥‥‥‥‥‥‥‥‥285

　2　神職葬儀に関する件（明治5年太政官布告第193号）‥‥‥‥‥285

　3　墓地の設置及取拡の制限に関する件（明治6年太政官達第355

　　号）‥‥‥‥‥‥‥‥‥‥‥‥‥‥‥‥‥‥‥‥‥‥‥‥‥‥‥285

　4　教導職の葬儀に関与するを認むる件（明治7年太政官布告第13

　　号）‥‥‥‥‥‥‥‥‥‥‥‥‥‥‥‥‥‥‥‥‥‥‥‥‥‥‥286

　5　僧侶の神葬祭兼行を停むる件（明治7年教部省布達第4号）

　　‥‥‥‥‥‥‥‥‥‥‥‥‥‥‥‥‥‥‥‥‥‥‥‥‥‥‥‥‥286

　6　火葬の解禁（明治8年太政官布告第89号）‥‥‥‥‥‥‥‥‥286

　7　神職葬儀に関する件（明治15年内務省達乙第7号）‥‥‥‥‥286

　8　自葬の解禁（明治17年内務卿口達）‥‥‥‥‥‥‥‥‥‥‥‥286

　9　墓地及埋葬取締規則（明治17年太政官布達第25号）‥‥‥‥‥287

　　（参考）　墓地及埋葬取締規則の改廃経緯‥‥‥‥‥‥‥‥‥‥288

　10　墓地及埋葬取締規則に違背する者処分方（明治17年太政官達第

目　次

　　82号）‥‥‥‥‥‥‥‥‥‥‥‥‥‥‥‥‥‥‥‥‥‥‥‥‥‥‥289

　11　墓地及埋葬取締規則施行方法細目標準（明治17年内務省達乙第

　　40号）‥‥‥‥‥‥‥‥‥‥‥‥‥‥‥‥‥‥‥‥‥‥‥‥‥‥‥289

　12　教会所説教所等ノ葬儀ニ関スル件（明治18年社寺局通牒社甲第

　　102号）‥‥‥‥‥‥‥‥‥‥‥‥‥‥‥‥‥‥‥‥‥‥‥‥‥‥‥291

　13　火葬場取締規則（明治20年警視庁警察令第5号）‥‥‥‥‥‥‥‥291

　14　刑死者ノ墓標及祭祀等ニ関スル件（明治24年内務省令第11号）

　　‥‥‥‥‥‥‥‥‥‥‥‥‥‥‥‥‥‥‥‥‥‥‥‥‥‥‥‥‥293

　15　形像取締規則（明治33年内務省令第80号）‥‥‥‥‥‥‥‥‥‥294

　16　死産ノ埋火葬認許証ニ特別番号ヲ付スルノ件（明治33年内務省

　　訓令第21号）‥‥‥‥‥‥‥‥‥‥‥‥‥‥‥‥‥‥‥‥‥‥‥295

　17　墓地設置及管理規則（大正6年東京府令第44号）‥‥‥‥‥‥‥295

　18　墓地設置及管理規則施行手続（大正8年東京府訓令第3号）

　　‥‥‥‥‥‥‥‥‥‥‥‥‥‥‥‥‥‥‥‥‥‥‥‥‥‥‥‥‥297

　19　納骨堂取締規則（大正13年警視庁令第30号）‥‥‥‥‥‥‥‥‥297

　20　墓地及埋葬取締細則（昭和7年警視庁令第33号）‥‥‥‥‥‥‥300

　21　埋火葬の認許等に関する件（昭和22年厚生省令第9号）‥‥‥‥302

Ⅲ　助成措置等

　1　と畜場等災害復旧費の国庫補助について（抄）〔火葬場関係〕

　　‥‥‥‥‥‥‥‥‥‥‥‥‥‥‥‥‥‥‥‥‥‥‥‥‥‥‥‥‥304

Ⅳ　統計等

　1　主要統計‥‥‥‥‥‥‥‥‥‥‥‥‥‥‥‥‥‥‥‥‥‥‥‥‥308

　　1　墓地数の推移‥‥‥‥‥‥‥‥‥‥‥‥‥‥‥‥‥‥‥‥‥308

　　2　納骨堂数の推移‥‥‥‥‥‥‥‥‥‥‥‥‥‥‥‥‥‥‥310

　　3　火葬場数の推移‥‥‥‥‥‥‥‥‥‥‥‥‥‥‥‥‥‥‥312

　　4　埋火葬数の推移‥‥‥‥‥‥‥‥‥‥‥‥‥‥‥‥‥‥‥314

　2　墓地に関する世論調査（総理府）‥‥‥‥‥‥‥‥‥‥‥‥‥318

　3　墓地行政の今後の在り方等について‥‥‥‥‥‥‥‥‥‥‥‥335

ix

4　これからの墓地等の在り方を考える懇談会報告書 ……………361

5　墓地埋葬等に関する住民の意識調査（抄録）………………377

6　散骨に関するガイドライン（散骨事業者向け）………………389

7　身寄りのない方が亡くなられた場合の遺留金等の取扱いの手引

　（改訂版）………………………………………………………392

8　埋火葬の円滑な実施に関するガイドライン ………………436

※「墓地，埋葬等に関する法律」は，昭和45年の改正により第6条及び第7条が，昭和58年の改正により第19条の4が，平成23年の改正により第19条の2及び第19条の3が削除されています。

※通知に記載の条数は，上記を含め発出時当時の条数となります。

【内容現在　令和6年12月1日】

序　説

1　我が国の墓地，埋葬法制の変遷

　死は，生物が等しく甘受しなければならない現象であり，人間にとっても
その意思を超えたところのものである。しかし，人間が他の生物と異なるこ
との1つとして，人間は死者を葬る行為を行うということがあげられる。

　この葬送の儀礼，葬法等死者に対する弔葬の方法は，人種，気候，風土，
宗教，政治体制等によって異なり，また，長い年月の間に変遷し，今日に至
っている。

　葬送の儀礼は，古くは死霊の封鎖，遺族の加護の祈願のため，あるいは大
地自然への還元，祖霊への復帰などのため，また仏教においては輪廻，成
仏，キリスト教においては復活と天国への門出のためといずれも個人，民
族，国家の宗教ないし世界観に従って行われてきたところであり，また行わ
れている。

　我が国の葬法をみると，縄文文化以前は，単に地下に穴を掘って埋めるだ
けであったが，その後期から弥生文化の時代に至って，遺骸を甕の中に入れ
葬るようになった。これが甕棺葬といわれているものである。

　紀元3〜4世紀から7世紀にかけては豪族，貴族を中心として地上に大き
い墳丘，盛土（封土）を有する古墳と呼ばれる墳墓による葬法が行われるよ
うになった。その形は，円墳，方墳，前方後円墳等種々のものがあり，その
内部には，棺・槨（うわひつぎ）が築かれた。古墳は，近畿地方を中心とし
て興った豪族・貴族達のための墳墓であったが，仏教文化の輸入，またこの
ような厚葬の弊害を改めようとする厚葬禁止令（薄葬令）が定められる（大
化2年（646））とともにその築造の風は衰えた。

すなわち，古墳文化という日本の埋葬文化が最高潮に達した頃，仏教文化の輸入が始まり，それとともに火葬という葬法も移し入れられることとなったのである。

　火葬は，古くアジアにおいては，インド以外では行われていなかったが，主として仏教徒が荼毘と称し遺骨を尊重して祠祭する風とともに採用することによって，インド文化，殊に仏教文化の影響を被った地域とその周辺に広まったものである。

　我が国の場合，文武4年（700）に僧道昭が遺言によりその遺体を火葬せしめたのが，文献上の火葬の始まりとされている（「続日本紀」）。その後，持統天皇の火葬が行われ，続いて文武，元明，元正の3帝も火葬によって葬られ，奈良時代以後火葬は流行するところとなった。その遺骨は，主に壺に収めて埋葬したが，他方山野にまき散らすことも少なくなく万葉集にもこれを裏付ける歌がある（万葉集巻7「挽歌」）。平安時代になると火葬の風は，皇室，宮廷貴族から次第に庶民に，また諸地方へ及ぶこととなり，京都，奈良などの都市には三昧（さんまい）の設けがあって，共同火葬場が付設された。

　しかし，庶民の間では，土葬への執着心も強く，浄土真宗を信仰する地方のように広く浸透した地域もあるものの火葬の普及は必ずしも急速であったとはいえない。また，江戸時代になると，皇室も再び土葬にかえり，幕府や諸大名，そして地方の農民から身を起こした武家たちの多くも土葬になった。

　こうして，平安，鎌倉，戦国，江戸の長い期間，我が国では古来の習慣による土葬と火葬の2種の葬法が行われてきたのである。

　明治に入ると国学者を中心として排仏運動が起こり，火葬は我が国の慣習に反するため排斥すべしとの主張がなされ，維新政府は，明治6年（1873）7月，「火葬の儀，自今禁止候条此旨布達事」という太政官布告（第352号）を発し，火葬を禁止した。しかし，全国的に普及していた火葬を禁止することは困難であったため，明治8年（1875）5月再び太政官布告（第89号）によってこの火葬禁止を解除することとなった。

序　説

　なお，明治30年（1897）に「伝染病予防法」が制定され，伝染病による死亡者は火葬によるべきことが初めて義務づけられ，自治体による火葬施設の設置が促進されることとなった。

　また，墓地については，紀元前原始時代のものは，住居の付近，あるいは塵捨場であった貝塚付近に発見されているが，次第に横塚その他集団的な箇所が選ばれるようになり，家族，氏族の一定の墓地が現れるに至った。こうして紀元3〜4世紀から7世紀にかけて，豪族，貴族達は古墳を築造するようになったのであるが，前述のように大化2年（646）墓制が定められたことによって古墳築造の風は衰えた。これによって，王以下小智以上の身分の者は小石を用いて墓を造らなければならず，また庶民は一定の葬所に収めるものとされて散埋が禁止された。庶民の葬所が一定されていたことは貞観3年（861）百姓葬送放牧地を定めたとの「三代実録」における記述，阿弥陀が峰，鳥戸野（とりべの），船岡山，西院，竹田の5か所を庶民の三昧場（さんまいば——葬場）としたとの「梧庵漫記」における記述からうかがうことができる。

　江戸時代になると，幕府が寺院の組織を利用して国民のすべてがいずれかの寺院に属するという寺請制度を採用し，宗旨人別帳を一種の戸籍制度として用いることとなったため，寺と檀家との結びつきが密接なものとなり，一般民衆の墓地は寺院内に設けられるようになった。これが，今日大部分の一般墓地が寺院に依存する所以となった。

　明治17年（1884）に至り，その後長く墓地行政の基本となった「墓地及埋葬取締規則」（明治17.10.4太政官布達第25号），「墓地及埋葬取締規則施行方法細目標準」（明治17.11.18内務省達乙第40号）及び「墓地及埋葬取締規則に違背する者処分方」（明治17.10.4太政官達第82号）が制定され，墓地及び埋葬・火葬に関する制度は整備された。

　その概要は，⑴墓地及び火葬場は管轄庁が許可した区域に限るものであってすべて所轄警察署の取締りを受けること，⑵墓地及び火葬場の設置場所を制限すること，⑶墓地及び火葬場に管理者を置くこと，⑷埋火葬は死後24時

3

間経過しなければ行い得ないものとし市町村長の認可を受けること，⑸碑表の建設は，所轄警察署の許可を受けること，⑹本則違反者は違警罪をもって処分すること等である。

　公営による墓地の建設については，前述したように明治6年に維新政府が，火葬を外来思想（仏教）に基づくものとして禁止したため，仏教に関係のない墓地が必要とされ，明治7年，東京の青山，染井，雑司ヶ谷，谷中に「神葬墓地」が建設されたのが我が国大規模公営墓地の嚆矢とされている。これらの墓地は，明治8年の火葬禁止令の解除とともに土火葬及び宗旨の如何を問わずにすべての人々を対象とする墓地となった。

　さらに，大正時代になると都市人口の増大とともに東京のような大都市においては新たな墓地の需要が増え，公営墓地の必要性は増大することとなった。そのため，大正8年に制定された都市計画法に基づく最初の公園墓地として多磨霊園が東京市によって建設され，大正12年開設された。同霊園は，面積133万m²，その40％が墳墓設置区域，残りは通路，庭園緑地として老松その他各種風致樹を植樹した我が国最初の本格的な公園墓地であり，従来の墓地のイメージを払拭するものであった。

2　現行墓地法制及び墓地，埋葬を巡る諸問題

　戦後の昭和22年，埋火葬の認許について明治17年の「墓地及埋葬取締規則」を補完する「埋火葬の認許等に関する件」（昭和22年厚生省令第9号）が定められ，死体（死胎）の埋葬，火葬，改葬の手続，墓地・火葬場の管理者の管理方法等について規定した。

　次いで昭和22年5月から日本国憲法が施行されることに伴い，同年4月「日本国憲法施行の際現に効力を有する命令の規定の効力等に関する法律」が制定され，前記「墓地及埋葬取締規則」，「墓地及埋葬取締規則に違背する者処分方」及び「埋火葬の認許等に関する件」の3つの規則がそれぞれ法律に改められたものとされた。しかし，同時に昭和23年7月15日までに必要な

序　説

改廃の措置を採らなければならないこととされたため，昭和23年5月現行の「墓地，埋葬等に関する法律」（昭和23.5.31法律第48号）が制定され，これに基づいて「墓地，埋葬等に関する法律施行規則」（昭和23.7.13厚生省令第24号）が定められた。同法は，前記3規則及び「墓地埋葬取締規則施行方法細目標準」等の法令を踏まえ，墓地，埋葬等が国民の宗教的感情に適合し，かつ公衆衛生その他公共の福祉の見地から支障なく行われることを目的として定められたものである。

　その概要は以下のとおりである。

　まず第1章総則（第1条，第2条）においては，墓地，納骨堂又は火葬場の管理及び埋葬等が，国民の宗教的感情に適合し，かつ公衆衛生その他公共の福祉の見地から支障なく行われることを目的とする旨の目的規定を置く（第1条）とともに，「埋葬」，「火葬」，「改葬」，「墳墓」，「墓地」，「納骨堂」及び「火葬場」の定義を明記している（第2条）。第2章（第3条～第9条）においては，埋葬，火葬及び改葬に関する手続その他所要の手続を定めている。それによると，⑴埋葬（土葬）又は火葬は，死亡又は死産後24時間を経過した後でなければ行えないこと，⑵埋葬・焼骨の埋蔵は墓地以外の区域では行えないこと，また火葬は，火葬場以外の施設では行えないこと，⑶埋葬又は火葬を行おうとする者は，死亡又は死産地（交通機関内の死亡のときは死体を交通機関から降ろした地。ただし，船舶中の死亡にあっては最初に入港した地）の市町村長の，また改葬を行おうとする者は，死体又は焼骨の現に存する地の市町村長の許可を受けなければならず，市町村長は，埋葬許可証，改葬許可証，火葬許可証を交付しなければならないこと，⑷死体の埋葬・火葬を行う者がないとき又は判明しないときは，死亡地の市町村長がこれを行わなければならないこと，とされている。

　また，第3章（第10条～第19条）においては，墓地，納骨堂及び火葬場の管理者の義務，その他管理に関する規定が定められている。すなわち，⑴墓地，納骨堂又は火葬場を経営しようとする者は，都道府県知事の許可を受けなければならないこと，⑵墓地，納骨堂又は火葬場には管理者を置かなけれ

5

ばならないこと，(3)墓地，納骨堂又は火葬場の管理者は埋火葬について応諾義務を有すること，(4)墓地，納骨堂又は火葬場の管理者は，埋葬許可証，火葬許可証，改葬許可証を受理した後でなければそれぞれ埋葬，埋蔵，収蔵，火葬を行えず，また，管理者には所定の帳簿の備付等の義務があること等の事項が規定されている。

さらに第4章（第20条～第22条）は罰則に関する規定であり，以下附則が置かれている。

この墓地，埋葬等に関する法律は，昭和23年の制定後，25年，29年，31年，37年，43年，44年，45年，50年，58年，平成2年，6年，11年，18年，23年，令和4年にわたり改正が加えられているが，この中で，比較的重要なのは，昭和45年，58年，平成23年の改正である。

＜昭和45年改正＞

戸籍法の改正に伴い，従来，死亡の届出を死亡地でしなければならないとされていたものが，死亡者の本籍地又は届出人の所在地においてもできることとなったので，新たに死亡（死産）の届出を受理することとなる市町村長も埋葬又は火葬の許可を行うことができることとし，戸籍法上の死亡（死産）届出市町村長と墓地，埋葬等に関する法律上の埋・火葬許可市町村長を同一にするよう改正を行ったものである（第6条，第7条を削除）。

＜昭和58年改正＞

「行政事務の簡素合理化及び整理に関する法律」（昭和58年法律第83号）という，行政改革のための一括法による改正であり，墓地等の経営等の許可の事務など都道府県知事の権限に属するとされている事務を，機関委任事務から団体委任事務とすることとしたものである。

機関委任事務とは，都道府県知事，市町村長その他の執行機関に委任された事務であり，当該事務について，これらの執行機関は，委任者たる国又は他の地方公共団体その他公共団体の機関としての地位に立ち，委任者の指揮監督を受けてその事務を処理すべきとされているものであるのに対し，団体委任事務とは，都道府県，市町村等の地方公共団体そのものに委任された事

序　説

務であり，地方公共団体が，国の一般的指揮監督を受けることなく，自主的な責任と負担において処理すべきとされているものである。

　墓地等の経営許可等の事務については，従来から都道府県知事に広範な裁量権が認められ，地域の地理的状況や風俗，慣習等各地域の実情に適合した運用がなされていたものであるが，58年の改正では，このような事情等に基づき，墓地等の経営許可（第10条），墓地等の管理者から必要な報告を求め，又は職員をして火葬場に立入検査させること（第18条），墓地等の施設の整備改善等の命令，第10条による許可の取消し（第19条）の事務が団体委任事務化されたものである（なお，第19条の4を削除，逐条解説第19条の4参照）。

　なお，平成12年からは地方自治法の一部改正に伴い，墓地，埋葬等に関する法律における都道府県及び市町村のすべての事務が自治事務とされている。

　また，現行法自体，明治17年に制定された「墓地及埋葬取締規則」（太政官布達第25号），「墓地及埋葬取締規則施行方法細目標準」（内務省達乙第40号），「墓地及埋葬取締規則に違背する者処分方」（太政官達第82号）及び昭和22年に制定された「埋火葬の認許等に関する件」（昭和22年厚生省令第9号）等の法令の内容を承継して制定されているため，墓地，埋葬等を巡る法制度は従前と比較しても大綱においてほぼ変更はないということもできる。

　しかしながら，今日墓地，埋葬等を巡る情勢は法制定時に比べて大きな変化を見せており，それに対応した墓地行政が求められるようになってきている。

　そこで，平成9年に厚生省に設置された「これからの墓地等の在り方を考える懇談会」において，墓地を利用する者の視点に立って，これからの墓地等の在り方が広く検討され，平成10年6月に報告書が取りまとめられた。（資料編IV-4参照）これを踏まえた，墓地，埋葬等に関する法律施行規則の一部改正が平成11年3月に行われ，改葬手続の見直し等が行われた。

　平成18年に一般社団法人及び一般財団法人に関する法律等の公益法人改革

7

関連法が成立し，法人制度が改正されたことにともない，平成20年に墓地の経営主体に関する通知を出している。

また，平成24年4月には，地方分権の一環として，都道府県知事の有していた墓地の経営許可権限などが，市又は特別区にあっては市長又は区長の権限とされることになった。

解 説 編

第1章　総　　則

〔法律の目的〕

第1条　この法律は，墓地，納骨堂又は火葬場の管理及び埋葬等が，国民の宗教的感情に適合し，且つ公衆衛生その他公共の福祉の見地から，支障なく行われることを目的とする。

（解　説）

1　本条は，本法の目的を明らかにし，以下の各条の運用指針を明らかにした規定である。すなわち，本法は，(1)国民の宗教的感情に適合すること，(2)公衆衛生その他公共の福祉の見地から支障を生じないこと，の2つの目的に沿って墓地，納骨堂又は火葬場の管理及び埋葬等の行為が行われるよう，各種規制措置を講じようとするものであり，各条項はこれらの趣旨に沿って合理的に解釈されなければならない。

2 (1)「国民の宗教的感情に適合すること」を目的としているのは，墓地の設置や埋葬等の行為がそもそも国民の宗教的感情に根ざすものであり，それらが宗教的平穏の中で行われることが必要とされるからである（通知編 (2) 参照）。

(2)　また「公衆衛生その他公共の福祉の見地から，支障なく行われること」を目的としているのは，火葬若しくは埋葬等の行為又はこれらに係る施設の設置は，国民の宗教的感情等に基づき社会慣習として行われているが，その取扱いのいかんによっては，公衆衛生その他公共の福祉の見地からの制約を加えることが必要とされる場合があるからである。

(3)　本法の施行に当たっては，これらの目的に従った運用がなされなければならないが，

① 墓地，納骨堂又は火葬場の経営に当たっては，その公益性，永続性が確保されるべきこと。

②　埋葬，火葬，改葬等の許可事務，墓地，火葬場及び納骨堂の設置管理並びにこれらの施設の監督に当たっては，国民の宗教的感情に適合するよう配慮されるべきこと。

【注】

○日本国憲法

〔個人の尊重と公共の福祉〕

第13条　すべて国民は，個人として尊重される。生命，自由及び幸福追求に対する国民の権利については，公共の福祉に反しない限り，立法その他の国政の上で，最大の尊重を必要とする。

〔信教の自由〕

第20条　信教の自由は，何人に対してもこれを保障する。いかなる宗教団体も，国から特権を受け，又は政治上の権力を行使してはならない。

②　何人も，宗教上の行為，祝典，儀式又は行事に参加することを強制されない。

③　国及びその機関は，宗教教育その他いかなる宗教的活動もしてはならない。

○刑法（明治40年法律第45号）

第24章　礼拝所及び墳墓に関する罪

（礼拝所不敬及び説教等妨害）

第188条　神祠，仏堂，墓所その他の礼拝所に対し，公然と不敬な行為をした者は，6月以下の懲役若しくは禁錮又は10万円以下の罰金に処する。

2　説教，礼拝又は葬式を妨害した者は，1年以下の懲役若しくは禁錮又は10万円以下の罰金に処する。

（墳墓発掘）

第189条　墳墓を発掘した者は，2年以下の懲役に処する。

（死体損壊等）

第190条　死体，遺骨，遺髪又は棺に納めてある物を損壊し，遺棄し，又は領得した者は，3年以下の懲役に処する。

（墳墓発掘死体損壊等）

第191条　第189条の罪を犯して，死体，遺骨，遺髪又は棺に納めてある物を損壊し，遺棄し，又は領得した者は，3月以上5年以下の懲役に処する。

（編集注：「刑法等の一部を改正する法律」（令和4年法律第67号）により，「懲役若しくは禁錮」及び「懲役」は「拘禁刑」に改正されました（令和7年6月1日施行）。）

〔定　義〕

第1章　総　則／第2条

第2条　この法律で「埋葬」とは，死体（妊娠4箇月以上の死胎を含む。以下同じ。）を土中に葬ることをいう。

2　この法律で「火葬」とは，死体を葬るために，これを焼くことをいう。

3　この法律で「改葬」とは，埋葬した死体を他の墳墓に移し，又は埋蔵し，若しくは収蔵した焼骨を，他の墳墓又は納骨堂に移すことをいう。

4　この法律で「墳墓」とは，死体を埋葬し，又は焼骨を埋蔵する施設をいう。

5　この法律で「墓地」とは，墳墓を設けるために，墓地として都道府県知事（市又は特別区にあつては，市長又は区長。以下同じ。）の許可を受けた区域をいう。

6　この法律で「納骨堂」とは，他人の委託をうけて焼骨を収蔵するために，納骨堂として都道府県知事の許可を受けた施設をいう。

7　この法律で「火葬場」とは，火葬を行うために，火葬場として都道府県知事の許可をうけた施設をいう。

（解　説）

1　本条は，本法を解釈するに当たって基本となる用語の定義を明らかにしたものである。

2　「埋葬」とは，死体を土中に葬ることであり，いわゆる「土葬」がこれに当たる。妊娠4箇月未満の死胎は，「死体」には該当しないので，これを葬る行為は，ここでいう「埋葬」には該当しない。妊娠4箇月の計算は，産婦人科医学の計算法に従うものであり，1箇月を28日と計算し，28日×3＋1日＝85日すなわち，85日未満の死胎は，死体に該当しない。また，手術等により切断された手足等は，本法による死体に該当しない。なお，死体とは別個に頭髪，爪，歯のみを分割して埋める場合には，これら

13

は死体に該当しない（通知編（11），（28），（56），（79）参照）。

　公衆衛生上の観点から見ると，土葬は最も注意を要すべき事柄であるが，一部の地域を除き，今日では大幅に減少している（資料編Ⅳ-1-4参照）。

3　「火葬」とは，死体を葬るため，これを焼くことをいう。死体の範囲は，第1項の「死体」の範囲と同一である。一度埋葬した死体を焼くことも含まれる。

4　「改葬」とは，埋葬した死体を他の墳墓に移し，又は埋蔵し，若しくは収蔵した焼骨を，他の墳墓又は納骨堂へ移すことをいい，場所的な移動を伴う概念である。過去に埋葬した死体を火葬し，他の墳墓に移すことも「改葬」に含まれるが，埋葬した死体を火葬し，同一墳墓へ戻す行為及び埋蔵した焼骨を洗骨して同一墳墓に移す行為は，「改葬」には該当しない。

　「焼骨」とは，死体を火葬した結果生ずるいわゆる遺骨であるが，遺族等が風俗・慣習によって正当に処分した残余のものは，刑法においても遺骨とはされない。すなわち，遺骨とは，火葬場で火葬を行い，その地方における風俗・慣習に従い，遺族等が骨揚げして骨つぼ等に収めたものを指し，その残余の骨，いわゆる残骨は，遺骨とはならない（同旨　大審院明治43年10月4日判決）。したがって，本法においても残骨は規制の対象とはならないものと考えるべきである。また，焼骨の一部を他の墳墓又は納骨堂へ移すいわゆる「分骨」は，「改葬」には該当せず，独自の手続（墓地，埋葬等に関する法律施行規則（以下「施行規則」という。）第5条）により処理される（第5条の解説20参照）。

【参　考】

○大審院明治43年10月4日判決

　「人の遺骨が刑法第190条の意義に於て之を侵害することを許さざる法益たるが為には死者の祭祀又は紀念の為，之を保存し又は保存すべきものたることを要し，死者の遺族其他遺骨を処分するの権限を有する者が風俗慣習に従い正当に之を処分したるものは此性質を有せざるを以て，之を領有するも刑法第190条の犯罪を構成することなし。而して死者の遺族其他葬式を挙行する者が死者の遺骸を

第1章　総　則／第2条

火葬に付する場合に於ては，灰燼に帰したる遺骨は全部之を拾集することを得ず
して多少其現場に遺留するは数の免れ能はざる所なるを以て，其儘之を放擲す
るは風族慣習に於て禁ぜざる所にして，此種の遺骨は他の砂塵と等しく之を遺棄
し，又は猥りに之を領得するは道義上の見地に於て厭うべきものなりとするも刑
法第190条の犯罪を構成すべきものにあらず。」

5　本条で定義された「埋葬」，「火葬」又は「改葬」を行おうとする者は，
　市町村長（特別区の区長を含む。）の許可を受けなければならない（第5
　条第1項）。

6　「墳墓」とは，死体を埋葬し，又は焼骨を埋蔵する施設をいう。したが
　って，手術等により切断された手足を埋める場合，また死体とは別個に頭
　髪，爪のみを埋める場合，死体を埋葬し，又は焼骨を埋蔵することになら
　ないかぎり本法による「墳墓」としての取扱いを受けないこととなる（通
　知編（24），（28），（30），（31），（37）参照）。

7　「墓地」とは，墳墓を設けるために，墓地として都道府県知事の許可を
　受けた区域をいう。自己所有の土地を使用し，自家用の墓地のみを設置し
　た区域（いわゆる「個人墓地」）も「墓地」として第10条の許可を必要と
　する（第10条の解説2参照）。

　　墓地経営に必要な又は付帯する施設，例えば，駐車場，管理事務所，芝
　生，休憩所等は，墓地と同一の敷地内にあり，管理上，また社会通念から
　みても一体の施設とみられるものは，「墓地」の区域内に含まれる。

8　「納骨堂」とは，他人の委託をうけて焼骨を収蔵するために，納骨堂と
　して都道府県知事の許可を受けた施設をいう。ここでは，「他人の委託を
　うけて」，「焼骨を収蔵するため」，「都道府県知事の許可を受けた施設」で
　あることの3つが要件とされる。

　　まず，「他人の委託をうけ」ることが要件であるから，自己所有下の焼
　骨のみを自宅等に安置しておく場合には，当該自宅等は，納骨堂に該当し
　ない。

　　次に，「焼骨を収蔵する」目的を有することが必要とされる。ここで

15

「収蔵」とは，焼骨を収める方法の中で，「埋蔵」以外のすべての方法を指すものであり，例えば寺院等で預かるような場合も「収蔵」に該当する。ただし，火葬した後に墳墓に埋蔵するまでの過程において一時的な措置として寺院等の一隅に安置すること等は，「収蔵」に該当しない場合がある（通知編 (2), (3), (37) 参照）。

9 「火葬場」とは，火葬を行うため，火葬場として都道府県知事の許可を受けた施設をいう。火葬場とは，「火葬」を行う施設であり，「火葬」とは，「死体を葬るために，これを焼くこと」（本条第2項）である。

第2章　埋葬，火葬及び改葬

> 〔24時間内埋葬又は火葬の禁止〕
>
> 第3条　埋葬又は火葬は，他の法令に別段の定があるものを除く
>
> 　外，死亡又は死産後24時間を経過した後でなければ，これを行つ
>
> 　てはならない。但し，妊娠7箇月に満たない死産のときは，この
>
> 　限りでない。

（解　説）

1　本条は，死の判定を受けた者の蘇生する可能性が全くないことを確認するため，24時間内の埋葬又は火葬を禁止する規定である。

　本条は死亡の判定から時を移さずに埋葬又は火葬を行った場合に人為による死が生ずることのないよう万全の配慮を行うべきこと等から，死亡（医師が死亡診断書又は死体検案書に記載した時刻）後24時間内の埋葬又は火葬を禁ずることとしたものである。

2　「他の法令に別段の定があるもの」とは，感染症の予防及び感染症の患者に対する医療に関する法律（平成10年法律第114号）第30条の規定を示す。なお，船員法（昭和22年法律第100号）においては，同法第15条の規定により水葬が認められているが，この場合においても船員法施行規則（昭和22年運輸省令第23号）第4条に同趣旨の規定がある。

　24時間以内の埋葬又は火葬の禁止の原則は，感染症のまん延を防止する観点から不都合な場合もあるため，本条においては，感染症対策上の必要性等から24時間以内に埋葬又は火葬することが積極的に要請される場合を想定している。

【注】

〇感染症の予防及び感染症の患者に対する医療に関する法律

　（死体の移動制限等）

第30条　都道府県知事は，一類感染症，二類感染症，三類感染症又は新型インフルエンザ等感染症の発生を予防し，又はそのまん延を防止するため必要があると認めるときは，当該感染症の病原体に汚染され，又は汚染された疑いがある死体の移動を制限し，又は禁止することができる。

2　一類感染症，二類感染症，三類感染症又は新型インフルエンザ等感染症の病原体に汚染され，又は汚染された疑いがある死体は，火葬しなければならない。ただし，十分な消毒を行い，都道府県知事の許可を受けたときは，埋葬することができる。

3　一類感染症，二類感染症，三類感染症又は新型インフルエンザ等感染症の病原体に汚染され，又は汚染された疑いがある死体は，24時間以内に火葬し，又は埋葬することができる。

○船員法

（水　葬）

第15条　船長は，船舶の航行中船内にある者が死亡したときは，国土交通省令の定めるところにより，これを水葬に付することができる。

○船員法施行規則

（水　葬）

第4条　船長は，次のすべての条件を備えなければ死体を水葬に付することができない。

一　〔略〕

二　死亡後24時間を経過したこと。ただし，伝染病によつて死亡したときは，この限りでない。

三及び四　〔略〕

五　伝染病によつて死亡したときは，十分な消毒を行つたこと。

3　24時間内の埋葬又は火葬の禁止の例外として，さらに妊娠7箇月未満の死産の場合が定められている。これは，妊娠7箇月未満の死産にあっては，胎児の蘇生の可能性がおよそ考えられないからである。妊娠月数の算定は，前条の解説で述べたとおり，1箇月を28日と計算し妊娠7箇月未満とは28日×6＋1＝169日未満をいうものである。

4　本条の規定に違反した場合は，第21条及び罰金等臨時措置法（昭和23年法律第251号）の規定に基づき1万円以上2万円以下の罰金又は拘留若しくは科料に処せられることとなる（第21条については，令和7年6月1日施行の改正がある。同条の解説参照）。

第2章　埋葬，火葬及び改葬／第5条

〔墓地外の埋葬又は火葬場外の火葬の禁止〕

第4条　埋葬又は焼骨の埋蔵は，墓地以外の区域に，これを行つて
　　はならない。

　2　火葬は，火葬場以外の施設でこれを行つてはならない。

（解　説）

1　本条は，墓地外の埋葬又は焼骨の埋蔵及び火葬場外の火葬を禁止し，公
　衆衛生の確保と国民の宗教的感情の尊重を図る規定である。

2　墓地以外の区域に死体を埋葬又は焼骨を埋蔵する行為は，本条に違反す
　るとともにその行為の態様によっては刑法第190条の死体遺棄罪に問われ
　ることがある。

【参　考】

○大審院大正13年3月4日判決

　　「死体の埋葬とは，死者の遺骸を一定の墳墓に収容し，其の死後安静する場所
　として後人をして之を追憶紀念することを得せしむるを以て目的とするものなれ
　ば，必ずしも葬祭の儀式を営むの要なきも，道義上首肯すべからざる事情の下に
　単に死体を土中に埋蔵放置したるが如きは，未以て埋葬と云うべからざるを以て
　死体を遺棄したるものと云はざるを得ず。」

　　本条は，焼骨を埋蔵する場合を規定するにとどまるため，自己所有下の
　焼骨を自宅等に保管することは本条に違反するものではない。ただし，保
　管の態様によっては，第10条違反に該当する場合はある。

3　本条の規定に違反した場合は，第21条及び罰金等臨時措置法の規定によ
　り1万円以上2万円以下の罰金又は拘留若しくは科料に処せられることと
　なる（第21条については，令和7年6月1日施行の改正がある。同条の解
　説参照）。

〔埋葬，火葬又は改葬の許可〕

第5条　埋葬，火葬又は改葬を行おうとする者は，厚生労働省令で

定めるところにより，市町村長（特別区の区長を含む。以下同
　　じ。）の許可を受けなければならない。
　2　前項の許可は，埋葬及び火葬に係るものにあつては死亡若しく
　　は死産の届出を受理し，死亡の報告若しくは死産の通知を受け，
　　又は船舶の船長から死亡若しくは死産に関する航海日誌の謄本の
　　送付を受けた市町村長が，改葬に係るものにあつては死体又は焼
　　骨の現に存する地の市町村長が行なうものとする。

（解　説）

1　本条は，埋葬，火葬又は改葬を市町村長の許可に係らしめ，埋葬等が，
　国民の宗教的感情に適合し，かつ公衆衛生その他公共の福祉の見地から，
　支障なく行われるように，自由な埋葬等を禁ずるものである。

2　埋葬，火葬又は改葬を行おうとする者は，「厚生労働省令で定めるとこ
　ろにより」許可申請を行う必要があり，施行規則第1条から第3条までの
　規定において許可申請手続が定められている。

3　埋葬又は火葬の許可を行う市町村長は，戸籍法（昭和22年法律第224号）
　又は死産の届出に関する規程（昭和21年厚生省令第42号（昭和27年法律第
　120号「ポツダム宣言の受諾に伴い発する命令に関する件に基く厚生省関
　係諸命令の措置に関する法律」第3条の規定により，法律としての効力を
　有する。））の規定に基づく死亡若しくは死産の届出先又は死亡の報告先の
　市町村長である。

4　「死亡の届出」とは，戸籍法第25条，第88条又は第93条において準用す
　る第56条の規定に基づく届出をいう。すなわち，死亡者本人の本籍地，届
　出人の所在地，死亡地（それが明らかでないときは最初の発見地，汽車等
　の交通機関の中での死亡の場合は死体を降ろした地，航海日誌を備えない
　船舶の中での死亡の場合は最初の入港地）の市町村長に対し届出をするこ
　とができる。

5　「死産の届出」とは，死産の届出に関する規程第4条第1項又は第2項

の規定に基づく届出をいう。すなわち，届出人の所在地，死産地（汽車等の交通機関での死産の場合は母がその交通機関から降りた地，航海日誌のない船舶での死産の場合は最初の入港地）の市町村長に対して届出を行う。

6 「死亡の報告」とは，戸籍法第89条，第90条又は第92条の規定に基づく報告をいう。すなわち，(1)水難，火災等の事変による死亡の場合，取調べをした官庁又は公署は，死亡地（外国等での死亡の場合は死亡者の本籍地）の市町村長にしなければならない，(2)死刑執行があった場合（引取人がいない収容中死亡者も同じ。），刑事施設の長は，刑事施設所在地の市町村長にしなければならない，(3)死亡者の本籍が不明の場合又は死亡者を認識できない場合は，警察官は，死亡地の市町村長にしなければならない。

7 「死産の通知」とは，死産の届出に関する規程第9条の規定に基づく通知をいう。すなわち，母の不明な死産児があった場合，警察官は発見地の市町村長に死産の通知をしなければならない。

8 「死亡若しくは死産に関する航海日誌の謄本の送付」の手続については，戸籍法第93条で準用する同法第55条，死産の届出に関する規程第4条第3項及び第4項に定めるところによる。すなわち，航海日誌を備えている船舶中での死亡・死産の場合，船長は，日本の港に入港したときは，入港地の市町村長に送付しなければならない。外国の港に入港したときは，駐在の大使等に送付しなければならない（大使等は外務大臣を経由して本籍地の市町村長に送付しなければならないとされている。）。

　「航海日誌」は，船員法第18条により同法の適用される船舶の必置書類とされているが，同法第1条第2項の規定により，①総トン数5トン未満の船舶，②湖，川又は港のみを航行する船舶及び③総トン数30トン未満の一定の漁船は同法の「船舶」には含まれないものとされているので，航海日誌を備えていないものもある（その場合の手続については本条の解説4，5参照）。

【注】

○戸籍法

〔届出の場所〕

第25条　届出は，届出事件の本人の本籍地又は届出人の所在地でこれをしなければ
ならない。

②　外国人に関する届出は，届出人の所在地でこれをしなければならない。

〔航海中の出生の届出〕

第55条　航海中に出生があつたときは，船長は，24時間以内に，第49条第2項に掲
げる事項を航海日誌に記載して，署名しなければならない。

②　前項の手続をした後に，船舶が日本の港に到着したときは，船長は，遅滞なく
出生に関する航海日誌の謄本をその地の市町村長に送付しなければならない。

③　船舶が外国の港に到着したときは，船長は，遅滞なく出生に関する航海日誌の
謄本をその国に駐在する日本の大使，公使又は領事〔日本政府在外事務所を置く
場合には日本政府在外事務所所長〕に送付し，大使，公使又は領事〔日本政府在
外事務所を置く場合には日本政府在外事務所所長〕は，遅滞なく外務大臣を経由
してこれを本籍地の市町村長に送付しなければならない。

〔公設所における出生の届出〕

第56条　病院，刑事施設その他の公設所で出生があつた場合に，父母が共に届出を
することができないときは，公設所の長又は管理人が，届出をしなければならな
い。

〔届出の場所〕

第88条　死亡の届出は，死亡地でこれをすることができる。

②　死亡地が明らかでないときは死体が最初に発見された地で，汽車その他の交通
機関の中で死亡があつたときは死体をその交通機関から降ろした地で，航海日誌
を備えない船舶の中で死亡があつたときはその船舶が最初に入港した地で，死亡
の届出をすることができる。

〔事変による死亡の報告〕

第89条　水難，火災その他の事変によつて死亡した者がある場合には，その取調を
した官庁又は公署は，死亡地の市町村長に死亡の報告をしなければならない。但
し，外国又は法務省令で定める地域で死亡があつたときは，死亡者の本籍地の市
町村長に死亡の報告をしなければならない。

〔刑死等による死亡の報告〕

第90条　死刑の執行があつたときは，刑事施設の長は，遅滞なく刑事施設の所在地
の市町村長に死亡の報告をしなければならない。

②　前項の規定は，刑事施設に収容中死亡した者の引取人がない場合にこれを準用
する。この場合には，報告書に診断書又は検案書を添付しなければならない。

第2章 埋葬，火葬及び改葬／第5条

〔本籍不明者，認識不能者の死亡の報告〕

第92条 死亡者の本籍が明かでない場合又は死亡者を認識することができない場合には，警察官は，検視調書を作り，これを添附して，遅滞なく死亡地の市町村長に死亡の報告をしなければならない。

②及び③ 〔略〕

〔航海中又は公設所における死亡の届出〕

第93条 第55条〔航海中の出生の届出〕及び第56条〔公設所における出生の届出〕の規定は，死亡の届出にこれを準用する。

○死産の届出に関する規程

〔届出先及び添附書類〕

第4条 死産の届出は，医師又は助産師の死産証書又は死胎検案書を添えて，死産後7日以内に届出人の所在地又は死産があつた場所の市町村長（特別区の区長を含むものとし，地方自治法（昭和22年法律第67号）第252条の19第1項の指定都市にあつては，区長又は総合区長とする。以下同じ。）に届け出なければならない。

② 汽車その他の交通機関（船舶を除く。）の中で死産があつたときは母がその交通機関から降りた地の，航海日誌のない船舶の中で死産があつたときはその船舶が最初に入港した地の市町村長に死産の届出をすることができる。

③ 航海日誌のある船中で死産があつたときは，死産の届出を船長になさなければならない。船長は，これらの事項を航海日誌に記載して記名しなければならない。

④ 船長は，前項の手続をなした後最初に入港した港において，速かに死産に関する航海日誌の謄本を入港地の市町村長に送付しなければならない。

〔母の不明な死産児の通知〕

第9条 母の不明な死産児があつたときは，警察官は，医師の作成した死胎検案書を添附して，その旨を遅滞なく発見地の市町村長に通知しなければならない。

9 埋葬又は火葬の許可の申請に当たって，死亡又は死産についての診断書，死産証書等の添付は戸籍法等の規定による届出書に添付すべきこととされていることから，本法による埋葬又は火葬の許可の申請書に添付する必要はない（通知編（4）参照）。

10 埋葬又は火葬の許可申請は，戸籍法に基づく死亡届の提出と同時に行われる場合が多く，かつ，届出事項と重複するものがあることから，同一文書による取扱いの便法が認容されている（通知編（40）参照）。

23

【注】

○戸籍法施行規則（昭和22年司法省令第94号）

〔死亡届出事項〕

第58条　戸籍法第86条第2項第2号の事項は，次に掲げるものとする。

　　一　死亡者の男女の別

　　二　死亡者が外国人であるときは，その国籍

　　三　死亡当時における配偶者の有無及び配偶者がないときは，未婚又は直前の婚姻について死別若しくは離別の別

　　四　死亡当時の生存配偶者の年齢

　　五　出生後30日以内に死亡したときは，出生の時刻

　　六　死亡当時の世帯の主な仕事並びに国勢調査実施年の4月1日から翌年3月31日までに発生した死亡については，死亡者の職業及び産業

　　七　死亡当時における世帯主の氏名

○戸籍法

〔死亡の届出〕

第86条　死亡の届出は，届出義務者が，死亡の事実を知つた日から7日以内（国外で死亡があつたときは，その事実を知つた日から3箇月以内）に，これをしなければならない。

②　届書には，次の事項を記載し，診断書又は検案書を添付しなければならない。

　　一　死亡の年月日時分及び場所

　　二　その他法務省令で定める事項

③　やむを得ない事由によつて診断書又は検案書を得ることができないときは，死亡の事実を証すべき書面を以てこれに代えることができる。この場合には，届書に診断書又は検案書を得ることができない事由を記載しなければならない。

11　死体解剖保存法（昭和24年法律第204号）第13条の規定に基づき，市町村長が医学に関する大学の長に引取者のない死体を医学教育又は研究のために交付したときは，死体交付証明書を交付することとなっているが，この死体交付証明書の交付をもって本条第1項の許可があったものとみなされている。

【注】

○死体解剖保存法

〔死体交付証明書〕

第13条　市町村長は，前条〔引取者のない死体の学校長への交付〕の規定により死

第2章　埋葬，火葬及び改葬／第5条

体の交付をしたときは，学校長に死体交付証明書を交付しなければならない。

2　前項の規定による死体交付証明書の交付があつたときは，学校長の行う埋葬又は火葬については，墓地，埋葬等に関する法律（昭和23年法律第48号）第5条第1項の規定による許可があつたものとみなし，死体交付証明書は，同法第8条の規定による埋葬許可証又は火葬許可証とみなす。

12　刑事施設において死刑等により収容中の者が死亡した場合については刑事収容施設及び被収容者等の処遇に関する法律（平成17年法律第50号）の定めるところにより埋火葬される。

【注】

○刑事収容施設及び被収容者等の処遇に関する法律

〔死体に関する措置〕

第177条　被収容者が死亡した場合において，その死体の埋葬又は火葬を行う者がないときは，墓地，埋葬等に関する法律（昭和23年法律第48号）第9条の規定にかかわらず，その埋葬又は火葬は，刑事施設の長が行うものとする。

2　前項に定めるもののほか，被収容者の死体に関する措置については，法務省令で定める。

○刑事施設及び被収容者の処遇に関する規則（平成18年法務省令第57号）

〔検　視〕

第93条　刑事施設の長は，被収容者が死亡したときは，その死体を検視するものとする。

2　刑事施設の長は，前項の検視の結果，変死又は変死の疑いがあると認めるときは，検察官及び警察官たる司法警察員に対し，その旨を通報しなければならない。

〔死体の埋葬等〕

第94条　刑事施設の長が被収容者の死体の埋葬を行うときは，その死体は，刑事施設の長が管理し，又は使用する墓地の墳墓に埋葬するものとする。

2　刑事施設の長が被収容者の死体の火葬を行うときは，その焼骨は，刑事施設の長が管理し，又は使用する墓地の墳墓又は納骨堂に埋蔵し，又は収蔵するものとする。

13　皇族の転帰に際しての埋火葬については，本法に基づく手続を必要としない（通知編（17）参照）。

14　改葬の許可権限者は，死体又は焼骨の現に存する地の市町村長である。

25

改葬の許可を受けようとする者は，市町村に対し，申請書を提出すること
とされているが，申請書の必要的記載事項及び添付書類については，施行
規則第2条に規定が置かれている。

　墓地等の管理者の作成した埋葬若しくは埋蔵又は収蔵の事実を証する書
面とは，通常，墓地等の管理者に発行が義務付けられている証明書を想定
している。市町村によっては，申請書の一部に，管理者が事実を証明する
旨の記載を行う欄を設けている場合もあるが，真正で有効な記載のある限
り，証明書の添付があるものと取り扱って差し支えない。

　また，管理者が存在しない場合等事実を証する書面の添付を全く期待し
得ないような，「これにより難い特別の事情のある場合」には，市町村長
が必要と認める証明書に準ずる書面によることができる。具体的に如何な
る場合にどのような書面によることを認めるかは，改葬の許可権限者であ
る市町村長の裁量である。

15　改葬の許可の申請者が墓地使用者（納骨堂の場合は，焼骨収蔵委託者）
以外の者である場合には，墓地使用者の権利の保護を図る観点から，墓地
使用者の承諾書の添付を義務付けている。承諾書については，施行規則上
は，様式，記載事項等についての規定はないが，申請に係る改葬について
承諾する旨の有効な書面による意思表示がされていることが必要である。
その形態は，墓地使用契約の内容等により，個々の事案によって異なる
が，具体的判断は，市町村長の裁量に委ねられる。

　墓地使用者以外の者で改葬の許可の申請を行う者として，一般に想定さ
れる者としては，土地区画整理事業，道路工事等の施工者，経営者，管理
者等があげられる。

　また，承諾書を添付させる趣旨に照らし，これに対抗できる裁判の謄本
をもって承諾書に代えることができることとされている。

16　申請書の記載事項及び添付書類は，改葬の許可についての形式的要件で
あり，この要件を満たす場合に，市町村長は，その申請に対し，国民の宗
教的感情，公衆衛生その他公共の福祉の見地から，許可をすべきか否かと

26

第 2 章　埋葬，火葬及び改葬／第 5 条

いう実質的審理，判断を行うことになる（行政手続法（平成 5 年法律第88
号）第 2 章参照）。

17　死亡者の縁故者がない墳墓又は納骨堂（無縁墳墓等）の改葬の許可の申
請書には，墓地等の管理者の作成した証明書に加え，次の書類の添付が義
務付けられている。

(1)　無縁墳墓等の写真及び位置図

・改葬許可権限者である市町村長において改葬の許可の対象となる無縁
墳墓等の位置，状況等が明確に把握できるものであることが必要であ
る。

(2)　死亡者の本籍及び氏名並びに墓地使用者等，死亡者の縁故者及び無縁
墳墓等に関する権利を有する者に対し 1 年以内に申し出るべき旨を，官
報に掲載し，かつ，無縁墳墓等の見やすい場所に設置された立札に 1 年
間掲示して，公告し，その期間中にその申出がなかった旨を記載した書
面

・改葬許可の申請者に公告に関する事実関係を明らかにさせる趣旨であ
る。

・立札については，改葬に係る当該無縁墳墓等を訪れた縁故者等が容易
に公告内容を知り得る状態で 1 年間継続して設置されていなければな
らない。
例えば，管理事務所等にまとめて掲示するのは適当でないし，立札の
大きさや文字等も明瞭に公告の趣旨が読みとれるものでなければなら
ない。

・縁故者等から申出があった場合には，無縁墳墓等に係る改葬に該当し
ないので，通常の改葬許可の申請手続が必要となる。

・官報と立札の記載内容は同一でなければならない。例示としては，次
のようなものである。

27

> 無縁墳墓等改葬公告
>
> 　○○○○○○○○○○○○○のために無縁墳墓等について改葬することと
> なりましたので，墓地使用者等，死亡者の縁故者及び無縁墳墓等に関す
> る権利を有する方は，本公告掲載の翌日から１年以内にお申出くださ
> い。
> 　なお，期日までにお申出のない場合は，無縁仏として改葬することに
> なりますのでご承知ください。
> 　令和○年○月○日
> 　　　一　墳墓等所在地　東京都○○区○○○○○○
> 　　　一　墳墓等の名称　○○○○○○
> ＊　　一　死亡者の本籍及び氏名　東京都○○区○○○○○○○○　○○
> ○○
> 　　　一　改葬を行おうとする者　東京都○○区○○○○○○○○　○○
> ○○
>
> 　＊　死亡者の本籍及び氏名が全く判らない場合は「不詳」と記す。

(3)　官報の写し及び立札の写真

・公告の事実を市町村長において確認する趣旨のものであり，官報については公告を掲載している部分の複写で差し支えない。立札の写真については記載内容等が明瞭に確認できるものであることが必要である（官報の写しについては，施行規則の一部改正による変更がある（令和７年４月１日施行）。通知編（79）参照）。

(4)　その他市町村長が特に必要と認める書類

・改葬許可権限者である市町村長が許可を行うに当たって必要な書類を添付しなければならない旨を明らかにしたものである。市町村長においては，あらかじめ必要な添付書類を定めておくことも，個々の事案ごとに必要な書類の添付を求めることも可能である。

18　以上の添付書類は，縁故者が存在するにもかかわらず無縁墳墓として改葬されることは，宗教的平穏の保護や国民の宗教的感情等の点から適当でないので，通常の改葬許可に比して慎重な改葬手続を求める趣旨である。

　これらの添付書類についても，市町村長による改葬の許可についての形

第2章　埋葬，火葬及び改葬／第5条

式的要件に過ぎないことに変わりはない（本条の解説16参照）。

　なお，本法は，行政規制に関する法律であり，私人間の権利義務関係について定めるものではない。本法及び施行規則による改葬の許可や改葬公告が直接に墓地使用権を始めとする民事上の権利義務関係に変動を及ぼすものではない（通知編（2）参照）。

19　墓地の使用権の法的性格については論議のあるところであるが，個別事案については判例の集積を待たなければならない。

(1)　山形地裁昭和39年2月26日判決要旨（＝物権説）

　　墓地使用権は，物権法定主義及び登記の対抗要件主義から物権そのものとは断定できないが，墓地の使用者は墓地の経営者に対し墳墓所有のため墓地を使用すべく請求しうる関係において墓地を使用しているのではなく，当該墓地に墳墓を設置して墓地を支配する関係において使用を続けており，かつ，他日その使用を終了したならば返還する関係において使用しているのではないから，債権的特性を具有するとも言えない。そうだとすると，墓地使用権の本質はその権利の特性から決するべきである。①墓地使用権は民法施行前より慣習法的に成立していたことは公知の事実である。②墓地使用権は墳墓所有のための権利であり，その墳墓は官庁の許可によって特設された墓地内においてのみ設定されるものであることから容易に他に移動させられない施設であり，しかもその施設は特殊の標示物によって象徴される関係上，墓地使用権に固定性を認めるのが合目的的である。③墳墓の所有権は相続人が断絶して無縁とならない限り永久的に承継され，かつ死者に対する宗教的礼拝の対象となるべき特殊の財産であるから，その墳墓を安置する土地の使用権には永久性が生ずると解される。以上のことから，墓地使用権とは他人の土地を固定的，永久的かつ支配的に使用する物権的性質をそなえる権利であると観念される。民法施行法も民法施行前から慣習法上生成した物権が存在したことを肯定していることからみて，それが物権法定主義の根拠を排除する性質のものでなく，かつ，ある種の公示方法を有すれば例外

29

的に慣習法による物権の成立が認められて然るべきものと考えられる。学説も慣習法上の物権の成立を肯定するのが有力である上に，墓地使用権の付着する墓地所有権は，墓地設定の許可処分が廃止されない限り負担付の所有権として存続すること等から，墓地使用権を慣習法上の物権としても物権法定主義の秩序を混乱させるとは予想できず，しかも墓地使用権の存在は墳墓の外部的施設によって表徴されている関係上権利の存在が公示されていると言えるものである。したがって，墓地使用権を慣習法上の物権と認めることが相当である。

(2) 仙台高裁昭和39年11月16日判決要旨（＝特殊債権説）

　　紛争事例の墓地使用関係は，存続期間を定めない使用貸借契約と推認され，墓地の使用貸借においては，特段の事実がない限り，一般に民法599条（借主の死亡による終了）の適用が排除され，祭祀承継者は使用貸借に基づく墓地使用権を承継する。すなわち，墳墓の存置を目的とする墓地の使用貸借は，特に返還時期の定めがない限り，墳墓が存置されている間は契約に定めた目的による使用収益が終わらないものと解され，貸主は民法594条第3項（借主の使用収益用法違反）等一定の解除事由がない限り一方的に使用貸借契約を解除しえない。

【参　考】

○津地裁昭和38年6月21日判決（傍論）

　「我が国においては国民の墓地は歴史的に古くから寺院の墓地のみであったのであり，その寺院の檀家となることによって寺院墓地内に墳墓を所有することができたのであるから，右墳墓を所有することにより右墳墓の存する墳墓地を使用する権利（以下「墓地使用権」という。）は結局寺院との檀信徒加入契約とでもいうべき契約に由来するであろう。しかしながらかくして取得した墓地使用権は墳墓が有する容易に他に移動できないという性質（官庁の許可を得た墓地内にのみ設定されねばならない。）すなわち固定性の要求からして，また我が国においては墳墓が先祖代々の墳墓と観念されていること（民法第897条は墳墓について相続人の承継を一応おさえ，その所有権は慣習に従って祖先の祭祀を主宰すべきものが承継する旨規定している。）また国民の宗教生活上墳墓は尊厳性を持つべきことを要請されていること（刑法にこれを保障する規定がある。）などの諸点

30

第2章　埋葬，火葬及び改葬／第5条

からして墳墓は必然的に固定的且つ永久的性質を有すべきものとして観念されているのである。さればこのような固定性，永久性を有すべき墳墓を所有することにより墳墓地を使用することを内容とする墓地使用権も，たとえその設定契約が前記のように檀家加入契約という契約に由来するとしても，右墳墓と同様に永久性を持つべきものと考える。そして当初の設定契約もかかる性質を有するものとして設定されておるものと言えよう。これを象徴する言葉として永代借地権なる語が存するが，墓地使用権が法上いかなる権利に属するかどうかは別として墓地使用権の本来的に有する性質を現わしていると言えよう。寺院墓地はかくしていわば永代に亘って墳墓地の使用を許さなければならないという負担を設定契約の当初から背負っているのである。」

20　焼骨の一部を他の墳墓又は納骨堂に移す行為は「改葬」には該当せず，施行規則第5条の分骨手続により処理される。すなわち，現にある墳墓に加えて新たな墳墓を設ける場合等に焼骨の一部を移動する際は，従来，焼骨を埋蔵又は収蔵していた墓地又は納骨堂の管理者から埋蔵又は収蔵に関する証明書の発行を受け，新たな墳墓のある墓地の管理者又は新たに収蔵される納骨堂の管理者にこれを提出することが義務付けられている。

　　また，墓地，納骨堂において行われている分骨の手続については，火葬場においても行うことができるよう，墓地，納骨堂の手続を準用することとされている。

　　なお，施行規則に規定されている管理者とは，法律上規定されている管理者を指すものである。

21　焼骨の墓地への埋蔵，納骨堂への収蔵については，本法に基づき，火葬又は改葬の許可を得ていることを確認するため，火葬許可証又は改葬許可証が必要である。一度埋葬された死体を焼いたのちその焼骨を埋蔵又は収蔵する場合は，同趣旨により火葬許可証又は改葬許可証で足りるものである。

22　本条第1項の規定に違反した場合は，第21条及び罰金等臨時措置法の規定により，1万円以上2万円以下の罰金又は拘留若しくは科料に処せられることとなる（第21条については，令和7年6月1日施行の改正がある。同条の解説参照）。

31

23 本条に基づく許可を得ないで改葬を行った場合は，その態様によっては刑法第189条の墳墓発掘罪に問われることになる場合がある。

24 日本国外で火葬を行い，その焼骨を国内で埋蔵又は収蔵する場合には，改葬の手続により取り扱うこととしている（通知編（77）参照）。

25 平成23年の東日本大震災においては，死亡者が多数であり，自治体の被害も大きかったため，公衆衛生上の危害が発生するおそれがある場合には，埋火葬に関し，特例措置を行った（後掲「東日本大震災における対応」参照）。

26 平成25年の災害対策基本法（昭和36年法律第223号）の一部改正により，著しく異常かつ激甚な非常災害であって，当該災害により埋葬又は火葬を円滑に行うことが困難となったため，公衆衛生上の危害の発生を防止するため緊急の必要があると認められるものが発生した場合を想定し，厚生労働大臣が本条の特例を定めることができる旨の規定が同法に設けられた。

これと類似の規定は，大規模な武力攻撃災害の発生や新型インフルエンザ等により同様の事態が生じた場合を想定して，武力攻撃事態等における国民の保護のための措置に関する法律（平成16年法律第112号）及び新型インフルエンザ等対策特別措置法（平成24年法律第31号）にも設けられている。

なお，新型インフルエンザ等対策特別措置法においては，埋葬又は火葬を行おうとする者が埋葬又は火葬を行うことが困難な場合において，公衆衛生上の危害の発生を防止するため緊急の必要があると認めるときは，厚生労働大臣の定めるところにより，特定都道府県知事が埋葬又は火葬を行わなければならない旨も定められている（通知編（71）参照）。

【注】

○災害対策基本法
（埋葬及び火葬の特例）
第86条の4 著しく異常かつ激甚な非常災害であつて，当該災害により埋葬又は火葬を円滑に行うことが困難となつたため，公衆衛生上の危害の発生を防止するた

第2章 埋葬，火葬及び改葬／第5条

め緊急の必要があると認められるものが発生した場合には，当該災害を政令で指
定するものとする。

2　厚生労働大臣は，前項の規定による指定があつたときは，政令で定めるところ
により，厚生労働大臣の定める期間に限り，墓地，埋葬等に関する法律（昭和23
年法律第48号）第5条及び第14条に規定する手続の特例を定めることができる。

○災害対策基本法施行令（昭和37年政令第288号）

（埋葬及び火葬の手続の特例）

第36条の2　厚生労働大臣は，法第86条の4の規定により墓地，埋葬等に関する法
律（昭和23年法律第48号。以下この条において「墓地埋葬法」という。）第5条
及び第14条に規定する手続の特例を定めるときは，その対象となる地域を指定す
るものとする。

2　厚生労働大臣は，その定める期間内に前項の規定により指定した地域において
死亡した者の死体に係る墓地埋葬法第5条第1項の規定による埋葬又は火葬の許
可について，同条第2項に規定する市町村長のほか，当該死体の現に存する地の
市町村長その他の市町村長がこれを行うものとすることができる。

3　厚生労働大臣は，第1項の規定により指定した地域において公衆衛生上の危害
の発生を防止するため特に緊急の必要があると認めるときは，前項に規定する死
体の埋葬又は火葬を行おうとする者について，厚生労働大臣が定める墓地又は火
葬場において当該埋葬又は火葬を行うときに限り，墓地埋葬法第5条第1項の規
定にかかわらず，同項の規定による許可を要しないものとすることができる。

4　厚生労働大臣は，前項の場合における墓地埋葬法第14条に規定する手続につい
ては，次に定めるところにより，特例を定めるものとする。

一　墓地埋葬法第14条に規定する埋葬許可証又は火葬許可証に代わるべき書類と
して，死亡診断書，死体検案書その他当該死体に係る死亡の事実を証する書類
を定めること。

二　前項に規定する墓地又は火葬場の管理者は，前号の書類を受理したときは，
市町村長に対し，当該書類に記載された事項の確認を求めなければならず，当
該市町村長がその確認をした後でなければ，埋葬をさせ，又は火葬を行つては
ならないものとすること。

三　墓地又は納骨堂の管理者は，第1号の書類であつて，火葬場の管理者が墓地
埋葬法第16条第2項に規定する事項を記載したものを受理したときは，焼骨の
埋蔵をさせ，又は焼骨の収蔵をすることができるものとすること。

○武力攻撃事態等における国民の保護のための措置に関する法律

（埋葬及び火葬の特例）

第122条　厚生労働大臣は，大規模な武力攻撃災害の発生により埋葬又は火葬を円
滑に行うことが困難となった場合において，公衆衛生上の危害の発生を防止する

33

ため緊急の必要があると認めるときは，政令で定めるところにより，厚生労働大臣の定める期間に限り，墓地，埋葬等に関する法律（昭和23年法律第48号）第5条及び第14条に規定する手続の特例を定めることができる。

○武力攻撃事態等における国民の保護のための措置に関する法律施行令（平成16年政令第275号）

（墓地，埋葬等に関する法律第5条及び第14条の手続の特例）

第34条　厚生労働大臣は，法第122条の規定により墓地，埋葬等に関する法律（昭和23年法律第48号。以下この条において「墓地埋葬法」という。）第5条及び第14条に規定する手続の特例を定めるときは，その対象となる地域を指定するものとする。

2　厚生労働大臣は，その定める期間内に前項の規定により指定した地域において死亡した者の死体に係る墓地埋葬法第5条第1項の規定による埋葬又は火葬の許可について，同条第2項に規定する市町村長のほか，当該死体の現に存する地の市町村長その他の市町村長がこれを行うものとすることができる。

3　厚生労働大臣は，第1項の規定により指定した地域において公衆衛生上の危害の発生を防止するため特に緊急の必要があると認めるときは，前項に規定する死体の埋葬又は火葬を行おうとする者について，厚生労働大臣が定める墓地又は火葬場において当該埋葬又は火葬を行うときに限り，墓地埋葬法第5条第1項の規定にかかわらず，同項の規定による許可を要しないものとすることができる。

4　厚生労働大臣は，前項の場合における墓地埋葬法第14条に規定する手続については，次に定めるところにより，特例を定めるものとする。

　一　墓地埋葬法第14条に規定する埋葬許可証又は火葬許可証に代わるべき書類として，死亡診断書，死体検案書その他当該死体に係る死亡の事実を証する書類を定めること。

　二　前項に規定する墓地又は火葬場の管理者は，前号の書類を受理したときは，市町村長に対し，当該書類に記載された事項の確認を求めなければならず，当該市町村長がその確認をした後でなければ，埋葬をさせ，又は火葬を行ってはならないものとすること。

　三　墓地又は納骨堂の管理者は，第1号の書類であって，火葬場の管理者が墓地埋葬法第16条第2項に規定する事項を記載したものを受理したときは，焼骨の埋蔵をさせ，又は焼骨の収蔵をすることができるものとすること。

○新型インフルエンザ等対策特別措置法

（埋葬及び火葬の特例等）

第56条　厚生労働大臣は，新型インフルエンザ等緊急事態において，埋葬又は火葬を円滑に行うことが困難となった場合において，公衆衛生上の危害の発生を防止するため緊急の必要があると認めるときは，政令で定めるところにより，厚生労

第2章　埋葬，火葬及び改葬／※東日本大震災における対応

働大臣の定める期間に限り，墓地，埋葬等に関する法律（昭和23年法律第48号）第5条及び第14条に規定する手続の特例を定めることができる。

2　特定都道府県知事は，埋葬又は火葬を行おうとする者が埋葬又は火葬を行うことが困難な場合において，公衆衛生上の危害の発生を防止するため緊急の必要があると認めるときは，厚生労働大臣の定めるところにより，埋葬又は火葬を行わなければならない。

3　特定都道府県知事は，埋葬又は火葬を迅速に行うため必要があると認めるときは，政令で定めるところにより，前項の措置の実施に関する事務の一部を特定市町村長が行うこととすることができる。

○新型インフルエンザ等対策特別措置法施行令（平成25年政令第122号）

　（墓地，埋葬等に関する法律第5条及び第14条の手続の特例）

第15条　武力攻撃事態等における国民の保護のための措置に関する法律施行令（平成16年政令第275号）第34条の規定は，厚生労働大臣が法第56条第1項の規定により墓地，埋葬等に関する法律（昭和23年法律第48号）第5条及び第14条に規定する手続の特例を定める場合について準用する。

※東日本大震災における対応

1　平成23年3月11日，三陸沖を震源とした東日本大震災が発生した。東日本大震災は地震規模だけでなく，津波被害や原子力発電所の事故が重なり，多数の死傷者が出ることとなった。特に沿岸部においては津波被害が大きく，自治体自身も大きな被害を受け，通常の本法上の手続を行うことが困難な状況となった。

2　そのような状況を受け，震災翌日には，棺，ドライアイス，御遺体の搬送，火葬場の確保について，被災市町村から応援要請を受けた場合に，県内市町村，近隣県と連携を図って対応するよう各都道府県に依頼を行った（通知編（65）参照）。

3　そして，平成23年3月14日には，市町村による埋火葬許可証が発行されない場合でも代替措置により御遺体の埋葬・火葬を認めるなど以下のような特例措置について各都道府県に通知を行った（通知編（66）参照）。

・自治体において通常の埋火葬許可証の発行のかわりに特例許可証を発行

すること

・死亡届出受理市町村とは別の市町村による特例許可証の発行

・特例許可証の対応も難しい場合，墓地，火葬場において，特例的に直接
埋火葬を実施し，証明書を発行すること

4　このような特例措置を行ったものの，被災自治体の被害が大きかったた
め，上記特例において火葬を行ったものについて，火葬許可証を発行する
ことができない状況が続いた。そのため，被災後「四十九日」を前に市町
村長による火葬許可証が発行されない場合でも，上記3の特例許可証や火
葬場の管理者による証明書といった代替措置により焼骨の埋蔵や収蔵を行
うことを認める特例措置を通知した（通知編（68）参照）。

5　また，東京電力福島第一原子力発電所災害に係る避難指示区域内の御遺
体の取扱について，原子力安全委員会より，土葬，火葬共に環境に与える
影響は問題にならない等の見解が示されたため，円滑な埋火葬の実施に資
するよう各都道府県に通知を行った（通知編（67）参照）。

6　このたびの東日本大震災では，非常に大きな被害の中，自治体や自衛
隊，民間事業者等の協力も得ながら，御遺体の埋火葬が行われた。

第2章 埋葬，火葬及び改葬／第6条及び第7条

〔参考〕東日本大震災時における墓地，埋葬等に関する法律の埋火葬許可証の取扱い等について

	原　則	死亡届出受理が困難な場合の特例	死亡届出受理市町村とは別の市町村が埋火葬許可申請を受ける場合の特例	市町村が特例許可証の発行も困難な場合の特例
火葬	・死亡届出受理市町村による火葬許可証の発行 ・火葬場の管理者は，火葬許可証を前提とした火葬を実施	平成23年3月14日通知 ・市町村による特例許可証の発行 ・火葬場の管理者は，特例許可証を前提とした火葬を実施	平成23年3月14日通知 ・死亡届出受理市町村とは別の市町村による特例許可証の発行 ・火葬場の管理者は，特例許可証を前提とした火葬を実施	平成23年3月14日通知 ・火葬場の管理者が特例的に火葬を実施し，火葬を行った旨の証明書を交付
土葬（埋葬）	・死亡届出受理市町村による埋葬許可証の発行 ・墓地の管理者は，埋葬許可証を前提とした土葬を実施	平成23年3月14日通知 ・市町村による特例許可証の発行 ・墓地の管理者は，特例許可証を前提とした土葬を実施	平成23年3月14日通知 ・死亡届出受理市町村とは別の市町村による特例許可証の発行 ・墓地の管理者は，特例許可証を前提とした土葬を実施	平成23年3月14日通知 ・墓地の管理者が特例的に土葬を実施し，土葬を行った旨の証明書を交付
焼骨の埋蔵	・墓地の管理者は，火葬許可証を前提とした焼骨の埋蔵を実施	平成23年4月14日通知 ・墓地の管理者は，特例許可証を前提とした焼骨の埋蔵を行うことが可能	平成23年4月14日通知 ・墓地の管理者は，特例許可証を前提とした焼骨の埋蔵を行うことが可能	平成23年4月14日通知 ・墓地の管理者は，火葬場の管理者が特例的に火葬を行った旨の証明書を前提とした焼骨の埋蔵を行うことが可能
焼骨の収蔵	・納骨堂の管理者は，火葬許可証を前提とした焼骨の収蔵を実施	平成23年4月14日通知 ・納骨堂の管理者は，特例許可証を前提とした焼骨の収蔵を行うことが可能	平成23年4月14日通知 ・納骨堂の管理者は，特例許可証を前提とした焼骨の収蔵を行うことが可能	平成23年4月14日通知 ・納骨堂の管理者は，火葬場の管理者が特例的に火葬を行った旨の証明書を前提とした焼骨の収蔵を行うことが可能

※ 特例的に火葬，土葬，焼骨の埋蔵・収蔵を実施した場合は，混乱状況等が解消した段階で，特例許可証等を添えて市町村長に正式な埋火葬許可証の発行を求める必要がある。

第6条及び第7条〔削除〕

（解　説）

　第6条及び第7条は，戸籍法の一部を改正する法律（昭和45年法律第12号）において，戸籍法等に基づく死亡届等が改正前は事件発生地においてすべきものと限定していたのを改め，事件本人の本籍地，届出人の所在地又は事件発生地においてできるものとされたことに伴い，戸籍法等に基づく届出市町村長と本法の埋火葬許可の申請市町村長を同一にしておくこととしたため削除されたものである。参考までに，戸籍法の改正に伴う改正前の本法第

5条から第8条までの規定を掲げると次のとおりである。

第5条　埋葬又は火葬を行わうとする者は，死亡地又は死産地の判明しないときは，死体の発見地の市町村長（特別区の区長を含む。以下同じ。）の許可を受けなければならない。

2　改葬を行わうとする者は，省令の定めるところにより，死体又は焼骨の現に存する地の市町村長の許可を受けなければならない。

第6条　汽車その他の交通機関（船舶を除く。以下同じ。）の中で死亡又は死産があつた場合において，その死体を埋葬又は火葬しようとする者は，死亡にあつては死体をその交通機関から降ろした地，死産にあつては死産をした母がその交通機関から降りた地の市町村長の許可を受けなければならない。

第7条　船舶の中で死亡又は死産があつたときは，その死体を埋葬又は火葬しようとする者は，その船舶が最初に入港した地の市町村長の許可を受けなければならない。

第8条　市町村長が，前3条の規定により，埋葬，改葬又は火葬の許可を与えるときは，埋葬許可証，改葬許可証又は火葬許可証を交付しなければならない。

2　市町村長は，死亡若しくは死産の届出を受理し，又は船舶の船長から，死亡若しくは死産に関する航海日誌の謄本の送付を受けた後でなければ，埋葬許可証又は火葬許可証を交付してはならない。

〔許可証の交付〕

第8条　市町村長が，第5条の規定により，埋葬，改葬又は火葬の許可を与えるときは，埋葬許可証，改葬許可証又は火葬許可証を交付しなければならない。

（解　説）

1　本条は，市町村長が埋葬，改葬又は火葬の許可を与えるときは，それぞ

第2章　埋葬，火葬及び改葬／第8条

れの許可証を交付すべきことを定める。許可証の様式は，施行規則第4条
に定められている。

2　埋火葬の許可証は，その性格上1死体につき1枚発行されるのが原則で
あるが，許可証を紛失した場合等の例外的事例については次のような行政
実例を参考に，各市町村で，個別事案について，判断がされている。

(1)　埋火葬許可証交付後に許可証を紛失した場合（通知編(21)，(26)，
(27)，(34)参照）。

ア　埋火葬執行前

市町村長は，申請者から埋火葬許可証を紛失した事実を確認できる
資料の提出を受け，事実確認の上再発行する。

イ　火葬執行後で焼骨の埋蔵又は収蔵前

市町村長は，火葬場の管理者から火葬簿の記載事実に基づく火葬済
みの証明書の提出を受けるとともに火葬許可書発行の事実を確認した
上で，許可証を再発行する。

(2)　道路工事等で発掘された人骨の火葬については，特例として，市町村
長が当該人骨の発見の事情及び経過を証明する文書を作成し，これをも
って火葬許可証に代える（通知編(36)参照）。

(3)　遺失物たる焼骨の埋蔵又は収蔵については，(2)と同様に，市町村長が
当該焼骨発見の事情，引取りにいたる経過等を証する書面を作成し，こ
れをもって火葬許可証に代える（通知編(27)参照）。

(4)　外国で火葬した焼骨の埋蔵又は収蔵については，特例として，改葬の
手続により取り扱われる。市町村長は，外国で火葬したことの事実を証
する証明書を発行し，これをもって施行規則第2条の墓地若しくは納骨
堂の管理者の証明書に代える（通知編(26)，(77)参照）。

3　死体解剖保存法第13条の規定に基づく市町村長の発行した死体交付証明
書は，埋火葬許可証とみなされる（第5条の解説11参照）。

4　平成23年の東日本大震災においては，死亡者が多数に上り，自治体の被
害も大きく，自治体による埋葬や火葬の許可証を発行することが困難な自

39

治体もあったため，埋火葬許可証に代わる証明書の発行を行うなどの対応
を行った（前掲「東日本大震災における対応」参照）。

5　平成25年の災害対策基本法の一部改正により，埋火葬の許可に関する特
例について定めた規定が同法に設けられたほか，武力攻撃事態等における
国民の保護のための措置に関する法律及び新型インフルエンザ等対策特別
措置法にも類似の規定が設けられている（第5条の解説26参照）。

〔市町村長の埋葬又は火葬の義務〕

第9条　死体の埋葬又は火葬を行う者がないとき又は判明しないと
　　きは，死亡地の市町村長が，これを行わなければならない。

2　前項の規定により埋葬又は火葬を行つたときは，その費用に関
　　しては，行旅病人及び行旅死亡人取扱法（明治32年法律第93号）
　　の規定を準用する。

（解　説）

1　本条は，引取者のない死体についての市町村長の埋葬又は火葬の義務に
ついて定める。ただし，ここにいう「死体の埋葬又は火葬を行う者」と
は，現実に埋葬又は火葬を行う者をいう。行旅病人及び行旅死亡人取扱法
（明治32年法律第93号）に規定する行旅死亡人については，本条の適用除
外となる。

【注】

○行旅病人及行旅死亡人取扱法

　〔用語の定義〕

第1条　此ノ法律ニ於テ行旅病人ト称スルハ歩行ニ堪ヘサル行旅中ノ病人ニシテ療
　　養ノ途ヲ有セス且救護者ナキ者ヲ謂ヒ行旅死亡人ト称スルハ行旅中死亡シ引取者
　　ナキ者ヲ謂フ

②　住所，居所若ハ氏名知レス且引取者ナキ死亡人ハ行旅死亡人ト看做ス

③　前2項ノ外行旅病人及行旅死亡人ニ準スヘキ者ハ政令ヲ以テ之ヲ定ム

　〔行旅死亡人の埋葬又は火葬〕

第7条　行旅死亡人アルトキハ其ノ所在地市町村ハ其ノ状況相貌遺留物件其ノ他本

40

第2章　埋葬，火葬及び改葬／第9条

人ノ認識ニ必要ナル事項ヲ記録シタル後其ノ死体ノ埋葬又ハ火葬ヲ為スベシ

②　墓地若ハ火葬場ノ管理者ハ本条ノ埋葬又ハ火葬ヲ拒ムコトヲ得ス

　なお，身寄りのない死亡者の埋火葬を近隣の者等が行った場合であって，生活保護法（昭和25年法律第144号）第18条第2項に該当するときは同法の葬祭扶助の措置が講ぜられる（通知編（9）参照）。

【注】

○生活保護法

　（葬祭扶助）

第18条　葬祭扶助は，困窮のため最低限度の生活を維持することのできない者に対して，左に掲げる事項の範囲内において行われる。

　一　検案

　二　死体の運搬

　三　火葬又は埋葬

　四　納骨その他葬祭のために必要なもの

　2　左に掲げる場合において，その葬祭を行う者があるときは，その者に対して，前項各号の葬祭扶助を行うことができる。

　一　被保護者が死亡した場合において，その者の葬祭を行う扶養義務者がないとき。

　二　死者に対しその葬祭を行う扶養義務者がない場合において，その遺留した金品で，葬祭を行うに必要な費用を満たすことのできないとき。

2　身元及び死亡地が不明の死体については，当該死体の存する市町村長が本条を準用して措置することとされている。身元及び死亡地不明の死体が海洋漂流中船舶に収容された場合は，当該船舶が入港した地の市町村長がこれに当たるものとされている（通知編（9）参照）。

3　市町村長は，引取者のない死体について死体解剖保存法第12条の規定に基づき医学の研究等のため医学に関する大学の長に交付することができる。この場合においては，本条の適用はない。

【注】

○死体解剖保存法

　〔学校長への交付〕

第12条　引取者のない死体については，その所在地の市町村長（特別区の区長を含むものとし，地方自治法（昭和22年法律第67号）第252条の19第1項の指定都市

41

にあつては，区長又は総合区長とする。以下同じ。）は，医学に関する大学の長
（以下「学校長」という。）から医学の教育又は研究のため交付の要求があつたと
きは，その死亡確認後，これを交付することができる。

4　市町村長が第1項の規定に基づき埋葬又は火葬を行った場合の費用の負
　担については，行旅病人及行旅死亡人取扱法の第11条から第15条までの規
　定が準用される。

　　すなわち，その費用は，死亡者の遺留の金銭又は有価証券があればそれ
　を充当し，なお足らない場合は相続人，死亡者の扶養義務者の順で負担し
　なければならない。さらにこれをもっても足りない場合は遺留物品を売却
　してこれに充て，最後は埋葬又は火葬を行った地の都道府県の負担となる
　ものである（通知編（9）参照）。

【注】
○行旅病人及行旅死亡人取扱法
　〔行旅死亡人取扱費用の負担〕
第11条　行旅死亡人取扱ノ費用ハ先ツ其ノ遺留ノ金銭若ハ有価証券ヲ以テ之ニ充テ
　　　仍足ラサルトキハ相続人ノ負担トシ相続人ヨリ弁償ヲ得サルトキハ死亡人ノ扶養
　　　義務者ノ負担トス
　〔遺留物件の処分〕
第12条　行旅死亡人ノ遺留物件ハ市町村之ヲ保管スヘシ但シ其ノ保管ノ物件滅失若
　　　ハ毀損ノ虞アルトキ又ハ其ノ保管ニ不相当ノ費用若ハ手数ヲ要スルトキハ之ヲ売
　　　却シ又ハ棄却スルコトヲ得
　〔行旅死亡人取扱費用の弁償なき場合の措置〕
第13条　市町村ハ第9条〔行旅死亡人に関する公告〕ノ公告後60日ヲ経過スルモ仍
　　　行旅死亡人取扱費用ノ弁償ヲ得サルトキハ行旅死亡人ノ遺留物品ヲ売却シテ其ノ
　　　費用ニ充ツルコトヲ得其ノ仍足ラサル場合ニ於テ費用ノ弁償ヲ為スヘキ公共団体
　　　ニ関シテハ勅令ノ定ムル所ニ依ル
　②　市町村ハ行旅死亡人取扱費用ニ付遺留物件ノ上ニ他ノ債権者ノ先取特権ニ対シ
　　　優先権ヲ有ス
　〔遺留物件の引渡〕
第14条　市町村ハ行旅死亡人取扱費用ノ弁償ヲ得タルトキハ相続人ニ其ノ保管スル
　　　遺留物件ヲ引渡スヘシ相続人ナキトキハ正当ナル請求者ト認ムル者ニ之ヲ引渡ス
　　　コトヲ得

第2章　埋葬，火葬及び改葬／第9条

〔繰替支弁〕
第15条　行旅病人行旅死亡人及其ノ同伴者ノ救護若ハ取扱ニ関スル費用ハ所在地市町村費ヲ以テ一時之ヲ繰替フヘシ
②　前項費用ノ弁償金徴収ニ付テハ市町村税滞納処分ノ例ニ依ル
③　前項ノ徴収金ノ先取特権ハ国税及地方税ニ次グモノトス
○行旅病人死亡人等ノ引取及費用弁償ニ関スル件（明治32年6月17日勅令第277号）
第1条　行旅病人及行旅死亡人取扱法〔明治32年法律第93号〕第5条及第13条ノ公共団体ハ行旅病人行旅死亡人若ハ其ノ同伴者ノ救護又ハ取扱ヲ為シタル地ノ道府県〔都道府県〕トス
②　前項ノ規定ニ拘ラズ行旅病人行旅死亡人若ハ其ノ同伴者ノ救護又ハ取扱ヲ為シタル地方自治法（昭和22年法律第67号）第252条の19第1項ノ指定都市ハ地方自治法施行令（昭和22年政令第16号）第174条の30ノ定ムル所ニ依リ行旅病人及行旅死亡人取扱法第5条及第13条ノ公共団体トス
③　第一項ノ規定ニ拘ラズ行旅病人行旅死亡人若ハ其ノ同伴者ノ救護又ハ取扱ヲ為シタル地方自治法第二百五十二条の二十二第一項ノ中核市ハ地方自治法施行令第百七十四条の四十九の六ノ定ムル所ニ依リ行旅病人及行旅死亡人取扱法第五条及第十三条ノ公共団体トス

5　死体解剖保存法第12条の規定に基づき市町村長から死体の交付を受けた学校長は，当該死体の埋火葬に関する費用を負担しなければならない。

【注】
○死体解剖保存法
〔費用の負担〕
第21条　学校長は，第12条の規定により交付を受けた死体については，行旅病人及行旅死亡人取扱法第11条及び第13条の規定にかかわらず，その運搬に関する諸費，埋火葬に関する諸費及び墓標費であつて，死体の交付を受ける際及びその後に要したものを負担しなければならない。

第3章　墓地，納骨堂及び火葬場

〔墓地・納骨堂又は火葬場の経営等の許可〕

第10条　墓地，納骨堂又は火葬場を経営しようとする者は，都道府
県知事の許可を受けなければならない。

2　前項の規定により設けた墓地の区域又は納骨堂若しくは火葬場
の施設を変更し，又は墓地，納骨堂若しくは火葬場を廃止しよう
とする者も，同様とする。

（解　説）

1　本条は，墓地，納骨堂又は火葬場の経営の開始，変更又は廃止について
は都道府県知事の許可が必要であることを定めている。

2　「経営」とは，墓地等を設置し，管理し，運営することをいう。したが
って，「企業経営」という場合に用いられる場合の語義よりも広義に解釈
されるものである（通知編（16）参照）。

3　墓地等の経営は，高度の公益性を有するとともに国民の風俗・慣習，宗
教活動，各地方の地理的条件等を踏まえるべきであるため各地方自治体ご
との責任と判断に委ねられている。都道府県知事は，第1条に規定する本
法の趣旨に照らし，国民の宗教的感情，公衆衛生その他公共の福祉を十分
に勘案の上本条に基づく許可を行わなければならない。「その他公共の福
祉」の観点としては墓地造成に伴う災害防止や，経営主体の適格性等が配
慮される事項であろう（通知編（6），（22）参照）。

なお，平成23年に成立した「地域の自主性及び自立性を高めるための改
革の推進を図るための関係法律の整備に関する法律」（平成23年法律第105
号。第2次一括法）により，市又は特別区にあっては，市長又は区長が許
可権限を有することとなった。また，実際には，地方自治法（昭和22年法
律第67号）に基づき都道府県知事から市町村長にこれらの権限が委任され

第3章　墓地，納骨堂及び火葬場／第10条

ている場合がある。

4　この許可は，法律上許可権限者である都道府県知事等に幅広い裁量を与える規定となっていることから，都道府県知事等は当該許可に条件，期限，負担，撤回権の留保等の附款を付することができる。ただし，附款の内容はその必要性を超えるものであってはならない。附款についての行政実例としては，墓地の経営許可について，焼骨の埋蔵のみを条件とすること，墓地の造成工事完成時期につき期限を付し，遅延した場合における撤回の留保等がある。また，この他にも許可の条件として，将来にわたって安定した経営を行うために計画的に永代使用料等を原資とする管理基金を造成すること，監査法人による財務監査を受検することなどがある（通知編（18），（48），資料編Ⅳ-4参照）。

5　墓地等の経営主体については，原則として地方公共団体とし，これにより難い事情のある場合にあっても公益法人，宗教法人等であることとされている。これは，墓地の永続的管理の必要性とともに，墓地の健全な経営を確保するために墓地経営は営利を追求しない公益的事業として運営されるべきであることによるものである。公益法人制度改革に関連し，墓地経営の主体等に関し，あらためて通知が発出されていることに留意する必要がある（通知編（1），（2），（42），（47），（55）＜参考2＞，（63），（69）参照）。

　　許可権限者である都道府県知事等の判断により，民法（明治29年法律第89号）第34条の規定に基づく公益法人の墓地経営を認める場合については，墓地経営の永続性の確保等の観点から財政基礎の確固とした財団法人であることが原則とされ，特定の営利企業が実質的な経営を支配することや名義貸しを防止することが必要である。

　　宗教法人法（昭和26年法律第126号）第2条の規定に基づく宗教法人の墓地経営は，原則として宗教法人本来の宗教活動である場合に認められているが，同法第6条第1項に規定する公益事業の一つである場合においても認められている。後者の場合にあっては，当該宗教法人の規則中に墓地

45

経営事業を行うことを明定することが必要であり，会計上も宗教法人の一般会計と区別して，特別会計とし，収支区分を明確にするよう宗教法人所管庁における指導がなされている。

　宗教法人が，公益事業として宗派を問わない墓地の経営を行う場合，営利企業等が経営の実権を握るいわゆる名義貸しの事例があることが指摘されている。名義貸しが行われた場合は，実質的な経営主体の営利企業等に収入を簒奪されるなどの危険があるので，本法上の墓地経営の許可に当たって，宗教法人所轄部局と本法担当部局が密接な連携を保ち，許可申請をする宗教法人が，宗教法人としての活動実績があるか，実質的に墓地経営を行う能力があるか等について精査すべきである。

6　いわゆる名義貸しによる墓地等の経営については，その態様によって，本条に違反する（無許可の経営）場合がある（第19条の解説4参照）。

【注】

○宗教法人法

（宗教団体の定義）

第2条　この法律において「宗教団体」とは，宗教の教義をひろめ，儀式行事を行い，及び信者を教化育成することを主たる目的とする左に掲げる団体をいう。

　一　礼拝の施設を備える神社，寺院，教会，修道院その他これらに類する団体

　二　前号に掲げる団体を包括する教派，宗派，教団，教会，修道会，司教区その他これらに類する団体

（公益事業その他の事業）

第6条　宗教法人は，公益事業を行うことができる。

②　宗教法人は，その目的に反しない限り，公益事業以外の事業を行うことができる。この場合において，収益を生じたときは，これを当該宗教法人，当該宗教法人を包括する宗教団体又は当該宗教法人が援助する宗教法人若しくは公益事業のために使用しなければならない。

（設立の手続）

第12条　宗教法人を設立しようとする者は，左に掲げる事項を記載した規則を作成し，その規則について所轄庁の認証を受けなければならない。

　一～六　〔略〕

　七　第6条の規定による事業を行う場合には，その種類及び管理運営（同条第2項の規定による事業を行う場合には，収益処分の方法を含む。）に関する事項

第3章　墓地，納骨堂及び火葬場／第10条

八～十三　〔略〕

②及び③　〔略〕

（規則の変更の手続）

第26条　宗教法人は，規則を変更しようとするときは，規則で定めるところにより
その変更のための手続をし，その規則の変更について所轄庁の認証を受けなけれ
ばならない。この場合において，宗教法人が当該宗教法人を包括する宗教団体と
の関係（以下「被包括関係」という。）を廃止しようとするときは，当該関係の
廃止に係る規則の変更に関し当該宗教法人の規則中に当該宗教法人を包括する宗
教団体が一定の権限を有する旨の定がある場合でも，その権限に関する規則の規
定によることを要しないものとする。

②～④　〔略〕

7　都道府県及び市町村による墓地等の経営の他，特別地方公共団体による
墓地等の経営として一部事務組合によるもの及び財産区によるものがあ
る。

都市周辺において，適地の選定，財政状況等の事情から，一市町村によ
る墓地等の経営が困難な場合には，一部事務組合による墓地等の経営が適
切であり，また，古くから存在する集落の共同墓地は，財産区か集落共
（総）有財産か判然としないものがあるが，市町村に移管し，市町村営と
することも考えられる。

地方公共団体が経営する墓地，火葬場，納骨堂は地方自治法上，公の施
設に該当し，条例により，使用者から使用料を徴収することができる。

【注】

○地方自治法

（使用料）

第225条　普通地方公共団体は，第238条の4〔行政財産の管理及び処分〕第7項の
規定による許可を受けてする行政財産の使用又は公の施設の利用につき使用料を
徴収することができる。

（分担金等に関する規制及び罰則）

第228条　分担金，使用料，加入金及び手数料に関する事項については条例でこれ
を定めなければならない。〔以下略〕

②及び③　〔略〕

（公の施設）

47

第244条　普通地方公共団体は，住民の福祉を増進する目的をもつてその利用に供するための施設（これを公の施設という。）を設けるものとする。

②　普通地方公共団体（次条第3項に規定する指定管理者を含む。次項において同じ。）は，正当な理由がない限り，住民が公の施設を利用することを拒んではならない。

③　普通地方公共団体は，住民が公の施設を利用することについて，不当な差別的取扱いをしてはならない。

（公の施設の区域外設置及び他の団体の公の施設の利用）

第244条の3　普通地方公共団体は，その区域外においても，また，関係普通地方公共団体との協議により，公の施設を設けることができる。

②　普通地方公共団体は，他の普通地方公共団体との協議により，当該他の普通地方公共団体の公の施設を自己の住民の利用に供させることができる。

③　前2項の協議については，関係普通地方公共団体の議会の議決を経なければならない。

（組合の種類及び設置）

第284条　〔略〕

②　普通地方公共団体及び特別区は，その事務の一部を共同処理するため，その協議により規約を定め，都道府県の加入するものにあつては総務大臣，その他のものにあつては都道府県知事の許可を得て，一部事務組合を設けることができる。この場合において，一部事務組合内の地方公共団体につきその執行機関の権限に属する事項がなくなつたときは，その執行機関は，一部事務組合の成立と同時に消滅する。

③及び④　〔略〕

（普通地方公共団体に関する規定の準用）

第292条　地方公共団体の組合については，法律又はこれに基づく政令に特別の定めがあるものを除くほか，都道府県の加入するものにあつては都道府県に関する規定，市及び特別区の加入するもので都道府県の加入しないものにあつては市に関する規定，その他のものにあつては町村に関する規定を準用する。

〔財産区の意義及びその財産又は公の施設〕

第294条　法律又はこれに基く政令に特別の定があるものを除く外，市町村及び特別区の一部で財産を有し若しくは公の施設を設けているもの又は市町村及び特別区の廃置分合若しくは境界変更の場合におけるこの法律若しくはこれに基く政令の定める財産処分に関する協議に基き市町村及び特別区の一部が財産を有し若しくは公の施設を設けるものとなるもの（これらを財産区という。）があるときは，その財産又は公の施設の管理及び処分又は廃止については，この法律中地方公共団体の財産又は公の施設の管理及び処分又は廃止に関する規定による。

48

第3章　墓地，納骨堂及び火葬場／第10条

② 　前項の財産又は公の施設に関し特に要する経費は，財産区の負担とする。

③ 　前2項の場合においては，地方公共団体は，財産区の収入及び支出については
会計を分別しなければならない。

8　なお，墓地等については，その公共的施設の性格，事業の公益性等にか
んがみ次のような税制上の優遇措置が講ぜられている。

(1)　法人税

【注】

○法人税法（昭和40年法律第34号）

（内国公益法人等の非収益事業所得等の非課税）

第6条　内国法人である公益法人等又は人格のない社団等の各事業年度の所得のう
ち収益事業から生じた所得以外の所得については，前条（内国法人の課税所得の
範囲）の規定にかかわらず，各事業年度の所得に対する法人税を課さない。

○法人税法施行令（昭和40年政令第97号）

（収益事業の範囲）

第5条　法第2条第13号（定義）に規定する政令で定める事業は，次に掲げる事業
（その性質上その事業に付随して行われる行為を含む。）とする。

一～四 〔略〕

五 　不動産貸付業のうち次に掲げるもの以外のもの

イ～ハ 〔略〕

二 　宗教法人法（昭和26年法律第126号）第4条第2項（法人格）に規定する
宗教法人又は公益社団法人若しくは公益財団法人が行う墳墓地の貸付業

ホ～リ 〔略〕

六～三十四 〔略〕

② 〔略〕

(2)　法人事業税

法人税と同一の取扱い。

(3)　固定資産税

【注】

○地方税法（昭和25年法律第226号）

（固定資産税の非課税の範囲）

第348条

① 〔略〕

49

② 固定資産税は，次に掲げる固定資産に対しては課することができない。ただし，固定資産を有料で借り受けた者がこれを次に掲げる固定資産として使用する場合には，当該固定資産の所有者に課することができる。

一～三 〔略〕

四 墓地

五～四十五 〔略〕

③ 市町村は，前項各号に掲げる固定資産を当該各号に掲げる目的以外の目的に使用する場合においては，前項の規定にかかわらず，これらの固定資産に対し，固定資産税を課する。

④ 〔以下，略〕

(4) 特別土地保有税

【注】

〇地方税法

（特別土地保有税の非課税）

第586条

① 〔略〕

② 市町村は，次に掲げる土地又はその取得に対しては，特別土地保有税を課することができない。

一～二十七 〔略〕

二十八 第348条第2項，第5項及び第7項の規定の適用がある土地（第4号の5及び第5号に掲げるものを除く。）

二十九及び三十 〔略〕

③及び④ 〔略〕

(5) 事業所税

火葬場，納骨堂及び墓地の現地事務所につき課税免除の措置が採られている。

9 個人が設置運営する墓地（いわゆる「個人墓地」）は，墓地が無秩序に各所に散在するような事態は極力避けるべきであること等から原則として認められないが，都道府県知事等の判断により山間へき地等であって，既存墓地を利用できない場合にあっては例外的に許可される場合がある（通知編(1)，(15)，(16)，(20)，(53)，(55)＜参考1＞参照）。

10 墓地の経営許可は，墓地としての用に供する土地について自ら当該区域

第3章　墓地，納骨堂及び火葬場／第10条

内で墳墓の設置に着手することにより，又は他人に墳墓を設けさせる目的
でその区域内の土地に対する使用権の設定に着手することにより，墳墓を
設けることに利用されることが確定される前において受ける必要がある
（同旨　大阪高裁昭和52年1月19日判決）。墓地等を開発，造成するために
は都市計画法（昭和43年法律第100号），国土利用計画法（昭和49年法律第
92号），農地法（昭和27年法律第229号），自然環境保全法（昭和47年法律
第85号）等土地開発規制法規及び地方自治体の条例等による許認可等を必
要とする場合があるのでこれらの法規制に従わなければならない。

【参　考】

○大阪高裁昭和52年1月19日判決

　「10条1項にいう「墓地」とは，ある者が自らその区域内で墳墓の設置に着手
することにより，あるいは他人に墳墓を設けさせる目的でその区域内の土地の分
譲もしくは使用権の設定に着手することにより，墳墓を設けることに利用される
ことが確定された土地の区域を意味するのであり，「墓地の経営」とは，右のご
とき意味での墓地を設けること，および，右のごとき意味での墓地を墓地として
管理，運営することを指し，2項にいう「墓地の区域の変更」とは，区域を縮少
（一部廃止）して変更することは別として，許可ずみの墓地の区域と一体となる
ような関係のもとに許可区域外の土地をも右のごとき意味での墓地にすることを
指すと解するのが相当である。要するに，墓地法10条に違反し無許可で墓地を経
営しまたは無許可で区域を拡張して墓地の区域を変更した罪は，許可区域でない
土地を右のごとき意味での墓地にした事実があるときにはじめて成立するのであ
って，墓地として許可を受けた区域外の土地にたとえ主観的，外観的に墳墓を設
けるための墓地用地と言い得るものを造成作出した場合であっても，げんに同土
地に墳墓を設置することなく，第三者に対する墳墓用地としての分譲，使用権の
設定をすることもなく，同土地をいぜんとして自己が支配し，同土地に墳墓が設
けられるに至ることを避けている間は，同土地につき墓地を経営し，あるいは墓
地の区域を同土地にまで拡張して墓地の区域を変更したことにはならないのであ
り，将来自ら墳墓の設置に着手し，または墳墓用地として第三者に対する分譲，
使用権の設定に着手するまでのいずれかの段階で所定の許可を得さえすれば，10
条違反として問擬される余地はないと解するのが相当とする。」

11　墓地の区域又は納骨堂若しくは火葬場の施設を変更する場合にも都道府
　　県知事等の許可を必要とする。従前の区域又は施設と一体性を保たない変

51

更（その判断は，個々具体的な要素からなされる他はない。）は，従前の
区域又は施設の廃止及び新規の区域又は施設の経営の許可として取り扱わ
れる。

12　墓地等を廃止する場合においても都道府県知事等の許可を必要とする
が，墓地及び納骨堂の廃止許可は埋葬された死体又は埋蔵された焼骨の改
葬がすべて完了した後に行われるべきものである（通知編（44），（45）参
照）。

13　地方公共団体が設置する，都市公園法（昭和31年法律第79号）にいう都
市公園に該当する墓園の緑地部分には，都市公園法第29条に基づく補助の
制度がある。

【参　考】

○都市公園法

（補助金）

第29条　国は，予算の範囲内において，政令で定めるところにより，地方公共団体
に対し都市公園の新設又は改築に要する費用の一部を補助することができる。

○都市公園法施行令（昭和31年政令第290号）

（都市公園に関する費用の補助額）

第31条　法第29条の規定による国の地方公共団体に対する補助金の額は，都市公園
の新設又は改築に要する費用のうち，次に掲げる公園施設の新設，増設又は改築
に要する費用にあつては当該費用の額に2分の1を乗じて得た額とし，都市公園
の用地の取得に要する費用にあつては当該費用の額に3分の1を乗じて得た額と
する。

一　園路又は広場

二　修景施設

三　休養施設のうち，休憩所，ベンチ，野外卓，キャンプ場その他これらに類す
るもの

四　遊戯施設のうち，ぶらんこ，滑り台，シーソー，ジャングルジム，ラダー，
砂場，徒渉池その他これらに類するもの

五　運動施設（ゴルフ場及びゴルフ練習場並びにこれらに附属する工作物並びに
第5条第4項第2号に掲げる運動施設を除く。）

六　教養施設のうち，次のイ又はロのいずれかに該当するもの

イ　自然生態園，野鳥観察所，動植物の保護繁殖施設，野外劇場，野外音楽

第3章　墓地，納骨堂及び火葬場／第11条

堂，体験学習施設その他これらに類するもの

ロ　古墳，城跡，旧宅その他の遺跡及びこれらを復原したもので歴史上又は学術上価値の高いもの（地域における歴史的風致の維持及び向上に関する法律第8条に規定する認定歴史的風致維持向上計画に同法第5条第2項第3号ロに掲げる事項としてその新設又は改築が定められたものに限る。）

七　便益施設のうち，駐車場，園内移動用施設，便所，時計台，水飲場，手洗場その他これらに類するもの

八　管理施設のうち，門，さく，管理事務所，苗畑，照明施設，ごみ処理場，水道，井戸，暗渠，水門，雨水貯留施設，水質浄化施設，護岸，擁壁，発電施設その他これらに類するもの

九　第5条第8項に掲げる施設のうち，展望台又は同項に規定する備蓄倉庫その他国土交通省令で定める災害応急対策に必要な施設（避難地又は避難路となる都市公園（災害対策基本法（昭和36年法律第223号）第2条第10号に規定する地域防災計画その他これに準ずる防災に関する計画において定められたものに限る。）に設けられるものに限る。）

14　本条の規定に違反した者に対しては，第20条及び罰金等臨時措置法の規定に基づき6箇月以下の懲役又は1万円以上2万円以下の罰金に処せられることとなる（第20条については，令和7年6月1日施行の改正がある。同条の解説参照）。

〔他の法律による処分との調整〕

第11条　都市計画事業として施行する墓地又は火葬場の新設，変更又は廃止については，都市計画法（昭和43年法律第100号）第59条の認可又は承認をもつて，前条の許可があつたものとみなす。

2　土地区画整理法（昭和29年法律第119号）の規定による土地区画整理事業又は大都市地域における住宅及び住宅地の供給の促進に関する特別措置法（昭和50年法律第67号）の規定による住宅街区整備事業の施行により，墓地の新設，変更又は廃止を行う場合は，前項の規定に該当する場合を除き，事業計画の認可をもつて，前条の許可があつたものとみなす。

（解　説）

1　本条は，前条の規定と都市計画法の都市計画事業の認可等の規定との調整を図るものであり，都市計画事業等の認可等をもって前条の許可とみなすこととするものである。

　　これは，都道府県知事が墓地等の経営許可権限者であるとともに都市計画事業の事業計画等の，認可権限者，あるいは施行者であることから，これらの権限の調整を行うものである。

2　墓地及び火葬場は公共性の強い施設であるにもかかわらず，その建設にあたっては，特に都市部での用地の取得が年々難しくなっている他，周辺住民との摩擦を生じる場合があるなど困難が伴うことも多い。墓地等の整備にはこうした特有の事情が存することに加え，都市周辺部においてはその充実が急がれており，周囲の環境や合理的な土地の利用に配慮した計画的整備が重要になっている。

3　都市計画法においては，墓地及び火葬場が都市施設として定められている。したがって同法に基づき都市計画が決定され，事業の施行にあたり都市計画事業としての認定を受けると，墓地等の用地取得等にあたり，土地の収用裁決の申請が可能となるほか，当該事業の施行の障害となるような土地の形質変更や建築物の建築等について許可が必要となるなどの効果が生ずる。

【注】

○都市計画法

（都市施設）

第11条　都市計画区域については，都市計画に，次に掲げる施設を定めることができる。この場合において，特に必要があるときは，当該都市計画区域外においても，これらの施設を定めることができる。

　　一　〔略〕

　　二　公園，緑地，広場，墓園その他の公共空地

　　三〜六　〔略〕

　　七　市場，と畜場又は火葬場

　　八〜十五　〔略〕

第3章　墓地，納骨堂及び火葬場／第11条

② 都市施設については，都市計画に，都市施設の種類，名称，位置及び区域を定めるものとするとともに，面積その他の政令で定める事項を定めるよう努めるものとする。

③～⑦ 〔略〕

（都市計画を定める者）

第15条　次に掲げる都市計画は都道府県が，その他の都市計画は市町村が定める。

　一　都市計画区域の整備，開発及び保全の方針に関する都市計画

　二　区域区分に関する都市計画

　三　都市再開発方針等に関する都市計画

　四　第8条第1項第4号の2，第9号から第13号まで及び第16号に掲げる地域地区（同項第4号の2に掲げる地区にあつては都市再生特別措置法第36条第1項の規定による都市再生特別地区に，第8条第1項第9号に掲げる地区にあつては港湾法（昭和25年法律第218号）第2条第2項の国際戦略港湾，国際拠点港湾又は重要港湾に係るものに，第8条第1項第12号に掲げる地区にあつては都市緑地法第5条の規定による緑地保全地域（二以上の市町村の区域にわたるものに限る。），首都圏近郊緑地保全法（昭和41年法律第101号）第4条第2項第3号の近郊緑地特別保全地区及び近畿圏の保全区域の整備に関する法律（昭和42年法律第103号）第6条第2項の近郊緑地特別保全地区に限る。）に関する都市計画

　五　一の市町村の区域を超える広域の見地から決定すべき地域地区として政令で定めるもの又は一の市町村の区域を超える広域の見地から決定すべき都市施設若しくは根幹的都市施設として政令で定めるものに関する都市計画

　六　市街地開発事業（土地区画整理事業，市街地再開発事業，住宅街区整備事業及び防災街区整備事業にあつては，政令で定める大規模なものであつて，国の機関又は都道府県が施行すると見込まれるものに限る。）に関する都市計画

　七　市街地開発事業等予定区域（第12条の2第1項第4号から第6号までに掲げる予定区域にあつては，一の市町村の区域を超える広域の見地から決定すべき都市施設又は根幹的都市施設の予定区域として政令で定めるものに限る。）に関する都市計画

② 市町村の合併その他の理由により，前項第5号に該当する都市計画が同号に該当しないこととなつたとき，又は同号に該当しない都市計画が同号に該当することとなつたときは，当該都市計画は，それぞれ市町村又は都道府県が決定したものとみなす。

③ 市町村が定める都市計画は，議会の議決を経て定められた当該市町村の建設に関する基本構想に即し，かつ，都道府県が定めた都市計画に適合したものでなければならない。

④　市町村が定めた都市計画が，都道府県が定めた都市計画と抵触するときは，その限りにおいて，都道府県が定めた都市計画が優先するものとする。

○都市計画法施行令（昭和44年政令第158号）

（都市施設について都市計画に定める事項）

第6条　法第11条第2項の政令で定める事項は，次の各号に掲げる施設について，それぞれ当該各号に定めるものとする。

　　一～四　〔略〕

　　五　空港，緑地，広場，運動場，墓園，汚物処理場，ごみ焼却場，ごみ処理場又は法第11条第1項第5号から第7号までに掲げる都市施設　面積

　　六～八　〔略〕

②　〔略〕

4　「都市計画法第59条の認可」とは，同条第1項又は第2項の規定に基づき市町村又は国の機関，都道府県及び市町村以外の者が都市計画事業を行う場合の都道府県知事の認可並びに都道府県が都市計画事業を行う場合の国土交通大臣の認可をいう。

　　「都市計画法第59条の承認」とは，同条第3項の規定に基づき国の機関が都市計画事業を行う場合の国土交通大臣の承認をいう。

　　墓地については都市計画の事業者が一部事務組合や民法第34条の規定に基づく公益法人である場合が考えられるが，一部事務組合は都道府県又は市町村に関する規定が，公益法人は国の機関，都道府県及び市町村以外の者に関する規定が適用されることとなる。

【注】

○都市計画法

　　（施行者）

第59条　都市計画事業は，市町村が，都道府県知事（第1号法定受託事務として施行する場合にあつては，国土交通大臣）の認可を受けて施行する。

②　都道府県は，市町村が施行することが困難又は不適当な場合その他特別な事情がある場合においては，国土交通大臣の認可を受けて，都市計画事業を施行することができる。

③　国の機関は，国土交通大臣の承認を受けて，国の利害に重大な関係を有する都市計画事業を施行することができる。

④　国の機関，都道府県及び市町村以外の者は，事業の施行に関して行政機関の免

第3章　墓地，納骨堂及び火葬場／第11条

許，許可，認可等の処分を必要とする場合においてこれらの処分を受けていると
き，その他特別な事情がある場合においては，都道府県知事の認可を受けて，都
市計画事業を施行することができる。

⑤　都道府県知事は，前項の認可をしようとするときは，あらかじめ，関係地方公
共団体の長の意見をきかなければならない。

⑥及び⑦　〔略〕

5　都市計画事業でない場合の土地区画整理事業又は住宅街区整備事業とし
ての墓地の新設等についても，第2項において当該事業の事業計画の認可
をもって前条の許可とみなすこととされている。

　なお，新住宅市街地開発事業，工業団地造成事業，市街地再開発事業及
び新都市基盤整備事業等は都市計画事業として行われるものである。

　また，第2項においては土地区画の整理を目的とする事業の性格上火葬
場は対象とならないことから規定されていない。

6　本条の規定の適用がある場合は担当行政部局間での密接な連絡調整が必
要である。また，土地区画整理事業等の施行区域内であっても当該事業の
計画の設計図において墓地等の位置，形状等について表示されていない場
合等は，土地区画整理事業等の認可等の対象外となるものについては前条
の許可が必要である。

【注】

○土地区画整理法（昭和29年法律第119号）

（事業計画）

第6条　第4条〔施行の認可〕第1項の事業計画においては，国土交通省令で定め
るところにより，施行地区（施行地区を工区に分ける場合においては，施行地区
及び工区），設計の概要，事業施行期間及び資金計画を定めなければならない。

2　住宅の需要の著しい地域に係る都市計画区域で国土交通大臣が指定するものの
区域において新たに住宅市街地を造成することを目的とする土地区画整理事業の
事業計画においては，施行地区における住宅の建設を促進するため特別な必要が
あると認められる場合には，国土交通省令で定めるところにより，住宅を先行し
て建設すべき土地の区域（以下「住宅先行建設区」という。）を定めることがで
きる。

3　住宅先行建設区は，施行地区における住宅の建設を促進する上で効果的である

57

と認められる位置に定め，その面積は，住宅が先行して建設される見込みを考慮して相当と認められる規模としなければならない。

4 都市計画法第12条第2項の規定により市街地再開発事業（都市再開発法（昭和44年法律第38号）による市街地再開発事業をいう。以下同じ。）について都市計画に定められた施行区域をその施行地区に含む土地区画整理事業の事業計画においては，国土交通省令で定めるところにより，当該施行区域内の全部又は一部について，土地区画整理事業と市街地再開発事業を一体的に施行すべき土地の区域（以下「市街地再開発事業区」という。）を定めることができる。

5 市街地再開発事業区の面積は，第85条の3第1項の規定による申出が見込まれるものについての換地の地積の合計を考慮して相当と認められる規模としなければならない。

6 高度利用地区（都市計画法第8条第1項第3号の高度利用地区をいう。以下同じ。）の区域，都市再生特別地区（都市再生特別措置法（平成14年法律第22号）第36条第1項の規定による都市再生特別地区をいう。以下同じ。）の区域又は特定地区計画等区域（都市再開発法第2条の2第1項第4号に規定する特定地区計画等区域をいう。以下同じ。）をその施行地区に含む土地区画整理事業の事業計画においては，国土交通省令で定めるところにより，当該高度利用地区の区域，都市再生特別地区の区域又は特定地区計画等区域内の全部又は一部（市街地再開発事業区が定められた区域を除く。）について，土地の合理的かつ健全な高度利用の推進を図るべき土地の区域（以下「高度利用推進区」という。）を定めることができる。

7 高度利用推進区の面積は，第85条の4第1項及び第2項の規定による申出が見込まれるものについての換地の地積及び共有持分を与える土地の地積との合計を考慮して相当と認められる規模としなければならない。

8 事業計画においては，環境の整備改善を図り，交通の安全を確保し，災害の発生を防止し，その他健全な市街地を造成するために必要な公共施設及び宅地に関する計画が適正に定められていなければならない。

9 事業計画においては，施行地区は施行区域の内外にわたらないように定め，事業施行期間は適切に定めなければならない。

10 事業計画は，公共施設その他の施設又は土地区画整理事業に関する都市計画が定められている場合においては，その都市計画に適合して定めなければならない。

11 事業計画の設定について必要な技術的基準は，国土交通省令で定める。

〇土地区画整理法施行規則（昭和30年建設省令第5号）

（設計の概要に関する図書）

第6条 法第6条第1項に規定する設計の概要，同条第2項（法第16条第1項，第

第3章　墓地，納骨堂及び火葬場／第12条

51条の4，第54条，第68条及び第71条の3第2項において準用する場合を含む。）に規定する住宅先行建設区，同条第4項（法第16条第1項，第51条の4，第54条，第68条及び第71条の3第2項において準用する場合を含む。）に規定する市街地再開発事業区及び同条第6項（法第16条第1項，第51条の4，第54条，第68条及び第71条の3第2項において準用する場合を含む。）に規定する高度利用推進区は，設計説明書及び設計図を作成して定めなければならない。

② 前項の設計説明書には，次に掲げる事項を記載しなければならない。

一　当該土地区画整理事業の目的

二　施行地区内の土地の現況

三　土地区画整理事業の施行後における施行地区内の宅地の地積（保留地の予定地積を除く。）の合計の土地区画整理事業の施行前における施行地区内の宅地の地積の合計に対する割合

四　保留地の予定地積

五　公共施設の整備改善の方針

六　法第2条第2項に規定する工作物その他の物件の設置，管理及び処分に関する事業又は埋立て若しくは干拓に関する事業が行われる場合においては，その事業の概要

七　住宅先行建設区の面積

八　市街地再開発事業区の面積

九　高度利用推進区の面積

③ 第1項の設計図は，縮尺1200分の1以上とし，土地区画整理事業の施行後における施行地区内の公共施設並びに鉄道，軌道，官公署，学校及び墓地の用に供する宅地の位置及び形状を，土地区画整理事業の施行により新設し，又は変更される部分と既設のもので変更されない部分とに区別して表示したものでなければならない。

〔管理者の届出〕

第12条　墓地，納骨堂又は火葬場の経営者は，管理者を置き，管理者の本籍，住所及び氏名を，墓地，納骨堂又は火葬場所在地の市町村長に届け出なければならない。

（解　説）

1　本条は，墓地，納骨堂又は火葬場の運営及び管理の適正化を図るため，墓地，納骨堂又は火葬場の経営者に対し，①事務取扱責任者たる「管理

59

者」を置くこと，②その管理者の本籍，住所及び氏名を当該墓地等の所在地の市町村長に届け出ることを義務付けた規定である。

2　「経営者」とは，第10条の規定により都道府県知事の許可を受けた者をいうが，経営主体は，地方公共団体，公益法人，宗教法人等が原則であるとされているため（第10条の解説5参照），「経営者」のほとんどは法人であり，「自然人たる事務取扱責任者」を定めておくことは，極めて重要な意義を有するものである。

3　「管理者」とは，自然人であり，墓地，納骨堂又は火葬場の運営及び管理についての事務取扱責任者であるが，本法は第13条から第18条に管理者が行うべき事務に関する規定を設けている。

　　管理者は，墓地，納骨堂又は火葬場の運営及び管理の事務が本法の目的に沿って行われるために，法的にも実態的にも，重要な任務を負う者であるので，経営者はその人選に当たっては，適切な者を選任することが肝要である（通知編（49）参照）。

4　管理者の届出は，市町村長に対して行わなければならない。これは，市町村長は埋火葬の許可事務等の執行において，管理者の氏名等を承知しておく必要があるからである。

5　山間へき地等におけるいわゆる，個人墓地については，経営者が自然人であること及び第三者の使用を目的とするものではないこと等の理由から，本条以下の管理者に関する規定の適用については，公衆衛生その他公共の福祉の見地から必要と考えられる条項のみに限定して差し支えないとされている（通知編（14）参照）。

〔管理者の応諾義務〕

第13条　墓地，納骨堂又は火葬場の管理者は，埋葬，埋蔵，収蔵又は火葬の求めを受けたときは，正当の理由がなければこれを拒んではならない。

第3章　墓地，納骨堂及び火葬場／第13条

（解　説）

1　本条は，墓地，納骨堂及び火葬場の管理者に対し，埋火葬等の施行が円滑に行われ，死者に対する遺族等関係者の感情を損なうことを防止するとともに，公衆衛生その他公共の福祉に反する事態を招くことのないよう埋火葬等について「正当の理由」がない限り，これを拒んではならないことを定めた規定である。

2　(1)「正当の理由」とは，本法の立法精神に照らし社会通念により個別事案ごとに判定するよりほかはない。例えば，新たな埋葬等を行う余地がないこと，依頼者が墓地等の正常な管理に明らかに支障を及ぼすおそれがあること等が，これに該当することになろう。

　　(2)「正当の理由」に該当しない場合としては，寺院墓地における異宗徒であることによる埋葬拒否がこれに当たるという判例がある（津地裁判昭和38年6月21日）。

＜事　実＞

　　Xは，A教のY寺院の信徒（檀家）であったが，B教に入信すると共に離檀した。ところが，その2ヵ月後にXの長男の妻が死産したので，Y寺院に対し，同寺院内のX所有の墳墓に埋葬を求め，しかも，B教による埋葬，埋蔵の方法（無典礼）で行うことを要求した。

　　Yは，Xが改宗による異宗徒であることを理由にXの埋葬，埋蔵の求めを拒否し，また，仮に，それを求めるとしても，A教による埋葬，埋蔵の方法を採るべきことを主張した。

＜判　旨＞

1　従来から寺院墓地に先祖の墳墓を所有する者からの埋葬蔵の依頼に対しては，寺院墓地管理者は，その者が改宗離檀したことを理由としては原則としてこれを拒むことができない。ただし，右埋葬蔵が宗教的典礼を伴うことにかんがみ，右埋葬蔵に際しては寺院墓地管理者は自派の典礼を施行する権利を有し，その権利を差し止める権限を依頼者は有しない。

2　もし，寺院墓地管理者が自派の典礼を寺院墓地において行われる埋葬蔵に際し施行できないとすれば，寺院墓地はその限りにおいて共同墓地と全く同じになるわけであって，これは寺院墓地の特殊性，永年に亘って行われてきた自宗派の典礼施行という慣行を全く否定することになる点において，全国の寺院及びその教義

61

の信奉者（その中には原告の信ずるＢ教の寺院も含まれる。）という多数の国民の宗教的感情を著しく害することは明らかである。

この判例によって，①異宗教であることによる埋葬等の拒否は正当の事由には該当しないが，②埋葬時における典礼施行権は寺院墓地の管理者にあり，その権利を差し止める権限を依頼者は保有していないということが明らかにされたわけである。

〔許可証のない埋蔵・収蔵又は火葬の禁止〕

第14条　墓地の管理者は，第８条の規定による埋葬許可証，改葬許可証又は火葬許可証を受理した後でなければ，埋葬又は焼骨の埋蔵をさせてはならない。

2　納骨堂の管理者は，第８条の規定による火葬許可証又は改葬許可証を受理した後でなければ，焼骨を収蔵してはならない。

3　火葬場の管理者は，第８条の規定による火葬許可証又は改葬許可証を受理した後でなければ，火葬を行つてはならない。

（解　説）

1　本条は，第５条及び第８条に定める埋火葬等の許可制度の実効を期するため，墓地等の管理者に対し正当な手続を経ない埋火葬等に応ずることを禁じた規定である。

2　第２条の解説でも触れたように，埋葬した死体を改めて火葬に付し，その焼骨を他の墳墓に移すことも改葬に該当するので，この場合は，改葬許可証によって火葬を行うこととなる。このことは，本条第３項において，「火葬場の管理者は，第８条の規定による火葬許可証又は改葬許可証を受理した後でなければ，火葬を行つてはならない」と，改葬許可証による火葬というものを規定していることからも明らかである。

なお，火葬許可証により火葬後の焼骨を墳墓に埋蔵できることはいうまでもない（通知編（39）参照）。

第3章　墓地，納骨堂及び火葬場／第15条

3　平成23年の東日本大震災においては，死亡者が多数に上り，自治体の被害も大きく，自治体による埋葬や火葬の許可証を発行することが困難な自治体もあったため，特例許可証を前提とした埋葬や火葬，焼骨の埋蔵及び収蔵を特例措置として行った（前掲「東日本大震災における対応」参照）。

4　平成25年の災害対策基本法の一部改正により，本条の特例について定めた規定が同法に設けられたほか，武力攻撃事態等における国民の保護のための措置に関する法律及び新型インフルエンザ等対策特別措置法にも類似の規定が設けられている（第5条の解説26参照）。

〔図面・帳簿・書類の備付又は閲覧の義務〕

第15条　墓地，納骨堂又は火葬場の管理者は，省令の定めるところにより，図面，帳簿又は書類等を備えなければならない。

2　前項の管理者は，墓地使用者，焼骨収蔵委託者，火葬を求めた者その他死者に関係ある者の請求があつたときは，前項に規定する図面，帳簿又は書類等の閲覧を拒んではならない。

（解　説）

1　本条は，墓地，納骨堂及び火葬場の管理者に対し当該施設の図面並びに墓籍，納骨簿及び火葬簿の備付けを義務付けるとともに，関係者に対する閲覧の拒否を禁止するものである。

これは，管理者が墓地等の状況を常に把握し，その適切な管理を期するとともに，経営に係る情報を開示することを通じ，墓地等の使用者等の保護を図るものである。

2　墓地等の管理者は，「省令の定めるところにより」図面，帳簿又は書類等を備え付けなければならない。

3　本条は，墓地等の管理者が備えるべき帳簿の記載事項を明確化するとともに，墓地等の経営に関する財務書類を備え付けることとしており，これらの書類は，墓地等の使用者等への経営情報等の公開を通じて，使用者等

63

の権利保護や墓地の経営・管理の安定化に資するものである。

　なお，施行規則第7条第2項は，墓地の管理者が財務関係書類を備え付けることを義務付けるものであり，対象となる関係書類は，それぞれ当該墓地等の経営者が実際に作成したものを指すため，同項に規定されている書類は，例示である。

　財務関係書類の作成の義務については，他の法令等の定めに従うものであり，施行規則により義務付けられるものではない。

4　第2項の「その他死者に関係ある者」とは，通常，死者の遺族，親族等の一定の身分関係にある者が想定されるが，本条の趣旨に照らし個別に判断すべきである。なお，遺族のプライバシー等を保護する観点から個人情報等についての閲覧請求を拒否することを禁ずるものではない。

5　本条の規定による火葬場の図面，帳簿等は，第18条による立入検査の際に，検査を受けることとなる。

6　本条の規定に違反した場合は，第21条及び罰金等臨時措置法の規定により1万円以上2万円以下の罰金又は拘留若しくは科料に処せられることとなる（第21条については，令和7年6月1日施行の改正がある。同条の解説参照）。

〔許可証の保存及び記入〕

第16条　墓地又は納骨堂の管理者は，埋葬許可証，火葬許可証又は改葬許可証を受理した日から，5箇年間これを保存しなければならない。

2　火葬場の管理者が火葬を行つたときは，火葬許可証に，省令の定める事項を記入し，火葬を求めた者に返さなければならない。

（解　説）

1　本条は，埋葬許可証等の公文書の保存についての管理者の義務を規定したものである。第1項においては，墓地又は納骨堂の管理者に対して埋葬

第 3 章　墓地，納骨堂及び火葬場／第17条

許可証，火葬許可証又は改葬許可証の最低 5 年間の保存を義務付けている。第 2 項においては， 1 死体 1 許可証の原則から焼骨の埋蔵又は収蔵については，火葬許可証をもって焼骨の埋蔵又は収蔵の際の必要書類とされていることから，火葬場の管理者に対し火葬後の火葬許可証への必要事項の記入と火葬を求めた者への当該許可証の返還義務を定めている。

2　第 2 項の「省令の定める事項」とは，施行規則第 8 条において火葬を行った日時の記入，署名及び押印とされている。

3　なお，施行規則第 7 条の規定により墓地の管理者が備え付けるべき帳簿については，常に備え付けていなければならない。

〔管理者の報告〕

第17条　墓地又は火葬場の管理者は，毎月 5 日までに，その前月中の埋葬又は火葬の状況を，墓地又は火葬場所在地の市町村長に報告しなければならない。

（解　説）

1　本条は，墓地及び火葬場の管理が適正になされるよう監督するため，墓地又は火葬場の管理者に対し，埋葬又は火葬の状況を所在地の市町村長に報告するよう義務付けた規定である。

2　報告の様式は，施行規則第 9 条に定められており，埋葬状況については別記様式第 6 号，火葬状況については別記様式第 7 号によるものとされている。

3　焼骨の収蔵については，特に報告の義務はないが，これは衛生上の問題が埋葬及び火葬に比較して少ないことによるものである。なお，改葬についても，それが死体を別の墓地へ埋葬し又は火葬に付するものであれば，その埋葬又は火葬も報告の対象となる。

〔当該職員の立入検査〕
第18条　都道府県知事は，必要があると認めるときは，当該職員に，火葬場に立ち入り，その施設，帳簿，書類その他の物件を検査させ，又は墓地，納骨堂若しくは火葬場の管理者から必要な報告を求めることができる。
2　当該職員が前項の規定により立入検査をする場合においては，その身分を示す証票を携帯し，且つ関係人の請求があるときは，これを呈示しなければならない。

（解　説）

1　本条は，墓地，納骨堂又は火葬場の管理及び埋葬等が適正に行われるよう監督するために，都道府県知事等が，必要があると認めるときは，当該職員に，火葬場に立入検査をさせ，又は墓地等の管理者から必要な報告を求めることができる旨定めた規定である。

　　すなわち，本条は，都道府県知事等に墓地等の管理及び埋葬等の実態を把握するための権限を与えた規定であり，この権限の行使によって得られた立入検査等の結果を1つの基礎として，必要に応じ，行政指導や次条の規定に基づく処分が行われることになる。

　　立入検査が認められるのは火葬場に限られており，墓地，納骨堂については，その管理者から必要な報告を求めることができるとすることによって，立入検査権に代えている。もちろん，都道府県知事等は，火葬場の管理者に対しても報告を求めることができるものとされている。

　　また，都道府県知事等が相手方の任意の協力を得て行う立入検査は本法による権限を所管する立場から，いわゆる行政調査として行うことができる。

　　立入検査等の方法については，本法の目的に沿い，国民の宗教的感情に反しない方法で行われることが必要である（通知編（2）参照）。

　　また，本条の規定による権限は，犯罪捜査のために認められたものと解

第 3 章　墓地，納骨堂及び火葬場／第18条

してはならないことは当然である。

2　平成23年に成立した「地域の自主性及び自立性を高めるための改革の推
　進を図るための関係法律の整備に関する法律」（第 2 次一括法）により，
　市又は特別区の市長又は区長は，本条の都道府県知事の権限を行使するこ
　ととされている。

3　「必要があると認めるとき」か否かは，都道府県知事等の裁量に委ねら
　れるが，次条と同様に本法の目的に照らし，墓地等の管理又は埋葬等が公
　衆衛生その他公共の福祉の見地からみて不適当であると認められる場合に
　権限の行使が認められるものである。なお，公共の福祉は，衛生に関する
　ものに限られず，墓地の永続性，安定性に関するものも含まれる。

4　「当該職員」は，施行規則第10条により環境衛生監視員と称するもので
　ある。
　　また，本条第 2 項で定めている「その身分を示す証票」については，環
　境衛生監視員証を定める省令（昭和52年厚生省令第 1 号）によって，その
　様式が定められている。

【注】
○環境衛生監視員証を定める省令（昭和52年厚生省令第 1 号）
　　墓地，埋葬等に関する法律施行規則（昭和23年厚生省令第24号）第10条，公衆
　浴場法施行規則（昭和23年厚生省令第27号）第 6 条，旅館業法施行規則（昭和23
　年厚生省令第28号）第 6 条，興行場法施行規則（昭和23年厚生省令第29号）及び
　化製場等に関する法律施行規則（昭和23年厚生省令第30号）に規定する環境衛生
　監視員の身分を示す証票並びに理容師法施行規則（平成10年厚生省令第 4 号）第
　28条，クリーニング業法施行規則（昭和25年厚生省令第35号）第11条，美容師法
　施行規則（平成10年厚生省令第 7 号）第28条及び建築物における衛生的環境の確
　保に関する法律施行規則（昭和46年厚生省令第 2 号）第21条第 2 項に規定する環
　境衛生監視員の身分を示す証明書は，別記様式によるものとする。
別記様式〔69頁参照〕

5　本条の規定による当該職員の立入検査を拒み，妨げ，若しくは忌避した
　者，又は本条の規定による報告をせず，若しくは虚偽の報告をした者に対

しては，第21条及び罰金等臨時措置法の規定に基づき1万円以上2万円以下の罰金又は拘留若しくは科料に処せられることとなる（第21条については，令和7年6月1日施行の改正がある。同条の解説参照）。

第3章 墓地，納骨堂及び火葬場／第18条

別記様式　　　　　　　　（表　面）

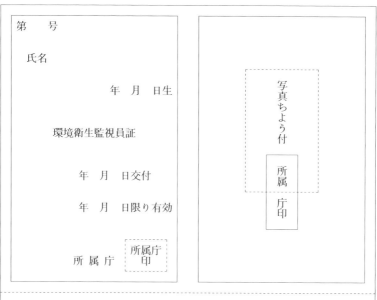

　この環境衛生監視員証を携帯する者は，下表各項に掲げる法律のうち，所属庁証明印の欄に所属庁証明印のある法律により立入検査をする職権を行うもので，その関係条文は裏面のとおりであります。

法　律　の　名　称	所属庁証明印
理容師法（昭和22年法律第234号）	
墓地，埋葬等に関する法律（昭和23年法律第48号）	
興行場法（昭和23年法律第137号）	
旅館業法（昭和23年法律第138号）	
公衆浴場法（昭和23年法律第139号）	
化製場等に関する法律（昭和23年法律第140号）	
クリーニング業法（昭和25年法律第207号）	
美容師法（昭和32年法律第163号）	
建築物における衛生的環境の確保に関する法律　　　（昭和45年法律第20号）	

（裏面）〔略〕

〔施設の整備改善その他の強制処分命令〕
第19条　都道府県知事は，公衆衛生その他公共の福祉の見地から必
　　要があると認めるときは，墓地，納骨堂若しくは火葬場の施設の
　　整備改善，又はその全部若しくは一部の使用の制限若しくは禁止
　　を命じ，又は第10条の規定による許可を取り消すことができる。

（解　説）

1　本条は，墓地，納骨堂又は火葬場の管理等が，公衆衛生その他公共の福
　祉の見地からみて不適当であると認められる場合に，都道府県知事等が，
　墓地等の施設の整備改善若しくはその使用の制限等を命じ，さらには経営
　の許可を取り消すことができる旨定めた規定である。本条は，第15条，第
　17条及び第18条によって都道府県等が実態を把握した墓地等の中で，その
　管理等の状況が不適当なものについては，都道府県知事等が命令又は許可
　の取消処分を行うことができることとし，墓地等の管理等が適切に行われ
　るための最終的な担保権限を都道府県知事等に付与したものである。

2　平成23年に成立した「地域の自主性及び自立性を高めるための改革の推
　進を図るための関係法律の整備に関する法律」（第2次一括法）により，
　市又は特別区の市長又は区長は，本条の都道府県知事の権限を行使するこ
　ととされている。

3　「公衆衛生その他公共の福祉の見地から必要があると認めるとき」の認
　定については，第18条の場合と同様，都道府県知事等の裁量に委ねられて
　いる。

　　本条に基づく命令の相手方は，当該命令の内容を実現しうる者であるこ
　とが必要であるので，第10条の経営許可を受けた者に行うこととなる。

　　本条に基づく使用の禁止には，墓地等の施設を使用することの禁止の他
　に，一定の墓地使用方法の禁止等も含まれる。例えば，墓地に死体を埋葬
　することを禁止することは，この例である（通知（13）参照）。

　　また，一部の使用の禁止としては，墓地使用者の保護の見地から，既存

70

第3章　墓地，納骨堂及び火葬場／第19条

の墳墓所在地のみの使用を認め，それ以外（例えば未使用地域）の使用を禁止することが考えられる。

4　名義貸しにより墓地経営の許可取消を受けた者による行政処分取消請求の中で，名義貸し行為によって何ら法的手続を経ないで墓地の経営を行うことは，特段の事情がない限り，それ自体墓地の永続性及び健全な経営の確保を著しく害するおそれのあるものであること，また，本条において経営許可取消の要件が具体的に定められていないことが憲法第31条に違反しないことなどについて判示された例がある。

【参　考】

○さいたま地裁平成17年6月22日判決

「同法は，許可・取消の各要件を具体的に定めてはいないが，これは，墓地等の経営が高度の公共性を有するとともに，国民の風俗感情，宗教活動，各地方の地理的条件等に依存する面を有し，一律的な基準による規則になじみ難いことに鑑み，都道府県知事の広範な裁量に委ねる趣旨に出たものと解される。そして，墓地埋葬法は，墓地等の管理及び埋葬等が，国民の宗教的感情に適合し，かつ公衆衛生その他の公共の福祉の見地から，支障なく行われることを目的とするものであるから（同法1条），同法19条にいう「公衆衛生その他公共の福祉の見地から必要があると認めるとき」は，墓地の永続性及び健全な経営の確保，利用者の利益の保護，周辺の生活環境及び地理的条件との調和等を総合的な観点から判断すべきものである。

ところで，墓地埋葬法10条1項の墓地の経営許可の申請は，当然，墓地を経営しようとする者の申請に限定されるが，さらに墓地埋葬条例2条は，墓地埋葬法10条1項の経営許可を受けようとする者は，原則として地方公共団体又は自己所有地に設置した墓地等を経営しようとする宗教法人又は公益法人に限定しているところ，原告が墓地経営の許可を埼玉県中央保健所長から受けた平成7年当時においても，行政実務上同様の運用が行われていたと推認される。このように，許可申請の主体を限定している趣旨は，墓地の永続的管理の必要性とともに，墓地の健全な形成を確保するため過度に営利を追求しない運営が求められることにあると考えられる。

そして，墓地の経営許可における名義貸し行為は，名義を貸した者が形式上経営の許可を受けることによって，名義を借り受けた者が何ら行政上の手続を経ることなく実質的に墓地を経営することになるのであるから，無許可で墓地経営を行うことを助長し，隠ぺいする行為であって，上記のような法の趣旨を潜脱する

ものというべきである。また，実質的にみても，名義貸し行為が行われると，名義を借りた者が実質的な経営者として墓地の永代使用権の販売等により利益を得ることになる一方，墓地利用者とのトラブル等の最終的な責任は何ら資金力のない名義を貸した者が負うことにもなり，最終的には墓地利用者の利益を害するおそれもある。

　とすれば，そのような名義貸し行為によって何ら法的手続を経ないで墓地の経営を行うことは，特段の事情がない限り，それ自体墓地の永続性及び健全な経営の確保を著しく害するおそれのあるものというべきである。

　（中略）たしかに，墓地埋葬法19条の「公衆衛生その他公共の福祉の見地から必要があると認めるとき」との要件はやや抽象的であることを否めない。

　しかし，先に述べたとおり，墓地等の経営は高度の公共性を有するものであり，行政庁は，国民の宗教的感情，公衆衛生その他公共の福祉を十分に勘案の上，施設の整備改善命令，許可の取消し等の権限を行使すべきものであり，その判断は行政庁の広範な裁量に委ねられている部分が多いというほかはない。また，（中略）墓地の経営者，設置場所，墓地等の施設の基準について墓地埋葬条例で一定の基準が定められ，原告が墓地経営許可を埼玉県中央保健所長から受けた平成7年当時においてもほぼ同一の運用基準に沿って実務の運用が行われていたと推認される。そして，墓地埋葬法19条所定の不利益処分が課される典型的場合は，経営者，墓地等の施設等の基準が条例等に定める基準に適合しなくなった場合と解される。そこで，上記のような墓地埋葬法19条の趣旨や墓地埋葬条例を参酌すれば，墓地埋葬法19条の不利益処分を課す場合の「公衆衛生その他公共の福祉の見地から必要があると認めるとき」との要件は一応具体的に推測し得るから，同条の規定がやや抽象的であるとしても憲法31条に違反するとまではいえない。」

第3章の2 〔削　　　除〕

第19条の2及び第19条の3　〔削除〕

（解　説）

　平成23年の「地域の自主性及び自立性を高めるための改革の推進を図るための関係法律の整備に関する法律」（第2次一括法）により，全ての市及び特別区の市長及び区長に都道府県知事の権限が委譲される改正が行われた。そのため，それまで法に定められた都道府県知事の権限につき，保健所設置市や特別区，政令市，中核市の長に委ねるとする，これらの規定が削除されたものである。参考までに改正前の本法第19条の2及び第19条の3を掲げると次のとおりである。

【参　考】
　第19条の2　第18条及び前条（第10条の規定による許可を取り消す場合を除く。）中「都道府県知事」とあるのは，地域保健法（昭和22年法律第101号）第5条第1項の規定に基づく政令で定める市又は特別区にあつては，「市長」又は「区長」と読み替えるものとする。
　第19条の3　前条に規定するもののほか，この法律中都道府県知事の権限に属するものとされている事務で政令で定めるものは，地方自治法（昭和22年法律第67号）第252条の19第1項の指定都市（以下「指定都市」という。）及び同法第251条の22第1項の中核市（以下「中核市」という。）においては，政令の定めるところにより，指定都市又は中核市（以下「指定都市等」という。）の長が行うものとする。この場合においては，この法律中都道府県知事に関する規定は，指定都市等の長に関する規定として指定都市等の長に適用があるものとする。

第19条の4　〔削除〕

（解　説）

　昭和58年の「行政事務の簡素合理化及び整理に関する法律」により，墓地等の経営許可等，従来機関委任事務とされていた都道府県知事の事務が団体

事務化され，それに伴い厚生大臣に対する再審査請求の規定が削除されたものである。

第 4 章　罰　　則

〔罰　則〕

第20条　左の各号の一に該当する者は，これを 6 箇月以下の懲役又
　　は 5 千円〔 2 万円〕以下の罰金に処する。

　一　第10条の規定に違反した者

　二　第19条に規定する命令に違反した者

　　　注　刑法等の一部を改正する法律の施行に伴う関係法律の整理等に関
　　　　する法律（令和 4 年法律第68号）により，以下のとおり改正されま
　　　　した（令和 7 年 6 月 1 日施行）。
　第20条　次の各号のいずれかに該当する者は，6 月以下の拘禁刑又は 2 万円
　　以下の罰金に処する。
　　一　第10条の規定に違反した者
　　二　第19条に規定する命令に違反した者

（解　説）

1　本条から第22条までの規定は，本法の各規定を最終的に担保するものと
　しての罰則について定めたものである。

2　本条は，次条より重い罰則を規定しているが，これは墓地，納骨堂又は
　火葬場の経営について許可を受けるべきこと（第10条）及び施設の整備改
　善等に関する命令（第19条）に服すべきことが，本法の目的を達成する上
　で，最も重要であることを示すものである。

　　なお，いわゆる名義貸しによる墓地等の経営については，名義借用で墓
　地経営を行った者について本条罰則の適用の余地がある。また，名義を貸
　した者についても，関与の度合により，共犯，従犯の成立する余地があ
　る。

3　刑罰の種類として本条では懲役又は罰金，第21条では罰金又は拘留若し
　くは科料が規定されている。懲役とは，「刑事施設に拘置して所定の作業

75

を行わせる」こと（刑法第12条第2項）であり，拘留とは，「刑事施設に拘置する」こと（刑法第16条）であり，その期間は1日以上30日未満とされている。罰金と科料は共に財産刑であるが，完納できない場合，罰金においては同法第18条第1項により，「1日以上2年以下の期間，労役場に留置」され，科料においては同条第2項により，「1日以上30日以下の期間，労役場に留置する」こととなっている。

【注】
○刑　法
　〔懲　役〕
第12条　懲役は，無期及び有期とし，有期懲役は，1月以上20年以下とする。
2　懲役は，刑事施設に拘置して所定の作業を行わせる。
　〔罰　金〕
第15条　罰金は，1万円以上とする。ただし，これを減軽する場合においては，1万円未満に下げることができる。
　〔拘　留〕
第16条　拘留は，1日以上30日未満とし，刑事施設に拘置する。
　〔科　料〕
第17条　科料は，千円以上1万円未満とする。
　〔労役場留置〕
第18条　罰金を完納することができない者は，1日以上2年以下の期間，労役場に留置する。
2　科料を完納することができない者は，1日以上30日以下の期間，労役場に留置する。
3　罰金を併科した場合又は罰金と科料とを併科した場合における留置の期間は，3年を超えることができない。科料を併科した場合における留置の期間は，60日を超えることができない。
4　罰金又は科料の言渡しをするときは，その言渡しとともに，罰金又は科料を完納することができない場合における留置の期間を定めて言い渡さなければならない。
5　罰金については裁判が確定した後30日以内，科料については裁判が確定した後10日以内は，本人の承諾がなければ留置の執行をすることができない。
6　罰金又は科料の一部を納付した者についての留置の日数は，その残額を留置1日の割合に相当する金額で除して得た日数（その日数に1日未満の端数を生じるときは，これを1日とする。）とする。

76

第4章　罰　則／第21条

4　本条は，罰金の額を「5千円以下」と定めているが罰金等臨時措置法第2条の規定により「2万円以下」の罰金となる。

　　なお，本条では寡額について定めがないので，刑法第15条の規定によって「1万円以上」とされている。すなわち，本条の規定による罰金刑は1万円以上2万円以下となるわけである。

【注】
○罰金等臨時措置法
〔この法律の趣旨〕
第1条　経済事情の変動に伴う罰金及び科料の額等に関する特例は，当分の間，この法律の定めるところによる。
〔罰金・科料の多額と寡額〕
第2条　刑法（明治40年法律第45号），暴力行為等処罰に関する法律（大正15年法律第60号）及び経済関係罰則の整備に関する法律（昭和19年法律第4号）の罪以外の罪（条例の罪を除く。）につき定めた罰金については，その多額が2万円に満たないときはこれを2万円とし，その寡額が1万円に満たないときはこれを1万円とする。ただし，罰金の額が一定の金額に倍数を乗じて定められる場合は，この限りでない。
2　前項ただし書の場合において，その罰金の額が1万円に満たないときは，これを1万円とする。
3　第1項の罪につき定めた科料で特にその額の定めのあるものについては，その定めがないものとする。ただし，科料の額が一定の金額に倍数を乗じて定められる場合は，この限りでない。
〔委任命令の罰金の最高限度〕
第3条　法律で命令に罰金の罰則を設けることを委任している場合において，その委任に基づいて規定することができる罰金額の最高限度が2万円に満たないときは，これを2万円とする。

〔罰　則〕
第21条　左の各号の一に該当する者は，これを千円〔2万円〕以下の罰金又は拘留若しくは科料に処する。
　一　第3条，第4条，第5条第1項又は第12条から第17条までの

77

規定に違反した者

二　第18条の規定による当該職員の立入検査を拒み，妨げ，若し
　くは忌避した者，又は同条の規定による報告をせず，若しくは
　虚偽の報告をした者

> 　注　刑法等の一部を改正する法律の施行に伴う関係法律の整理等に関
> 　する法律（令和4年法律第68号）により，以下のとおり改正されま
> 　した（令和7年6月1日施行）。
> 第21条　次の各号のいずれかに該当する者は，2万円以下の罰金又は拘留若
> しくは科料に処する。
> 一　第3条，第4条，第5条第1項又は第12条から第17条までの規定に違
> 　反した者
> 二　第18条の規定による当該職員の立入検査を拒み，妨げ，若しくは忌避
> 　した者，又は同条の規定による報告をせず，若しくは虚偽の報告をした
> 　者

（解　説）

1　本条は，前条に引き続き罰則を定めたものである。第1号では，24時間
以内の埋葬又は火葬の禁止（第3条），墓地外の埋葬又は火葬場外の火葬
の禁止（第4条），埋葬，火葬又は改葬の許可（第5条第1項），管理者の
届出（第12条）及び管理者の義務（第13条～第17条）の違反について，第
2号では都道府県知事等の立入検査（第18条）の拒否等に対する罰則を規
定している。

2　本条は，罰金の額を「千円以下」と定めているが前条の解説で述べたよ
うに，刑法及び罰金等臨時措置法により「1万円以上2万円以下」に引き
上げられているものである。

　したがって，本条に基づく罰金の寡額及び多額は前条と変わりがないこ
ととなっている。

　なお，科料の額は，刑法及び罰金等臨時措置法第2条第3項の規定によ
り，千円以上1万円未満となるものである（第20条の【注】参照）。

第4章 罰 則／第22条

〔両罰規定〕

第22条 法人の代表者又は法人若しくは人の代理人，使用人その他
の従業者が，その法人又は人の業務に関し，前2条の違反行為を
したときは，行為者を罰する外，その法人又は人に対しても各本
条の罰金刑を科する。

（解 説）

1 本条は，いわゆる両罰規定である。

2 (1)「(ア)法人の代表者，(イ)法人若しくは人の代理人，使用人その他の従業
者」が，(2)「その法人又は人の業務に関し」，(3)「法第20条，第21条に規
定する違反行為をしたとき」は，行為者を罰するほか，その法人又は人に
対しても，罰則が課せられると定められている。

すなわち，法人の代表者，法人又は自然人の代理人，使用人その他の従
業者が，業務主体である法人又は自然人の業務に関して違法行為をしたと
きは，現実の行為者を罰するほか，業務主体である法人又は自然人に対し
ても罰金刑を科することとしているのである。

3 「法人の代表者」とは，その法律上の行為が法人の行った行為としての
法律効果を発生させる関係にある者を意味する。「法人若しくは人の代理
人」とは，営業者の名において法令の規定に係る行為及びこれに付随する
行為を行う者をいう。未成年についてのその父母，禁治産者についてのそ
の後見人等の法定代理人のほか，委任を受けて代理人となる委任代理人が
これに当たる。「使用人」とは，特定の者との雇用関係において労務に服
する者をいい，具体的には，経済的利益を得て一定の条件のもとに労務を
提供する関係者をいう。

「その他の従業者」とは，使用人以外の者で事実上事業に従事する者を
いう。

79

附　　則

〔施行期日〕

第23条　この法律は，昭和23年6月1日から，これを施行する。

（解　説）

　本条は，本法の施行期日を定める規定である。本法は，昭和23年5月31日に公布され，翌日施行されている。

〔命令の廃止〕

第24条　日本国憲法施行の際現に効力を有する命令の規定の効力等に関する法律（昭和22年法律第72号）第1条の4により法律に改められた左の命令は，これを廃止する。

　　墓地及埋葬取締規則（明治17年太政官布達第25号）

　　墓地及埋葬取締規則に違背する者処分方（明治17年太政官達第82号）

　　埋火葬の認許等に関する件（昭和22年厚生省令第9号）

（解　説）

1　本条は，本法の施行に伴い，旧法令の廃止を定める規定である。

2　日本国憲法の制定に伴い，旧憲法下において適法に施行されていた法律，命令等については，憲法の最高法規性を定める憲法第98条第1項の規定により，新憲法の各条規に違反する限りすべて無効とされたが，新憲法下において有効とされた各種命令であって，新憲法下にあっては法律の所管事項となるべきものについては，「日本国憲法施行の際現に効力を有する命令の規定の効力等に関する法律」をもって，法律の形式的効力を有するものとなること等の経過措置が定められた。

附　則／第24条

「墓地及埋葬取締規則」等３つの命令も同法第１条の４の規定に基づく国会の議決により法律に改められたものとされた。本条は，このようにして法律に定められた旧命令を本法の施行に際し，法律をもって廃止するものである。

【注】
○日本国憲法
〔憲法の最高性と条約及び国際法規の遵守〕
第98条　この憲法は，国の最高法規であつて，その条規に反する法律，命令，詔勅及び国務に関するその他の行為の全部又は一部は，その効力を有しない。
②　〔略〕
○日本国憲法施行の際現に効力を有する命令の規定の効力等に関する法律（昭和22年法律第72号）
〔法律事項を規定した命令の暫定的効力〕
第１条　日本国憲法施行の際現に効力を有する命令の規定で，法律を以て規定すべき事項を規定するものは，昭和22年12月31日まで，法律と同一の効力を有するものとする。
〔連合国最高司令官の要求に基く命令の効力〕
第１条の２　前条の規定は，昭和20年勅令第542号（ポツダム宣言の受諾に伴い発する命令に関する件）に基き発せられた命令の効力に影響を及ぼすものではない。
〔行政官庁に関する命令の暫定的効力〕
第１条の３　行政官庁に関する従来の命令の規定で，法律を以て規定すべき事項を規定するものは，昭和23年国家行政組織に関する法律が制定施行される日（昭和24年６月１日）の前日まで，法律と同一の効力を有するものとする。
〔法律に改められる命令とその暫定的効力〕
第１条の４　左に掲げる法令は，国会の議決により法律に改められたものとする。
　　墓地及埋葬取締規則（明治17年太政官布達第25号）
　　墓地及埋葬取締規則に違背する者処分方（明治17年太政官達第82号）
　　埋火葬の認許等に関する件（昭和22年厚生省令第９号）
　　警察犯処罰令（明治41年内務省令第16号）
　　有害避妊用器具取締規則（昭和５年内務省令第40号）
　　開港港則（明治31年勅令第139号）
　　家畜ニ応用スル細菌学的予防治療品及診断品取締規則（昭和15年農林省令第88号）
　　栄養士規則（昭和20年厚生省令第14号）

81

食肉輸移入取締規則（昭和2年内務省令第4号）

医薬品等の封緘及び検査証明の取締に関する件（昭和18年厚生省令第42号）

鉄道共済組合令（明治40年勅令第127号）

専売局共済組合令（昭和15年勅令第945号）

印刷局共済組合令（昭和15年勅令第944号）

逓信共済組合令（昭和15年勅令第950号）

営林局署共済組合令（大正8年勅令第306号）

警察共済組合令（大正9年勅令第44号）

造幣局共済組合令（昭和15年勅令第946号）

生糸検査所共済組合令（昭和12年勅令第201号）

刑務共済組合令（昭和15年勅令第489号）

教職員共済組合令（昭和16年勅令第17号）

政府職員共済組合令（昭和15年勅令第827号）

土木共済組合令（昭和16年勅令第649号）

北海道庁営林現業員共済組合令（昭和17年勅令第686号）

② 前項に掲げる法令の効力は，暫定的のものとし，昭和23年7月15日までに必要な改廃の措置をとらなければならない。

③ 第1項に掲げる法令は，昭和23年7月15日までに法律として制定され，又は廃止されない限り，同月16日以後その効力を失う。

第2条以下〔略〕

3 旧法令の概要は，以下のとおりである（詳細は資料編Ⅱ参照）。

(1) 墓地及埋葬取締規則（昭和7年警視庁令第33号）

ア 墓地及び火葬場は，管轄庁の許可を受けた区域に限られること（第1条）。

イ 死体は，別段の規則のある場合を除き，24時間を経過しなければ埋火葬をしてはならないこと（第3条）。

ウ 埋火葬は，区長又は戸長の認許証を，改葬は警察署長の許可を受けるべきこと（第5条）。

エ 葬儀は，寺堂若しくは家屋構内又は墓地若しくは火葬場で行うべきこと（第6条）。

オ 碑表を建設しようとする者は，警察署長の許可を受けるべきこと（第7条）。

附　則／第24条

(2)　墓地及埋葬取締規則に違背する者処分方

　　墓地及埋葬取締規則に違反した者，違警罪の刑に処すこと。

　なお，違警罪とは旧刑法上（明治13年太政官布告第36号）重罪，軽罪に対して用いられた名称であるが，現行法上は廃止された。刑法施行法（明治41年法律第29号）では拘留又は科料だけに当たる罪は，他の法律の適用については旧刑法の違警罪とみなされている。違警罪に当たる罪については，違警罪即決例（明治18年太政官布告第31号）により正式の裁判を経ず警察署長又はその代理の官吏が即決処分で処罰することが認められていたが，人権保護の観点から問題があったため裁判所法施行法（昭和22年法律第60号）第1条で廃止された。

【注】
○旧刑法
　〔違警罪〕
第9条　左ニ記載シタル者ヲ以テ違警罪ノ主刑ト為ス
　一　拘留
　二　科料
○刑法施行法
　〔違警罪〕
第31条　拘留又ハ科料ニ該ル罪ハ他ノ法律ノ適用ニ付テハ旧刑法ノ違警罪ト看做ス
○違警罪即決例
第1条　警察署長及ヒ分署長又ハ其代理タル官吏ハ其管轄地内ニ於テ犯シタル違警罪ヲ即決スヘシ但私訴ハ此限ニ在ラス
第2条　即決ハ裁判ノ正式ヲ用ヒス被告人ノ陳述ヲ聴キ証憑ヲ取調ヘ直チニ其言渡ヲ為スヘシ
②　又被告人ヲ呼出スコトナク若クハ呼出シタリト雖モ出廷セサル時ハ直チニ其言渡書ヲ本人又ハ其住所ニ送達スルコトヲ得
第3条　即決ノ言渡ニ対シテハ違警罪裁判所ニ正式ノ裁判ヲ請求スルコトヲ得但正式ノ裁判ヲ経スシテ直チニ上訴ヲ為スコトヲ得ス
②　被告人ノ法定代理人，保佐人又ハ配偶者ハ被告人ノ為独立シテ前項ノ請求ヲ為スコトヲ得
第4条以下　〔略〕

(3)　埋火葬の認許等に関する件

83

ア　死体若しくは死胎を埋葬又は火葬しようとする者は，死亡地若しく
　は死産地の市区町村長の認許を受けなければならないこと（第2条）。
イ　市区町村長は，死亡又は死産の届出を受理した後でなければ，埋葬
　又は火葬認許証を交付してはならないこと（第4条）。

〔処罰に関する経過措置〕
第25条　この法律施行前になした違反行為の処罰については，なお
　　従前の例による。

（解　説）
　この法律施行前の旧法に関した違反行為の処罰については，新法の施行後
も，新法の規定によらず，旧法によることを規定したものである。

〔従前の命令による経営の許可の効力〕
第26条　この法律施行の際現に従前の命令の規定により都道府県知
　　事の許可をうけて墓地，納骨堂又は火葬場を経営している者は，
　　この法律の規定により，それぞれ，その許可をうけたものとみな
　　す。
〔納骨堂経営の許可申請の特例〕
第27条　従前の命令の規定により納骨堂の経営について都道府県知
　　事の許可を必要としなかつた地域において，この法律施行の際現
　　に納骨堂を経営している者で，この法律施行後も引き続き納骨堂
　　を経営しようとするものは，この法律施行後3箇月以内に第10条
　　の規定により都道府県知事に許可の申請をしなければならない。
　　その申請に対して許否の処分があるまでは，同条の規定による許
　　可を受けたものとみなす。
〔従前の命令による埋葬・改葬又は火葬の許可の効力〕
第28条　この法律施行の際現に従前の命令の規定に基いて市町村長

附　則／第28条

より受けた埋葬，改葬若しくは火葬の認許又はこれらの認許証
は，それぞれ，この法律の規定によつて受けた許可又は許可証と
みなす。

（解　説）

　第26条から第28条までの各規定は，旧法令に基づく許可等について新法に
よる対応する許可等として引き継ぐことを規定したものである。ただし，納
骨堂の経営については，各都道府県において必要に応じ許可制度が設けられ
ていたため，猶予期間を設け，その期間内に許可の申請をすべきものとした
ものである。

　なお，旧法令の許可を受けていない墓地等については，これらの規定の適
用対象ではない。

85

通 知 編

通 知 索 引

※「墓地，埋葬等に関する法律」は，昭和45年の改正により第6条及び第7条が，昭和58年の改正により第19条の4が，平成23年の改正により第19条の2及び第19条の3が削除されています。

※通知に記載の条数は，上記を含め発出時当時の条数となります。

通 知 番 号　　登載頁

＜第1条（法律の目的）関係＞

1　第1条の趣旨 ……………………………………………………（　2　）　　98

2　「公共の福祉」等の解釈

⑴　人家等との距離・制限の可否 …………………………（　6　）　　103

⑵　病院と近接との場合 ……………………………………（　22　）　　118

⑶　自然災害防止等との関係…………………………………＜参考2＞　　152

＜第2条（定義）関係＞

1　「埋葬」の定義（第1項関係）

○　「死体」の定義

①　手術等で切断した手足等 ………………………………（　11　）　　110

②　遺髪，爪等 …………………………………………………（　11　）　　110

　　　　　　　　　　　　　　　　　　　　　　　　　　　（　28　）　　123

③　妊娠期間の算定 …………………………………………（　56　）　　156

2　「火葬」の定義（第2項関係）

3　「改葬」の定義（第3項関係）

○　死体が消滅している場合 …………………………………（　31　）　　125

第5条関係1⑴

の通知参照

4　「墳墓」の定義（第4項関係）

⑴　形態による判断 …………………………………………（　37　）　　130

（該当するとされた事例）

⑵　遺髪等を埋葬する施設 …………………………………（　11　）　　110

　　　　　　　　　　　　　　　　　　　　　　　　　　　（　28　）　　123

⑶　死体等の埋葬等をしない施設 …………………………（　11　）　　110

	（ 24 ）	120
	（ 30 ）	124
	（ 31 ）	125

5 「墓地」の定義（第5項関係） 上記4の通知参照

6 「納骨堂」の定義（第6項関係）

  (1) 「他人の委託を受けて」の解釈……………………（ 43 ） 137

  (2) 「収蔵」の定義…………………………………………（ 3 ） 100

  (3) その他

    ① 納骨堂に該当しない事例 ………………………（ 2 ） 98

    ② 納骨堂に該当する事例 …………………………（ 37 ） 130

＜第3条（24時間内埋・火葬の禁止）関係＞

  ○ 妊娠期間の算定 ……………………………………（ 56 ） 156

                                           （ 79 ） 238

＜第4条（墓地外の埋葬等の禁止）関係＞

1 墓地廃止許可処分の時期等 ………………………（ 44 ） 138

2 樹木葬森林公園に対する本条等の適用 ……………（ 62 ） 193

＜第5条（埋・火・改葬の許可）関係＞

1 埋・火・改葬許可手続（第1項関係）

  (1) 埋・火葬許可申請手続

    ① 一般事項

      ア 死亡診断書等の添付の要否 ………………（ 4 ） 100

      イ 検視済証明の要否 …………………………（ 4 ） 100

      ウ 許可申請書（許可証）の記載事項 ………（ 5 ） 102

      エ 外国人に対する埋葬許可 …………………（ 32 ） 126

      オ 埋葬許可証等の「よこ書」の可否 ………（ 35 ） 129

      カ 火葬許可証による埋蔵許可 ………………（ 39 ） 133

      キ 死亡届と許可申請書の併用の可否 ………（ 40 ） 134

    ② 埋・火葬許可証のない場合

      ア 紛失した場合等 ……………………………（ 21 ） 117

                              （ 26 ） 121

                              （ 34 ） 128

                              （ 36 ） 129

      イ 戦死等の場合 ………………………………（ 26 ） 121

      ウ 外国で死亡（火葬）した場合 ……………（ 51 ） 146

通知索引

               （ 77 ） 235

  ③ その他

   ア 公海漂流中の死体 ……………………………（ 9 ） 105

   イ 遺失物たる焼骨の埋蔵 ………………………（ 27 ） 122

   ウ ミイラの火葬手続 ……………………………（ 36 ） 129

   エ 皇族の転帰の場合 ……………………………（ 17 ） 114

   オ 「墓地及埋葬取締規則施行方法標準」の効力……（ 4 ） 100

 (2) 改葬許可申請手続

  ① 一般改葬手続

   ア 墓地管理者の証明書が得られない場合 …………（ 25 ） 121

                 （ 52 ） 147

   イ 縁故者の同意を得られない場合 ………………（ 25 ） 121

   ウ 外国で死亡（火葬）した場合 ………………（ 77 ） 235

   エ 死体消滅の場合の改葬手続の要否 ……………（ 31 ） 125

   オ 改葬手続の一括処理の可否 ……………………（ 33 ） 127

   カ 火葬許可証の紛失の場合 ………………………（ 34 ） 128

   キ 土地収用法の適用がある場合の改葬手続 ………（ 50 ） 145

  ② 無縁墳墓の改葬手続 ……………………………（ 2 ） 98

                 （ 78 ） 236

                 （ 79 ） 238

2 埋・火葬許可権者（第2項関係）

 (1) 埋・火葬許可権者の考え方 ………………………（ 2 ） 98

 (2) 許可証紛失等の場合 ………………………………（ 21 ） 117

                 （ 36 ） 129

 (3) 外国で死亡（火葬）した場合 ……………………（ 77 ） 235

 (4) 戸籍法改正に伴う埋・火葬許可権者の取扱い ………（ 46 ） 141

 (5) 墓地，埋葬等に関する法律の疑義の回答

   依頼について …………………………………（ 3 ） 100

＜第8条（許可証の交付）関係＞

 (1) 手続的事項

  ① 外国人に対する埋葬許可 …………………………（ 32 ） 126

  ② 許可証再発行の可否及び手続 ……………………（ 34 ） 128

  ③ 埋葬許可証事項の「よこ書」の可否 ……………（ 35 ） 129

  ④ 火葬許可証による埋蔵の可否 ……………………（ 39 ） 133

                 （ 40 ） 134

(2) 特殊な事例

　　○　皇族の転帰の場合の埋・火葬手続 ………………………（　17　）　　114

(3) 埋葬等の不許可

　　①　埋葬等の不許可の可否 …………………………………（　13　）　　112

　　②　紛争中の墓地への埋葬不許可の可否 …………………（　45　）　　139

＜第9条（市町村長の埋・火葬義務）関係＞

1　他法との関係等

　(1)　本条第1項と生活保護との関係 ………………………（　9　）　　105

　(2)　本条第2項の解釈 ………………………………………（　9　）　　105

　(3)　本条第1項と行旅病人及行旅死亡人取扱

　　　　法との関係 ………………………………………………（　9　）　　105

　　　　　　　　　　　　　　　　　　　　　　　　　　　　　（　12　）　　110

2　その他

　(1)　公海漂流中の死体の取扱い …………………………（　9　）　　105

　(2)　死亡地，身元不明の死体の取扱い …………………（　9　）　　105

　(3)　遺失物たる焼骨の取扱い ……………………………（　27　）　　122

＜第10条（墓地等の経営等の許可）関係＞

1　墓地等の経営許可方針

　(1)　基本的考え方 ……………………………………………（　1　）　　　97

　　　　　　　　　　　　　　　　　　　　　　　　　　　　　（　2　）　　　98

　　　　　　　　　　　　　　　　　　　　　　　　　　　　　（　42　）　　136

　　　　　　　　　　　　　　　　　　　　　　　　　　　　　（　47　）　　143

　　　　　　　　　　　　　　　　　　　　　　　　　　　　　（　61　）　　171

　　　　　　　　　　　　　　　　　　　　　　　　　　　　　（　63　）　　194

　　　　　　　　　　　　　　　　　　　　　　　　　　　　　（　69　）　　214

　　　　　　　　　　　　　　　　　　　　　　　　　　　　　（　76　）　　233

　　　　　　　　　　　　　　　　　　　　　　　　　　＜参考2＞　　152

　(2)　都道府県規則等による墓地等の設置場所

　　　　制限の可否 ………………………………………………（　6　）　　103

　　　　　　　　　　　　　　　　　　　　　　　　　　　　　（　31　）　　125

　(3)　宗教法人の事業拡大のための墓地経営の許可 ………（　41　）　　135

　(4)　山林等の開発による大規模墓地の許可 ………………（　41　）　　135

　(5)　老人ホーム附設納骨堂の場合 …………………………（　43　）　　137

　(6)　県外居住者の墓地需要の判断 …………………………（　55　）　　150

　(7)　墓地の必要性，自然災害防止等の判断………………＜参考2＞　　152

通知索引

2　墓地等の経営許可の法的性質等
　⑴　墓地経営許可の法的性質 ……………………………（　18　）　115
　　　　　　　　　　　　　　　　　　　　　　　　　　（　22　）　118
　　　　　　　　　　　　　　　　　　　　　　　　　　（　29　）　124
　　　　　　　　　　　　　　　　　　　　　＜参考2＞　152
　⑵　分筆地目変更と墓地経営許可との関係 ……………（　45　）　139
　⑶　墓地経営許可の時期 …………………………………（　54　）　149
3　墓地経営許可等に附する条件
　⑴　埋蔵のみを条件とする許可の可否 …………………（　18　）　115
　⑵　造成工事未完成の場合の許可取消しを条
　　　件とすることの可否 …………………………………（　48　）　143
4　墓地等の経営許可の要否
　⑴　個人墓地の許可………………………………下記5の通知参照
　⑵　墓地経営者変更の場合
　　　①　名儀変更（譲渡）の場合 ………………………（　8　）　104
　　　②　経営者の死亡（相続）による場合 ……………（　15　）　113
　　　　　　　　　　　　　　　　　　　　　　　　　　（　29　）　124
　　　③　市町村合併による場合 …………………………（　23　）　119
　⑶　死体等の埋葬等をしない場合………………第2条関係4の通知参照
　⑷　納骨堂の取払………………………………第2条関係4の通知参照
5　個人墓地の取扱い
　⑴　法第10条の適用の有無………………………………（　1　）　97
　　　　　　　　　　　　　　　　　　　　　　　　　　（　15　）　113
　　　　　　　　　　　　　　　　　　　　　　　　　　（　16　）　113
　⑵　個人墓地の許可方針 …………………………………（　1　）　97
　⑶　個人墓地の許可を認めた事例 ………………………（　20　）　116
　　　　　　　　　　　　　　　　　　　　　　　　　　（　53　）　148
　⑷　個人墓地の不許可を認めた事例………………＜参考1＞　151
　⑸　部落有墓地の許可 ……………………………………（　53　）　148
　⑹　無許可個人墓地の取扱い ……………………………（　6　）　103
6　墓地廃止許可
　⑴　墓地廃止許可処分の時期等 …………………………（　44　）　138
　⑵　墓地廃止許可処分の可否 ……………………………（　45　）　139
　⑶　土地収用法の適用がある場合の墓地廃止手続 ……（　50　）　145

＜第11条（他法律による処分との調整）関係＞

| | 1 | 本条第2項の適用 ……………………………………… | (| 7 |) | 104 |

1　本条第2項の適用 ……………………………………（　7　）　104

2　耕地整理法（廃止）及び土地改良法との関係 …………（　19　）　115

<第12条（管理者の届出）関係>

1　個人墓地に対する本条の適用 …………………………（　14　）　112

2　火葬場管理者の資質の向上 ……………………………（　49　）　144

<第13条（管理者の応諾義務）関係>

1　埋葬禁止条件の附された墓地における埋葬拒否 ………（　18　）　115

2　内閣法制局意見 …………………………………………（　38　）　131

3　老人ホーム附設納骨堂の場合 …………………………（　43　）　137

4　墓地所有権紛争中の場合 ………………………………（　45　）　139

<第14条（許可証のない埋蔵等の禁止）関係>

1　皇族の転帰の場合の本条の適用 ………………………（　17　）　114

2　火葬場管理者の証明 ……………………………………（　21　）　117

3　火葬許可証のない場合の取扱い ………………………（　36　）　129

4　火葬許可証による埋蔵の可否 …………………………（　39　）　133

<第15条（図面等の備付・閲覧義務）関係>

1　個人墓地に対する本条の適用 …………………………（　14　）　112

2　宗教法人における財務関係書類に係る義務 …………（　60　）　170

3　デジタル原則への対応 …………………………………（　78　）　236

<第16条（許可証の保存及び記入）関係>

1　本条第2項の取扱い ……………………………………（　3　）　100

2　個人墓地に対する本条の適用 …………………………（　14　）　112

<第17条（管理者の報告）関係>

○　個人墓地に対する本条の適用 …………………………（　14　）　112

<第18条（職員の立入検査）関係>

1　立入検査時の留意点 ……………………………………（　2　）　98

2　デジタル原則への対応 …………………………………（　78　）　236

<第19条（改善命令等）関係>

○　本条の適用の可否 ………………………………………（　13　）　112

<第20条～第22条関係>

<その他>

通知索引

1　土地収用法と本法との関係 ……………………………　（　50　）　145
　　　　　　　　　　　　　　　　　　　　　　　　　　　　（　52　）　147
2　寺院墓地の所有権等の性格 ……………………………　（　10　）　108
3　災害等における行政の対応について
　(1)　総論 ……………………………………………………　（　58　）　160
　　　　　　　　　　　　　　　　　　　　　　　　　　　　（　73　）　220
　　　　　　　　　　　　　　　　　　　　　　　　　　　　（　74　）　223
　　　　　　　　　　　　　　　　　　　　　　　　　　　　（　75　）　228
　(2)　東日本大震災における対応 …………………………　（　65　）　200
　　　　　　　　　　　　　　　　　　　　　　　　　　　　（　66　）　202
　　　　　　　　　　　　　　　　　　　　　　　　　　　　（　67　）　205
　　　　　　　　　　　　　　　　　　　　　　　　　　　　（　68　）　210
4　　火葬場から排出される有害物質 ………………………　（　64　）　198

通知編

（1）　墓地の新設に関する件

（昭和21．9．3発警第85号
内務省警保局長，厚生省公衆衛生局長から各地方長官あて連名通知）

　墓地の新設に関しては，明治17年内務省達乙第40号細目標準第1条により，原則としては，許可をせず，やむを得ない事由がある場合は，昭和12年12月17日付警保局警発甲第154号通牒により，市町村公共団体には，その必要な限度に於いて認めるが，個人又は特殊の者の専用に供するようなものは，その理由の如何を問わず認めない方針であった。

　その為神道及びキリスト教等の新興宗教団体にとって，墓地の使用設定上種々の不便があり，之が緩和方が要望されるに至った。しかし，墓地の新設，拡張は成るべく限定して行い，必要やむを得ない場合を除き，荒無地を用いることと致したい。

　よって今後は，おおむね左記要項に基いて，墓地使用上の指導をすると共に，その新設拡張をも許可するよう取り計られたい。

　右依命通牒する。

記

1　現在ある共同墓地については，総ての宗教の信者は，各自の宗教の意義に従って死者を葬むらねばならぬという原則に従って，墓域内に各派毎に整然たる区割を設け，神道，仏教，キリスト教等の信者の埋葬に支障なからしむること。

2　使用者の増加又は区画整理等の為従来の墓地著しく狭隘となり新設の必要ある場合は，市町村等公共団体に共同墓地としての許可を与え，区画を設けて神道，仏教，キリスト教等の信者，信仰不明の死者の為の埋葬場所を明らかにし，使用上支障なからしむること。

3　市町村等公共団体の管理に属する共同墓地の新設不可能にして，事情やむを得ざる場合は，寺院，教会等にも，其の必要とする範囲内に於いて新設を許可するも支障ないこと。

4　墓地の新設を許可すれば支障があると認められるような場合，寺院，教

97

会等の境内に納骨堂の設置を許可するよう考慮するは支障ないこと。

5　山間等人里遠く離れた場所で，墓地の設け全く無く新設の必要ある場合は個人に許可するも支障ないこと。

6　墓地新設の許可にあたっては，宗教の如何により，差別的な取扱をしたと疑われないよう留意すること。

（2）　墓地，埋葬等に関する法律の施行に関する件

（昭和23．9．13厚生省発衛第9号
事務次官から各道府県知事あて通知）

　墓地，納骨堂，火葬場の管理及び埋葬，火葬等に関しては，従来，明治17年太政官布達第25号墓地及び埋葬取締規則，同年内務省達乙第40号墓地及び埋葬取締規則施行方法細目標準，明治17年太政官達第82号墓地及び埋葬取締規則に違背する者処分方，及び昭和22年4月15日厚生省令第9号埋火葬の認許等に関する件等の法令に基きそれぞれの事務を遂行されて来たのであるが，これ等の法令は，昭和22年法律第72号日本国憲法施行の際現に効力を有する命令の規定の効力等に関する法律の規定により，改廃の措置を講じなければならないこととなったので，これ等従来の法令に代わるものとして，本法は制定されたものである。

　そもそも人の死に係るこれ等の事務は一面公衆衛生の見地より，その指導等取締の徹底を期する必要があるのであるが他面その執行の適否は，国民の宗教的感情に至大の関係があるのに鑑み左記事項に特に留意の上本法施行に遺憾なきを期せられ度く，命によって通知する。

記

1　法第1条の趣旨徹底

　法第1条は，本法全般を施行する上の指導原理とも称すべきものであって，例えば埋葬，火葬等の許可事務又は墓地，火葬場等への立入検査は常にこの原理に立脚して，実施せらるべきものというべきである。

　本法の施行が，徒に事務的に流れて宗教的感情を無視する如き取扱をす

ることは，本条の趣旨に背反するものというべきであって，本法施行の任
に当たる当該吏員，市町村吏員等に対しては特にこの趣旨の徹底に努める
こと。

2　納骨堂の定義

納骨堂とは本法第2条に規定するところのものであるが，単に，墳墓へ
埋蔵する以前における一時的な措置として，寺院等の一隅に，焼骨を安置
する等のごときは納骨堂として別段の許可を必要としないこと，但し，焼
骨の収蔵が一時的なものであっても，これを継続的に反復して行うものは
納骨堂として本法の適用をうける。

3　埋葬，火葬等の許可

埋葬，火葬等及び改葬の許可は，原則として死亡届を出した市町村長の
許可を受けることとし，統計上の統一を図った。したがって，法第7条の
規定による船舶中での死亡又は死産者の死体を埋葬，火葬しようとする者
は，その船舶が最初に入港した地の，市町村長の許可を受けなければなら
いこととなっているが，これは死産の届出に関する規程$\left(\begin{smallmatrix}\text{昭和21年厚生省令}\\\text{改正同22年厚生省}\\\text{令第4号及び第14号}\end{smallmatrix}\right)$
第42号
及び出生及び死亡の届出等に関する件（昭和21年司法省
令第14号）及び戸籍法を改正する法律（昭和22年法律第224号）の規定と
一致させるために規定したものであるから，この施行にあたってはこの点
留意すること。

4　無縁墳墓に埋葬された死体等の改葬

施行規則第3条に無縁墳墓に埋葬された死体等の改葬の取扱手続が規定
されているが，これはあくまで改葬に必要な手続のみに得られるものであ
って，墳墓の所有権，地上権等の私法上の物権等の処置に関するものでは
ない。したがって，無縁墳墓と認定されたものについては，その私法権の
権利変更等を行う場合は必ずそれ等の規定によることが必要であること。

5　墓地の新設等については，「墓地の新設に関する件依命通牒」（昭和21年
9月3日内務省警保，厚生省衛生両局長通牒）の趣旨に基き実施するこ
と。

99

（3）　墓地，埋葬等に関する法律の疑義の回答依頼について

(昭和26．9．4衛環第108号
環境衛生課長から滋賀県衛生部長あて回答依頼)

（問）　（略）

（答）1　本法において「焼骨を収蔵する」とは，法第14条第2項により納骨
堂に対して行なうのであるから，単に墳墓へ埋蔵する以前における一時
的措置として自宅に保管しているのは，収蔵とは思われないので法第5
条第2項は適用されない。

　　2　従前の規定により納骨堂と同様の取扱を受けた施設に保管寄託して
いたのであれば，法第5条第2項は適用される。

　　3　法第16条第2項の火葬許可証を改葬許可証に代用することは，でき
ない。

（4）　埋火葬事務取扱について

(昭和26.11.30衛環第138号
環境衛生課長から大分県衛生部長あて回答依頼)

（問）1　埋火葬許可証下附申請に医師死亡診断書（死体検索書）を添付する
必要ありや。

　　墓地埋葬等に関する法律（昭和23年法律第48号）並に墓地埋葬等に関
する法律施行規則（昭和23年厚生省令第24号）では死亡者並に死産届に
埋火葬許可証下附申請書を添えて提出すれば埋火葬許可証の交付が出来
る様解釈される。

　　この場合，死亡届は法務局に死産届は保健所に送付することになって
いるので市町村には死亡診断書の控が全然残らないこととなる。これを
如何に取扱うべきや。

　　2　死亡届の死亡診断書（検索書）並びに前項の埋火葬許可証下附申請
書に死亡届以外に死亡診断書（検索書）を添付するとすればこれらの死
亡診断書（検索書）には変死の場合死体検索書（診断書）に検視官の検

100

通知編

視済証明が必要なりや。

墓地及び埋葬取締規則（明治17年太政官布達第25号）第8条に「此規則ヲ施行スル方法細則ハ警視総鑑府知事（県令）ニ於テ便宜取設テ（内務郷）ニ届出ヘシ」とあり墓地及埋葬取締規則施行方法標準（明治17年内務省達第40号）に「本年25号布達第8条ニ記載セル方法細目ハ左ノ条件ヲ標準トスベシ此旨相達候事」とありこの第11条中に「変死ニ係ルトキハ立合医師ノ検索書ニ検視官ノ検印ヲ乞ヒテ差出スベシ」とある。

墓地埋葬等に関する法律（昭和23年法律第48号）第24条に「日本国憲法施行の際現に効力を有する命令の規定の効力等に関する法律（昭和22年法律第72号）第1条の4により法律に改められた左の命令はこれを廃止する。

墓地及び埋葬取締規則（明治17年太政官布達第25号）墓地及埋葬取締規則に違背する者処分方（明治17年太政官布達第80号）

埋葬の認許等に関する件（昭和22年厚生省令第9号）」とある。

依って墓地及埋葬取締規則施行方法標準（明治17年内務省達第40号）は廃止されているかどうか。

又墓地埋葬等に関する法律（昭和23年法律第48号）並びに墓地埋葬等に関する法律施行規則（昭和23年厚生省令第24号）には何らこれについての規定はないが医師法（昭和23年法律第201号）第21条に「医師は死体又は妊娠4ヶ月以上の死産児を検索して異状があると認めた時は24時間以内に所轄警察署に届出なければならない」とある。

これに依って届出を受けた警察署は検索書に検視済証明をしなければならないことを規定した関係法令があるかどうか。

（答）1(イ)　必要としない。即ち死亡，死産届に埋火葬許可申請書の添付があればよい。

　　(ロ)　この場合死亡・死産は必ず確認できるから事務取扱上差支えなく，必要があれば法務局又は保健所に照会すればよい。

　　2(イ)　1の理由により不必要である。

101

(ロ) 墓地及埋葬取締規則施行方法標準（明治17年内務省達乙第40号）
は墓地及埋葬取締規則（明治17年太政官布達第25号）第8条の規定
の細目を定めたもので，墓地及埋葬取締規則が廃止されたから当然
失効している。

(ハ) 医師法第21条により，医師が所轄警察署に届け出た場合，警察署
は検索書に検視証明をしなければならない関係法令があるかの件
は，当省の所管事項ではなく，警視庁警事部総務課の所管であるの
で，当省としては責任ある回答はできないが，電話で照会したとこ
ろによるとお尋ねの関係法令はない。

（5）　墓地，埋葬等に関する法律施行上の疑義回答依頼について

> (昭和27．4．11衛環第31号
> 環境衛生課長から東京都衛生局長あて回答依頼)

（問）　同法施行規則第1条及び第4条による埋葬許可申請書並びに埋葬許可
書の記載中，死因欄の記載は単に「法定伝染病」，「その他」の区分のみに
てよいのか。それとも病名の記載も要するのか。若し病名の記載を要する
ものとすれば，

　　死亡届の診断書記載中

　　　死亡の原因

　　　　(イ)　直接死因　　　　腸出血

　　　　(ロ)　(イ)の原因　　　腸結核症

　　　　(ハ)　(ロ)の原因　　　肺結核症

　右の場合，(イ)，(ロ)，(ハ)いづれを記載するものであるか。

（答）　埋葬許可書の死因欄には，墓地，埋葬等に関する法律施行規則第4条
による別記様式第1号註書により「法定伝染病」，「その他」の区分のみで
よい。また，埋葬許可申請書についても同様に取扱われて差し支えない。

通知編

（6） 墓地，埋葬等に関する法律並びに理容師美容師法運営上の疑義について

（昭和27．5．23衛環第43号
環境衛生課長から岡山県衛生部長あて回答）

（問）1　従来墓地の新設は明治17年内務省達乙第40号細目標準第1条及び昭12年12月17日付警保局警発甲第154号通ちょうにより個人墓地はその理由の如何を問わず認めない方針であったため，郡部等で分家したが附近に共同墓地がないため個人墓地を新設しなければならなくなったもの，既設墓地で余土地がなくなったため拡張に伴う新設の必要に迫られたもの等種々の止むを得ない事由による者が法律施行前無許可で墓地を設定埋葬したため県下でこれ等無許可墓地の数は数千件，面積にして50町歩にのぼるものと推定されるが墓地埋葬法第4条並びに第10条の規定に照し今後これら無許可墓地を一掃した土地台帳法による地目交換分筆登記並びに耕地整理等と相俟ってこれが調整を図る計画で一括とりまとめ許可手続を講ずる必要があると思考されるが厚生省として取扱方針について確たる御回示ありたい。

なおこの種問題は本県のみの問題でなく全国共通の問題と思われる。

2　墓地埋葬法並びに同法施行規則中には墓地，納骨堂又は火葬場を経営しようとする者は都道府県知事の許可を受けなければならないことになっているがこれらの許可条件についてなんらの規定が設けられていないが公衆衛生及び宗教その他の見地より支障なく行われるための具体的措置について少くとも左の事項を墓地埋葬法又は同法施行規則に規定されければならないと思われるが如何か。

イ　人家，国道，県道，その他枢要道路及び河川との距離を墓地，納骨堂，火葬場別に定める。

ロ　火葬場施設の許可基準（市部，町部，村部別に区分したもの）野焼程度の全く施設のないものも火葬場として墓地埋葬法の対照となるかどうか。

但し法律又は省令に規定困難の場合は通ちょうで御回示ありたい。

103

3　理容師，美容師法第 1 条及び第 6 条中の「業として」の解釈は，昭和24年10月17日付衛発第104号公衆衛生局長通ちょう都道府県知事あて「公衆浴場の営業関係法律中の業としての解釈」に準じて取扱つてよろしいか。

（答）　国民の宗教的感情に適合し，且つ公衆衛生その他公共の福祉の見地より貴県の実情に応じ処置されたい。

　　なお許可条件は，各地方の地理的条件及び宗教慣習などを異にするので，画一的に定めることは困難である。また，理容師，美容師法第 1 条及び第 6 条に定める「業として」の解釈は営業三法の解釈に原則として準じてよい。

（7）　墓地廃止等に関する疑義について

$$\left(\begin{array}{l}\text{昭和27．6．7 衛環第52号}\\\text{環境衛生課長から船橋市議会事務局長あて回答}\end{array}\right)$$

（問）　市独自の計画による都市計画事業としての土地区画整理のための墓地廃止等については，墓地，埋葬等に関する法律（昭和23年法律第48号）第11条の規定は適用されないので，この場合においては，当該墓地の経営者と協議の上同法第10条第 2 項に規定する手続によるべきものと解されますが，これに対する貴意を伺います。

（答）　都市計画法及び特別都市計画法により主務大臣の決定を受けた，計画事業であれば法第11条の適用がある。

　　単に市独自で行なうものであれば貴見の通りである。

（8）　墓地の名義変更について

$$\left(\begin{array}{l}\text{昭和27．6．7 衛環第53号}\\\text{環境衛生課長から千葉県衛生部長あて回答}\end{array}\right)$$

（問）　標記について，別紙の通り墓地の名義変更の申請がありたるも本件については墓地埋葬等に関する法律に規定されていないので廃止，新設の形

通知編

式により処理してよろしきや何分の指示を頂きたい。

別紙

　右墓地 1 反 6 畝27歩は大正 5 年12月 7 日日野田町が知事の許可を受け同時に明浄寺住職和光堅正が経営し今日に至れるものなるが当時の情況を聞くに寺院個人有墓地が許可にならないため寺院有土地を町に寄附町長名にて許可を受け明浄寺墓地として経営し居りたるものにて今回市は市会の議決を経て明浄寺に右墓地を譲渡するもので墓地の現場には何等の変更もなく単に名義のみを変更するものである。

（答）　法第10条第 1 項による許可効力は，他人に譲渡しえないものと解すべきで，御照会の如き場合は新たに許可を受けさす必要がある。

（9）　墓地，埋葬等に関する法律の疑義について

$$\left(\begin{array}{l}\text{昭和27．6．30衛環第66号}\\\text{環境衛生課長から北海道衛生部長あて回答}\end{array}\right)$$

（問）1　墓地埋葬等に関する法律第 9 条に規定する「死体の埋葬又は火葬を行う者がないとき又は判明しないときは，死亡地の市町村長がこれを行わなければならない」とあるのは，生活保護法第18条第 2 項に規定する「左に掲げる場合において，その葬祭を行う者があるときは，その者に対して，前項各号の葬祭扶助を行うことができる」とあることと関連性があるかどうか，即ち生活保護法に「葬祭を行う者があるとき」の反対の場合のことを墓地埋葬等に関する法律第 9 条で「行う者がないとき」と規定したものであるかどうか，若しそのとおりであるとするならば生活保護法第12条及び第15条に規定する保護を受けている孤独の被保護者が死亡して他に葬祭を行う者がないときも，又，墓地埋葬等に関する法律第 9 条に規定する「死体の埋葬又は火葬を行う者がない」ことになるかどうか。（生活保護法は「人」を保護する法律であって（即ち人権を有する人），死体の処置には関係はない。従って，生活保護法第18条第 2 項の規定は，生活保護法の実施機関である市町村長には適用はなく，

105

若し市町村長がその葬祭を行っても，それは墓地埋葬等に関する法律第
9条に規定する市町村長として実施するものであるから，生活保護法第
18条に規定する葬祭扶助を適用することができない旨の解釈もある）

2　墓地埋葬等に関する法律第9条第2項で「前項の規定により埋葬又
は火葬を行ったときは，その費用に関しては，行旅病人及び行旅死亡人
取扱法の規定を準用する」との規定はその規定に基く同法施行規則（省
令）には，何等の取扱規定がないので，その規定に基き，行旅病人及び
行旅死亡人取扱法第11条以下の各条の規定は全部準用され，従って，
「行旅病人及行旅死亡人取扱法ニ依ル行旅病人，行旅死亡人及同伴者ノ
救護並ニ取扱ニ関スル件」（省令）の規定及び「行旅病人，死亡人等ノ
引取及費用弁償ニ関スル件」（勅令）の規定並びに「行旅病人及び行旅
死亡人取扱法第11条ニ依ル外国人タル行旅病人，行旅死亡人及同伴者ノ
救護並ニ取扱ニ関スル特別ノ件」（省令）の規定は，当然準用されるも
のと思われ，従って，これ等の費用に関して規定した，都道府県が制定
した条例，規則，訓令等もその儘準用しても差支えないものと思われる
が，どうか。

3　墓地埋葬等に関する法律第9条第1項の規定による「火葬」を行う
場合にも「行旅病人及行旅死亡人取扱法第7条」の規定及び「行旅死亡
人ヲ火葬ニスルノ件」（勅令）の規定に従って行わなければならないか。

4　公海中を漂流していた身元及び死亡地不明の死体を航行中の船舶が
収容して入港した場合は，墓地埋葬等に関する法律第5条の規定による
か，或いは第7条の規定によるものであるか，又この船舶の乗組員は死
体の埋葬又は火葬を行うことを拒むことができるかどうか（刑法第190
条の関係）若し，他に埋葬又は火葬を行う者がないときは，墓地埋葬等
に関する法律第9条の規定によって入港地の市町村長が行うことができ
るかどうか。なお，この場合，その死体を発見した場所が甲村の沖合で
領海内であるときは，入港地の市町村長は甲村長の許可（法第5条）を
必要とするかどうか，又乗組員或いは他の者が行う場合はどうか。

通知編

5　墓地埋葬等に関する法律第9条の規定によれば「死体を埋葬又は火葬をする者がないときは，死亡地の市町村長が，埋葬又は火葬しなければならない」旨の規定があるが，従来からの慣習で，死亡地，及び身元不明の死体があるときは，検察官又は警察官が検視した後，その地の市町村長に引き渡して，埋葬又は火葬をさしているが，死亡地及び身元不明の死体を或る市町村長が，その引渡しを受けなければならない法的根拠はどうか。

（答）

1について

　他に全然埋葬又は火葬を行うものがなく，市町村長が行った場合は墓地埋葬等に関する法律第9条にいう葬祭であって生活保護法第18条第2項によるものではない。

　但し，知人又は近隣の者が生活保護法をうけている孤独の被保護者の死亡した場合に行う葬祭は生活保護法が適用されるのであって，墓地埋葬等に関する法律第9条の「行うものがない」場合ではない。

2について

　墓地埋葬等に関する法律第9条の費用に関してのみ行旅病人及び行旅死亡人取扱法及び法律の委託事項として制定された勅令，省令，条例等を準用して差し支えない。

3について

　行旅病人及び行旅死亡人取扱法の規定を準用するものは，法第9条による費用に関してのみである。

4について

　海洋を漂流していた身元及び死亡不明の死体を，航行中の船舶が収容して入港した場合，法第5条及び法第7条のいずれによっても不都合があるので，実際問題として，法第7条を準用すべきであると解釈される。

　船舶の乗組員は，死体を埋葬又は火葬しなければならない義務はな

107

い。（入港地の市町村長に引き渡さないときは刑法に違反する。）

　他に埋葬又は火葬する者がないときは，法第7条の入港地の市町村長
は法第9条を準用して措置する。

　乗組員或いは他の者が埋葬又は火葬する場合は法第7条による。

5について

　法第9条を厳密に解釈すれば，埋葬又は火葬する者がないことにな
る。然しながら，法第1条の趣旨よりしても死体を放置することはでき
いから，死体発見地の市町村長が法第9条を準用して措置すべきであ
る。

(10)　寺院墓地所有権回復について

$$\left(\begin{array}{l}\text{昭和27．8．5衛環第72号}\\\text{環境衛生課長から静岡市長あて回答}\end{array}\right)$$

（問）　昭和22年4月2日発宗24号内務・文部両次官から「神社，寺院等宗教
団体の使用に供している地方公共団体有財産の処分に関すること」の地方
長官宛の通牒の主旨に則り「寺院等に無償にて貸付してある国有財産の処
分」の例に倣い静岡市においてはその当時市有財産としての墓地で寺院の
使用に供していたものを寺院から夫々請願もあり且つ又他都市のこれが譲
渡実例等をも勘案し市議会の議決を得て当該寺院へ無償譲渡したのであり
ます。然しながら最近に至りこの措置に対して見解を異にする意見が生じ
ましたので御繁務中恐縮ではありますが左記の点について貴官の御意見を
伺いたく御照会申し上げる次第であります。

記

1　寺院管理墓地は，寺院の境内地又は所有地の一部と見なし措置したが
適正か否か

2　墓地は宗教上の儀式又は行事を行うため必要な土地と見なし措置した
が適正か否か

3　墓地は，寺院に必要な建物又は工作物の敷地に供する土地と見なすこ

通知編

とが出来るか否か

4 昭和22年当時地方公共団体所有となっていた墓地は，明治4年の社寺土地処分によって取上げたもので国有地における上地境内等と同様視したが適正か否か他都市においてもその所有の墓地か当時寺院に既に譲与又は譲与されつつあった現況でありました。なお，昭和21年内務省警保局長，厚生省衛生局長の依命通牒によって当時は墓地の新設が宗教団体にも出来るようになっておったのであります。

（答） 本年7月12日付甲民衛第39号で照会のあった標記の件は，文部省大臣官房宗教課の所管であり別紙の通り回答されたのでよろしく取り計らわれたい。

別　紙

地宗第40号
昭和27年7月31日

静岡市長殿

文部大臣官房宗務課長

篠　原　義　雄

寺院墓地所有権回復について

このことについて，7月12日付甲民衛第39号で照会されましたが，次のとおり回答します。

記

1 檀信徒その他寺院関係者のための墓地は，境内地の一部として取り扱ってよい。なお，「又は所有地の一部と見なし云々」とあるが，寺院が所有しているものであれば，今さら譲渡等の問題は生じないと思われる。

2 適正と考える。

3 儀式行事用地として取り扱うべきである。

4 国有境内地に準じて処分して差支えない。

(11) 墓地，埋葬等に関する法律の運営について

$$\left(\begin{array}{l}\text{昭和27．8．5衛環第74号}\\\text{環境衛生課長から香川県衛生部長あて回答}\end{array}\right)$$

（問）(1) 手術等において切断した手足等はこの法律における「死体」に含まれるや。

　(2) 遺骨等のない戦死者又はこれに類する者で生前の遺髪，爪，歯を埋葬し又は埋蔵した施設はこの法律における「墳墓」なりや。

　(3) 何ものも埋葬し又は埋蔵しない石墓に先祖云々之墓と刻み墓地以外の公衆の見易い場所に建立することは差支なきや。

（答）1　手術等により切断された手足等は，この法律による「死体」とはみなされない。

　2　戦死者等で遺骨のないときに本人が生前に残しておいた遺髪，爪，歯を埋葬した場合にはこの施設を「墳墓」とみなして差し支えない。

　3　名称の使用については別段の規定がないので，制限することはできない。

(12) 白骨死体取扱について

$$\left(\begin{array}{l}\text{昭和27．8．30衛環第80号}\\\text{環境衛生課長から広島県衛生部長あて回答}\end{array}\right)$$

（問）　右について行旅病人及び行旅死亡人取扱法（以下「取扱法」という）及び墓地埋葬等に関する法律（以下「埋火葬法」と云う）の適用上左記の通り疑義が生じたので何分の御指示を願い度く照会いたします。

　右の問題となっている白骨死体は広島市近郊の山中から発見されたものであるが所在地市町村長は附近住民の言等により7年前の昭和20年8月6日広島市に投下された原子爆弾による犠牲者がたまたま当山中にまとめられて埋められていたものであることを確認したものである。

　なお右の白骨死体は当該町村長において広島市にある原爆記念館内の納骨堂に納めて同様の犠牲者と共に葬るのが適当と認めこれら全白骨死体を

110

通知編

焼骨の該納骨堂に合葬している。

記

一　問題点

　　取扱法第7条の「仮土葬」又は「火葬」は埋火葬法第9条の「埋葬」又は「火葬」と同様であると解するものかどうか。

二　疑　義

　1　若し異なるとする場合は「取扱法」により「仮土葬」又は「火葬」した後更に市町村長は埋火葬法により，「埋葬」又は「火葬」すべき義務があると解されるがそれでよいか。

　2　同義であるとする場合は取扱法により「仮土葬」又は「火葬」をしたことにより埋火葬法による「埋葬」又は「火葬」を行ったことになり従って埋火葬法第9条の「埋葬又は火葬を行うものがないとき」に該当しないから同条の規定の適用はないものと解されるがそれでよいか

（答）　行旅病人及行旅死亡人取扱法第7条の規定により仮土葬をする場合の手続は，墓地埋葬等に関する法律第9条の手続によるものであって墓地に葬するのである。なお戦災による屍体，白骨等が墓地以外の場所に埋められていた場合には，昭和19年9月19日防業19発第115号，防空総本部業務局長，内務省警保局長連名各地方長官宛「空襲に因る多発屍体処理に関する件」が通牒されているから貴県の場合はその第四の三の規定により埋火葬認可を受けているものと思われるのでその時の屍体処置は合法的なものであるから墓地埋葬等に関する法律の規定による埋葬と認めてその後の処理は本法による改葬として措置すればよい。（但し一般的には以上の措置が行われていない場合はあらたなる屍体として手続すべきである。）

111

(13) 墓地，埋葬等に関する法律第19条の強制処分について

(昭和27．8．30衛環第81号
環境衛生課長から長野県衛生部長あて回答)

(問) 1　公衆衛生その他公共の福祉の見地から建築基準法第48条の規定による用途地域（住宅，商業，工業）の全地域を指定して墓地埋葬等に関する法律第19条の規定により墓地に死体を埋葬する場合に限りこれを禁止することができるか。

　　　　屍体埋葬禁止に対する内申書（省略）

(答)　墓地埋葬等に関する法律第19条の強制処分は，貴管内飯田市の如く建築基準法第48条の用途地域の指定を受けている場合と無関係であって，たとえ用途地域の指定を受けていない市であっても，知事が墓地埋葬等19条の規定により公衆衛生その他公共の福祉の見地から必要があると認めた場合には，強制処分を行うことができる。従って飯田市の場合も必要と認めれば屍体埋葬だけを禁止する強制処分の措置を行っても差し支えない。

(14) 墓地埋葬等に関する法律施行上の疑義について

(昭和27．8．30公保第437号
環境衛生課長から長野県衛生部長あて回答のうち)

(問) 3　墓地埋葬等に関する法律第12条の規定中「経営者は管理者を置き」とあるが，個人（1世帯）墓地の設置者も同法第12条，第15条第1項，第16条第1項，第17条及び同法施行規則第7条第1項，第8条1項の適用を受けるものと解してよろしいか。

(答) 3　個人墓地の管理に対する墓地埋葬等に関する法律及び同法施行規則の適用については公衆衛生その他公共の福祉の見地から必要と考えられる条項のみに限定して差し支えない。

通知編

(15) 墓地，埋葬等に関する法律施行上の疑義について

（昭和27.10. 7 衛環第88号
環境衛生課長から長野県衛生部長あて回答のうち）

(問) 1　墓地，埋葬等に関する法律第10条の規定により経営許可を受けた者
　　が死亡したため経営者に変更がある場合新たに経営許可を受けるものと
　　解してよろしいか。

　　2　個人（1世帯）墓地を設置する場合も墓地埋葬等に関する法律第10
　　条の規定により経営許可を受けるものと解してよろしいか。

(答) 1　御意見のとおりである。

　　2　墓地については，出来る限り既存の墓地を利用せしむるよう指導
　　し，個人墓地の新設は，既存の墓地を利用できないような事情ある場合
　　にのみ許可するようにせられたい，止むを得ず個人墓地を新設する場合
　　には墓地埋葬等に関する法律第10条による許可を受けなければならな
　　い。

(16)　個人墓地の疑義について

（昭和27.10.25衛発第1025号
公衆衛生局長から京都府知事あて回答）

(問) 1　自己所有の土地を使用し，自家用の墓地にせんとする本墓地の新設
　　は，墓地埋葬等に関する法律第10条の規定に該当しないものと思料せら
　　れるがその取扱い如何

　　2　若し前記の如く法の適用を受けないものとすれば法第4条の規定に
　　より墓地以外の土地に埋葬又は焼骨の埋蔵はできないから本件の様な個
　　人墓地は的然設けることができないことになるがその解釈如何

(答)　墓地については，出来る限り既存の墓地を利用するように指導し，個
　　人墓地の新設は，既存の墓地を利用できないような事情ある場合にのみ許
　　可するようにせられたい。

　　止むを得ず個人墓地を新設する場合には，墓地埋葬等に関する法律第10

113

条による許可を受けなければならない。

(17) 火葬の取扱の疑義について

(昭和28.1.12衛環第2号
環境衛生課長から東京都公衆衛生部長あて回答)

（問） 墓地埋葬等に関する法律第14条第3項に火葬場の管理者は第8条による「火葬許可証又は改葬許可証を受理した後でなければ火葬を行ってはならい」と規定されて居るが，皇族の方の転帰に際し，火葬に付さる場合は如何に取り扱うべきか，証明書は如何なる所から発行せられたものに基くべきか，少なくとも依頼により火葬すべきか，御指示を仰ぎたい。

（答） 1月10日衛公環発第16号をもって御照会のあった件については，左記理由により墓地，埋葬等に関する法律第14条第3項の規定は適用ないものと解する妥当とする。従って市町村長（特別区は区長）の火葬許可証がなくとも，火葬の依頼があれば皇族であったことを確認の上火葬すべきである。

記

1　墓地，埋葬等に関する法律第14条第3項は，市町村長（特別区は区長）火葬許可証がなければ，火葬場の管理者は火葬を行ってはならないことを規定し，火葬許可証は，第8条第2項により市町村長が死亡届を受理した後でなければ交付してはならない旨を規定しているが，しかし皇族の場合においては第8条第2項の死亡届はなされない（皇統譜令参照）のであるから，第14条第3項の規定は皇族の場合を考慮していないものといわなければならない。

2　皇室典範第27条には皇族の陵墓について特別の規定をなしておるので，墓地，埋葬等に関する法律の墓地に関する規定は適用されない。

3　右の1，2を総合判断して，墓地，埋葬等に関する法律は皇族には適用されないものとして，主文のように解するのが妥当である。

通知編

(18)　墓地の許可に関する疑義について

（昭和28．4．1衛環第27号
　環境衛生課長から京都府衛生部長あて回答）

（問）　墓地の許可申請があった際に死体の埋葬を行わせるのであれば衛生上
　好ましくないが，焼骨の埋蔵のみであればその土地は墓地として支障ない
　と認められる状況のときに
　一　右の状況を許可の判定に際して考慮することはできないか
　二　右の場合申請者（経営者）が死体の埋葬を行わせない旨を約束してい
　　るときに，許可に際しその墓地の性質を明かにするため死体の埋葬を行
　　わせない旨の条件をつけてはいけないか
　三　若し，右の条件をつけた場合に，管理者は墓地埋葬等に関する法律第
　　13条にいう埋葬等を拒む正当の理由として，その埋葬を拒否できるか，
　　又経営者には何等法に規定がないために，埋葬を行うとする者に対して
　　自らそれを拒否することができないとしても，管理者にそれを命ずるこ
　　とはできないか
（答）　墓地，埋葬等に関する法律では，墓地の許可に対する拒否の要件が明
　記されていないのであるが，これは知事に対し許可に関する自由裁量を認
　めているものであるから，御照会の如き場合知事が必要と認める範囲内に
　おいて条件を附することは差し支えない。又，その場合，管理者に対し，
　法第13条の規定による正当な理由として命ずることは差し支えない。

(19)　墓地，埋葬等に関する法律について

（昭和28．5．6衛環第37号
　環境衛生課長から石川県衛生部長あて回答）

（問）　右の件について法第11条第2項中に「耕地整理法（明治42年法律第30
　号）第17条第2項の規定にかかわらず」とあるが昭和24年に耕地整理法が
　廃止となり土地改良法が施行になっているのでありますが前の耕地整理法
　には墓地等の処置については種々の条項がありたるも土地改良法について

115

はそれについての条項がないという事であるので耕地整理をなさんとして
施行地に墓地が含まれている場合には如何なる様になすべきかについて至
急御回答を願い致します。

（答）　土地改良法施行法（昭和24年法律分196号）第4条の末尾に「及び他
の法令において準用される範囲内においても，また同様とする。」と規定
され，前文から引継いで耕地整理法の規定は，なおその効力を有すること
になっている。従って御照会の墓地埋葬等に関する法律第11条第2項中に
規定されている「耕地整理法……」の規定は，そのまま旧法が適用される
から佐様御承知願いたい。

　　なお本回答は農林省当局と打合せ済みであるから念の為申し添える。

（20）　個人墓地の新設許可について

(昭和28.10.24衛環第62号
環境衛生課長から福岡県衛生部長あて回答)

（問）　個人墓地の疑義について京都府知事から貴省公衆衛生局長あて照会に
対する昭和27年10月25日衛発第1025号回答によれば個人墓地の新設は，
「既存墓地の利用できない事情ある場合にのみ許可されるようにせられた
い」とあるが，「既存墓地の利用できない事情」とは，昭和21年9月3日
発警第85号内務省警保局長並びに厚生省衛生局長からの依命通牒の墓地新
設に関する件第5号「山間等人里遠く離れた場所で墓地の設け全くなく新
設の必要ある場合」のみに限定解釈すべきものかどうか，又はその他既存
の墓地の利用できないような事情例えば在来の個人墓地が米軍飛行場の敷
地となり附近に既存の共同墓地がないような場合，或は在来の個人墓地が
狭隘で埋葬の余地なく且附近に既存の共同墓地がないような場合等広義に
解し個人墓地の新設を許可してよいかどうか。

（答）　昭和28年10月10日28公第10404号を以って照会のあった個人墓地の新
設許可は例示の如く在来の個人墓地が米軍飛行場の敷地となり附近に既存
の共同墓地がないような場合，或は在来の個人墓地が狭隘で埋葬の余地な

通知編

く且つ附近に既存の共同墓地がないような場合も許可して差し支えないものと思われる。但し共同墓地を整理するとか統合する等なるべく他の方法による措置を講ずる努力が望ましい。

(21) 埋（火）葬並びに改葬許可証の取扱いについて

（昭和29. 2. 7衛環第7号
環境衛生課長から東京都衛生局公衆衛生部長あて回答）

（問）1　昭和4年6月29日当区横網町2丁目10番地にて死亡し同年7月1日戸籍法に基く死亡届と同時に死亡，埋葬認許証の交付を受け火葬執行の後焼骨は自宅に保管し現在に至る。その間に前記認許証を紛失した者がありこのたび墳墓に埋蔵するため許可を申請して来たので「焼骨の現に存する地」が当区である場合には厚生省公衆衛生局長回答（昭和23年11月8日衛庶第294号）1項を準用し改葬の許可を与えて差支えないか。

なお，本件を取り扱った火葬場は，戦災により台帳焼失のため火葬証明書の交付はできない由である。

2　埋（火）葬許可証交付後同許可証を紛失した旨申請人より申出があったとき左の場合の取扱方。

イ　埋（火）葬執行前の場合

ロ　火葬執行後の場合（但し，火葬許可証下付申請書を当職が保存中であり又火葬場より火葬証明の交付を受けられるとき）

ハ　火葬執行後の場合（但し，火葬許可証下付申請の保存期間経過後で廃棄し，又はその他の事由で滅失しているとき）

〔当部の意見〕

2のイに対する意見

申請人から埋（火）葬許可証を紛失した事実を確認するに足る資料等を提出せしめ事実を確認した上再発行するようにされたい。

2のロに対する意見

火葬場の管理者から火葬を行ったことの証明書を求める以外に証明の

117

資料がないときは，墓地埋葬等に関する法律施行規則第8条第2項の規定による火葬場の管理者が保管する火葬簿に基き再発行するも支障なきこと。

2のハに対する意見

　火葬場の管理者は火葬簿を備えなければならないこととなっているので火葬場の管理者から火葬したことの証明を添付させる等必要な報告を求めそれによって事実に誤りのないことを証明し火葬許可証に代えられたこと。

（答）1　おたずねの件については，当該火葬場の管理者が火葬した事実を証することは不可能であるから，焼骨の現に存する地の市町村長（特別区の区長を含む。）は，火葬した事実を調査の上，これを証する証明書を発行しこれをもって法第14条第3項の火葬場管理者の証明にかえ取り扱われたい。

　　　2　(イ)，(ロ)，(ハ)については貴見のとおりである。

(22)　墓地，埋葬等に関する法律の疑義について

(昭和29.10.7衛環第100号)
(環境衛生課長から京都府衛生部長あて回答)

（問）　墓地埋葬等に関する法律第1条中「公共の福祉の見地から云々」の用語がありますが，この用語は，具体的にはどのようなことを意味するものかその解釈に疑義がありますので，誠に御多忙中恐縮ながら至急御教示願いたく右照会します。

　　なお，本府において最近墓地申請地に近接した病院（結核患者収容）より患者に対する心理的悪影響による病状悪化があるとして反対の意向があるので本件を「公共の福祉云々」に該当するものとして考慮すべきものと考えていますが，なおいささか疑問がありますので，本照会に及んだことを申し添えます。

（答）　墓地，埋葬等に関する法律（以下「法」という。）第10条に規定する

通知編

墓地の経営許可は，都道府県知事の自由裁量行為に属し，覊束される基準はないが，許可に際して法第1条の法の運用の趣旨に沿わなければならないことは当然である。ところで法第1条にいう「公共の福祉」とは，憲法その他の法令に基く法益の尊重は勿論，社会通念上妥当な人の生活権の保護育成をさすものといえよう。従って，お尋ねの場合の如く結核患者収容の病院に近接して墓地を経営すれば患者に対して極めて悪影響を与えるおそれのあることが予想される場合においては，これを許可しないことも止むを得ない場合もある。

　なお，これが運用にあたっては，行政指導においてこれが趣旨を充分徹底せしめ調整を図るようにされたい。

(23)　市町村合併に伴う公衆衛生に関する各施設の開設許可について

（昭和29.12.28衛環第36号
環境衛生課長から福島県衛生部長あて回答）

（問）　市町村において，と畜場，へい獣処理場，墓地，納骨堂，火葬場等を設けるときは，法の定めるところに基いて開設許可を受けることになっておりますが，このたび左記のように町村が合併するときその自治体とともに施設も合併されるものでありますから改めて開設許可を受ける必要はないと思われますが，いささか疑義がありますのでこの手続方法について回答を御願します。

記

1　と畜場等施設をもつ町村が単独昇格して市又は町になった場合

2　と畜場等施設をもつ町村が次のように合併した場合

　⑴　合体合併

　⑵　吸収合併

3　合併のため町村名が変った場合

（答）　お申越のように既に都道府県知事の設置許可をうけたと畜場及びへい獣処理場について市町村の廃置分合によってと畜場等の名称及び所在地が

119

変った場合には変更の届出をもって足り，あらためて開設許可をする必要
はない。

(24) 墓地，埋葬等に関する法律の適用について

(昭和30.1.10衛環第1号
環境衛生課長から岡山県衛生部長あて回答)

（問） 当市宇野部落（別荘地帯で将来住宅地帯となる）私有地に墓地同様の
ものを造成し，Ａ家，Ｙ家，Ｏ家と代々の戒名まで刻み，現存者（死亡
を見越す老齢者又は配偶者）の戒名まで朱書で刻み込んである墓碑を建立
し香華を供え，読経の供養まで致しているが県衛生部係員出張現地視察の
結果は，現在死体遺骨等を収納していないから墳墓ではない，従って取除
く必要なしとの裁定を与えたが，地元市民は之に疑惑を感じ有産階級者が
金力にまかして豪華な施設をするも法の適用を受けぬとは怪しい。将来納
骨の意図を有することは明かで生存者の戒名まで刻んでいるのではないか
と云う始末です。

右の行為は明らかに墓地埋葬等に関する法律の精神を没却無礼した脱法
行為と見做しますが貴部の御意見を承りたく照会致します。

尚，この種行為を黙認するに於ては市内各地にかかる墓碑の乱造が予想
されますので申添えて置きます。

（答） お尋ねの場合，当該施設が死体を埋葬又は焼骨を埋蔵する目的を持た
ない限り，墓地埋葬等に関する法律第2条第4項又は第5項に該当せず，
単なる碑に属するものである。

なお，将来当該施設が埋葬又は埋蔵を行うに至ったときは，「墓地」又
は「墳墓」の適用を受けることは，当然である。

通知編

（25）　墓地改葬許可に関する疑義について

(昭和30．2．28衛環第22号)
(環境衛生課長から鳥取県衛生部長あて回答)

（問）1　墓地埋葬等に関する法律施行規則第2条中（墓地若しくは納骨堂の
　　　管理者の証明書……）について改葬申請人亦は申請受任者の要請に不拘
　　　墓地管理人は次の証明をする事に応じない。

　　　　この場合申請人亦はその受任者は右の事実を立証する書面を添えて申
　　　請する事に依り市長は改葬許可証を下附する事の適否について

　　　2　墓地埋葬等に関する法律第5条第2項中（改葬を行おうとする者は
　　　……）については縁故者の改葬についての意志の如何に不拘，土地区画
　　　整理施行者に於てこれを代行し，尚1に関しての処理に対する適否につ
　　　いて

（答）1　改葬許可の申請にあたり，墓地若しくは納骨堂の管理者が埋葬若し
　　　くは納骨の事実の証明を拒むべきでないのであるが，もし拒んだような
　　　場合はお尋ねのようにこれにかわる立証の書面をもって取り扱って差し
　　　支えない。

　　　　ただし，本法はあくまでも国民の宗教感情上に合致して支障なく事が
　　　運ばれることを最も重視すべきことで，このような場合においても極力
　　　当該管理者に証明書を出させるよう指導を行い万遺憾なきを期するよう
　　　すべきである。

　　　2　お尋ねについては，「改葬を行おうとする者（縁故者）」の改葬の意
　　　見を尊重して法による改葬手続を行わせるようすることが適当である。

（26）　墓地，埋葬等について

(昭和30．8．11衛環第56号)
(環境衛生課長から福岡県衛生部長あて回答)

（問）　墓地埋葬等に関する法律（昭和23年法律第48号）第14条に「墓地管理
　　　者は第8条の規定による埋葬許可証改葬許可証又は火葬許可証を受理した

121

後でなければ埋葬又は焼骨の埋蔵をさせてはならない」とあるが，左記の
事案に対しては如何に取扱うことが適法なるか何分の御回示願いたい。

記

1　焼骨を数10年間自宅に保管し，これを埋蔵せんとするも当時の火葬許
可証を紛失しているもの。

2　外地で戦死又は戦病死し火葬許可証のない焼骨を埋蔵せんとするも
の。

3　戦時中外地で出産後間もなく死亡し入籍をしていない焼骨を埋蔵せん
とするもの。

（答）1　火葬後，焼骨を収蔵する前に火葬許可証を紛失した場合は，再交付
申請の手続をとらせ，市町村長において事実を確認のうえ，火葬許可証
の再交付を行うように指導されたい。

2　外地で戦死又は戦病死し火葬許可証のない焼骨を埋蔵又は収蔵しよ
うとする場合は，戦死又は戦病死したことを証する書面（戦死公報等）
をもって，墓地，埋葬等に関する法律施行規則第2条の墓地若しくは納
骨堂の管理者の証明書に代えて，改葬の場合に準じ取り扱われたい。

3　帰還者，引揚者等であって，本法施行地域外で火葬した焼骨を持ち
帰った者がその焼骨を埋蔵又は収蔵するための許可を申請した場合に，
火葬を証する書類のないときは，改葬として取り扱われたい。その場合
には，当該市町村長は本法施行地外で火葬したことの事実を証する証明
書を発行し，これを以って施行規則第2条の墓地若しくは納骨堂の管理
者の証明に代え改葬の許可を与えられたい。

(27)　墓地，埋葬等に関する法律施行上の疑義について

(昭和30. 9 .15衛環第36号
環境衛生部長から東京都衛生局長あて回答)

（問）1　アパートの一室に氏名不詳の焼骨を発見，発見者が所轄警察署に遺
失物として届出た。

通知編

遺失物の経過期間がすぎ，発見者が引取を拒否した場合，その焼骨は誰が引取るべきか。

2　その焼骨（発見者が引取っても引取らなくても）を埋蔵する場合の処置方法について（当該死亡年月日並火葬年月日不明のため当該市区町村長の証明が不能である。）

（答）　おたずねの場合は，

1　遺失物の引取に関しては，遺失物法によるものと思われるので，当省として一応主管官庁に照会中である。

2　当該焼骨の氏名，死亡地，死亡年月日等不明のため正規の手続をとり得ない場合には，市町村長において，特殊の事情があるための特例として，当該焼骨発見の事情，引取にいたる経過等を証する書面をもって法の要求する許可証に代えて，墓地又は納骨堂に埋蔵させられたい。

(28)　墓地埋葬等に関する法律の適用について

(昭和31．9．19衛環第94号
環境衛生課長から鳥取県衛生部長あて回答)

（問）　県下の一地域に死体を埋葬するにあたり，頭髪，爪等を死体と分割して埋葬碑を建立して墓地として拝礼する習慣があり，頭髪，爪のみを埋没して死体を埋葬しない墓地は単なる碑に属し，墓地埋葬等に関する法律第2条第4項又は第5項に該当しないものと解されるが，貴部の御意見を承りたく御照会します。

（答）　設問の場合，当該施設が頭髪，爪等を死体にかわるべきものとして埋没するのではなく，死体とは別個に頭髪，爪のみを分割して埋没するものであるかぎり，墓地，埋葬等に関する法律第2条第4項の「墳墓」及び同条第5項の「墓地」に該当せず，単なる碑に属するものと一般的に解して差し支えない。なお将来当該施設が死体の埋葬又は焼骨の埋蔵を行うに至ったときは「墳墓」又は「墓地」の適用を受けることは当然である。

123

(29)　墓地，埋葬に関する法律の疑義について

(昭和31.11.16衛環第113号
環境衛生課長から茨城県衛生部長あて回答)

(問) 1　墓地，埋葬等に関する法律（以下「法」という。）第10条の許可を
　　　受けて，墓地，納骨堂または火葬場を営む者の変更があった場合その届
　　　出義務について法に規定が明文されていないがいかに取り扱うべきか。
　　　2　法に墓地，納骨堂または火葬場の設置の場所についてなんらの制限
　　　規定がないが県規制をもって前記施設を許可する場合設置場所について
　　　制限規定を設けることは正しい措置であるか。

(答) 1　墓地埋葬等に関する法律第10条の規定により経営許可を受けた者が
　　　譲渡，相続等のため実質的な変更があったときは，新たに許可を受けさ
　　　せるべきである。
　　　2　墓地埋葬等に関する法律第10条に規定する経営許可は，同法第1条
　　　の目的に沿う範囲内において，都道府県知事の自由裁量行為に属するも
　　　のであるから，設置場所その他の許可の覊束基準は，法令中には，明記
　　　されていないが，若し規定し得るならば都道府県規則をもって，設置場
　　　所についての制限規定を設けることは差支えない。

(30)　墓地，埋葬に関する法律の疑義について

(昭和31.11.16衛環第113号
環境衛生課長から茨城県衛生部長あて回答のうち)

(問) 3　一定地に墓碑を十数個建立し香華を供えて社会通念的には墳墓とみ
　　　なされる形態となっているが死体の埋葬と焼骨の埋蔵の事実がない場合
　　　墓地として取り扱うことが妥当でないと思うがどうか。これらの行為は
　　　従来からの慣習からして墓地としての一般観念を起さしめ土地使用の状
　　　態からしてもまた墓碑の乱立の見地からなんらかの規律が必要と思うが
　　　いかが。

(答) 3　当該施設が死体の埋葬又は焼骨を埋蔵する目的をもたない限り，墓

通知編

地埋葬等に関する法律第2条第4項又は第5項には該当しないものであるから墓地として取り扱うことはできない。

しかしながら，将来，当該施設が埋葬又は埋蔵を行うに至ったときは，「墓地」又は「墳墓」の適用をうけることは当然である。

なお，設問後段については，よく検討することと致したい。

(31)　墓地，埋葬等に関する法律上の疑義について

（昭和32．3．28衛環第23号
環境衛生課長から奈良県厚生労働部長あて回答）

（問）1　共同墓地の区域外に隣接した私有地に個人が一定の区画を設け「○○家の墓」と明記した墓碑を建立したが，その墓碑には焼骨を埋蔵するための設備も施されてあって，更に碑の周辺には将来死体を埋葬するものと考えられる空地も確保されており，その構造及び実態から死体を埋葬又は焼骨を埋蔵する目的をもって造成されたものであることは客観的に明確であり，本人もその意志を供述している場合，その施設の取扱いについては，現に死体の埋葬又は焼骨の埋蔵事実の存否如何にかかわらず，当該行為の目的を有する限り，墓地埋葬等に関する法律第2条第4項又は第5項に該当するものと解し，法の適用を行って差し支えないか。

2　過去数十年前に死体を埋葬し，その死体（又は骨）が既に消滅したものと考えられるような墳墓の墓碑を単なる碑と称し，墓地区域外に隣接した私有地に個人が移転造成するに伴い従前の墳墓の土を持参し，これを霊魂として新らたな墓碑の下地とする場合，その土の量又は状況の如何によっては，当然その行為は法第2条第3項の「改葬」に該当するものとし法の適用を行うべきものと解するがどうか。

仮りにこの場合その土の量如何によって改葬と解されるならば，その具体的な量はどの程度をもって判断すべきか。

（答）1　死体を埋葬し又は焼骨を埋葬する目的を有する限り，貴見のとおり

125

法第2条第4項又は第5項に該当するものである。

2 死体又は焼骨が既に存しない場合であれば法第2条第3項にいう改葬には該当しない。

(32) 遺体を日本へ空送する場合の取扱規定に関する件

(昭和32.4.15衛発第293号
公衆衛生局長から外務省欧米局長あて回答)

(問)1 死亡者が日本人でなければ埋葬許可が得られないか。若し、許可が得られるならば、いかなる場合に外国人の埋葬が許可されるか。

2 遺体を輸送する際は、アメリカ合衆国の各地方役所の発給した埋葬許可書、輸送許可書以外にいかなる書類が必要であるか。

3 遺体の納棺には、アメリカ合衆国で用いられている標準技術以外に特別の材料又は方法が必要であるか。

4 ひつぎの構造に関する規定いかに、また、遺体の上をガラスのパネルで密封する必要ありや。

5 輸送用外箱に関する規定及び構造上の規格いかに、また、ハンダ付け金属板の内張りが必要であるか。

6 輸送の際の領事館検査の必要条件は何か。

7 だびに付した遺骨の輸送に関する必要条件は、だびに付さない遺体の輸送の場合と異るか、若しそうである場合は特に必要とする条件を列挙されたい。

(答) 昭和32年1月26日米一合第317号をもって照会のあった標記の件のうち、当省関係事項である設問第1について、次のとおり関係法規（墓地、埋葬等に関する法律、墓地、埋葬等に関する法律施行規則）を添え、回答する。なお、設問第2以下は、墓地、埋葬等に関する法律事項以外のことであるから念のため申し添える。

記

埋葬許可は、死亡者の国籍の如何をとわず、本法施行地で死亡した場

通知編

合，死亡地の市町村長（特別区の区長を含む。以下同じ。）がこれを与えることとなっている。

御照会のような事例については，現行法では特に規定が設けられていないので，法第7条の規定を準用して，原則的には遺体を空送する飛行機が最初に着陸した本法施行地の市町村長の許可を受けて埋葬するよう取り扱うことと致したい。

(33) 改葬許可証の取扱について

（昭和32．4．16衛環第26号
環境衛生課長から東京都公衆衛生部長あて回答）

(問)　戦時の空襲により，本都においては，ぼう大なる爆死者があり，これが処理については止むをえず，死亡者の本籍氏名，性別，死亡年月日，不明のまま埋葬中のところ，近時これを改葬その霊をなぐさめたいと考えているが，これが改葬については，昭和23年11月8日，衛庶第294号，厚生省公衆衛生局長御指示の5をもっては行政の執行上不便（一霊位の個々にわたる項のみ別紙の連記しても不明，不明と記す以外にない）があるのでかかる場合は特殊の例として，死亡者の本籍，氏名，性別，死亡年月日について，不明若しくは不明外〇件とし，申請書及び許可証を一枚をもって取扱いたいがいかが。

(参　考)

墓地埋葬等に関する法律施行上の疑義について

（昭和31．10．1衛公発第1694号
厚生省公衆衛生局長宛東京都公衆衛生局長発）

標記のこと下記諸点について何分の御指示をえたく照会いたします。

記

(1)〜(4)　略

(5)　都市計画実施等による墓地の全部又は大部を改葬する場合は数千霊位に上るが，規則第2条の申請書及び別記様式第3号改葬許可証は一霊位

127

1枚の形式であるから，自然申請書及び許可証も数千枚を要し，申請，許可共に相当の日時を費し支障を生じるからかかる場合においては，申請書並に許可証の様式を横書きとし，又は上部種別欄を右側に縦書とし，十数欄又は十数行を区画して1枚十数霊位の連記或は，埋葬又は火葬の場所，改葬の理由，改葬の場所，申請者の住所氏名等全体に通ずる項のみを正規の様式に拠らしめ，死亡者の本籍，氏名，性別，死亡年月日，その他一霊位の個々にわたる項のみを別紙に連記せしめて，取扱いたいがいかが。

（答）　昭和32年衛公環発第153号をもって照会のあった標記については，墓地埋葬等に関する法律施行規則第2条及び第4条において規定する別記様式第3号によるべきが本来であるがお尋ねのような場合は，事情やむを得ないと思料されるので，照会の如き便宜的をとっても差し支えない。

（34）　火葬許可証再発行並びに改葬手続について

（昭和32. 7. 8衛環第25号
　環境衛生課長から名古屋市衛生局長あて回答依頼）

（問）　昭和22年6月12日，当区内宝来町1丁目2番地にて死亡し同月14日当時の区長から死体火葬認許証の交付を受け，同月15日火葬執行の後，焼骨を自宅に保管のまま東京都世田谷区祖師谷2丁目160番地に転住し，今尚焼骨を転住地に保管中，前記死体火葬認許証を紛失した者から焼骨の墓地埋葬手続のため死体火葬許可証の再発行の申出があったので交付することが出来ますか。出来るとすれば関係法規例示下さるようお願いします。

　　なお，墓地埋葬等に関する法律施行規則第8条第3項による火葬場管理者から火葬を執行した旨の証明書及び死体火葬認許証の交付を受けた旨の証明書火葬執行後本人の自宅に焼骨を保管している旨の申述書により焼骨の現に存する地（東京都）にて改葬の手続はできないものでしょうか。右併せて御指示方急を要するため，至急御指示を煩したく御願いします。

　　別紙写証明書2通添付します。

通知編

（答）　火葬許可証は，一死体につき一許可証であることが原則であるが，お尋ねの場合のように，紛失したことが明らかであると認められるときは，墓地埋葬等に関する法律施行規則第8条第3項の規定による火葬場の管理者が保管する火葬簿に基き，再発行するようにされたい。

(35)　**墓地埋葬等に関する法律施行規則第4条について**

（昭和32．8．3衛環発第33号
環境衛生部長から福島県厚生部長あて回答）

（問）　右について，市町村長が交付する埋葬，改葬，火葬許可証は同規則別記様式により「たて書」になっているが，事務の能率化を図るため「よこ書」にしてよろしいでしょうかお伺いします。

（答）　墓地，埋葬等に関する法律施行規則第4条に規定する埋葬，改葬又は火葬許可証の様式は，別記様式に掲げてある事項を記載できるものであれば，縦書，横書のいずれでも差し支えない。

(36)　**墓地，埋葬等に関する法律第14条第3項について**

（昭和32.10.10衛環発第53号
環境衛生部長から東京都公衆衛生部長あて回答）

（問）1　墓地区域外の地において道路工事により，偶然に発見された人骨又はミイラを火葬場において火葬を行う場合如何取扱うべきか。

　　2　死体（全部）を保存していた病院がその死体を保存する必要がなくなり，病院より火葬したい要望があったが，病院に火葬許可証がなく，且つ区市町村において火葬許可証の再発行が困難な場合如何取扱うべきか。

（答）1　お尋ねの件については，相当長年月を経過した人骨であって，これに関する記録は現存していないと思料されるので，このような場合には市区町村長は，発見者から発見に至った事情を詳しく取聴のうえ，火葬許可証に代る証明書を発行し，火葬場の管理者は，これをもって火葬を

129

行うことが適当な措置を考えられる。

2　お尋ねの件は，遺族又は死体を保存している病院長のいずれかにおいて火葬許可証を紛失した場合であって，かつ，市区町村長がかつて火葬許可証を発行したことを証するに足る書類がないときと思料されるが，このような事情のときは，死亡地又は死亡地が不明のときは死体の現に存する地の市区町村長は，当該病院長及び遺族の所在が明らかな場合は遺族から，死体引渡の際の状況その他火葬許可証の紛失に関し参考となるべき事項を聴取のうえ，これに基いて火葬許可証に代る証明書を発行することが適当な措置と考えられる。

(37)　墓地，埋葬等に関する法律の疑義について

(昭和33．7．1衛環発第56号
環境衛生部長から鳥取県厚生労働部長あて回答)

(問)１　納骨堂とは，本法第２条に規定するところであるが，単に墳墓へ埋蔵する以前における一時的な措置として寺院等境内地の一隅に焼骨，埋葬骨を安置する等のようないわゆる納骨所又はこれに準ずる施設で墳墓型式のものを設置し継続的に反復して行うものは，納骨堂として本法第２条の適用を受けるものと解してよいか。

なお，念のために納骨所又はこれに準ずる施設で，墳墓型式とは，外観，風景，墓地，墳墓型式であって，内部は，地盤コンクリート等による耐湿材料で，かぎ付出入口，階段式安置方式の構造である。
「注」別冊，浄宗寺，真宗寺，宝珠院の写真及び設計図面参照願います。

2　前項の墳墓型式で，境内地に密閉構造で安置してあるものについても，本法第２条の適用を受けるものと解してよいか。
「注」別冊，薬師町宝珠院写真及び設計図面参照願います。

3　無縁墳墓を境内地の一隅に改葬収没して無縁塔を建立した施設は，墳墓と解されるかどうか。
「注」別冊，真教寺写真及び設計図面を参照願います。

通知編

（答）1　御照会の１及び２について，いずれの事例も他人の委託を受けて焼
　　　　骨を収蔵するための施設であるから，納骨堂としてその経営に当り都道
　　　　府県知事の許可を受けなければならない。
　　　2　御照会の３について，死体を埋葬し，又は焼骨を埋蔵する施設であ
　　　　ると認められるから当然墳墓と解される。

(38)　墓地，埋葬等に関する法律第13条の解釈について

（昭和35．3．8衛環発第8号
各都道府県，各指定都市衛生主管部（局）長宛
厚生省環境衛生部長通知）

　最近，宗教団体の経営する墓地について，その墓地の管理者が，埋葬又は
埋蔵の請求に対し，請求者が他の宗教団体の信者であることを理由に，これ
を拒むという事例が各地に生じているが，この問題が国民の宗教的感情に密
接な関連を有するものであるとともに，公衆衛生の見地から好ましからざる
事態の生ずることも予想されることにかんがみ，これについての墓地，埋葬
等に関する法律第13条の解釈をこの際明確ならしめるため，先般，別紙(1)に
より内閣法制局に対し照会を発したところ，このたび別紙(2)のとおり回答が
あった。従って，今後はこの回答の趣旨に沿って解釈運用することとしたの
で，貴都道府県（指定都市）においても遺憾のないよう処理されたい。

　なお，これに伴い，墓地，埋葬等に関する法律第13条について（昭和24年
8月22日衛環第88号東京都衛生局長あて厚生省環境衛生課長回答）は廃止す
る。

（昭和34.12.24衛発第1280号
内閣法制局第一部長宛，厚生省公衆衛生局長照会）

　標記について次のとおり疑義があるので意見を問う。

記

　墓地，埋葬等に関する法律（昭和23年法律第48号）第13条においては，墓
地，納骨堂又は火葬場の管理者は，埋葬，埋蔵，収蔵又は火葬の求めを受け
たとき，正当の理由がなければ，これを拒んではならない旨規定されている

131

が，最近にいたり，宗教団体の経営する墓地の管理者が，埋葬又は埋蔵の請求に対し，請求者が他の宗教団体の信者であることを理由に，これを拒むという事例が各地に生じている。この場合当該管理者の行った埋葬又は埋蔵の請求に対する拒否は，正当の理由に基くものと解してさしつかえないか。また，埋葬又は埋蔵の請求者が，当該墓地の区域内に先祖伝来の墳墓を有しているときと，これを有しないときとでは，その解釈上相違があるか。

（昭和35年2月15日法制局一発第1号
厚生省公衆衛生局長宛内閣法制局第1部長回答）

　昨年12月24日付け衛発第1280号をもって照会にかかる標記の件に関し，左記のとおり回答する。

記

　墓地，埋葬等に関する法律（昭和23年法律第48号，以下単に「法」という。）第13条は，「墓地，納骨堂又は火葬場の管理者は，埋葬，埋蔵，収蔵又は火葬の求めを受けたときは，正当の理由がなければ拒んではならない。」旨を規定するとともに，本条の規定に違反した者は，法第21条第1号の規定により刑に処するものとされている。墓地，納骨堂又は火葬場の管理者に対してこのような制限が課されているのは，管理者がこのような求めをみだりに拒否することが許されるとすれば，埋葬（法第2条第1項），埋蔵，収蔵又は火葬（法第2条第2項）の施行が困難におちいる結果，死体の処理について遺族その他の関係者の死者に対する感情を著しくそこなうとともに，公衆衛生上の支障をきたし，ひいては公共の福祉に反する事態を招くおそれのあることにかんがみ，（法第1条参照），このような事態の発生を未然に防止しようとする趣旨に基づくものであろう。このような立法趣旨に照らせば，お示しのように宗教団体がその経営者である場合に，その経営する墓地に他の宗教団体の信者が埋葬又は埋蔵を求めたときに，依頼者が他の宗教団体の信者であることのみを理由としてこの求めを拒むことは，「正当の理由」によるものとはとうてい認められないであろう。

　ただ，ここで注意しなければならないのは，ここにいう埋葬又は埋蔵と

は，その語義に徴しても明らかなように（法第2条第1項参照），死体又は
焼骨を土中に埋める行為——この行為が社会の常識上要求される程度の丁重
さをもってなされることは，当然であるが——を指す趣旨であって，埋葬又
は埋蔵の施行に際し行われることの多い宗派的典礼をもここにいう埋葬又は
埋蔵の観念に含まれるものと解すべきではない。すなわち，法第13条はあく
までも埋葬又は埋蔵行為自体について依頼者の求めを一般に拒んではならな
い旨を規定したにとどまり，埋葬又は埋蔵の施行に関する典礼の方式につい
てまでも，依頼者の一方的な要求に応ずべき旨を定めたものと解すべきでは
ない。いいかえれば，このような典礼の方式は，本条の直接関知しないとこ
ろであって，もっぱら当該土地について権限を有する者としての資格におけ
る墓地の経営者と依頼者との間の同意によって決定すべきことがらである。
したがって，宗教団体が墓地を経営する場合に，当該宗教団体がその経営者
である墓地の管理者が埋葬又は埋蔵の方式について当該宗派の典礼によるべ
き旨を定めることはもちろん許されようから，他の宗教団体の信者たる依頼
者が自己の属する宗派の典礼によるべきことを固執しても，こういう場合の
墓地の管理者は，典礼方式に関する限り，依頼者の要求に応ずる義務はない
といわなければならない。そして，両者が典礼方式に関する自己の主張を譲
らない場合には，結局依頼者としては，いったん行った埋葬又は埋蔵の求め
を撤回することを余儀なくされようが，このような事態は，さきに述べたよ
うに法第13条とは別段のかかわりがないとみるべきである。

(39)　墓地，埋葬等に関する法律の疑義について

$$\left(\begin{array}{l} \text{昭和42．3．7 環整第5015号} \\ \text{環境整備課長から宮城県築館町住民課長あて回答} \end{array} \right)$$

（問）　墓地，埋葬等に関する法律第1条第1項中，埋葬又は火葬という言葉
　　があるが，火葬の場合同法第8条による許可証を交付する場合，「火葬許
　　可証」のみでよいか。
　　　同法第14条の規定によれば，火葬許可証のみで，埋蔵まで出来ると思わ

133

れるが,

　次の場合

　　A地で死亡し，A地の市長の火葬許可で火葬を行ない，B地に埋蔵する場合に，B地の墓地管理者は，A地で交付した火葬許可証の提示があれば埋蔵してさしつかえないか。

以上お伺いいたします。

　なお，本町の申請書及び許可証は，同時作成方式を取りかつ，埋，火葬及び死体，死胎を同一の帳票で使いわけをしているが，規則違反にはならないか。

（答）　昭和41年2月15日築発第826号で照会のあった標記については貴見のとおりである。なお，許可証の様式は墓埋法施行規則の定めるところによられたい。

(40)　墓地，埋葬等に関する法律施行規則第1条の申請について

$$\left(\begin{array}{l}\text{昭和41.5.2環整第5032号}\\ \text{環境衛生局長から愛知県知事あて回答}\end{array}\right)$$

（問）　このことについて，別紙写しのとおり豊橋市長から申し出がありました。

　これは，同市事務改善の一つとして，その簡素化を図り，かつ住民に便宜を与えようとするものであり，事務処理上も支障ないと思われます。

　ついては，下記によって取扱うこととしてよろしいか。何分のご指示をお願いします。

記

1　戸籍法の死亡届出書に「埋火葬許可申請書」と併記させる。

2　墓地埋葬等に関する法律施行規則第1条に規定する事項をすべて記載させる。

別　添

　死亡届書中その他の事項欄の活用により死体埋火葬許可証交付

通知編

　　　　申請書の提出省略方に関し認容を求める申請書

　今度本市事務改善の一環として戸籍事務についても計画中であります。

　ついては戸籍事務のうち戸籍法規定の死亡届書中その他の事項欄を活用することにより住民の負担を軽減するとともに事務能率の向上を計りたいと思いましので下記取扱い方法の認容をお願いします。

　　　　　　　　　　　　　　記

　死亡地の市町村長は死亡届の受理とともに墓地埋葬等に関する法律（昭和23年5月31日法律第48号），同施行規則（昭和23年7月13日厚生省令第24号）の規定による申請によって埋火葬許可証を発行するものでありますが，戸籍法規定の死亡届書の記載事項と許可証交付申請書（下附願）の記載事項については同一の記載が多く只死亡届書に申請書の要件とする。埋火葬の場所の表示と埋火葬執行の年月日時間が欠如するのみであるから，死亡届書のその他の事項欄に申請書の欠如事項を記載することにより埋火葬許可証交付申請の意志表示があったものとして，別添申請書を廃止する取扱いとする。

　なお届出人について，交付申請書には死亡者との続柄を記載することになっているが，死亡届の届出人の資格を拡大解釈してこれにあてる。

（答）　昭和41年1月12日40環第149号で照会のあった標記については，照会のように取り扱うことも差し支えないが，死亡届出人と埋火葬許可申請人とが異なる場合の処理，埋火葬許可書の整理等について支障の生ずることのないよう特に留意されたい。

　　なお，本件については，法務省民事局とも打合せ済みである。

(41)　墓地，埋葬等に関する法律運営上の疑義について

（昭和41.5.23環整第5041号
　環境整備課長から茨城県衛生部長あて回答）

（問）　墓地の経営許可に関しては，墓地埋葬に関する法律及び昭和21年9月3日付内務省発警第85号（墓地の新設に関する件）により処理してきたところであるが，次のような場合の取扱いについて疑義がありますので，何

135

分の御教示をお願いいたします。

記

1　宗教法人が，宗教事業の拡大発展をはかるため墓地の拡張新設をする場合昭和29年9月3日付内務省発警第85号通達第3項にいう「事情やむを得ざる場合」と同一に解釈できるか。

2　宗教法人又は個人が公園墓地と称して比較的広大な土地（1万坪）に墓地を新設しようとする場合，該当地が人家等から離れた山林等であれば前記通達第3項に関係なく許可して支障ないか。

3　市町村経営の公園墓地新設の計画がある場合，その墓地の経営許可申請前に同地に隣接して個人が同様な公園墓地の経営をすべく土地買収をし，これらがともに申請された場合はいずれも許可して支障ないか。

（答）1　宗教事業の拡大発展を図るということのみで，ただちに「事情やむを得ざる場合」に該当するということはできないこと。

2　公共墓地が設置されえないような場合には，差し支えないこと。

3　市町村経営の公園墓地では不足であることが明らかであれば差し支えないこと。

(42)　墓地，納骨堂又は火葬場の経営の許可の取扱いについて

> 昭和43.4.5環衛第8058号
> 環境衛生課長から各都道府県，各
> 指定都市衛生主管部局長あて通知

近年，株式会社等営利を目的とする法人に対して墓地の経営を許可する事例が見受けられるが，従来，墓地，納骨堂又は火葬場の経営主体については，昭和21年9月3日付け発警第85号内務省警保局長，厚生省衛生局長連名通知及び昭和23年9月13日付け厚生省発衛第9号厚生次官通知により，原則として市町村等の地方公共団体でなければならず，これにより難い事情がある場合であっても宗教法人，公益法人等に限ることとされてきたところである。これは墓地等の経営については，その永続性と非営利性が確保されなけ

通知編

ればならないという趣旨によるものであり，この見解は現時点においてもなんら変更されているものではない。従って，墓地等の経営の許可にあたっては，今後とも上記通知の趣旨に十分御留意のうえ，処理されたい。

(43) 納骨堂の許可について

> (昭和44．7．7環衛第9092号
> 環境衛生課長から鳥取県厚生部長あて回答)

(問)　県下の養護老人ホーム等において入寮者が死亡した場合，当該施設内にその焼骨を安置し祭っておりますが，これは当該施設に収容されている者のうち身寄りのない者が死亡した時または生前本人自ら当該施設長等に対し，死亡後は焼骨を当該施設の納骨所に収蔵かた依頼した場合のみを対象として措置しているものであります。この種の納骨所は，墓地埋葬等に関する法律（以下「法」という。）の適用を受けるものでありますか。

　　法の適用を受ける場合，次の点につきご教示ください。

記

1　法第10条の規定による経営者は，当該施設の設置者または施設長のいずれであるか。

2　身寄りのない者が依頼をしないで死亡した場合も，法第2条第6項に規定されている「他人の委託をうけて」に該当するか。

3　法第13条の規定による正当の理由とは，どのような場合か。

　　たとえば，当該施設の収容者のみを対象として設置された納骨所に入寮者以外の者から納骨の要請のあった場合，設置の目的から正当な理由として納骨を拒むことができる。

(答)1　お尋ねのような，養護老人ホーム等の施設の納骨所についても，墓地，埋葬等に関する法律の適用を受けるものである。

　　2　1については，法第10条の規定による経営者は，当該施設の設置者である。

　　3　2については，身寄りのない者が依頼をしないで死亡した場合にあ

137

っても，特別の事情がない限り当該施設の納骨所に焼骨を収蔵される意思を有していたものと解されるから，委託を受けた場合と同様に取り扱って差し支えない。

4　3については，お尋ねのような場合には焼骨の収蔵を拒むことにつき正当の理由があるものと解する。

(44)　墓地，埋葬等に関する法律の疑義について

$$\left(\begin{array}{l}\text{昭和44．7．7環衛第9093号} \\ \text{環境衛生課長から山口県衛生部長あて回答}\end{array}\right)$$

（問）　墓地の廃止改葬に伴い，下記のとおり紛争事例が発生し法の解釈に疑義が生じたので至急ご教示願いたく照会いたします。

記

事　例

　本県，阿知須町において従来より存置していた町営，砂郷墓地を公共施設あるいは住宅用地に転用するため，廃止とし新たに町営で岡山墓地を造成し同墓地内に大規模の納骨堂を附設することとなり，同町長より前記砂郷墓地の廃止申請書が提出された。よって県知事は実状調査の結果適当と認め昭和30年3月31日付をもって廃止許可処分を行なった。その後大半の墓碑は新設の岡山墓地並びに同納骨堂に移転改葬を行なったが一部の住民（約15名）は①新設，岡山墓地は交通に不便である。②墓地移転に要する経費は全額町費負担とすること（現在までは運搬費は町費負担，建立費は個人負担となっている）。③新設墓地は墓地的環境に適さない等の理由のもとに移転改葬を拒み，墓地組合を結成し町当局の方針に対抗し，今尚，紛糾を続けている。

疑　義

　事例の場合

1　墓地廃止を許可処分とする時期について

　　廃止予定地に墳墓はなお残存していても廃止許可して差し支えなきものと解し措置しているが墳墓の移転改葬が完了する時点まで待ちしかる後に

通知編

廃止許可をなすべきであるか。

2　廃止許可後なお残置されている墓碑に法解釈上，単なる記念碑と解するか墳墓と解するか。

3　残存墓碑は埋葬または焼骨の埋蔵を目的として残置しているものと解されるも，その場合，埋葬若しくは埋蔵の行為を伴ったときは当然法第4条違反と解されるが同意志を有するもいまだ行為が伴わない場合は同条違反と解するや。

（答）1　墓地廃止の許可処分は原則として改葬の完了を待って行うべきである。

　　2　お尋ねのものは，死体を埋葬し，又は焼骨を埋蔵するために残置されている施設であれば墳墓である。

　　3　墓地廃止の許可処分を受けた区域に埋葬等の意思をもって墳墓を存続させる。ことは，法第10条違反である。更にこの場合において当該墳墓に死体が埋葬され，又は焼骨が埋蔵されておれば，法第4条にも違反していることとなる。

(45)　墓地，埋葬等に関する法律の疑義について

（昭和45.2.20環衛第25号
環境衛生局環境衛生課長から佐賀県厚生部長あて回答）

（問）1　従来，部落等が権利の主体であった墓地が別紙登記簿謄本のとおりの経過をたどり，現在は4人の共有名義人登記のかたちになっている墓地について墓地経営者が廃止しようとする場合1人でも反対があったときは墓地埋葬等に関する法律第10条第2項による許可はできないかどうか。

　　2　上記墓地は移転に反対する墳墓を残し他はすでに改葬され他の墓地納骨堂に移転を完了しておりますが，この場合残っている墳墓の部分と他とを分筆し墓地の区域を変更して，廃止できるか。なお，反対者はこのような墓地は部落全体の総有とみなされ部落全住民に入会権があるの

139

で共有名義人の意志だけで分筆地目の変更はできないとし全墓地はそのまま残すべきものであると主張しています。

3　実体的所有権の取得については，いわゆる人格なき社団部落等が権利の主体たることが認められますが現行不動産登記法にいう所有権登記名義人となりうるものは自然人，法人，国，その他地方公共団体に限られ「部落有」あるいは「何々部落，代表者何某」等を登記名義人とすることは認められておりません。このため登記に関する限り当該物件の所有権関係の実態がどうであろうと単に前記4名の共有と取り扱われるものと主張して，地目変更を完了しておりますが，墓地埋葬等に関する法律第10条第2項の許可を受けず分筆地目変更（雑種地）を行なうことができるかどうか。

4　このような紛争中の墓地に埋葬の許可申請があった場合市町村長は不許可処分ができるかどうか，また管理人は廃止申請中であるとしこれを正当な理由として第13条によりこれを拒むことができるか。

（答）1　墓地廃止許可処分は原則として当該墓地に埋葬された死体又は埋蔵された焼骨の改葬がすべて完了した後に行なうべきであるので，この趣旨にそって取り扱われたい。

2　墓地として残存する区域外の区域に埋葬された死体又は埋蔵された焼骨の改葬が完了し，かつ，墓地として残存する区域について墓地として存続させることが妥当であると判断されるならば既存の墓地の区域の変更の許可を与え，又は既存の墓地を廃止したうえ当該残存する区域について新設の許可を与えることができるものと解する。

3　別私法上の問題であり，墓地埋葬等に関する法律に関するかぎりは問題はない。

4　墓地がきわめて近い将来において廃止されることが確実であるならば，市町村長は当該墓地への埋葬又は改葬を許可しないことができるものと解する。この場合において，当該墓地の管理者が埋葬又は埋蔵を拒むについて正当の理由があると解する。

140

通知編

(46) 戸籍法の一部改正に伴う墓地，埋葬等に関する法律等の一部改正について

（昭和45．4．14環衛第52号
厚生省環境衛生局長から各都道府
県知事，各指定都市市長あて通知）

　戸籍法の一部を改正する法律が第63国会において成立し，昭和45年4月1日法律第12号をもって，別添1のとおり公布され，同日施行されたが，同法附則において死産の届出に関する規程（昭和21年厚生省第42号）及び墓地，埋葬等に関する法律（昭和23年法律第48号。以下「法」という。）の一部が改正された。また，これに伴い，墓地，埋葬等に関する法律施行規則（昭和23年厚生省令第24号）の一部が昭和45年4月1日厚生省令第12号をもって，別添2のとおり改正され，同日施行された。

　今回の墓地，埋葬等に関する法律の改正は，戸籍法及び死産の届出に関する規程の改正にあわせて，埋葬及び火葬の許可に関する規定の整備を行ない，国民の便宜を図ったものであるが，改正の要旨及び留意すべき点は下記のとおりであるので，これが運用に遺憾のないようにされたい。

記

第1　改正の要旨

　(1)　戸籍法の改正により，死亡の届出は，死亡者の本籍地又は届出人の所在地においてもすることができることとされたので，これにより新たに死亡の届出を受理することとなる市町村長も埋葬又は火葬の許可を行なうことができることとしたこと。

　(2)　死産の届出に関する規程の改正により，死産の届出は，届出人の所在地においてもすることができることとされたので，これにより新たに死産の届出を受理することとなる市町村長も埋葬又は火葬の許可を行なうことができることとしたこと。

　(3)　(1)及び(2)に伴い，所要の整理を行なったこと。

第2　留意すべき事項

　(1)　今回の戸籍法及び死産の届出に関する規程の改正により，死亡又は死

141

産の届出は，今後次に掲げる地の市町村長に対してすることができるものであること。

ア　死亡の届出

  (a)　一般の死亡のとき，死亡地，死亡者の本籍地又は届出人の所在地

  (b)　死亡地が明らかでないとき，死体が最初に発見された地，死亡者の本籍地又は届出人の所在地

  (c)　汽車その他の交通機関（船舶を除く。）の中で死亡があったとき，死体をその交通機関から降ろした地，死亡者の本籍地又は届出人の所在地

  (d)　航海日誌を備えない船舶の中で死亡があったときその船舶が最初に入港した地，死亡者の本籍地又は届出人の所在地

イ　死産の届出

  (a)　一般の死産のとき，死産地又は届出人の所在地

  (b)　汽車その他の交通機関（船舶を除く。）の中で死産があったとき，母がその交通機関から降りた地又は届出人の所在地

  (c)　航海日誌を備えない船舶の中で死産があったときその船舶の最初に入港した地又は届出人の所在地

(2)　法第5条第2項に規定する「死亡の報告」とは，戸籍法第89条，第90条及び第92条に規定する死亡の報告をいい，「死産の通知」とは，死産の届出に関する規程第9条に規定する死産の通知をいうこと。また，法第5条第2項に規定する「死亡若しくは死産に関する航海日誌の謄本の送付」とは，戸籍法第93条（同法第55条を準用）及び死産の届出に関する規程第4条に規定する航海日誌の謄本の送付をいうこと。

(3)　法第5条第2項が改正されたが，改葬の許可については変更がないこと。

(4)　法第8条第2項が削除されたが，埋葬許可証又は火葬許可証は，従来どおり死亡若しくは死産の届出を受理し，死亡の報告若しくは死産の通知を受け，又は死亡若しくは死産に関する航海日誌の謄本の送付を受け

142

通知編

た後でなければ，交付してはならないこと。（法第5条第2項参照）。

(47)　墓地等の経営について

> 昭和46.5.14環衛第78号
> 環境衛生課長から各都道府県知事，各
> 指定都市衛生主管部（局）長あて通知

　墓地，納骨堂又は火葬場の経営の許可は，原則として市町村等の地方公共団体に与えるものとし，これにより難い事情がある場合であっても，宗教法人，公益法人等に限り与えることとされてきたが（昭和43年4月5日付環衛第8058号環境衛生課長通知参照），今後ともこれにより厳しく処理されるよう重ねて通知する。

　また，現に墓地等の経営主体が公益法人である場合であっても，いやしくも営利事業類似の経営を行なうことなく，公益目的に則って適正な経営が行なわれるよう関係者に対して強く指導されたい。

(48)　墓地経営の許可条件について

> 昭和46.6.24環衛第113号
> 環境衛生課長から横浜市衛生局長あて回答

（問）　墓地経営を許可するに当り，造成工事の着手及び完了の確認検査については，明文の規定がないので，なかには起工の時点に周辺は宅地造成等の開発が行なわれて，許可当時の位置の条件を失ない墓地の存置を排除する環境を形成して，行政上好ましからざる事態の発生もあり得るので，更に行政の円滑を図るため，次の条件を附して許可することは差支えないものと思料しますが，これが妥当かどうかで意見を承わりたい。

記

許可条件

1　工事完成予定期日の経過後　ヵ月以内に造成工事を完成しないときは許可を取消すことがある。

143

（期間としては 3 ヵ月乃至 6 ヵ月を附す。）

（答）　墓地，埋葬等に関する法律第10条第 1 項の規定に基づき墓地経営の許可を与える際にご照会のような条件を附することは可能であると思料するが，その期間は個々の墓地の建設予定の状況等を具体的に勘案して妥当なものにされたい。

(49)　火葬場管理者の資質向上について

（昭和46. 6 .29環衛第119号
環境衛生局長から各都道府県知事，各指定都市市長あて通知）

近年，都市地域の拡大，農村地域の近代化等社会的，経済的構造の変化に伴い，火葬場施設の移転，増改築等，その整備が進められつつあるが，これが施設の近代化，合理化の進展とともに，その維持管理については，公害防止の見地も加えて益々重要性を加えつつあることは周知のとおりである。火葬場には，墓地，埋葬等に関する法律第12条の規定により必ず管理者を置くべきものとされ，その任務については，同法第13条から第18条までに規定されているところであるが，当該施設の維持管理についても，この管理者がその任に当たることが適当と考えられ，その維持管理の適正化を図るには，当該管理者の資質をさらに向上させることが必要である。このため，今後火葬場経営者においては，主として下記のような知識および素養を有する者を選定するよう配慮するとともに，現に勤務する管理者に対しても適切な現任訓練を行わせるよう指導方格段の御配慮をお願いする。

記

1　墓地，埋葬等に関する法律および火葬場施設の設置，維持管理上関係する法律，例えば公害関連諸法，建築基準法等の知識を有すること。

2　火葬場施設の維持管理を中心とする知識技術を有すること，例えば燃焼工学，衛生工学，電気工学，機械工学等

通知編

(50)　土地収用法と墓地，埋葬等に関する法律の関係について

$$\left(\begin{array}{l}昭和46.12.23環衛第220号\\環境衛生課長から埼玉県衛生部長あて回答\end{array}\right)$$

(問)　このことについて，下記のとおり紛争事例が発生し法の解釈について疑義が生じたので至急ご教示願います。

記

事　例

　日本道路公団企業高速自動車東北縦貫自動車道新設工事中県内岩槻市大字平林寺247番地小引喜四郎所有の墓地（私有）墓石29基，遺体45体年代約300年（経過推定）の物件の移転について紛争を生じ，強制収用を行なうにあたり，下記事項について法の疑義が生じたため。

照会事項

1　土地収用法と墓地埋葬等に関する法律の関係について

　(1)　土地収用法の適用が墓地に及ぶかどうか。及ぶとすればその根拠

　(2)　墓地埋葬等に関する法律施行規則第2条の規定により改葬許可を申請する場合管理者の証明書を添付することになっているが，収用法適用の場合証明書は必要か，どうか。

　(3)　土地収用法適用の場合，上記管理者の証明書が必要とする場合はその根拠。

　　　また，必要とされる場合で証明書が得られないときの取扱い方はどうするか。

　(4)　管理者の証明書が必要ない場合はその根拠。

　(5)　私有墓地が土地収用法に基づき収用された場合の墓地廃止届は管理者が届出することになっているが，管理者が届出しない場合は買収しただれが提出すべきか，伺いたい。

(答)　(1)について

　土地収用法には，墓地を収用対象から除外する特段の規定がないので，墓地も同法の規定によって収用できるものである。ただし，墓地，埋葬等

145

に関する法律（以下「法」という。）第1条の趣旨にかんがみ，死者に対して相当の礼意を払って行う必要がある。

(2)，(3)及び(4)について

当該証明書は，墓地を収用するに際して改葬を行う場合にも必要であるが，管理者がその発行を拒む等やむを得ない事由により証明書を得ることができないときは，埋葬の事実を証するに足りる他の手段をもって，これに代えてもさしつかえない。

(5)について

従前の墓地経営者が法第10条第2項の規定により墓地の廃止の許可の申請手続をとるべきであるが，たとえその申請がなくとも，土地収用法による収用の効力には影響はないものである。

(51)　外国で死亡した邦人の遺体の本邦における埋葬または火葬許可申請について

（昭和47．3．1環衛第43号
環境衛生課長から外務省領事課長あて回答）

（問）　外国で死亡した邦人の遺体を本邦へ輸送し，到着後，市区町村役場へ埋葬または火葬許可申請するに当り，現地医師の死亡診断書または現地官憲発給の死体検案書または死亡証明書等に夫々訳文を添付すればよいと了解しておりますが，これらに加えて在外日本国領事の死亡証明書（または死亡に関する証明書の類）を必要とするか否か，お手数ながらご調査のうえ，もし必要とする場合は，関係法規とあわせご回答下さい。

（答）　埋葬又は火葬については，死亡の届出又は報告の受理をした後でなければ，許可しないこととされている。（墓地埋葬等に関する法律の第5条第2項参照）

死亡の届出の際は，戸籍法第86条第1項の規定により，診断書又は検案書の添付が必要であるが，外国語による当該文書については，それに訳文を添えれば足り，日本国領事の死亡証明書等は必要としないものと承知している。

通知編

　なお，死亡の届出又は報告がすでになされている場合には，埋葬又は火葬の許可の申請書を提出するだけで足りることを申し添える。（墓地埋葬等に関する法律第5条第1項参照）

(52)　土地収用法と墓地，埋葬等に関する法律の関係について

（昭和47．5．16環衛第88号
環境衛生課長から埼玉県衛生部長あて回答）

（問）　このことについて，昭和46年12月23日付け環衛第220号にてご回答がありましたが，その回答中の下記のことについて土木部長から疑義照会がありましたので，再度貴職のご教示を願います。

記

　墓地埋葬等に関する法律施行規則第2条の規定により，改葬許可申請を提出する場合管理者の証明書を添付することになっているが，「この証明書が得られない場合埋葬の事実を証するに足る他の手段をもってこれに代えても差支えない」とある点について，下記の手段によっても差し支えないか。

⑴　菩提寺の住職の証明による。

⑵　前号の証明が得られない場合，関係市町村長の証明による。

2　やむを得ず前項の手段によることができないときは，代執行の為改葬申請者となる知事が行う埋葬の事実に関する調査をもってこれにかえる。

答1について

　貴見のとおりである。

　2について

　本件に関しては知事は当事者の立場にあるので，貴見のように解するのは妥当でない。

147

(53)　墓地経営許可について

(昭和47. 5. 16環衛第89号
環境衛生課長から千葉県衛生部長あて回答)

(問)　昭和46年5月4日付け，環衛第78号で通知のあったことについて，下
　記のことに疑義があるのでご教示願いたく照会します。

記

1　ダム建設，宅地造成，河川改修等の開発事業等による代替墓地に対して
　は，地方公共団体による公営墓地，または宗教法人の経営する墓地を設置
　するよう関係機関を指導しているが，それが困難な場合にはその規模を既
　設墓地の代替目的のみに限定し，部落代表者を経営者とする墓地の許可を
　しても，個人墓地不許可の原則との関係上差支えないか。

　　なお，既設墓地は個人墓地および部落共同墓地である。

2　1の場合に既設墓地が個人墓地であれば，代替として個人墓地を許可し
　ても差支えないか。

(答)　1及び2について

　　墓地はその性格上，公衆衛生，宗教感情等と深くかかわっており，この
　ためその永続性の確保と管理の適正が強く要請される。こうした見地か
　ら，墓地の経営主体は原則として地方公共団体，これによりがたいときは
　宗教法人又は公益法人に限られ，個人墓地（いわゆる共同墓地を含む。以
　下同じ。）の新設許可はできる限り避けるべきものとされてきたところで
　ある。設問の場合は，個人墓地を廃止し，既存の公営墓地等を利用するよ
　う極力指導すべきであるが公営墓地等の設置状況，部落の地理的条件等を
　総合的に判断して，やむを得ないと認められれば，個人墓地の新設許可を
　与えても差し支えない。

148

通知編

(54) 墓地等の経営許可に関する疑義について

> 昭和48.7.6環衛第127号
> 厚生省環境衛生局環境衛生課長から
> 佐賀県厚生部長あて回答

(問) 墓地，埋葬等に関する法律第10条第1項の規定による墓地納骨堂および火葬場の経営許可は，次のいずれの時点でなすべきものか。

1 墓地，納骨堂または火葬場を経営しようとする者から所定の経営許可申請書が当該区域または施設の着工前に提出された場合にその時点で書類審査の結果，許可して適当と認められるとき。

2 と畜場の設置許可に関する解釈（昭和28年11月30日付環乳第41号茨城県衛生部長あて厚生省乳肉衛生課長回答）と同様にこれを解し，当該施設の完成をまってから審査し許可して支障のないものと認められるとき。

＜参　考＞　と畜場法第3条，第4条に関する疑義について

> 昭和28.11.30衛乳第41号
> 厚生省乳肉衛生課長から茨城県衛生部長あて回答

昭和28年11月13日公衛発第355号で照会の標記のことについては，次のように了知されたい。

記

と畜場法第3条に規定すると畜場設置の許可は，その施設をと畜場として使用することを認めるものであるから，と畜場の施設が完成してから許可すべきものと解する。

なお，設置者に対しては法第4条第1項との関連を考慮して事前に十分な指導を行い，設置の場所等について問題の起らぬよう配慮されたい。

（茨城県衛生部長から厚生省公衆衛生局長あて照会）

上のことにつき解釈上疑義があるので，左記につき至急何分の御示を御願いいたします。

149

記

1　と畜場法第3条

　と畜場を設置しようとする者から，と畜場設置許可申請書が着工前に提出された場合，審査の結果法第4条に基く施行令に規定する当該と畜場の構造設備基準にあっている場合，設置前に許可するものか。

2　と畜場法第4条

　と畜場が完成して設置許可申請書が提出され，法第4条又は施行令に規定する当該と畜場の設置の場所又は構造設備が基準にあっている場合に許可するものか。

答　2と解する。ただし，事前の指導を十分にされたい。

(55)　墓地経営の許可の取扱いについて

$$\binom{昭和50．4．1環企第100号}{環境衛生局企画課長から群馬県衛生部長あて回答}$$

（問）　墓地埋葬等に関する法律第10条の規定による墓地の経営許可にあたっては，昭和43年4月5日環衛第8058号「墓地納骨堂又は火葬場の経営許可について」により取扱っているところであるが最近本県内において財団法人による大規模墓地造成の計画が進められており，これに関連して墓地の経営許可の取扱いについて疑義が生じたので次についてご教示願いたい。

記

　昭和21年9月3日警発85号内務省警保局長，厚生省公衆衛生局長連名による「墓地新設に関する件」において「市町村公共団体の管理に属する共同墓地の新設不可能にして事情やむを得ざる場合は寺院，教会等にもその必要とする範囲内において新設を許可するも支障ない」とあり，従来本県においては県内の墓地の需要を基礎としてその必要度を判断してきたところである。

　現在計画されている墓地の概要は別紙のとおりであり，しかもその利用者は本県外の者が主となるものと考えられる。

　このような広大な墓地の許可については本県の従来の方針に従い許可しな

150

通知編

いことが適当であるか，あるいは他の都道府県居住者に係る需要をも考慮して許可して差し支えないか見解を承りたい。

別　紙

　　1　場　所　群馬県多野郡鬼石町大字三波川字上姉ヶ谷

　　2　面　積　500,000平方メートル（山林，原野）

　　3　区画数　40,000～45,000

　　4　経　営　公益法人（財団）の予定

（答）　墓地は，国民の宗教的感情に深く関連するものであり，また，公衆衛生等の観点からも慎重に取り扱われなければならないものであるので，墓地の配置は，墓地の需要に応じた適切なものであることが要請される。したがって，新設の墓地の許可にあたっては，当該地域における墓地の需要及び供給の状況を十分考慮することが必要であることは貴見のとおりである。

　　しかしながら，近年，大都市の近郊地域等においては，当該大都市に居住する者に係る墓地の需要等をも考慮せざるを得ない状況にあり，かかる場合には，特例的扱いが必要と思料される。

　　したがって，設問の事例においても，当該墓地造成に係る広域的需要の見込みが確実であること，当該墓地造成の計画が地域の実情に則したものであること等諸般の事情を総合的に勘案して許可の可否を判断すべきであると考える。

＜参　考　1＞

　　墓地，埋葬等に関する法律第10条による墓地経営許可申請に対する不許可処分に係る審査請求に対する裁決（昭和41.9.21厚生省環第840号）

（審査請求の内容）　　略

　（裁　決）

　　　　　　　　　主　　　文

151

本件審査請求は，棄却する。

理　　由

本件審査請求人の請求中，埋葬許可証の提示があったにもかかわらず，埋葬を拒否された事実の有無及び埋葬許可証の提示を行なわない者に埋葬を認めた事実の有無に関する部分については行政処分が存在しないから，行政不服審査の対象とはならないものである。従って本件審査請求人の請求の趣旨は，審査請求人が今後，越路墓地に埋葬を行なおうとする場合，同墓地の管理者たる東陽寺住職により妨害されることを恐れ，そのような事態を避けるため自家の単独墓地を経営せんとしたところ，宮城県知事がその経営許可申請に対して不許可処分を行なったので，この不許可処分の取消しを求めることにあると認められる。

いうまでもなく墓地が無秩序に各所に散在するような事態は極力避けるべきものであって，個人墓地のごときは，従前から特に山間等人里離れた場所で近辺に利用しうる墓地が全く存しない場合に限って認めるものとされてきたのである。

然るに本件審査請求に係る個人墓地については，近辺に越路墓地が存在し，同墓地には，なお余地の存在が認められ，また審査請求人と同墓地管理者との間の感情的なもつれは，埋葬拒否の正当な理由とはならないばかりでなく，同墓地管理者は，今後の埋葬に際しては妨害しようという意思を特にないことが認められるのであって，特に審査請求人が個人墓地を経営しなければならない客観的な事情の存在は認められない。従って，宮城県知事が，この個人墓地経営許可申請に対して不許可処分をなしたことは，違法でもなければ不当でもない。

よって，行政不服審査法第40条第2項の規定に基づき主文のとおり裁決する。

<参　考　2>

　　昭和48年11月20日熊本県指令公衛第616号により熊本県知事が行った

通知編

　　　　墓地経営不許可処分（昭和50．7．8厚生省環第517号）

（審査請求の内容）　　略

（裁　決）

　　　　　　　　主　　　文

本件審査請求は，棄却する。

　　　　　　　　理　　　由

第1　審査請求の内容（略）

第2　審査庁の判断

　1　墓地経営許可制度の趣旨について

　　　法第10条第1項に基づく墓地経営の許可制度は，法第1条（目的）に規定するように，墓地の管理等が「国民の宗教的感情に適合し，且つ，公衆衛生その他公共の福祉の見地から，支障なく行われる」ようにする観点から設けられているものであり，都道府県知事の許可もこの趣旨に沿って行われなければならない。

　　　例えば，墓地の位置，配置等については，住宅地等との距離を配慮すること，墓地が不必要に設置されないように，地域の実情に応じ，適切な配置を確保すること，あるいは，墓地の非営利性，永続性を確保するため，その経営主体は市町村等の地方公共団体を原則とし，これにより難い事情にある場合においては，必要と認められる範囲において宗教法人等による墓地の経営を認めること等の取扱いは，いずれも，法第1条の趣旨に沿った妥当なものと解されており，また，墓地の有する特殊性から，墓地の設置及びその位置等に関する地域住民の意向も参酌すべき事項となる。

　　　しかしながら，これらの取扱いは，必ずしも画一的に処理しがたい問題であるので，その判断は，法的には許可権者たる都道府県知事の裁量に委ねられている。

　　　すなわち，墓地経営の許可については，都道府県知事に広く裁量の余地が認められているのであるが，これは，墓地の有する特殊な性格に由

来するものであるということができる。

　この場合において，都道府県知事は，墓地の設置の必要性の度合い
と，墓地の設置に伴う上記各種の事情とを比較衡量したうえ，墓地経営
の許可の可否を決定すべきものであり，本件審査請求においても，この
点に係る判断の当否が検討すべき事項であるといえる。

　ところで，本件墓地経営許可申請に関しては，墓地の設置に反対する
陳情及び請願があり，（処分庁による昭和49年 5 月30日付けの弁明書
（以下「弁明書」という。）別添13，14，15及び16），他方，その早期実
現を要望する陳情書や本件処分の撤回を求める要望書も提出されている
（弁明書別添11（審査請求書別添第 3 号）及び12並びに審査請求書別添
第 5 号及び第 6 号）ところであるが，熊本市議会においては，全会一致
をもってこれに反対の決議をしており（弁明書別添 9 ）また，熊本市長
の本件申請に関する副申（弁明書別添 5 ）においても同様の趣旨が述べ
られている。

　このような事情は，処分庁においても当然参酌しなければならないも
のであるから，上記のように，当該墓地の設置の必要性との比較衡量の
結果，その必要性の程度が上記の事情を上回るものといえない限り，本
件不許可処分を違法又は不当ということはできない。

　したがって，本件審査請求においても，以上のような観点から検討を
進める必要がある。

2　本件不許可処分と風致許可の関係について（略）

3　本件不許可処分の理由の(1)について

⑴　地域住民の中に災害発生の危惧があるとの理由について

　　墓地の造成により，洪水等の自然災害を生ずるおそれがある場合に
おいては，当該事由は法第 1 条の趣旨から，当該墓地の経営を許可し
ない理由になり得ることはいうまでもない。（中略）

　　ところで，審査請求人の申請に係る墓地は，10ヘクタール，3,500
基を造成しようとするものであって，これが実現すれば，熊本県下最

154

通知編

大のものとなるとされていることからも，極めて大規模なものであることは明瞭であり，これについて，完璧な防災計画を実現に移すことは，相当の費用負担をもたらすことが容易に想像できる。しかも，申請者は財団法人であることから，他に高い収益性を有する事業を有するものではなく，過度の費用負担は，ただちに，当該法人の運営及び墓地経営に支障をもたらすおそれが高いといわなければならない。

したがって，当該防災計画の適否を論ずる以前の問題として，まず確固たる費用負担に関する計画が示されない以上，処分庁がこれを不許可としたことについて理由がないとはいえない。

(2)　「自然環境を保護することは，市民共通の願いであること」との理由について（略）

4　不許可処分理由の(2)について

第2の1に述べたとおり，墓地については，特に必要性の認められないものが設置されることは，法の目的から好ましくないことであるので，墓地の経営の許可にあたって，当該地域における墓地の需要を考慮することは，妥当なことである。

ところで，本件についてみれば，熊本市の調査による墓地需要等は，弁明書別添18のとおりである。

これに対し，審査請求人からは，反論書第5の5の(6)において反論がなされており，その趣旨は，昭和50年度完成予定の市営墓地桃屋墓園については，交通不便その他の理由によって需要が少いものであり，民営墓地については，むしろ墓地の設置が歓迎されているということにある。

審査請求人が主張するように（審査請求書5の(2)の，第2項目に対して）墓地の需要は，様々な要因によるものであり，その把握は必ずしも容易ではないが，熊本市の世帯数及び死亡率を基礎とした推計によれば民営墓地及び市営墓地の増設によって当面，必要な絶対数は確保し得るとする推計が必ずしも不合理とは判断されないし，これに対する審査請

155

求人の反論は，具体的なものとはいえない。また，墓地の絶対数が著しく不足している情況であれば格別，そうでない以上，民営と市営との割合についての配慮は，まさしく墓地行政を担当する行政庁の行政方針によるものであって，行政処分の違法又は不当に係る問題ではない。

さらに，本件においては，第2の3の(1)及び(2)に述べたような事情が認められるのであるから本件に係る墓地の必要性の有無もこれらの事情との比較衡量のうえで判断すべきものであり，本件における墓地の必要性がとくに高いものであることが認められない以上，処分庁の判断が不当といえるものではない。

5　その他（略）

第3　結　論

以上に述べたとおり，審査請求人の主張は，いずれも処分庁の本件不許可処分を違法又は不当とする理由に十分なものとはいえない。

よって，行政不服審査法第40条第2項の規定により主文のとおり裁決する。

(56)　妊娠期間の算定に関しての墓地，埋葬等に関する法律の運営について

（昭和53.12.25環企第190号
環境衛生局企画課長から各都道府県，各
指定都市衛生主管部局長あて通知）

出生証明書の様式等を定める省令の一部を改正する省令及び死産届書，死産証書及び死胎検案書に関する省令の一部を改正する省令は，それぞれ昭和53年8月19日法務・厚生省令第1号及び厚生省令第53号をもって公布され，また，人口動態調査令施行細則の一部を改正する省令は昭和53年11月1日厚生省令第69号をもって公布され，いずれも昭和54年1月1日から施行されることとなった。これらの改正により妊娠期間の算定方法が「妊娠月数第月」から「妊娠週数満週」に改められたが，墓地，埋葬等に関する法律施行規則の運営は下記によることとするので貴管下保健所長及び市（区）町村

156

通知編

長に対する周知徹底等についても遺憾のないよう御配慮願いたく通知する。

記

1　墓地・埋葬等に関する法律は，妊娠期間を月数によって計算するものとしている（同法第2条第1項及び第3条）。したがって同法施行規則中，妊娠月数とあるものについては，墓地，埋葬等に関する法律の改正を待って妊娠周数と改めることとする必要があるので，当分の間は，なお，従前の例によって処理することとすること。

2　妊娠周数と妊娠月数の関係は別表の通りであること。したがって，墓地，埋葬等に関する法律第2条第1項にいう「妊娠四箇月以上」は「妊娠満12週以上」に，また，第3条にいう「妊娠7箇月に満たない」は「妊娠満24週未満」に該当するものであること。

別　表

満　　　週	月	
	か　ぞ　え	
0 1 2 3	第 1	
4 5 6 7	2	
8 9 10 11	3	
12 13 14 15	4	
16 17 18 19	5	
20 21 22 23	6	
24 25 26 27	7	
28 29 30 31	8	
32 33 34 35	9	
36 37 38 39	10	
40 41 42 43	11	

通知編

(57) 行政事務の簡素合理化及び整理に関する法律等の施行について（抄）

（昭和58.12.23環企第128号
厚生省環境衛生局長から各都道府県知事，
政令市市長，特別区区長あて）

　行政事務の簡素合理化及び整理に関する法律，理容師法施行令等の一部を
改正する政令及び墓地，埋葬等に関する法律施行規則等の一部を改正する省
令が，それぞれ，昭和58年12月10日法律第83号，昭和58年12月10日政令第
255号，昭和58年12月23日厚生省令第45号をもって公布されたことに伴い，
墓地，埋葬等に関する法律（昭和23年法律第48号），墓地，埋葬等に関する
法律施行規則（昭和23年厚生省令第24号），建築物における衛生的環境の確
保に関する法律（昭和45年法律第20号），理容師法（昭和22年法律第234号），
理容師法施行令（昭和28年政令第232号），理容師法施行規則（昭和23年厚生
省令第41号），興行場法（昭和23年法律第137号），クリーニング業法（昭和
25年法律第207号），クリーニング業法施行規則（昭和25年厚生省令第35号），
美容師法（昭和32年法律第163号），美容師法施行規則（昭和32年厚生省令第
43号），製菓衛生師法（昭和41年法律第115号），へい獣処理場等に関する法
律（昭和23年法律第140号）及びと畜場法（昭和28年法律第114号）の一部が
それぞれ改正された。その改正の趣旨及び内容等は，下記のとおりであるの
で了知のうえ，その運用に遺憾のないようにされたい。

記

第1　改正の趣旨

　　行政事務の簡素合理化を促進するため，資格制度等に係る事務につい
　て，廃止・民間等への委譲などの合理化を行うこととし，また，機関委
　任事務について，地方公共団体の事務として既に同化・定着していると
　認められる事務を団体委任事務とするほか，都道府県知事の権限に属す
　る事務の保健所設置市長への委譲を行ったものであること。

第2　改正の内容及び運用上留意すべき事項

　　1　墓地，埋葬等に関する法律関係

159

(1) 改正の内容

　　地方の実情に即した墓地及び埋葬等に関する行政の推進を図るため，同法において都道府県知事又は保健所設置市の市長に委任されていた墓地等の経営の許可等の機関委任事務を団体委任事務としたこと。なお，埋・火葬等の許可等市町村長に委任されている事務は，従来どおり機関委任事務であること。

(2) 運用上留意すべき事項

　ア　今回の法改正の趣旨を踏まえ，同法施行規則において，経営等の許可等の申請手続を定めている第 5 条を削除したが，今後，これらの事項について，各都道府県及び指定都市において所要の規定の整備を図られたいこと。

　イ　団体委任事務化に伴い，施行（昭和59年 1 月 1 日）後において都道府県知事，指定都市の市長又は保健所設置市の市長が行った処分に対する不服申立てについては，行政不服審査法第 6 条に規定する異議申立てとなるのでその旨留意されたいこと。

(58) 広域火葬計画の策定について

（平成 9 .11.13衛企第162号
厚生省生活衛生局長から各都道府県知事あて通知）

　標記については，厚生省防災業務計画において，都道府県はその策定に努めることとされているところであるが，今般，広域火葬計画策定上の留意事項及び内容等について，別紙「広域火葬計画策定指針」のとおりとりまとめたので通知する。

　貴職におかれては，御了知の上，速やかに広域火葬計画の策定に着手されるとともに，広域火葬体制の整備について万全を期されたい。また，貴管下市町村に対しても，この趣旨の周知徹底を図られたい。

　なお，全国の近代的な設備を有する火葬場に関する基本的事項について記載した「全国火葬場資料集」を近く送付予定であるので，広域火葬計画の策

通知編

定に当たっては，当該資料集も活用されたい。

（別　紙）

広域火葬計画策定指針

第1　趣旨

　災害時の火葬体制については，平成7年1月17日に発生した阪神・淡路大震災の経験を踏まえ，災害対策基本法（昭和36年法律第223号）に基づく防災基本計画が同年7月18日に改定され，同計画において遺体の広域的な火葬の実施についての項目が新設された。これを受け，平成8年1月10日に厚生省防災業務計画が改定され，同計画において，都道府県は，近隣都道府県等と協力し，広域的な観点から災害時における遺体の円滑な火葬を支援するための，広域的な火葬に関する計画（以下「広域火葬計画」という。）の策定に努めることとされた。また，市町村は，都道府県が策定した広域火葬計画に関して，職員にあらかじめ十分に周知させること等により，災害時における遺体の円滑な火葬の支援に備えるように努めることとされた。

　本指針は，都道府県が，広域火葬計画を策定する上で留意すべき事項を定めるものである。

第2　広域火葬計画策定上の留意事項

1　策定の体制

　広域火葬計画を策定するに当たっては，次の事項に留意するものとする。

　(1)　広域火葬（大規模災害により，被災市町村が平常時に使用している火葬場の火葬能力だけでは，当該市町村内の遺体の火葬を行うことが不可能となった場合（当該火葬場が被災して稼働できなくなった場合を含む。）において，被災地の周辺の火葬場を活用して広域的に火葬を行うことをいう。以下同じ。）は，都道府県と市町村の協調があって初めて円滑に実施されるものであることから，区域内の市町村と協議の上，広域火葬計画を策定すること。

　(2)　火葬場の管理者等の意見を十分に聞き，実効性のある計画とすること。

161

(3) 広域火葬の円滑な実施のためには，近隣都道府県との連携が不可欠であるため，計画策定段階から相互に整合性のある計画が策定されるように努めること。また，策定された広域火葬計画については，近隣都道府県と相互に情報交換を行い，周知を図ること。

(4) 災害時には，遺体安置所の確保，柩，ドライアイス等の遺体の保存のための必需品の確保，遺体の処置，検視・検案，遺体の搬送等の業務を実施する関係機関が広範にわたるため，衛生部局のみならず，災害担当部局，商工部局，公安委員会（警察），消防等の関係部局及び関係行政機関並びに葬祭業者等の関係業者との連携が不可欠であるので，これらの関係部局等とも緊密な連携を取って広域火葬計画の策定に当たること。

2 現状の把握

広域火葬計画を策定する上で，区域内の火葬場及び近隣都道府県の火葬場の所在地，火葬能力，火葬炉の型式，職員の配置状況等について，正確な情報を把握しておくことが重要であるので，広域火葬計画の策定に当たり必要な調査等を行うものとする。

3 その他

本指針は，広域火葬計画の策定に当たり必要と考えられる基本的な事項を掲げたものであるので，都道府県においては，都道府県地域防災計画の関連部分との整合性に留意しつつ，それぞれの自然的条件，社会的条件等を勘案して，地域の実情を踏まえた広域火葬計画を策定することが望ましい。

第3 広域火葬計画の記載事項

広域火葬計画には，以下に掲げる事項を記載するものとする。

1 基本方針

広域火葬が必要となる場合においては，大規模な災害の発生により，災害対策基本法第76条の規定に基づき交通の規制が行われること等により，死者の遺族が自ら又は他人に依頼して遺体を火葬場に搬送することが不可能であることが想定されるので，広域火葬が円滑に行われるために，遺族による火

葬場への火葬の依頼，遺体の搬送等を制限し，本計画に基づき広域火葬を実施するものとする。

2　広域火葬の実施のための体制

　大規模な災害が発生し，広域火葬が必要であると判断した場合には，被災都道府県は広域火葬実施のための組織を設置し，情報の収集を行うとともに，災害規模等に応じて利用可能な火葬場を選定し，効率的な広域火葬を推進するものとする。なお，この組織は，災害対策基本法に基づく災害対策本部が設置されている場合は，同本部をこれに充てることとしても差し支えない。

3　被災状況の把握

　(1)　被災市町村は，災害発生後，速やかに区域内の死者数並びに火葬場の被災状況，火葬要員の安否及び出動可能性並びに火葬場の火葬能力の把握に努め，都道府県に報告を行うものとする。

　(2)　被災都道府県は，被災市町村からの報告に基づき被害状況をとりまとめ，速やかに厚生省に報告を行うものとする。

4　広域火葬の応援・協力の要請

　(1)　被災市町村は，区域内で火葬を行うことが困難と判断したときは，都道府県に対し，広域火葬の応援・協力を要請するものとする。

　(2)　被災都道府県は，被災市町村からの要請又は自らの判断により，区域内の被災していない市町村又は近隣都道府県に対し，広域火葬の応援・協力を要請するとともに，厚生省にその旨を報告するものとする。厚生省は，被災都道府県からの報告に基づき，必要に応じて関係機関に協力を要請するものとする。

　(3)　また，大規模災害発生時においては，被災地の近隣の市町村及び都道府県は，速やかに応援・協力の体制を整え，被災市町村又は被災都道府県から広域火葬の実施について応援・協力の要請を受けた場合は，積極的にこれに応えるものとする。近隣都道府県のみでは対応が困難であることが判明した場合等においては，国又は被災都道府県若しくは被災市

町村の要請に基づき，全国の自治体及び火葬場は広域火葬の応援・協力の体制を整え，積極的にこれに応えるものとする。

5　火葬場の選定

 (1)　被災都道府県は，区域内の被災していない市町村又は近隣都道府県の広域火葬の協力承諾の状況を整理し，被災市町村ごとに協力承諾のあった火葬場の割り振りを行い，被災市町村に通知するとともに，協力承諾のあった市町村又は都道府県に対し協力依頼の通知をするものとする。

 (2)　被災市町村は，都道府県の割り振りに基づき，遺体安置所に安置されている遺体及び既に遺族に引き取られた遺体について，火葬場の割り振りを行い，遺族にその旨を伝えるとともに，協力承諾のあった市町村又は火葬場と火葬の実施方法等について詳細を調整するものとする。

 (3)　なお，円滑な広域火葬を行うため，遺体安置所から遺体引き取りを希望する遺族に対しては，非常事態のため火葬が可能な火葬場が限定されていること，当該火葬場までの搬送が交通規制等のために困難であること等を説明し，遺体安置所から火葬場に直接遺体を搬送することについて同意を得るよう努めるものとする。

6　火葬要員の派遣要請及び受入

 (1)　被災市町村は，区域内の火葬場の職員が被災したために，火葬場が稼働できない場合は，その旨を都道府県に報告し，火葬要員の派遣の手配を要請するものとする。

 (2)　被災都道府県は，被災市町村からの要請に基づき，区域内の被災していない市町村又は近隣都道府県に対し，火葬要員の派遣について要請するとともに，厚生省にその旨を報告するものとする。厚生省は，被災都道府県からの報告に基づき，必要に応じて関係機関に協力を要請するものとする。

7　遺体保存対策

　火葬の実施までに時間がかかる場合は，被災都道府県及び被災市町村（以下「被災自治体」という。）は，遺体数に応じた十分な数の遺体安置所の確

保，遺体の保存のために必要な物資の調達，作業要員の確保など，遺体の保存について必要な措置を講じるものとする。また，交通規制が行われている場合は，遺体保存のための資機材の搬入は緊急通行車両により行うものとする。

8　遺体搬送手段の確保

火葬場までの遺体の搬送については，被災自治体は，輸送車両，ヘリコプター，船舶等必要な遺体搬送手段の確保につき，自衛隊等の関係機関又は関係業者の協力を要請するものとする。また，交通規制が行われている場合は，遺体の火葬場までの搬送は，緊急通行車両により行うものとする。

9　相談窓口の設置

広域火葬を実施する場合は，被災自治体は相談窓口を設置し，広域火葬についての情報を提供するものとする。

10　災害以外の事由による遺体の火葬

自然死，病死等災害以外の事由による遺体の火葬についても広域火葬の対象とし，相談窓口において火葬の申し込みを受け付けるものとする。また，火葬場に直接火葬の申し込みがあった場合においては，非常事態のため広域火葬を実施しており，相談窓口において火葬の申し込みを受け付けていることを説明するものとする。また，上記5(2)については，適宜必要な読み替えを行い，災害以外の事由による遺体についても準用するものとする。

11　火葬状況の報告

被災都道府県及び広域火葬の応援協力により火葬を行った都道府県は，区域内の火葬場における火葬状況について日報をとりまとめ，災害による遺体とその他の事由による遺体を区別して，厚生省に報告するものとする。

12　火葬許可の特例的取扱

被災市町村による迅速な火葬許可事務の実施が困難であると認められる場合には，市町村又は火葬場は，戸籍確認の事後の実施等，実態に応じた事務処理を行うものとする。

13　引き取り者のない焼骨の保管

165

引き取り者のない焼骨については，市町村が火葬場から引き取り，引き取り者が現れるまでの間，保管するものとする。

第4　広域火葬体制の整備

1　都道府県は，以下の点に留意の上，広域火葬計画を策定するために必要な体制の整備を進めるものとする。

　⑴　現状の把握

　　　区域内の火葬場について，名称，所在地，連絡先，火葬炉数，火葬炉の型式，職員数，使用燃料，周辺交通事情等を把握しておくものとする。

　⑵　広域火葬実施のための組織

　　　庁内各部局（災害対策本部，衛生部局，商工部局等）による広域火葬実施のための組織の設置及びその運営方法を定めておくものとする。

　⑶　相互扶助協定の締結

　　　近隣都道府県と災害時火葬相互扶助協定を締結するか，都道府県間の包括的な災害援助協定の中で広域火葬に対する応援・協力について定めるものとする。

　　　この際，広域火葬の受入のみならず，火葬要員の派遣についても，費用負担及び指揮命令について明らかにしておくものとする。

　⑷　遺体保存のための資機材等の確保

　　　災害時に利用する遺体安置所の確保，柩，遺体保存剤等の確保及び作業要員の確保の方法を定めておくものとする。このため，必要に応じ，葬祭業者等の関係事業者と協定を締結しておくとともに，遺体保存のための資機材の搬入車両については，公安委員会等関係機関と調整の上，緊急通行車両として取り扱うこととしておくものとする。

　⑸　遺体搬送手段の確保

　　　火葬場までの搬送について，搬送手段の確保に努めるとともに，搬送経路等について事前に十分検討しておくものとする。このため，必要に応じ，霊柩車運行業者，運送業者等と協定を締結しておくとともに，遺

体搬送車両については，公安委員会等関係機関と調整の上，緊急通行車両として取り扱うこととしておくものとする。

(6) 情報伝達手順の確立

庁内の部局間，市町村と都道府県間，都道府県と近隣都道府県間，市町村と火葬場間等の情報伝達の手順について予め関係者間で協議するものとする。この際，使用する書類の様式や，緊急時に電話又は口頭による要請等を行った場合の事後手続等についても関係者間で協議しておくものとする。

2 市町村に対しては，都道府県に準じ，広域火葬体制の整備に努めるとともに，区域内の火葬場の状態を常時把握し，火葬炉の定期点検等を確実に実行するよう必要な助言を行うものとする。

第5 広域火葬計画策定後の措置

1 都道府県は，職員に対し，広域火葬計画の内容について習熟を図るとともに，区域内の市町村の協力を得て，随時被害想定に応じた広域火葬の訓練を行うものとする。

この際，災害の種類及び規模，死者の数及び所在，区域内の火葬場の被災状況，周辺交通事情などについて具体的な被害状況を想定し，広域火葬の応援・協力を要請する自治体の範囲，要請する火葬数，応援・協力を要請する期間等に関する模擬計画を定めるものとする。なお，模擬計画は，応援・協力の要請を行うことを想定する市町村又は近隣都道府県と十分協議した上で策定するものとする。

2 都道府県は，広域火葬計画についての研修，訓練等を通じて市町村等関係者への周知徹底を図るものとする。また，市町村に対して，実戦的な手引き等を作成し，研修等を行うよう必要な助言を行うものとする。

3 都道府県及び市町村は，災害発生時に，迅速かつ正確な情報伝達が行われるよう，庁内の部局間，市町村と都道府県間，都道府県と近隣都道府県間，市町村と火葬場間等の連絡体制の点検に努めるものとする。

4 都道府県は，広域火葬計画について，火葬場の整備状況等に応じて適宜

点検を行い，必要に応じて見直しを行うものとする。また，区域内の市町村に対しても手引き等の点検又は見直しの必要性について周知を図るものとする。　　　　　　　　　　　　　　　　　　　※関連通知：(73)，(74)

(59)　墓地，埋葬等に関する法律施行規則の一部を改正する省令の施行について
$$\left(\begin{array}{l}\text{平成11.3.29生衛発第504号}\\\text{厚生省生活衛生局長から各都道府県知事,}\\\text{指定都市市長，中核市市長あて通知}\end{array}\right)$$

墓地，埋葬等に関する法律（昭和23年法律第48号）の施行については，かねてより御配慮を煩わせているところではあるが，今般，墓地，埋葬等に関する法律施行規則の一部を改正する省令（平成11年厚生省令第29号）が公布され，同年5月1日（一部については，同年10月1日）から施行することとされたので，貴職においては，下記の事項に御留意の上，その運用に遺憾のなきを期されたい。

なお，貴管下市町村及び墓地等の経営者及び管理者に対しては，貴職から周知願いたい。

記

第1　改葬手続の見直し（第2条及び第3条関係）

1　墓地使用者等以外の者による改葬手続の明確化等

墓地使用者等以外の者による改葬手続について，添付書類等の形式的要件を明確化するとともに，墓地使用者等の権利の確保を図る観点から，改葬許可申請書の添付書類に，管理者の作成した事実証明文書に加え，新たに墓地使用者等の承諾書を追加することその他所要の見直しを行ったこと。

2　無縁墳墓の改葬手続の見直し

無縁墳墓の改葬手続について，申請者の負担を軽減する等の観点から，死亡者の縁故者及び無縁墳墓等に関する権利を有する者に対し1年以内に申し出るべき旨の官報公告及び墳墓のある場所における立札設置を行い，その期間内に縁故者等の申し出がなかったことを証する書類を改葬許可申請書の添

通知編

付書類とすることその他所要の見直しを行ったこと。

3　その他

　市町村長による改葬の許可について市町村長が特に必要と認める書類を改葬許可申請書の添付書類に追加することとしたこと。

第2　焼骨の分骨に関する規定の整備（第5条関係）

　　墓地又は納骨堂の管理者に対する焼骨の埋蔵又は収蔵の事実を証する書類の交付等に関する規定を火葬場の管理者について準用することとしたこと。

第3　墓地等の管理者に対する図面，帳簿等の備付けに関する規定の整備

（第7条関係）

1　墓地等の管理者は次に掲げる事項を記載した帳簿を備えなければならないこととしたこと。

　⑴　墓地使用者等の住所及び氏名

　⑵　死亡者の本籍，住所，氏名，性別及び死亡年月日並びに埋葬若しくは埋蔵又は収蔵の年月日

　⑶　改葬の許可を受けた者の住所，氏名，死亡者との続柄及び墓地使用者等との関係並びに改葬の場所及び年月日

2　墓地等の管理者は，1に定める帳簿のほか，墓地等の経営者が作成した当該墓地等の経営に係る業務に関する財産目録，貸借対照表，損益計算書及び事業報告書その他の財務に関する書類を備えなければならないこととしたこと。

3　火葬場の管理者が備えなければならない帳簿の記載事項について明確化したこと。

第4　その他

　　改葬許可証の様式その他について，所要の見直しを行ったこと。

第5　施行期日等（附則関係）

1　第1，第2及び第4の改正規定については，平成11年5月1日から施行することとしたこと。

169

2 第3の改正規定については，平成11年10月1日から施行することとしたこと。

3 現に行っている改葬の許可の申請については，なお従前の例によることその他所要の経過措置を設けたこと。

(60) 墓地，埋葬等に関する法律施行規則の一部改正について

> 平成11．9．27衛企第30号
> 各都道府県・指定都市・中核市衛生主管部（局）長あて
> 厚生省生活衛生局企画課長通知

標記について，文化庁文化部宗務課長より別紙1のとおり照会があり，別紙2のとおり回答したので，御了知願いたい。

別紙1

墓地，埋葬等に関する法律施行規則の一部改正について（照会）

> 平成11．9．24　11文宗第74号
> 厚生省生活衛生局企画課長あて文化庁文化部宗務課長通知

墓地，埋葬等に関する法律施行規則（昭和23年厚生省令第24号。以下「施行規則」という。）につきましては，先般，墓地，埋葬等に関する法律施行規則の一部を改正する省令（平成11年厚生省令第29号）により改正が行われたところでありますが，これに伴い，当庁所管の宗教法人法（昭和26年法律第126号）と貴省所管の墓地，埋葬等に関する法律（昭和23年法律第48号。以下「墓埋法」という。）及び当該改正後の施行規則（以下「新施行規則」という。）との関係で，左記事項に関し疑義が生じていますので，至急御教示御回答を願います。

記

1 新施行規則第7条第2項にいう「墓地等の経営に係る業務に関する（以下「墓地業務に関する」という。）財産目録，貸借対照表，損益計算書及び事業報告書その他の財務に関する書類（以下「財務関係書類」とい

通知編

う。）」の作成の義務について，宗教法人は，宗教法人法の定めに従うものであり，墓埋法及び新施行規則により作成を義務付けられるものではないと解してよいか。

2　墓埋法第15条第2項及び新施行規則第7条第2項に基づく閲覧請求の対象となるのは，墓地業務に関する財務関係書類に限られるものであり，宗教法人の規則に公益事業としての墓地経営に関する規定がなく，墓地業務に関する財務関係書類を作成していない場合は，墓埋法及び新施行規則上，墓地等の管理者に当該財務関係書類に係る備付け義務及び閲覧請求に応じる義務は生じないものと解してよいか。

別紙2

　　墓地，埋葬等に関する法律施行規則の一部改正について（回答）

（平成11. 9. 27衛企第29号
文化庁文化部宗務課長あて厚生省生活衛生局企画課長通知）

平成11年9月24日付け11文宗第74号で照会のあった標記については，左記のとおり回答する。

記

1，2ともにお見込みのとおりである。

　なお，宗教法人についても，墓地等の経営主体であれば，使用者保護の観点から，墓地等の経営の安定性，永続性の確保が要請される。したがって，墓地等を経営する宗教法人の適正な運営の指導等に当たっては，この点につき十分に御配慮願いたい。

（61）　墓地経営・管理の指針等について（抄）

（平成12. 12. 6生衛発第1764号
各都道府県知事・各指定都市市長・各中核市市長あて
厚生省生活衛生局長通知）

墓地等の経営及び管理に関する指導監督については，かねてより種々御配

171

慮を頂いているところである。

　さて，墓地，埋葬等をめぐる状況の変化を踏まえ，厚生省では「墓地経営・管理指針等作成検討会」を開催し，「これからの墓地等の在り方を考える懇談会」報告書（平成10年6月）において検討事項として指摘のあった，墓地の経営，管理の方法について利用者の期待権保護のための適切な対策を講ずること，利用者保護の観点から墓地使用契約の内容の明確化等を図るための標準契約約款の作成等について，具体的に検討を進めてきたところである。

　今般，本検討会の報告書が取りまとめられたため，これを踏まえて，「墓地経営・管理の指針」（別添1。以下「指針」という。）及び「墓地使用に関する標準契約約款」（別添2。以下「標準契約約款」という。）を通知することとしたものである。

　「指針」は，墓地に関する指導監督事務を行う際のガイドラインであり，かつ経営者が適正な経営を行う上でも参考となるものである。また，「標準契約約款」は，基本的には民事の契約関係の問題ではあるが，契約の明確化等を図るべきとの観点から，厚生省においても参考となるべき雛形を示すこととしたものである（許可時等において契約を審査する場合には，その参考にもなるものである）。

　墓地に関する指導監督は自治事務であるため，本通知は，技術的助言であるが，貴職におかれては，本指針等の趣旨を十分勘案し，適正な墓地の経営及び管理が行われるよう，指導監督の徹底をお願いする。

　また，併せて管下市町村及び墓地経営者等に対する周知につき御配慮願いたい。

　なお，「指針」及び「標準契約約款」の内容については，文化庁文化部宗務課と協議済みであるので，申し添える。

（別添1）

I　墓地経営・管理の指針

172

通知編

1 序論

(1) 本指針の趣旨

墓地経営の許可を始めとした墓地の指導監督に関する事務については，都道府県（指定都市等）の団体委任事務として行われてきた。その趣旨は，住民の宗教感情や風土，文化等は地域によって異なることから，必要な規制の枠組みを国の法令で定め，具体的な運用については，より住民に身近な都道府県等において，地域の実情に応じて行われることが望ましいということにある。また，同様の趣旨に基づき，平成12年4月からの「地方分権の推進を図るための関係法律の整備等に関する法律」の施行に伴い，墓地に関する指導監督の事務は，地方公共団体が自らの責任において行う「自治事務」となっており，墓地行政において都道府県等に期待される役割は一層大きくなっている。

一方，実際の墓地経営においては，墓地を経営する公益法人が，法人の目的外の事業であるリゾート事業等に関与して実質的に経営破綻をきたし，公益法人の設立許可取消処分を受けたというケースを始めとして，墓地開発をめぐるトラブルから多額の負債を抱えて破産宣告を受けたケース，資金繰りが悪化して墓地の所有権が造成業者に移ってしまったケース，実質的な名義貸しが疑われるケースなど，不適切な事例が生じていることも事実である。墓地には永続性，非営利性が求められており，この理念に沿った安定的な経営が，利用者の最も切実な要望であろう。

また，墓地は，生活環境との関係で配慮が求められる一方，国民生活にとって必要な施設であるという点も忘れてはならない。

墓地，埋葬等に関する法律（以下「墓地埋葬法」という。）は，墓地等の経営を都道府県知事又は指定都市等の市長の許可によるものとし，報告徴収，改善命令，許可取消し等の権限を付与している。この強い行政権限の運用方法については知事や市長の広い裁量が認められているところであり，墓地等の管理等が，国民の宗教的感情に適合し，かつ，公

173

衆衛生その他公共の福祉の見地から，支障無く行われるよう，その権限の適切な運用が求められている。

本指針は，都道府県等の行政運営のための指針（自治事務における国の技術的助言）としての性質を有するものであり，これを参考として，各都道府県等において地域の実情等を踏まえながら今後の墓地行政の在り方について改めて検討し，必要な場合には条例，規則等の制定・改正を行うなどして墓地の経営・管理の向上が図られることを期待するものである。また同時に，墓地の経営者が実際に経営・管理を行う上でも参考とされ，活用されることを期待する。

(2) 墓地経営を取り巻く厳しい現状

最近の墓地経営の破綻事例等をみると，大きく分けて以下の3つの背景があると考えられる。

第一に，墓地使用権の販売等により一時的に多額の金銭が集まることによる危うさの存在である。これを墓地経営でなく他の事業に回した結果多額の損失を被り，回収不能に陥ってしまうケースや，一時的な収入目当てに他者が経営に介入し，利益を奪い取るようなケースが考えられる。

第二に，最近では特に金利が低いために，財産の運用が大変難しいことが挙げられる。いわゆるバブルの時期に比較すれば，経営がより難しいのは当然である。

第三に，墓地経営の見通しが難しいことである。もともと長期的な需要を予測することは簡単ではないが，最近では特に少子化，核家族化が進むと同時に家意識も希薄化しており，何代まで墓参に来るか，すなわち無縁化しないかについても予想が立てにくくなっている。

こうしたことからすると，現在地方公共団体以外の者が墓地を安定的に経営するには大変厳しい状況にあると言えるだろう。経営を行おうとする者及びこれを許可する者の双方がこのことを十分認識しておく必要がある。

通知編

⑶　本指針の構成について

　　本指針は,「墓地経営の許可に関する指針」と「許可後の経営管理に関する指針」の2部構成となっている。これは,

- 墓地の経営許可が不適切に行われた場合にはその後利用者に多大な影響を与えること,また,いったん経営が開始されると現実には経営許可の取消しは容易でないこと,
- 許可後の経営管理のチェックについては,許可時のチェックと比べて必ずしも十分に行われていない場合があること

から,経営許可の際の指針とその後の日常管理の際の指針を別立てとして,それぞれについて留意事項を規定すべきとの考え方によったものである。

⑷　墓地埋葬法と墓地行政

　　墓地埋葬法による墓地経営の許可は,その後の墓地経営が適切に行われるか否かを決定づけるといっても過言ではないほど重要な意味を持っている。そして,これに見合う権限も許可権者に与えられている。

　　すなわち,墓地埋葬法第10条第1項においては,墓地等を経営しようとする者は,都道府県知事の「許可を受けなければならない」と規定されているが,「・・・の場合には許可を与えなければならない」などの規定はないため,知事は正当かつ合理的な理由があれば「許可しないことができる」のであって,行政の広範な裁量(恣意的な許可,不許可ではなく法目的に照らした行政の判断権)に委ねられていると解される。この「許可しないことについての権限」が認められていることにより,安定した適切な運営ができるか否かを審査し,不適切な墓地経営の許可申請については,利用者保護の観点から許可しないことが重要である。

　　墓地は,公共の利益との調整が必要な施設であり,土地の所有権や利用権を有するからと言って,誰でも自由に設置できるという性格のものではない。墓地埋葬法第1条には,この法律の目的として,「この法律は,墓地,納骨堂又は火葬場の管理及び埋葬等が,国民の宗教的感情に

175

適合し，且つ公衆衛生その他公共の福祉の見地から，支障なく行われることを目的とする。」と規定されており，単に公衆衛生上の規制にとどまらず，その他の公共の福祉の見地からも制約を加え，調整を行うべきものとされている。近年の火葬率の上昇（平成10年度で約98.4％）にかんがみると，公衆衛生の確保もさることながら，これ以外の部分，例えば墓地の永続性（安定的な経営・管理）の確保，利用者の多様なニーズへの対応など，利用者の利益の保護，あるいは広域的な需給バランスの確保，周辺の生活環境との調和等の公共の福祉との調整が重要である（墓地埋葬法第10条第1項は墓地の周辺に居住する者個々人の個別的利益をも目的としているものとは解しがたいとして，周辺住民は「墓地の経営許可の取消しを求める原告適格」を有さないとの判例があることにも留意すべきであるが，個々の利益でなく，周辺の生活環境との調和を，知事が許可するか否かの判断材料の1つとして考慮することは差し支えないと考えられる）。墓地の経営許可の行政権限は，こうした調整を図るために法律により付与された権限であるが，この調整は，諸般の事情を総合的に勘案して判断せざるを得ない性質のものであり，一律の基準を定めることが困難であるため，広範な行政裁量権（行政判断権）に委ねられているものである。

　また，墓地は，国民生活にとって必要なものであり，公共的な施設である。このため，地方公共団体が墓地を設置経営することも重要な住民サービスである。したがって，一般住民が利用する墓地の新設については，地方公共団体が住民のニーズを十分に検討した上で，自ら設置，経営することを含めて，主体的にその要否を判断すべきである。また，都市計画の中で墓地について配慮されることも重要である。都市計画法では，都市計画で定める都市施設として「墓園」が位置付けられており，墓地埋葬法第11条第1項には，「都市計画法第59条の認可・・・をもって，（墓地経営等の）許可があつたものとみなす」旨の両法の調整規定が置かれている。都道府県知事は墓地埋葬法で墓地の経営許可の権限を

176

通知編

有するとともに，都市計画を定める者でもあり（同法第15条第1項），街づくりの中で計画的な墓地供給についても配慮することができる仕組みになっている。

　一方，我が国の歴史をみても，個々に墓石を建立した墓地に葬るという習慣が一般大衆まで広く普及したのは比較的新しいこととされており，またこの葬法は万国共通の普遍のものというわけではない。家族の多様化や，狭い国土で墓地造成に限りがあること等も考えると，納骨堂の利用や，有期限制の墓地利用など，墓地供給についての新たな視点も重要と考えられる。

　このほか，適切な墓地行政が行われるためには，経営許可の審査時から許可後の経営管理のチェック時を通じて，自治体相互間及び同一自治体内で連携をとることが重要である。

　例えば都道府県同士，都道府県と市町村，同じ都道府県内の墓地担当部局と公益法人担当部局等において，情報交換等を行いながら墓地経営自体についての指導監督と，墓地経営を行う主体（公益法人等）に着目した指導監督が併せて行われることが効果的である。

　また，上述の地域における墓地供給という観点からの自治体間（典型的には都道府県と市町村）の連携も望まれる。

2　墓地経営の許可に関する指針

(1)　基本的事項

○　墓地経営者には，利用者を尊重した高い倫理性が求められること。

　利用者は墓地の経営管理が「終のすみか」として平穏に行われることを求めていると考えられ，墓地経営においては，こうした利用者の意向を尊重することが最も重要である。墓地経営が利益追求の手段となり，そのために利用者が犠牲になるようなことはあってはならない。墓地経営者には，いわば公共的サービスの提供者として，利用者の要望に責任をもって応えられる高い倫理性が求められる。

○　経営・管理を行う組織・責任体制が明確にされていること。

177

利用者にとっては，墓地の経営・管理が実際にどのような体制で行われ，また，特に何か事が起こったときには誰が責任をとるのかが明らかになっていることが重要であり，これを定めておく必要がある。

具体的には，例えば経営方針はどのように決定するのか，経営責任者，管理者，事務責任者，会計責任者，施設維持責任者は誰であり，その職務範囲はどこまでかなどについて定めておくことが考えられる。

現代の墓地経営では，経営者から独立した法人等が管理者として任命されることもありうるが，この場合でも，経営者・管理者間の管理委託契約の内容を点検するなどして，最終的な経営責任者が責任を果たしうる体制がとられていることを確認する必要がある。また，2県以上にまたがる宗教法人の場合でも，墓地の所在地において，十分な責任体制がとられていることが重要である。

○　計画段階で許可権者との協議を開始すること。

墓地経営の具体的な許可基準は各都道府県等において定められているが，その内容は多岐にわたっており，事前相談なしに許可基準を満たした申請をすることは容易ではない。また，工事着工等を行った後で基準を満たさないことが判明した場合には，申請者，許可権者双方にとって非効率であり，かつ結果として負担が大きくなる。円滑に許可業務を進める上で，計画段階から許可権者たる都道府県等との間で相談・協議を開始することが不可欠である。

また，申請者にあっては，周辺住民とのトラブルを回避する観点から，計画段階において墓地設置について理解が得られるよう努めることが望ましい。

○　許可を受けてから募集を開始すること。

経営許可の申請に当たって十分な需要調査が行われるべきことは当然であるが，単なる需要調査ではない具体的な契約の前提となる募集の開始の時期は，墓地経営の許可を受けた後でなければならない。許可されなかった場合に申込者が迷惑を被ることとなるだけでなく，そもそも無

許可の墓地経営に当たる可能性があるためである。

(2) 墓地経営主体

○ 墓地経営主体は、市町村等の地方公共団体が原則であり、これによりがたい事情があっても宗教法人又は公益法人等に限られること。

墓地の永続性及び非営利性の確保の観点から、従前の厚生省の通知等により、営利企業を墓地経営主体として認めることは適当ではないとの考え方が示されている。この考え方を変更すべき国民意識の大きな変化は特段認められないことから、従来どおり「市町村等の地方公共団体が原則であり、これによりがたい場合であっても宗教法人、公益法人等に限る」との行政指針にのっとって行うことが適当であり、具体的な運用に当たっては、こうした要件を条例、規則等に定めておくことが望ましいと考えられる。

地方公共団体が行うのが望ましい理由は、墓地については、その公共性、公益性にかんがみ、住民に対する基礎的なサービスとして需要に応じて行政が計画的に供給することが望ましいと考えられること、将来にわたって安定的な（破綻の可能性がない）運営を行うことができ、住民がより安心して利用できることである。このため、例えば市町村が地域の実情を踏まえた墓地の設置等に関する計画を立てる仕組みの導入等も有効であると考えられる。宗教法人や公益法人も非営利性の面では墓地経営の主体としての適格性は認められるが、永続性の面では地方公共団体の方がより適格性が高いと考えられる。

なお、公益法人による墓地経営の許可に当たっては、当該公益法人が大臣認可の法人でなく、かつ大臣認可となる予定がないことを確認する必要がある。これは、厚生省の通知等に示されているとおり、墓地埋葬法上の監督と公益法人の監督は一体となって行われることが望ましく、また、地域的な事情を勘案することも必要であり、厚生省が複数の都道府県で墓地事業を行う公益法人を監督するには限界があるからである。

○ いわゆる「名義貸し」が行われていないこと。

特に宗教法人の墓地経営を許可する場合には，宗教法人の名を借りて実質的に経営の実権を営利企業が握るいわゆる「名義貸し」の防止に留意することが必要である。

　この「名義貸し」については，その実態はなかなか究明できない場合もあり，何をもって具体的に「名義貸し」というのかは難しいが，問題となる事例としては例えば次のような場合が考えられる。まず寺院（宗教法人）に対して石材店等の営利企業（仮にＡ社とする。）が墓地経営の話を持ちかけ，この寺院はＡ社より資金その他について全面的なバックアップを得て墓地経営の許可を受ける。ところが当の寺院は墓地販売権を始めとした墓地経営については実質的に関与しない取り決めがＡ社との間で交わされている。そしてＡ社は墓地使用権とともに墓石を販売して多大な収益を得るが，これは一部を除いて寺院の収入とはならない。しかしながら，使用者とのトラブルについては，最終的な責任者は寺院にあるとしてＡ社は責任を回避する。そして，運営の安定性を欠いたままで，後には資金力のない寺院と墓地だけが残る，といったような事例である。

　こうした事例で最も被害が及ぶのは墓地利用者である。このような事態を防ぐことが行政の役割であり，このため，宗教法人担当部局と連絡をとりながら，実際に当該宗教法人が墓地経営を行うことができるかを十分に精査する必要がある。また，宗教法人の側も，自らが墓地経営の主体であることを十分に認識して事業に着手することが重要である。

　また，こうした事態が起こるのは主に宗派を問わない事業型墓地のケースであると考えられることから，いわゆる事業型墓地を認める場合にはより厳格な審査を要する，とするのも１つの方法である（例えば，他の県に主たる事務所を有する宗教法人が自県で事業型墓地の経営を行う場合には特に，自県の圏域内に事務所と信者を有して宗教活動を行っている実態があることや，前述の組織・責任体制の明確化の観点からも，当該墓地において責任者が常駐していることを条件とするなど）。

通知編

○　墓地経営主体が宗教法人又は公益法人である場合には，墓地経営が可能な規則，寄附行為となっていること。

　　墓地経営を行うためには，（公益事業として墓地経営を行う）宗教法人の場合には当該法人の規則に，公益法人の場合には当該法人の寄附行為に，それぞれ墓地経営事業を行うことが明記され，又は変更申請中であって明記される確実な見込みがあることが必要である。このため，少なくとも宗教法人又は公益法人が墓地経営を行おうとするときには，規則又は寄附行為の写しを提出させる必要がある。これにより，他にどのような事業を行っているのかなど，当該法人の概要も同時に知ることができる。

○　経営許可申請者が墓地経営を行うことを意思決定したことを証する書類が存すること。

　　市町村であれば議会，公益法人や宗教法人であれば理事会や責任役員会等の意思決定機関において，墓地経営を行うことを決議したことを証する書類を求めることが必要である。市町村以外の者が墓地経営を行う場合には，実際に申請した者が法人としての正式な意思決定を経ずに独断で申請を行い，後日それが判明してトラブルになるケースも想定されるため，特に注意が必要である。

(3)　墓地の設置場所及び構造設備

○　墓地の設置場所について，周辺の生活環境との調和に配慮されていること。

　　既に述べたように，墓地の経営許可に関しては，周辺の生活環境との調和も1つの判断要素である。地域の実情に応じて学校，病院その他の公共施設，住宅，河川等との距離が一定程度以上あること等を求めることが考えられる。なお，この場合，墓地が生活必需施設であり，公共施設であることにも十分留意すべきである。

○　墓地の構造設備について，一定以上の水準を満たしていること。

　　墓地の構造設備についても，良好な環境を保ち，利用者が気持ちよく

181

利用できるよう，一定程度以上の水準を満たしている必要があろう。例えば，周囲に垣根を設ける，通路幅や墓地区画の面積を一定以上とする，不要となった墓石，供物等の集積場所を設けるなどの基準を設定することが考えられる。

なお，この場合，都市計画法の都市計画又は都市計画事業として行う場合の基準である「墓地計画標準」（昭和34年建設省発計第25号建設事務次官通知）等も参考にすることが適切である。

(4)　他法令との関係

○　当該墓地経営を行うに当たり，他制度の許可も要する場合には，当該許可を得たことを証する書類が存すること。

例えば農地法による農地転用許可等，墓地経営以外の面で，他法令に基づく許可が必要な場合が考えられる。そのような場合には，当該許可を得たこと又はこれを得る確実な見込みがあることについて，これを証する書類（写し等）を提出させることにより，確認することが必要である。

(5)　安定的な経営管理計画

将来の安定的な運営を担保するため，地方公共団体以外の者が墓地経営を行おうとする場合については特に，どのような経営管理を行う計画であるのか慎重に審査する必要がある。墓地供給の観点のみを優先し，経営計画の審査をおろそかにして漫然と許可することは，将来にわたって禍根を残すことになることを十分に認識しなければならない。

○　安定的な経営を行うに足りる十分な基本財産を有していること。

安定的な経営を行うための前提となるのが十分な基本財産であり，どの程度の額が適当かは墓地の規模等によって異なると考えられるが，これを取り崩さずにある程度日常管理に必要な額を賄える運用収入が得られる程度の額が必要であろう。

また，これに関連して，安定的な経営を行うには使用料等を原資とする管理基金を造成することも重要である。

通知編

○　自ら土地を所有していること。

　　墓地に永続性が求められることにかんがみ，墓地予定地は自己所有であることが原則とされるべきである。

　　ただし，特に大都市等においては，土地事情からこれを求めることが困難な場合も想定され，墓地不足に対処するなどの観点から，都道府県等の方針により借地であっても認めざるを得ない場合も考えられなくはない。しかし，この場合であっても，墓地という特殊な用途に供することはその後の土地利用が半永久的に大幅に制限されることとなると考えられることから，少なくとも土地所有者の承諾を書面で事前に得ておく必要があろう。また，墓地予定地の権利関係が明らかになる登記簿謄本等を提出させるとともに，借地の場合には土地賃貸借契約書の写しを提出させ，当該土地で永続的な墓地経営が可能かどうか十分に審査する必要がある。さらに，許可後の一定期間内に当該土地を買い取り，自己所有にすることを許可の条件（附款）とし，所有権登記をした時点でその旨の届出をさせることも必要であろう。

○　土地に抵当権等が設定されていないこと。

　　当該土地の所有権があっても，これに抵当権等の他の権利が付着している場合は，やはり安定的な墓地経営の障害になりうることから，墓地経営開始時までにはそのような権利を消滅させ，その後も抵当権等の設定を行わないことが必要である。

　　ただし実際の墓地開発において，土地買収資金等を金融機関からの融資に頼らざるを得ず，抵当権の設定を認めなければ必要な墓地開発が困難となるような場合については，地域の実情により例外的にこれを認める余地もあろう。しかしこの場合であっても，無条件に認めるのではなく，許可後の一定期間内に抵当権を消滅させることを許可の条件（附款）とし，抵当権を抹消した時点でその旨の届出をさせるなどの方策が必要であろう。

○　当初から過度な負債を抱えていないこと。

183

基本的な事項であるが、当初から過度な負債を抱えていては、将来にわたる安定的な経営は望むべくもない。自転車操業的な経営とならないためにも、許可申請時に財務諸表等により負債の絶対額のチェックや資産の額との比較を行うなど、法人の財務状況を確認しておく必要がある。

○ 中長期的需要見込みが十分行われていること。

需要見込みが十分なされないまま墓地造成が行われると、墓地の大部分の区画が売れ残り、経営状況が悪化することがありうる。こうした事態を避けるため、申請者において実際に周辺住民の利用意向を調査して中長期的な需要見込みを十分に行い、造成された墓地が確実に利用されることが必要である。

また、一般的事項として、現在、我が国では少子化の進展が著しく、今後人口が激減することも予想されるほか、墓地に対する意識も変化してきている。こうしたことから、特に過疎化が進んでいる地域においては墓地需要の急激な落ち込みも想定されるため、このような事情も十分考慮に入れた上で、許可すべきか否かが判断されるべきである。

○ 中長期的収支見込みは適切であること。将来にわたって経営管理が可能な計画を立てていること。

需要見込みとも関連するが、中長期的にみて収支見込みが適切であることが必要である。どの程度の管理にどの程度の金額がかかり、これを賄うために管理料をどの程度に設定するのか、借入金はどのように返済していくのかなどについて、安定的な経営ができるような計画が立てられている必要がある。

○ 墓地以外の事業を行っている場合には経理・会計を区分するようにすること。

当該経営主体が墓地経営以外の事業を行っている場合には、宗教活動の一環として檀家向けに小規模な墓地経営を行っているような場合を除き、経理・会計を墓地に係るものとそうでないものに区分することによ

184

り，収支の明確化を図ることが必要である。

(6) 墓地使用契約

　墓地使用契約についても，安定的かつ適正な運営を担保するため，経営許可時に同時に審査することが望ましい。

○　基本的に標準契約約款に沿った内容であること。

　基本的に「標準契約約款」に沿った契約条項が定められていることが望ましい。むろん，個々の事情によりこれと異なることを否定するものではない。

○　契約内容が明確であること。

　契約内容の明確性は，契約において求められる最も基本的かつ重要な事項の1つである。利用者にとって権利義務関係が明確でありかつわかりやすいものでなければならない。

○　契約に際し十分利用者に契約内容が説明されるようにすること。その前提として，契約書及び重要事項の説明書が作成されていること。

　契約時にはその内容について十分に利用者に説明することが必要であり，またこれにより後日のトラブルを未然に防止することができる。このため，契約書はもちろん，契約のうち重要な事項についても書面を作成し，これに沿って利用者がその内容について正しく理解し，納得した上で契約ができるよう説明することが必要である。

○　料金に関する規定が明確であり，利用者に十分説明が行われるものであること。

　料金については，使用者が負う義務の中心的内容であり，その規定が明確であることが必要である。特に，利用者にどの範囲のものについてどの程度の料金を支払う必要があるのかについて十分に認識してもらうことが重要であり，予測不可能な事態が生じたなどのやむを得ない事情がない限り，これ以外の部分で様々な名目で料金を追加するようなことがあってはならない。

　現在の料金の内容としては，大きく分けて次の2つがあると考えられ

る。

① 使用料・管理料制

契約時等に支払う「使用料」と年ごと等の単位で支払う「管理料」を組み合わせるもの。

㋐ 使用料

当該墓地の使用権を取得するために必要な料金であり，特に「永代使用料」という名称で徴収されることも多いようである。

㋑ 管理料

墓地の共用部分についての支出を補塡するために必要な料金であり，年単位等一定の期間について徴収されることが多いようである。

この2つの類型は特に法律等で定義づけが行われているものではないが，慣習として行われてきたものであると考えられ，またマンションの料金徴収と似通った部分もあることから，それなりに合理性があるものと考えられる。

② 永代供養料制

将来にわたって墓の管理（供養）を経営者に委ねるいわゆる「永代供養墓」の場合では，「永代供養料」などと呼ばれる料金がある。この料金の性質については，管理料を一括して前払いし，使用料とあわせて一体のものとして払い込むものと考える見解もある。この方式は，特に合葬にしない場合には，将来管理費用が不足する事態も考えられ，十分な基金の造成が必要となると考えられる。

経営に必要な料金を徴収すること自体は問題ないものであり，要するに料金の使途や趣旨について十分利用者が理解し，納得できるようにすることが重要である。

○ 使用期限に関する規定が明確であり，利用者に十分説明が行われるものであること。

使用期間は，利用者が得る権利がいつまで継続するかという重要な事

通知編

項であり，これを明らかにし，利用者に十分説明を行い，納得した上で契約が行われるようにすることが必要である。

使用期限については，

① 無期限制・・使用期限の定めのないもの。

② 管理料継続制・・使用期限の定めはないが，管理料が支払われる間は権利が継続し，支払われなくなって例えば3年経過した場合は，使用権が消滅し，納骨堂や合葬墓に改葬するなどの定めがあるもの。

③ 有期限制・・30年などの長期の使用期限の定めがあり，使用期限経過後は納骨堂や合葬墓に改葬するなどの定めがあるもの。

④ 有期限更新制・・③に加え，使用期限経過後は，利用者が明らかで，管理料が納められている場合には，利用者の申し出があれば，必ず更新するという条件を付けたもの。

などが考えられる。

①の契約は，無縁墓となった際の取扱いの問題も生じるため，管理料との関係や何らかの期限を定めて，どのような場合に契約が解除されたり，合葬墓に移されたりするのかを明確にすることが望ましい。

なお，「永代使用」と表示しながら，実際は，②や④であることもあり，具体的な内容が正しく利用者に理解されることが必要である。

○ 契約解除の場合にも使用者の保護が図られていること。

一般的に利用者は墓地を長年にわたって使用できることを求めていると考えられることから，料金を全く支払わないなどの合理的な理由がない限り経営者側で一方的に契約を解除するような規定は認められない。また，合理的な理由があって解除する場合であっても，焼骨等の取扱いについては一定の配慮が必要であると考えられる。このほか，墓地使用開始前に利用者から契約を解除する場合の料金の一部の返還等の取扱いについても一定の配慮が必要であろう。

(7) 許可の際の条件

187

○　許可の際に以下のような条件が付されることが望ましいこと。

・　使用料等を原資とする管理基金の造成

・　監査法人による財務監査の受検

・　財務関係書類の作成，公開　等

　使用料等については，一時的に多額の金が入るために，余裕のある経営ができると誤解するおそれがあり，また多少の損失は支障ないとの考えからこれを使い込んでしまう事態も想定されうる。ところが現実にはこれと管理料のみで以後将来にわたる管理を行っていかなければならないのであるから，使用料等の一部を基金として積み立て，その取り崩しには経営許可を与えた都道府県等の認可を必要とするなど一定の歯止めをかけておくことも有効である。

　また，監査法人という外部の第三者に経営状況を確認させるということも安定した経営のための1つの方法であろう。

　財務関係書類の公開については，墓地，埋葬等に関する法律施行規則（以下「墓地埋葬法施行規則」という。）において既に担保されているが，これは財務関係書類が作成されている場合の義務であり，作成自体についての義務はかかっていない。しかしながら，他の法令等により作成が義務付けられている場合もあり，また，利用者保護の観点からは作成されている方が望ましい。さらに，これを適正に作成して公開することにより，外部からのチェック機能が働くと同時に自らも経営状況の的確な把握が可能となり，間接的に経営の安定化に資するものと考えられる。

(8)　現地調査

○　申請内容と実態が合致しているか確認するため，現地調査を行うこと。

　書類のみで審査するのでなく，実際に現地に赴き，申請内容と合致したものとなっているか確認する必要がある。現地調査は少なくとも計画時及び工事終了後の2段階で行うことが望ましい。

通知編

3 許可後の経営管理に関する指針

(1) 報告徴収等の実施

○ 計画的に報告徴収を実施すること。

報告徴収については，許可後の経営状況の把握の基本となる事柄であり，墓地埋葬法上はこれができる場合についての限定はないので，監督官庁である都道府県等は必要な報告徴収を積極的かつ計画的に行うべきである。公益法人の監督に準じ，毎年収支予算・決算，事業計画・報告等を求めることが望ましい（ただし，宗教活動の一環として信者向けに小規模な墓地経営を行っているような宗教法人に対しては，当該法人の宗教活動を妨げないような配慮も必要であろう）。

なお，十分な報告徴収が得られない場合には，公益法人担当部局や宗教法人担当部局と連絡をとって，状況の把握に努めることも有効であろう。

○ 任意の立入検査の活用を図ること。

墓地埋葬法上，墓地への強制的な立入権限は認められていない。しかしながら，経営者の協力が得られる場合の任意の立入検査は十分可能である。このため，機会をとらえて現場で適切な運営がなされているかどうかチェックし，経営状況の把握の効果を上げることも重要である。

また，経営主体が公益法人である場合には，民法に基づく強制的な立入権限が認められているので，必要な場合には，これに基づく立入検査を行うべきである。

(2) 許可に関する指針の各事項についての再点検

許可後の経営管理状況のチェックにおいては，経営許可の際に審査した事項につき，それが遵守されているかどうか再度点検することが重要である。特に本指針が作成される以前において許可がなされているものについては，場合によっては審査が必ずしも十分とは言えないケースも考えられることから，特に重点的に点検することが望ましい。

なお，財務状況は特に重要であることから，次の(3)で触れている。

189

○ 名義貸しが行われていないこと。

　経営を開始した後，墓地の売れ行きが思わしくなく財政状況が悪化したために，民間の営利企業が経営に介入し，実権を握ることによって名義貸しが行われる場合が想定されうる。このため，経営が必ずしも順調でない場合には特にチェックが必要となろう。

○ 中長期的な経営の見通しが適切であること。

　(3)とも関連するが，特に当初の見積もりと比べて収支の状況はどうなっているか確認することが必要である。大幅な見込み違いがある場合，これを踏まえて中長期的な経営計画を変更する必要性が生じることも考えられる。

○ 契約内容が明確かつ適切であること。

　契約については経営許可審査時に書類を入手しておくべきであるが，特にそのときには審査していなかった場合，改定が行われている場合には，改めてこれを入手し，チェックする必要があろう。

○ 許可の際の条件が守られていること。

　許可の際に条件を付している場合には，これが実際に履行されていることを確認することが必要である。

(3) 財務状況

○ 墓地以外の事業を行っている場合には，経理・会計が区分されていること。

　報告徴収を求めるなどの手段により確認する。

○ 財務関係書類が作成，公開されていること。

　特にこれが許可の条件となっている場合（(2)参照）には履行義務がかかっていることに留意する必要がある。

○ 十分な基本財産を有していること。

　基本財産が取り崩されたりして減少していないかどうかなどについて確認する。具体的には報告徴収により申告させるだけでなく，残高証明書等を求め，現実に申告された財産を保有しているかを確認する。

○　過度な負債を抱えていないこと。

　　報告徴収により確認する。財産目録が作成されていないなどの理由により外見上負債があるかどうか確認できないときは，収支状況を確認し，特に使途不明又は多額の支出がある場合には，経営者から重点的に説明を求めるなどにより経営状況を確認する必要がある。

○　今後の中長期的な財務状況の見通しが適切であること。

　　経営者の主観ではなく，報告徴収により求めた書類により客観的に判断する。場合によっては指導，勧告等を行うことにより，経営の悪化を未然に防ぐことも必要である。なお，あわせて必要な管理料を徴収しているかについて点検しておくことも重要である。

(4)　法令，条例等に沿った適切な経営管理

　　墓地埋葬法，墓地埋葬法施行規則，各都道府県等において定められている条例等については，遵守されなければならないことは当然ではあるが，特に以下のポイントに着眼して，適切な経営管理が行われているかどうか確認する必要がある。

○　墓地の区域の変更には許可が必要であること。

　　墓地の区域の変更には許可が必要であり，大幅な墓地の拡張等，従来の墓地と同一性が失われると判断されるような場合には，新たに経営許可を取り直させるようにする必要がある。こうしたことが無許可で行われないよう，できる限り現場を見てこまめにチェックをしておくことが必要であろう。また，これと関連して，墓地内の施設や環境について大幅な変更を行う場合には届出等を行わせるのが望ましい。

○　平成11年の墓地埋葬法施行規則の改正事項が遵守されていること。

　　平成11年に行われた墓地埋葬法施行規則の改正により，改葬手続の簡素化が行われるとともに，財務書類の備付け及び閲覧の義務が新たに課せられることとなった。

　　改葬については，これを行おうとする者の遵法意識が薄い場合，法令に定められた正式な手続を経ずに行われる可能性があることから，改葬

許可権者たる市町村長とも連絡をとりながらチェックすることが必要である。

　備付け義務の対象となる財務書類は，墓地経営者が実際に作成したものであり，墓地埋葬法施行規則に規定されている財産目録，貸借対照表，損益計算書及び事業報告書は例示である。この備付け及び閲覧の義務に関連して文化庁からの照会（平成11年9月24日付け文宗第74号）とこれに対する厚生省の回答（平成11年9月27日付け衛企第29号）がある。この照会及び回答では，墓地経営に関する書類の作成義務自体については，他の法令等の定めに従うものであって，墓地埋葬法施行規則によって義務が課されるものではないことが示されているが，同時に，宗教活動の一環として行っている小規模な檀家墓地は除く（宗教法人法上書類の作成義務が免除されているため，実際に書類が作成されていない場合には備付け及び閲覧ができないという意味で）としても，少なくとも事業型墓地を行っている場合には備付け及び閲覧を適切に行わなくてはならないという趣旨があることに留意する必要がある。公益事業を行う宗教法人の場合には，墓地経営に関する財務関係書類が作成されているはずであり，その備付け及び閲覧の義務がかかることになる。公益法人の場合も，財務関係書類が作成されているはずであり，同様の義務がかかることになる。遵守状況については書類の提出を求めることでチェックを行う。その際閲覧の方法についても確認する。

○　墓籍簿等の帳簿の管理が適切に行われていること。

　帳簿の管理は，利用者を正確に把握しておくために必要不可欠なものであり，こうした趣旨から法令上も定められているものである。特に昔から墓地を経営している場合において，帳簿が散逸するなど不適切な管理が行われることがないよう，チェックすることが重要である。

○　契約内容に照らして不適切な経営管理が行われていないこと。

　墓地の現場を見る，利用者の話を聞くなどにより，契約内容に反するような不適切な経営管理が行われていないかどうか確認する必要があ

通知編

(5) 管理業務の委託方法

○　管理業務を委託している場合，その方法及び範囲が適切であること。

　　管理業務を外部委託している場合に，墓地の販売行為が委託者の名前によって行われているなど，実質的な権限が経営者にないような状態（いわゆる「名義貸し」のような状態）になっていないか確認する必要がある。そもそも，外部委託をする場合には，委託契約書の写しを提出させ，いかなる内容についてどこに委託するのか明確にして，監督庁に事前に報告させることが望ましい。

(6) 管理の質の向上

○　管理者の研修等の実施を都道府県等において行うよう努めること。

　　管理者は，墓地が適切に管理されるためのいわば責任者としての地位にある。この管理者に正しい知識，経営管理のポイント等を管理者の研修等の実施を通じて伝えることにより，管理の質の向上を目指すことも重要である。

〔別添2　略〕

(62)　樹木葬森林公園に対する墓地，埋葬等に関する法律の適用について

（平成16.10.22健衛発第1022001号
厚生労働省健康局生活衛生課長から北海道環境生活部長あて回答）

(問)　札幌市に本社を置く有限会社が，その代表者が所有する北海道夕張郡長沼町内の土地（約23,000平方メートル）を「樹木葬森林公園」（以下「本件公園」という。）と称して，不特定多数の者から永代使用料等の名目で使用料を徴収した上で，焼骨を樹木を植える際に撒かせるという，いわゆる散骨場として使用させる計画を立てています。

　　本件公園における使用方法について，上記代表者は，墓地，埋葬等に関する法律（以下「法」という。）に抵触しない「散骨」として認められる方法により行うとしており，本件公園の使用開始に際しては，法10条1項

193

に基づく許可は不要であるとの見解を示しています。

　つきましては，本件公園内で下記のいずれかの方法で焼骨を撒くとした場合，それぞれ法第4条において禁止されている墓地以外の区域における「焼骨の埋蔵」に該当するとともに，法第10条第1項の「墓地の経営」に該当する恐れがあり，法に抵触するか否かの点について照会いたします。

　なお，長沼町議会においては，農業・酪農業が盛んな地区内に本件公園が設置され，また，付近には地下水を飲料水として利用している住民も多いことから，本件公園の設置は，基幹産業である農業の衰退，生活環境の悪化，観光客の減少等，町や住民の不利益となるとして，設置反対の決議をしています。

1　地面を掘り，その中に焼骨を撒いて，その上に苗木を植える方法
2　地面を掘り，その中に焼骨を撒いて，その上から土，落ち葉等をかける方法
（答）　墓地等の経営及び管理に関する指導監督については，地方自治法上の自治事務とされており，具体的事案に関する判断については，許可権者の裁量にゆだねられておりますが，一般的に言えば，地面に穴を掘り，その穴の中に焼骨をまいた上で，①その上に樹木の苗木を植える方法により焼骨を埋めること，または，②その上から土や落ち葉等をかける方法により焼骨を埋めることは，墓地，埋葬等に関する法律（昭和23年法律第48号）第4条にいう「焼骨の埋蔵」に該当するものと解されます。

(63)　公益法人制度改革に伴う「墓地経営・管理の指針」の解釈等について

（平成20．8．14健衛発第0814001号
各都道府県・各政令指定都市・各中核市衛生主管部（局）長あて
厚生労働省健康局生活衛生課長通知）

　墓地等の経営及び管理に関する指導監督については，かねてより種々御配慮いただいているところであるが，今般，公益法人制度改革に伴う「墓地経営・管理の指針」の解釈等について整理したので，下記の事項に御留意の

通知編

上，墓地等の経営の安定及び管理の適正が図られるよう，なお一層の御配慮をお願いする。

また，都道府県におかれては，併せて管下市区町村に対する周知につき御配慮願いたい。

なお，本通知は，地方自治法第245条の4第1項に基づく技術的助言である。

記

1　墓地経営・管理の指針の解釈について

(1)　公益法人制度改革後の墓地経営主体に関する考え方について

従来，墓地経営・管理の指針等について（平成12年12月6日付け厚生省生活衛生局長通知）の別添1「墓地経営・管理の指針」2(2)において，墓地経営主体は，地方公共団体が原則であり，これによりがたい事情があっても宗教法人又は公益法人等に限られるとの考え方を示しているところである。

これに関し，平成20年12月1日から，公益法人制度については，現在の民法（明治29年法律第89号）第34条に基づく公益法人（社団法人及び財団法人）制度に代わり，一般社団法人及び一般財団法人に関する法律（平成18年法律第48号）に基づき登記のみで設立できる一般社団法人及び一般財団法人（以下「一般法人」という。）に対し，公益社団法人及び公益財団法人の認定等に関する法律（平成18年法律第49号，以下「公益認定法」という。）に基づき内閣府に置かれる公益認定等委員会又は都道府県に置かれる合議制の機関の答申を経て行政庁が公益認定を行う制度となる（なお，従来の主務官庁制の廃止により，墓地経営・管理に係る監督と公益認定に係る監督はそれぞれの制度の趣旨に基づいて行われることに留意されたい。）。

これにより，「墓地経営・管理の指針」における公益法人には，公益認定法第2条第3号の規定による公益法人，すなわち，内閣府に置かれる公益認定等委員会又は都道府県に置かれる合議制の機関の答申を経て

195

行政庁の公益認定を受けた公益社団法人又は公益財団法人（以下「公益認定法人」という。）が該当することになるので了知されたい。

他方，公益認定を得ていない通常の一般法人については，制度上，登記のみで設立できるなど原則として法人の安定性等を担保するための行政庁の監督の仕組みが存在しないことから，墓地の経営主体としては適当ではないと考えられるので留意されたい。

(2) 公益認定法人に対して墓地経営の許可を与える際の留意事項等

公益認定法人に対して墓地，埋葬等に関する法律（昭和23年法律第48号，以下「墓埋法」という。）第10条に基づく墓地経営の許可を与える際には，当然のことながら，単に墓地経営の許可段階において公益認定法人であるか否かといった外形的な側面のみを確認するだけでなく，将来に渡って公益認定を取り消されるおそれがないと見込まれることなど墓地経営を安定的・永続的に，かつ，非営利的に行うことができる法人であることを十分確認されたい。また，許可後においても，報告徴収等を通じて経営状況の確認を行うなど，墓地経営の安定性等を確保するための継続的な指導監督に意を用いられたい。

墓地経営を許可した公益認定法人が，その後の事情の変化により公益認定を取り消される事態となった場合には，当該法人が保有する公益目的取得財産残額に相当する額の財産を公益的な法人に贈与する必要が生じるため，当該法人による墓地経営の継続は現実的に困難になると考えられるところであり，墓地経営の許可を与える際にはこのような事態に至るおそれがないかについて十分確認するとともに，墓地経営を行っている公益認定法人が認定を取り消された場合の対応策についてもあらかじめ想定しておくなど，公益認定が取り消されることによって，公衆衛生その他公共の福祉に支障が生じることのないよう，くれぐれも留意願いたい。

2　既存の墓地経営を行う社団法人及び財団法人に対する指導等について

(1)　特例民法法人への移行

通知編

　既存の社団法人及び財団法人は，平成20年12月１日から，一般社団法人及び一般財団法人に関する法律及び公益社団法人及び公益財団法人の認定等に関する法律の施行に伴う関係法律の整備等に関する法律（平成18年法律第50号）に基づく一般法人たる特例民法法人となり，以後，５年間の移行期間内に，同法の規定により，公益認定法人への移行の認定の申請又は一般法人への移行の認可の申請を行うことができることとなっている（これらの申請を行わなかった場合には解散となる。）。

　特例民法法人については，従来の主務官庁が引き続き監督を行うなど，適用される法人制度が現行の社団法人及び財団法人に係るものと大きく変わらないことから，「墓地経営・管理の指針」における公益法人に該当する取扱いとするので了知願いたい。また，既に墓埋法第10条に基づく許可を得て墓地を経営している社団法人又は財団法人が特例民法法人になるに当たって，再度の許可は要しない取扱いとして差し支えない。

⑵　通常の一般法人又は公益認定法人への移行

　特例民法法人は，５年間の移行期間内に通常の一般法人又は公益認定法人に移行することができるところ，上記１の考え方のとおり，墓地経営は公益法人が行うことが適当であるので，これを踏まえ，管下の関係法人に対して所要の指導・助言等を行われたい。その際，移行段階で公益認定の要件を満たしていたとしても，その後公益認定の基準に適合しなくなり，公益認定が取り消される事態となった場合には，前述のとおり，当該法人が保有する公益目的取得財産残額に相当する額の財産を公益的な法人に贈与する必要が生じ，当該法人による墓地経営の継続は現実的に困難になると考えられることから，そのようなおそれがある法人については，特に移行の準備段階における指導・助言等に意を用いられたい。

　また，特例民法法人が通常の一般法人又は公益認定法人に移行するに当たっては，適用される法人制度の内容に一定の変更が生ずることとな

197

るが，一般法人としての法人格に変更はないこと，使用者の保護の観点から墓地経営には永続性が求められること，都道府県の条例において墓地経営の許可の前提として種々の手続が設けられており，墓地の新設の場合と同様の手続を課すことが合理的でない場合が多いと考えられることなどから，当該法人が引き続き既存の墓地の経営を行う限りにおいては，墓埋法第10条に基づく再度の許可は要しない取扱いとして差し支えないが，その際には，名称等の変更に併せて，当該法人からその旨の届出を行うよう指導されたい。

なお，移行期間内に公益認定法人への移行の認定が得られない等の理由によりやむを得ず特例民法法人から一般法人に移行する法人については，基本的に公益目的支出計画を作成し，それに従って事業を実施する必要があるが，一旦一般法人となった後でも公益認定の申請を行うことが可能であることから，公益認定の取得に向けた具体的な計画を書面により提出させるなど，公益認定を取得した上で安定的・永続的に墓地経営が行われるよう，適切に指導を行われたい。また，一般法人による墓地経営が漫然と行われることにより，公衆衛生その他公共の福祉に支障が生じることのないよう十分留意願いたい。

(64) 火葬場における有害化学物質の排出実態調査及び抑制対策に関する報告書の送付について

平成22．7．29健衛発0729第 1 号
各都道府県・各政令市・各特別区衛生主管部（局）長あて
厚生労働省健康局生活衛生課長通知

生活衛生行政の推進につきましては，日頃より格段の御協力を賜り，厚く御礼を申し上げます。

さて，火葬場から排出される有害化学物質につきましては，平成12年 3 月に，火葬場から排出されるダイオキシン削減対策検討会において，「火葬場から排出されるダイオキシン類削減対策指針」がとりまとめられ，貴職や火

葬場経営者等において，当該指針も参考としつつ，対策を推進していただいているところです。

このような状況の下，平成20年度及び21年度厚生労働科学研究費補助金により「火葬場における有害化学物質の排出実態調査及び抑制対策に関する研究（主任研究者：武田信生（立命館大学））」が実施され，今般，別添の報告書がとりまとめられました。

当該報告書においては，火葬場から排出される有害化学物質の実態，炉の構造や維持管理と排出量の関係等についての調査結果とともに，具体的な排出抑制対策及び灰の処理方法等が提言されております。

貴職におかれましては，下記について留意の上，域内の火葬場経営者等の関係者に対して適切な指導をお願いします。

なお，指導にあたっては，関連する知見を有する環境部局等関係する部局と緊密な連携を図り適切に対応されるようお願いします。

なお，下記については環境省と協議済みであることを申し添えます。

記

1　報告書に示されている対策も参考として，火葬場における有害化学物質の排出抑制に努める必要があること。

2　火葬場から排出される灰については，宗教的感情の対象として扱われる限りにおいては，廃棄物の処理及び清掃に関する法律（昭和45年法律第137号）に基づく廃棄物に該当しないとされているが，その処理に当たっては，当該灰に含まれる有害化学物質を定期的に測定し，有害化学物質が多く含まれる場合は，溶融処理や不溶化処理等の報告書に示されている対策も参考として，生活環境保全上支障がないよう適切に処理する必要があること。

なお，単に事業として灰を処理している場合など宗教的感情の対象として扱われていない場合には，同法に基づく廃棄物に該当することを念のため申し添える。

（編集注：別添略）

「火葬場における有害化学物質の排出実態調査および抑制対策に関する研究」
https://mhlw-grants.niph.go.jp/project/17603

(65) 「平成23年（2011年）東北地方太平洋沖地震」の発生を受けた遺体保存，遺体搬送，火葬体制の確保等について

平成23．3．12健衛発0312第1号
各都道府県衛生主管部（局）長あて
厚生労働省健康局生活衛生課長

1 「平成23年（2011年）東北地方太平洋沖地震」の被害を受けた地域においては，遺体を保存するための柩及びドライアイス，遺体の搬送並びに火葬体制の確保が重要となります。今後，被害を受けた都道府県において都道府県内市区町村からこれらについて応援要請を受けた場合，都道府県内市区町村，近隣県等と連携を図って対応するようよろしくお願いいたします。また，近隣県等から応援要請を受けた都道府県においても，できる限りの協力を行うようよろしくお願いいたします。

2 被災市町村による迅速な火葬許可事務の実施が困難であると認められる場合には，戸籍確認の事後の実施等実態に応じた事務処理（①戸籍確認をすることなく，死亡診断書又は死体検案書の確認により発行した特例許可証に基づき火葬を行う。②前記特例許可証による対応によってもなお公衆衛生上の危害を発生するおそれがある場合には，火葬場に直接火葬の申出があった遺体について，死亡診断書又は死体検案書を確認した上で火葬を行う。①②はいずれも阪神淡路大震災の際に認めた事務処理である。）を行うことについて検討するので，必要に応じて当課に相談してください。

3 被災都道府県においては，死亡者数，火葬場の被災状況，火葬場の利用状況その他の広域的な火葬に必要な情報について，適宜の方法により当課へ提供されるようよろしくお願いいたします。

通知編

（参考）

墓地，埋葬等に関する法律の埋火葬許可証の取扱い等について

健康局生活衛生課

	通常時の対応	特例措置① （阪神，淡路大震災の際に講じた特例に埋葬に関するものを追加）	特例措置② （阪神，淡路大震災の際に講じた特例に埋葬に関するものを追加）
手続き規定	○埋火葬を行おうとする者は死亡の届出を受理した市町村長の許可を受けなければならない。（墓地，埋葬等に関する法律第5条） ○市町村長は，埋火葬の許可を与える時は，埋火葬許可証を交付しなければならない。（墓地，埋葬等に関する法律第8条） ○墓地及び火葬場の管理者は，埋火葬許可証を受理した後でなければ埋火葬を行ってはならない。（墓地，埋葬等に関する法律第14条）	○死亡の届出を受理した市町村のみならず，遺体現存地の市町村においても特例許可証を発行。 ○死亡診断書又は死体検案書の提出を前提として特例的な許可証を発行。	○特例許可証の発行を待たずに墓地又は火葬場に直接埋火葬の申し出があった場合でも，死亡診断書又は死体検案書の提出を前提として速やかに埋火葬を実施。 ○あらかじめ，墓地又は火葬場の管理者に証明書の発行を求め，事後の埋火葬許可証の申請に添付。
留意事項	墓地，埋葬等に関する第5条及び第14条に違反した者は，1,000円以下の罰金又は拘留若しくは科料に処する。（墓地，埋葬等に関する法律第21条）	阪神，淡路大震災時は，「刑法に規定される緊急避難の法理（第37条）に基づき違法性が阻却されるもの」と厚生省が判断し実施。	同左
様式記載事項	1．死亡者本籍，住所，氏名 2．性別 3．生年月日 4．死因 5．死亡年月日 6．死亡場所 7．火葬場所 8．申請者住所，氏名，死亡者との続柄	同じ（様式は特段規定しない） ※追加して，適法な埋火葬許可証を後日とる旨の誓約書を申請者からとる。	同左
措置の理由		・埋火葬許可証の発行が困難である恐れがあること。 ・本籍地への身元確認のための照会が困難となる恐れがあること。（戸籍等による身元確認は埋火葬許可の要件とはなっていないため，弾力的運用を行うにすぎない。） ・遺族が死亡届のみ現地市町村に提出し，これが受理された後に遺体を他都道府県に移動し，そこで埋火葬許可証の発行を請求する事態が予想されること。	関係の市町村が機能不全に陥るなどにより，特例措置①の対応によってもなお対応が困難で，公衆衛生上の危害が発生する恐れがあるため。

※　いずれの場合においても，死体に対する礼意をもって処理することが必要である。

201

(66) 「平成23年（2011年）東北地方太平洋沖地震」の発生を受けた墓地，
埋葬等に関する法律に基づく埋火葬許可の特例措置について

平成23．3．14健衛発0314第１号
各都道府県衛生主管部（局）長あて
厚生労働省健康局生活衛生課長

　この度の平成23年（2011年）東北地方太平洋沖地震による被害に対しまし
て，心よりお見舞いを申し上げます。

　さて，死体を埋火葬するためには，墓地，埋葬等に関する法律（以下「墓
地埋葬法」という。）に基づき，死亡届等を受理した市町村長の発行する埋
火葬許可証を受ける必要がありますが，今回の地震災害による死亡者が極め
て多数であること，交通事情も混乱していること，市町村における死亡届に
係る確認作業が困難であること等の事情から，埋火葬許可証の発行を待って
いたのでは，死体の腐敗等により公衆衛生上の被害が発生する可能性も否定
できない状況にあります。このことについては，既に平成23年３月12日健衛
発0312第１号（別紙参照）（編集注：通知編（65）参照）により，都道府県
に対し必要に応じ当課に相談いただくようお願いしておりましたが，関係の
都道府県から墓地埋葬法の特例措置についての検討要請があったことを受け
て，また，今回の地震災害の発生に伴う事態の重大性と緊急性に鑑み，阪
神・淡路大震災の際における対応を参考に，埋火葬許可証の発行に関して，
必要に応じ下記の特例的な取扱いを行われるようお願いいたします。

　各都道府県におかれましては，下記の特例措置について，管下市町村及び
火葬場等への周知及び指導方よろしくお願いいたします。

　なお，本通知は，地方自治法（昭和22年法律第67号）第245条の４第１項
に規定する技術的助言であることを申し添えます。

　また，事態の進展に応じ，今後，更なる対応について講ずることも考えら
れます。つきましては，引き続き現地の状況等について当課まで情報提供い
ただけるようお願いいたします。

通知編

記

1　市町村が埋火葬許可証に代わる証明書を発行する方式について

(1)　今回の地震災害に伴う緊急事態により，通常の手続に従って埋火葬許可証の発行を行っていたのでは，死体の腐敗等により公衆衛生上の危害を発生するおそれがある場合には，申請を受けた市町村は，速やかに埋火葬許可証に代わる証明書(以下「特例許可証」という。)を発行すること。

　　(例)　埋火葬許可証の迅速な発行が困難となる場合

　　　　・　死亡届を受理したものの，受理した市町村の担当部局が混乱しているため，埋火葬許可証の発行に必要な戸籍等による確認作業を実施することが困難な場合

　　　　・　死亡者に係る死亡届を市町村長が受理した後に，遺族が遺体を他の市町村に搬送し，そこで埋火葬許可証を申請した場合

(2)　市町村は，特例許可証を発行するに当たって，当該死体に係る死亡診断書又は死体検案書の内容を確認し，その写しを保存するとともに，申請者の住所，氏名，死亡者との続柄等，必要事項を記載した台帳を整備すること。また，申請者から，後日適法な埋火葬許可証を取得する旨の誓約書をとること。

(3)　墓地及び火葬場においては，特例許可証を埋火葬許可証とみなして埋火葬を実施し，特例許可証に埋火葬を行った日時を記入し，署名し，印を押し，これを埋火葬を求めた者に返還すること。

(4)　申請者は，現在の混乱状況が解消した段階で，特例許可証を添えて，市町村長に埋火葬許可証の発行を求めること。

2　1による市町村の対応が困難な場合における墓地及び火葬場における対応について

(1)　1による対応によってもなお公衆衛生上の危害を発生するおそれがある場合には，墓地及び火葬場に直接，埋火葬の申出があったときは，墓地及び火葬場の管理者は，速やかに埋火葬を実施すること。

(2)　墓地及び火葬場の管理者は，埋火葬を行うに当たって，当該死体に係

る死亡診断書又は死体検案書の内容を確認し，その写しを保存するとともに，申請者の住所，氏名，死亡者との続柄等，必要事項を記載した台帳を整備すること。

⑶　また，当該墓地及び火葬場の管理者は，申請者から，後日適法な埋火葬許可証を取得する旨の誓約書をとるとともに，特例的に埋火葬を行った旨の証明書を申請者に交付すること。

⑷　申請者は，現在の混乱状況が解消した段階で，⑶の証明書を添えて，市町村長に埋火葬許可証の発行を求めること。

3　実施にあたっての留意事項

⑴　特例許可証等の様式について

今回の特例措置により市町村が発行する特例許可証，申請者から徴収する誓約書，墓地及び火葬場の管理者が発行する証明書については，いずれも厚生労働省から統一的な様式は定めないので，様式については，各都道府県等におけるそれぞれの状況に応じ，適切に対応されたい。

なお，特例許可証の様式については，火葬許可証の様式に赤字で特例許可である旨のゴム印を押すこと等の方法により対応しても差し支えない。

⑵　特例許可証等に係る台帳について

今回の特例措置により市町村が整備すべき特例許可証に係る台帳については，特例許可証に係る特別の台帳を別途整備する方法による他，特例許可である旨を明記して既存の埋火葬許可証に係る台帳に記入する等の方法によっても差し支えないこと。

また，墓地及び火葬場の管理者が整備すべき証明書に係る台帳についても同様である。

⑶　特例許可証による焼骨の埋蔵について

今回の特例措置は，東北地方太平洋沖地震により生じた事態が，墓地埋葬法の予定しない特殊な状況であったことに鑑み，死体の腐敗等による公衆衛生上の危害の発生を未然に防止する観点から，緊急避難的対応

204

通知編

として実施した措置であることから，すでに死体を埋火葬した後には，こうした緊急事態は一定の収束を見るものと解している。したがって，現在の混乱状況が解消した段階で墓地埋葬法の規定に基づく正式な火葬許可証の発行を受け，その後，これに基づき焼骨の埋蔵を行うことが求められ，特例許可証に基づき焼骨の埋蔵までを行うことを意味するものではない。

4　特例措置を実施すべき範囲と期間について

(1)　1及び2の特例措置の対象となる死体は，死亡診断書又は死体検案書の記載等から，東北地方太平洋沖地震について災害救助法の適用により指定を受けた市町村において死亡した者であることが確認できるものとすること。

(2)　1及び2の特例措置を実施する期間は，別途，本職から特例措置の廃止を連絡するまでの間とすること。

(67)　東京電力福島第一原子力発電所災害に係る避難指示区域内の御遺体の取扱について

（平成23. 3. 31健衛発0331第2号
各都道府県衛生主管部（局）長あて
厚生労働省健康局生活衛生課長　　　）

　東京電力福島第一原子力発電所災害に係る避難指示区域内の御遺体の取扱について，経済産業省緊急時対応センター（ERC）を通じて原子力安全委員会に対して別添1のとおり照会したところ，別添2のとおり回答がありました。

　原子力安全委員会からは，御遺体の放射能は，ほぼ体表面に残存するものであり，火葬，土葬共に環境へ与える影響は問題にならない等の見解が示されておりますので，各都道府県におかれましては，円滑かつ適正な埋葬，火葬の実施に資するよう，管内市町村及び火葬場等への周知及び指導方よろしくお願いいたします。

205

（別添1）

原子力安全委員会への照会事項

1 避難指示区域内のご遺体について，汚染検査を実施せずに，避難指示区域外に搬出しても良いか（汚染検査の場所は，避難指示区域の周辺地域を想定）。搬出時は，ご遺体をビニール，布で覆う程度で良いか。

2 汚染検査の基準は「10万cpm以上」とされているが，「10μSv/h以上」として良いか。

※）1体当たり平均30分要する作業を年間1000体分実施したとしても被曝線量は5mSv/年を下回る。

3 避難指示区域外に搬出したご遺体について，汚染検査を実施した結果，放射線量率が10μSv/h以上であった場合には，除染を実施することになるが，どのような点に留意したら良いか。

3－1 ご遺体の除染中の留意点（マスク，防護服等を着用すれば良いか）

3－2 除染の方法は，シャワーで洗い流せば良いか。

3－3 放射性物質に汚染された衣服等は，ビニール袋に保管可能か。

3－4 除染に用いた水等は処理せずに流しても良いか。

4 除染後も10μSv/h以上のご遺体については，死体見分や埋火葬を実施する際に，どのような配慮が必要であるか。

4－1 作業者は，マスク，防護服等の着用は必要か。

4－2 火葬により，大気汚染等，環境へ与える影響は問題にならないか。

4－3 埋葬により，土壌汚染等，環境へ与える影響は問題にならないか。

4－4 放射線の影響を考えた場合，火葬と埋葬のいずれが適当か。

4－5 埋葬するとすれば，どのような場所が良いか。

4－6 火葬により，火葬炉が汚染されることはないか。（特に半減期の

通知編

長いセシウム137等の影響はないか。)

4－7　火葬の場合，放射性物質がフィルターに吸着し，残骨灰に残る可
能性があるが，どのように処理したら良いか。

参考

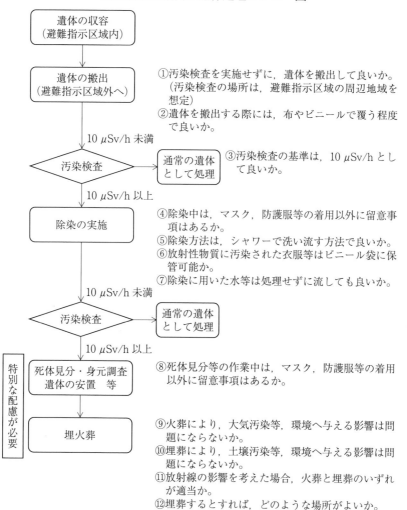

通知編

（別添2）

避難指示区域内のご遺体の取扱いに関する照会について

平成23年3月30日
原子力安全委員会
緊急技術助言組織

標記について，以下の通り助言します。

1について

　ご遺体は，ご本人の尊厳とご遺族の心情に配慮してお取扱いいただきますよう，お願いいたします。搬送者につきましては，防護措置（半面ヨウ素マスク，タイベックススーツ，ゴム手袋，長靴等）を行い，ご遺体はビニールシートでつつみ，汚染の拡大防止に務めてください。

2について

　表面汚染検査計がない場合，γ線サーベイメータで代用可能です。その場合は，1m離れた場所で10μSv/hを衣服等の脱着の判断基準としてください。

（γ線サーベイメータは，Nalシンチレーションサーベイメータを使用することが適当です。）

3について

※　避難範囲外において，表面検査等を実施する場合は，汚染の拡大を防止するため，区画されたビニールシート上で行ってください。

（3－1）半面ヨウ素マスク，タイベックススース，ゴム手袋，長靴等により適切な防護措置をとることが望ましいです。

（3－2）衣類等の脱着後においても，上記判断基準を超える場合は，濡れた布等で全身をよく拭き取り，ご遺体を布等でおつつみください。

（3－3）脱着した衣類及び拭き取り布等は，そのままビニール袋の中に入れて密封し，特定した場所で保管してください。貴重品や装身具

209

等は別の袋に保管してください。最終的な処分方法は，今後決められることとします。

（3－4）基準以上の汚染が残存するご遺体は，重ねて布等でくるむようにしてください。

4について

（4－1）3－1の回答に準じます。

（4－2～4）ご遺体の放射能は，ほぼ体表面に残存するものであり，火葬，土葬共に環境へ与える影響は問題になりません。

（4－5）通常に埋葬する場所でかまいません。

（4－6，7）汚染はわずかであり，問題になりません。

(以上)

(68) 「平成23年（2011年）東日本大震災」の発生を受けた墓地，埋葬等に関する法律に基づく焼骨の埋蔵等に係る特例措置について

平成23．4．14健衛発0414第1号
各都道府県衛生主管部（局）長あて
厚生労働省健康局生活衛生課長

この度の平成23年（2011年）東日本大震災による被害に対しまして，心よりお見舞いを申し上げます。

さて，現在，「「平成23年（2011年）東北地方太平洋沖地震」の発生を受けた墓地，埋葬等に関する法律に基づく埋火葬許可の特例措置について」（平成23年3月14日付け健衛発0314第1号厚生労働省健康局生活衛生課長通知）（以下「埋火葬許可特例通知」という。別紙参照。http://www.mhlw.go.jp/stf/houdou/2r98520000014trl-img/2r985200000156hy.pdf）（編集注：通知編（66）参照）に基づき，埋火葬許可特例通知1(1)の特例許可証（以下「特例許可証」という。）の発行等をもって，埋火葬が特例的に実施されているところです。

一方，火葬後の焼骨の埋蔵又は収蔵（以下「埋蔵等」という）に関して

通知編

は，埋火葬許可特例通知3(3)において「現在の混乱状況が解消した段階で墓地埋葬法の規定に基づく正式な火葬許可証の発行を受け，その後，これに基づき焼骨の埋蔵を行うことが求められ，特例許可証に基づき焼骨の埋蔵までを行うことを意味するものではない。」とされています。

しかしながら，被災自治体の実情として，戸籍の流出等により埋火葬許可証の発行に当たり戸籍等による確認作業が未だにできない市町村があること，戸籍等の確認が可能でも様々な震災対応に追われて戸籍等による確認作業まで手が回らない市町村があること等，現段階においても震災後の混乱状況が解消しきれていない自治体も多く，また，特例的な手続きによる火葬を実施した件数も相当数になってきています。このため，埋火葬許可特例通知に基づき，正式な火葬許可証の発行を待って焼骨の埋蔵等を行うのでは，多くが被災者でもある御遺族に不都合を強いるおそれがあること，また，多くの焼骨の埋蔵等が停滞し，将来的に骨壺等の保管場所の確保や多くの骨壺等の管理が困難になる可能性も否定できない状況にあります。

つきましては，埋火葬許可特例通知1又は2に基づいて火葬を行った後の焼骨の埋蔵等に関し，必要に応じ下記の特例的な取扱いを行われるようお願いいたします。

各都道府県におかれましては，下記の特例措置について，管下市町村及び墓地，納骨堂等への周知及び指導方よろしくお願いいたします。とりわけ焼骨の埋蔵等は，御遺体の埋火葬とは異なり，被災地に限らず，全国各地の墓地等で埋蔵等を求められることも多いと想定されることから，十分な周知を図られますようお願いいたします。

なお，本通知は，地方自治法（昭和22年法律第67号）第245条の4第1項に規定する技術的助言であることを申し添えます。

また，事態の進展に応じ，今後，更なる対応について講ずることも考えられます。つきましては，引き続き現地の状況等について当課まで情報提供いただけるようお願いいたします。

記

1 特例許可証による焼骨の埋蔵等について

 (1) 埋火葬許可特例通知1又は2に基づいて火葬を行った後の焼骨の埋蔵
　等は，現在の混乱状況が解消した段階で正式な火葬許可証の発行を受け
　て行うものとしていたところであるが，正式な火葬許可証の発行を受け
　ることが困難な事情がある場合には，正式な火葬許可証の発行を受ける
　ことなく，特例許可証又は埋火葬許可特例通知2(3)の証明書（以下「特
　例許可証等」という。）に基づき，焼骨の埋蔵等までを行っても差し支
　えない。

 (2) 墓地及び納骨堂の管理者は，埋蔵等を行うに当たって，特例許可証等
　の写しを保存し，特例許可証等を埋蔵等を求めた者に返還すること。ま
　た，埋蔵等を求めた者から，後日適法な火葬許可証を取得する旨の誓約
　書をとること。

 (3) 特例的な埋蔵等を求めた者は，正式な火葬許可証の発行を受けること
　が困難な事情が解消した段階で，特例許可証等を添えて，市町村長に火
　葬許可証の発行を求めること。

2 特例措置を実施すべき範囲と期間について

 (1) 1の特例措置の対象となる焼骨は，死亡診断書又は死体検案書の記載
　等から，東日本大震災について災害救助法の適用により指定を受けた市
　町村において死亡した者の焼骨であることが確認できるものとするこ
　と。

 (2) 1の特例措置を実施する期間は，別途，本職から特例措置の廃止を連
　絡するまでの間とすること。

通知編

〔参考〕墓地，埋葬等に関する法律の埋火葬許可証の取扱い等について

健康局生活衛生課

原　　則	死亡届出受理が困難な場合の特例	死亡届出受理市町村とは別の市町村が埋火葬許可申請を受ける場合の特例	市町村が特例許可証の発行も困難な場合の特例
火葬　・死亡届出受理市町村による火葬許可証の発行　・火葬場の管理者は，火葬許可証を前提とした火葬を実施	平成23年3月14日通知　・市町村による特例許可証の発行　・火葬場の管理者は，特例許可証を前提とした火葬を実施	平成23年3月14日通知　・死亡届出受理市町村とは別の市町村による特例許可証の発行　・火葬場の管理者は，特例許可証を前提とした火葬を実施	平成23年3月14日通知　・火葬場の管理が特例的に火葬を実施し，火葬を行った旨の証明書を交付
土葬（埋葬）　・死亡届出受理市町村による埋葬許可証の発行　・墓地の管理者は，埋葬許可証を前提とした土葬を実施	平成23年3月14日通知　・市町村による特例許可証の発行　・墓地の管理者は，特例許可証を前提とした土葬を実施	平成23年3月14日通知　・死亡届出受理市町村とは別の市町村による特例許可証の発行　・墓地の管理者は，特例許可証を前提とした土葬を実施	平成23年3月14日通知　・墓地の管理者が特例的に土葬を実施し，土葬を行った旨の証明書を交付
焼骨の埋蔵　・墓地の管理者は，火葬許可証を前提とした焼骨の埋蔵を実施	平成23年4月14日通知　・墓地の管理者は，特例許可証を前提とした焼骨の埋蔵を行うことが可能	平成23年4月14日通知　・墓地の管理者は，特例許可証を前提とした焼骨の埋蔵を行うことが可能	平成23年4月14日通知　・墓地の管理者は，火葬場の管理者が特例的に火葬を行った旨の証明書を前提とした焼骨の埋蔵を行うことが可能
焼骨の収蔵　・納骨堂の管理者は，火葬許可証を前提とした焼骨の収蔵を実施	平成23年4月14日通知　・納骨堂の管理者は，特例許可証を前提とした焼骨の収蔵を行うことが可能	平成23年4月14日通知　・納骨堂の管理者は，特例許可証を前提とした焼骨の収蔵を行うことが可能	平成23年4月14日通知　・納骨堂の管理者は，火葬場の管理者が特例的に火葬を行った旨の証明書を前提とした焼骨の収蔵を行うことが可能

※　特例的に火葬，土葬，焼骨の埋蔵・収蔵を実施した場合は，混乱状況等が解消した段階で，特例許可証等を添えて市町村長に正式な埋火葬許可証の発行を求める必要がある。

213

(69) 公益法人制度改革に伴う墓地等の経営に関する許可の取扱いについて

（平成24．6．21健衛発第0621第1号
各都道府県・政令指定都市・特別区衛生主管部（局）長あて
厚生労働省健康局生活衛生課長）

　公益法人制度については，平成20年12月1日から施行された公益社団法人
及び公益財団法人の認定等に関する法律（平成18年法律第49号。以下「公益
法人法」という。）に基づき，一定の要件に該当する一般社団法人及び一般
財団法人については，内閣府に置かれる公益認定等委員会の答申を得て内閣
総理大臣が公益認定を行う制度となりました。

　これに伴い，内閣総理大臣から公益認定を受けた一般社団法人及び一般財
団法人（以下「公益認定法人」という。）に対する墓地等の経営に関する許
可について問い合わせを受けているところ，下記の事項に御留意の上，墓地
等の経営の安定が図られるよう，御配慮をお願いいたします。

　都道府県におかれては，併せて管内市町村に対する周知をお願いいたしま
す。

　また，本通知は，地方自治法第245条の4第1項に基づく技術的助言であ
ることを申し添えます。

　なお，「墓地等の経営及び管理に関する指導監督の徹底について」（平成11
年3月29日生衛発第505号厚生省生活衛生局長通知）及び「墓地の経営及び
管理に関する指導監督の徹底について」（平成11年5月14日衛企第20号厚生
省生活衛生局企画課長通知）は，廃止します。

記

　公益法人法施行後は，一般社団法人及び一般財団法人のうち①2以上の都
道府県の区域内に事務所を設置するもの，②公益目的事業を2以上の都道府
県の区域内において行う旨を定款で定めるもの又は③国の事務若しくは事業
と密接な関連を有する公益目的事業であって政令で定めるものを行うものに
ついては，内閣総理大臣から公益認定を受けることにより公益認定法人とし
て認められることとなった。

214

通知編

　また，１の都道府県の区域内において公益目的事業を行う公益認定法人が定款を変更して２以上の都道府県の区域内において公益目的事業を行おうとする場合は，内閣総理大臣の認定を受けることにより，公益目的事業を行う都道府県の区域の変更をすることが認められることとなった。

　この結果，公益法人法施行後は，公益認定に係る監督と墓地の経営に係る監督はそれぞれの制度の趣旨に基づいて行われることになり，墓地等の経営を事業目的とする公益認定法人であって，内閣総理大臣から公益認定を受け，又は公益目的事業を行う都道府県の区域の変更の認定を受けたものについては，各都道府県知事（市又は特別区にあっては，市長又は区長）から墓地，埋葬等に関する法律（昭和23年法律第48号。以下「墓埋法」という。）第10条による墓地等の経営許可を受け，２以上の都道府県において墓地等の経営を行うことが可能となることに留意されたい。

　なお，当該公益認定法人からされた墓埋法第10条による墓地等の経営許可申請については，平成20年８月14日付け健衛発第0814001号厚生労働省健康局生活衛生課長通知「公益法人制度改革に伴う「墓地経営・管理の指針」の解釈等について」１(2)に掲げた留意事項のほか，特に，各墓地等の所在地において管理者を置き，十分な責任体制がとられていること等を確認した上で，許可をすべきかどうかの判断を行うよう留意されたい。

(70)　墓地，埋葬等に関する法律に係る疑義について

（平成24．7．24健衛発0724第１号）
（千葉市保健福祉局長あて回答）
（厚生労働省健康局生活衛生課長）

（問）　近年，焼骨を原料にして高温高圧処理で石やダイヤモンド等（以下「石等」という。）に加工し，自宅に置いたり，装飾品にして身につけたりする手元供養が広がりを見せていますが，先般，本市内において，石等を付着させた位牌を預かり供養したい旨の相談が寺院からありました。

　つきましては，下記の点に疑義が生じましたので，御教示くださるよう

215

お願いします。

記

1　焼骨の一部を原料にして加工した石等は，原料が焼骨であることから，焼骨と解してよろしいか。

2　石等が焼骨と解される場合，石等を付着させた位牌を預かって収蔵する施設は，納骨堂と解してよろしいか。

（答）　照会事項1及び2について

　　　貴見のとおりである。

(71)　新型インフルエンザ等対策特別措置法に係る埋葬及び火葬の特例等の施行について

$$\left(\begin{array}{l}\text{平成25. 4 .12健発0412第11号}\\\text{各都道府県知事あて厚生労働省健康局長}\end{array}\right)$$

　新型インフルエンザ等対策特別措置法（平成24年法律第31号。以下「法」という。）の施行に関し，本日，新型インフルエンザ等対策特別措置法施行令（平成25年政令第122号。以下「施行令」という。）及び新型インフルエンザ等対策特別措置法第56条第2項の規定により特定都道府県知事が行う埋葬又は火葬の方法を定める告示（平成25年厚生労働省告示第142号。以下「告示」という。）が公布されたところであるが，これらに係る埋葬及び火葬の特例等に関する内容は，下記のとおりであるので，御了知の上，貴管内市区町村に対し周知を図るとともに，その実施に遺漏なきを期されたい。

記

1　墓地，埋葬等に関する法律の手続の特例

　　厚生労働大臣は，新型インフルエンザ等緊急事態において，埋葬又は火葬を円滑に行うことが困難となった場合において，公衆衛生上の危害の発生を防止するため緊急の必要があると認めるときは，厚生労働大臣の定める期間に限り，墓地，埋葬等に関する法律（昭和23年法律第48号。以下「墓地埋葬法」という。）第5条及び第14条に規定する手続について，以下

216

のとおり，その特例を定めることができること。（法第56条第１項，施行令第15条関係）

⑴　厚生労働大臣は，墓地埋葬法第５条及び第14条に規定する手続の特例を定めるときは，その対象となる地域を指定するものとすること。

⑵　厚生労働大臣は，その定める期間内に指定した地域における遺体に係る墓地埋葬法第５条第１項の規定による埋葬又は火葬の許可について，同条第２項に規定する市町村長のほか，当該遺体の現に存する地の市町村長その他の市町村長がこれを行うものとすることができること。

⑶　厚生労働大臣は，指定した地域において公衆衛生上の危害の発生を防止するため特に緊急の必要があると認めるときは，厚生労働大臣が定める墓地又は火葬場においては墓地埋葬法第５条第１項の規定による許可を要しないものとすることができること。

⑷　厚生労働大臣は，墓地埋葬法第14条に規定する手続について特例を定めるものとすること。

2　特定都道府県知事等による埋葬又は火葬の実施

⑴　特定都道府県知事は，埋葬又は火葬を行おうとする者が埋葬又は火葬を行うことが困難な場合において，公衆衛生上の危害の発生を防止するため緊急の必要があると認めるときは，次の定めるところにより，埋葬又は火葬を行わなければならないこと。（法第56条第２項，告示関係）

　　火葬場の処理能力が追いつかず，火葬を行うことが困難な状態にあることにより，火葬が行われない状態が続き，一時的な埋葬を行うことが必要と認められる場合において，特定都道府県知事が，法第56条第２項の規定により埋葬又は火葬を行うときは，あらかじめ，新型インフルエンザ等に起因して死亡したことを確認の上，遺族の意思を確認するものとすること。

⑵　特定都道府県知事は，埋葬又は火葬を迅速に行うため必要があると認めるときは，⑴の措置の実施に関する事務の一部を特定市町村長が行うこととすることができ，この場合における手続については，災害救助法

施行令（昭和22年政令第225号）第23条の規定が準用されること。（法第56条第3項，施行令第16条関係）

(3) なお，遺体の埋葬又は火葬を行う者がないとき又は判明しないときは，墓地埋葬法第9条の規定に基づき，死亡地の市町村長が，埋葬又は火葬を行わなければならないこと。

(72) 墓地，埋葬等に関する法律の疑義について

$$\left(\begin{array}{l}\text{平成26．6．3健衛発0603第1号}\\\text{静岡県熱海市市民生活部長あて回答厚生労働省健康局生活衛生課長}\end{array}\right)$$

(問) 表題の件について，以下に記す事例に対する取扱いについて，疑義が生じたので下記のとおり照会します。

記

事例概要

熱海市内に所在する事業者が，その所有する熱海市内の土地に「散骨園」と称する施設を設け，個人向けに区画（約8,000区画）し，区画内に石碑（プレート）を設置し，その後パウダー状にした遺骨を植物の栄養剤と水を混ぜ合わせて区画内の芝生にジョウロで散布するという内容の事業を計画し，現在募集並びに工事を進めております。

区画は20年の賃貸借契約（自動の更新あり）で，当初に粉骨，散骨，石碑の費用と年間賃料，年間管理費が必要な施設となっています。

事業者はあくまでパウダー状にした遺骨を散骨，散布するものであり，墓地，埋葬等に関する法律には抵触しないとの姿勢であります。

照会事項

1．焼骨について

焼骨（死体を葬るために焼いた後に遺族等により骨揚げされたもの。これを砕く又はすりつぶす等をしたものも同様。）を植物の栄養剤や水その他の物質や液体と混ぜた場合でも，引き続き焼骨と同様にみなされると考えるが，よろしいか。

通知編

2．墓地の経営許可について

　ご遺族が故人の意思を尊重し，公衆衛生その他の公共の福祉に問題を生じないように節度をもってご遺骨を自然に撒くことがある。しかし，上記事業者が行おうとしている施設は，個人ごとに区分された区画に石碑（プレート）を設けた施設であり，その区画に個人ごとにパウダー状にした焼骨を植物の栄養剤及び水と混ぜ，ジョウロで散布することによって焼骨を地下に浸透させることで，外部から容易に目撃できない状態にさせるものであり，焼骨を埋蔵する施設を設けるものと認められることから，墓地，埋葬等に関する法律第10条に規定する都道府県知事（市長）の許可が必要と取り扱うのが適当であると考えるがよろしいか。

（答）1について

　　　貴見のとおり。

　　2について

　　　墓地，埋葬等に関する法律（昭和23年法律第48号）に基づく墓地等の経営及び管理に関する指導監督については，地方自治法上の自治事務とされ，同法第10条に係る具体的事案に関する判断については，許可権者である地方公共団体の裁量にゆだねられており，当該施設が，客観的に，貴見のとおり，焼骨を外部から容易に目撃できない状態にするものであり，焼骨を埋蔵する施設を設けるものと認められるのであれば，同条の許可も必要となり得るものと思料されるので，事案の実態を十分に見極め，地域の実情を踏まえて適切に判断されたい。

　　　なお，お示しのように，ご遺族が故人の意志を尊重し，公衆衛生その他の公共の福祉に問題を生じないように節度をもってご遺骨を自然に撒くことが，墓地，埋葬等に関する法律において直接禁止されるものではないので，念のため申し添える。

219

(73) 大規模災害時における御遺体の埋火葬等の実施のための基本的指針の
策定について

$$\begin{pmatrix}平成26.7.30健衛発0730第1号\\各都道府県衛生主管部（局）長あて厚生労働省健康局生活衛生課長\end{pmatrix}$$

今般，大規模災害における御遺体の埋火葬等に係る関係省庁連絡会議にお
いて，「大規模災害時における御遺体の埋火葬等の実施のための基本的指針」
が別添のとおり策定され，本年7月29日に開催された，防災対策実行会議
（座長：菅内閣官房長官）において了承が得られた。

同指針においては，関係省庁は災害時の御遺体の埋火葬・保管に係る資機
材の確保や搬送等に係る地方公共団体と関係団体との協定の締結の促進のた
め協力するものとし，また，厚生労働省は都道府県における広域的な火葬の
確保のための計画の策定など広域的な火葬体制の整備のための地方公共団体
の取組の促進を図ること等とされている。

ついては，「広域火葬計画の策定について」（平成9年11月13日付け衛企第
162号厚生省生活衛生局長通知）に示されているとおり，関係部局の連携の
もと，広域的な火葬の確保のための計画を策定し，火葬場の処理体制の把
握，近隣地方公共団体との相互扶助協定等の締結，関係団体との資機材の確
保や搬送等に係る協定を締結する等の取組を進め，広域的な火葬体制が整備
されるよう，特段の御配慮をお願いしたい。

なお，後日，各都道府県における取組状況について，照会をさせていただ
くことを予定しているので，御了知願いたい。

（別添）
　　大規模災害時における御遺体の埋火葬等の実施のための基本的指針
　　　　　大規模災害における御遺体の埋火葬等に係る関係省庁連絡会議
1．趣旨
　○大規模災害が発生した場合における御遺体の埋火葬，搬送等の円滑な実
　　施に資するため，関係省庁の連携や対応に関する基本的な事項を定める

通知編

ものとする。

2．大規模災害に備えた体制の確保

○政府においては，「大規模災害における御遺体の埋火葬等に係る関係省庁連絡会議」（以下「関係省庁連絡会議」という。）を適宜，開催し，関係各省の密接な連携のもと，平時より，大規模災害時における御遺体の埋火葬等の円滑な実施体制の確保のため，以下の取組を進めるものとする。

(1) 関係省庁は，密接な連携のもと，災害時の御遺体の埋火葬・保管に係る資機材の確保や搬送等に関して関係団体との協力関係を強化し，これらの物資の確保等に係る地方公共団体と関係団体との協定の締結の促進のため協力するものとする。

現在，地方公共団体においてはこれらの協定の締結が進められているところであるが，できるだけ早期に全都道府県での協定が締結されることが重要である。

このため，関係省庁とこれらの関係団体との連絡会議を開催し，連携体制の推進を図るものとする。

【御遺体の埋火葬・保管に係る資機材、搬送に関する関係団体】

物資等	関係団体（関係省庁）
棺，納体袋等	全日本葬祭業協同組合連合会（経済産業省） 全日本冠婚葬祭互助協会（経済産業省）
搬送手段	全日本葬祭業協同組合連合会（経済産業省） 全日本冠婚葬祭互助協会（経済産業省） 全国霊柩自動車協会（国土交通省） 全日本トラック協会（国土交通省）
ドライアイス	ドライアイスメーカー会（経済産業省）

(注) 大規模災害による燃料不足に備え、石油精製・元売会社は、石油備蓄法に基づき「災害時石油供給連携計画」を平成25年1月に策定。都道府県から政府に対する燃料供給要請については、御遺体の搬送や火葬に係るものも含め、「災害時石油供給連携計画」に基づき石油連盟に設置する共同オペレーションルームにおいて、石油精製・元売会社が共同して対応。

221

⑵　厚生労働省は，都道府県における広域的な火葬の確保のための計画の策定など広域的な火葬体制の整備のための地方公共団体の取組の促進を図るものとする。

　　特に，東日本大震災の経験も踏まえると，仮埋葬を避けるためには，広域的な火葬体制を確保し，火葬場の処理能力を最大限活用することが重要である。また，災害時においても御遺体の尊厳や御遺族に対する配慮を失することのないよう，平時から，十分に留意して対策を進める必要がある。

【都道府県等における取組】（※）

広域火葬計画の策定	○実施体制の確保 ○広域火葬の応援・協力の要請 ○火葬場の選定・調整，火葬要員の派遣要請・受入れ ○遺体保存対策（遺体安置所の確保，物資の調達等） ○遺体搬送手段の確保 ○相談窓口の設置 ○火葬許可の特例的取扱い　　　　　等
広域火葬の体制の整備	○現状の把握 ○広域火葬実施のための組織 ○相互扶助協定の締結 ○遺体保存のための資機材等の確保(関係事業者との協定の締結等) ○遺体搬送手段の確保（関係事業者との協定の締結等） ○情報伝達手順の確立 ○訓練・研修

※　広域火葬計画策定指針（厚生労働省健康局長通知）で定めている事項

3．大規模災害時における対応

○政府においては，大規模災害が発生した場合，緊急災害対策本部とも連携しながら，関係省庁連絡会議を適宜開催し，関係省庁の密接な連携のもとに，以下の対応を進めるものとする。

⑴　厚生労働省は，被災地の都道府県等と連絡を行い，火葬場の被災状況等の情報を収集するとともに，御遺体の広域火葬，埋火葬・保管に係る資機材の確保や御遺体の搬送等に関する要請内容を把握する。

通知編

(2) 厚生労働省は，上記の情報や要請の内容を関係省庁に提供し，情報交換を行う。

(3) 厚生労働省は，都道府県を越える御遺体の広域火葬の実施のため，御遺体の火葬の受入れや火葬人員の確保等について，近隣の都道府県等への協力を要請する。

(4) 被災地の都道府県等からの御遺体の埋火葬・保管に係る資機材や搬送，燃料等の要請内容を踏まえ，関係省庁は，各所管の関係団体に対してこれらの資機材や搬送，燃料等に関する協力を要請する。

(5) 厚生労働省は，関係省庁の協力を得て，関係団体による協力内容を収集し，これらを被災地の都道府県等へ連絡し，現地対策本部とも連携を図りながら，関係団体の協力の内容に関して，都道府県等との連絡調整を行う。

(6) 厚生労働省は，大規模災害により埋葬又は火葬を円滑に行うことが困難となったため，公衆衛生上の危害の発生を防止するため緊急の必要があると認められる場合は，埋火葬の許可に係る手続の特例を実施する。　　　　　　　　　　　　　　　　　　※関連通知：(58)，(74)

(74)　広域火葬計画の策定の推進について

(平成27．3．6健衛発0306第2号
各都道府県衛生主管部（局）長あて厚生労働省健康局生活衛生課長)

　広域的な火葬に関する計画（以下「広域火葬計画」という。）については，平成7年の阪神・淡路大震災を踏まえ，「広域火葬計画の策定について」（平成9年11月13日付け衛企第162号厚生省生活衛生局長通知）において，各都道府県に対し，広域火葬計画を策定し，広域的な火葬体制を整備いただくよう，特段の御配慮をお願いしているところである。

　さらに，平成23年の東日本大震災を踏まえ，平成26年7月には，関係省庁において，防災対策実行会議（座長：内閣官房長官）の了承を得た上で，「大規模災害時における御遺体の埋火葬等の実施のための基本的指針」を策

223

定したところであり，その中でも，都道府県における広域火葬計画の策定など広域的な火葬体制の整備のための地方公共団体の取組の促進を図ることとしたところである（「大規模災害時における御遺体の埋火葬等の実施のための基本的指針の策定について」（平成26年7月30日付け健衛発0730第1号厚生労働省健康局生活衛生課長通知））。

　しかしながら，各都道府県における広域火葬計画の策定は，平成26年11月現在で，47都道府県中29都道府県（地域防災計画の一環として策定している11都道府県を含む。）にとどまっている。

　東日本大震災のような多数の死亡者が発生する大規模災害は，今後，全国いずれの地域においても発生する可能性があり，被災地の火葬能力をはるかに超える死亡者が発生し，又は，火葬場の建物等の倒壊やライフラインの復旧の遅れ等によりそもそも火葬自体が行えない事態も想定される。

　このような大規模災害が発生した場合，火葬の円滑な実施における都道府県の役割は非常に大きい。都道府県においてあらかじめ必要な業務の手順が定められ，かつ，関係部署，管下市町村，関係事業者間で共有されていなければ，大きな混乱が発生することが想定され，さらに，国において必要な広域調整や支援を行う上でも，著しい支障が生じることとなる。

　ついては，現時点で広域火葬計画が未策定の都道府県においては，本年8月末を目途に広域火葬計画を策定していただくとともに，すでに策定済みの都道府県においても，再度，必要事項が定められているかの点検を行っていただきたいと考えており，各都道府県においても，下記の点にも御留意いただき，特段の取組方よろしくお取り計らい願いたい。

記

1　広域火葬計画の必要性

　広域火葬は，大規模災害により，被災市町村が平常時に使用している火葬場の火葬能力だけでは，当該市町村内の御遺体の火葬を行うことが不可能となった場合において，被災地の周辺の火葬場を活用して広域的に火葬を行うものである。

通知編

　すなわち，大規模災害が発生した場合には，極めて多数の死亡者が発生する可能性があるが，他方，火葬場の火葬能力には限りがあるとともに，火葬場の施設そのものが災害により稼働ができなくなったり，火葬要員が不足したりする可能性もある。その場合には，被災地の周辺の火葬場の応援を受けることが必要となる。広域火葬計画は，これを円滑に行うためにあらかじめ必要な事項を定めるものである。

　また，被災都道府県内の火葬能力を超えた対応が必要な場合には，都道府県を超えた広域的な火葬の実施が必要となる場合があり，同様に，被災都道府県の火葬要員が不足した場合には，他都道府県からの応援態勢を組む必要がある。棺，（御遺体保存用の）ドライアイス，火葬に必要な燃料，御遺体搬送用の霊柩車等の確保も重要な課題となる。

　実際に，東日本大震災においては，必要な業務の手順を定めた広域火葬計画が策定されていなかったことから，都道府県が火葬場の被災状況を把握するのに時間を要したり，御遺体を火葬する火葬場の割り振りの仕組みや関係資材の調達の仕組み等を発災後に構築しなければならなかったため，火葬の実施体制の構築に時間を要するなどの混乱が発生した。　また，御遺体の搬送や埋火葬の体制の構築が遅れたことから，これらを自衛隊に依頼する事例が発生し，自衛隊が本来行うべき行方不明者の捜索の業務に支障を来しかねない事態も招来した。

　火葬場の経営の許可等に係る事務は，地域の自主性及び自立性を高めるための改革の推進を図るための関係法律の整備に関する法律（平成23年法律第105号。第2次地方分権一括法）により，すべての市長又は特別区の区長が有することとされたが，都道府県は，広域的な観点から墓地埋葬行政を担当しており，このような立場から，広域火葬体制の構築や大規模災害時の広域火葬の実施の責務を有している。

　さらに，

⑴　各都道府県内の市町村間，近隣都道府県，葬祭業等の関係団体との協定が締結されている場合であっても，それを広域火葬計画の中で実際の

225

業務手順として定めていなければ，大規模災害発生時に予想される状況の中では，混乱する可能性が高いこと

(2) 各種の被害想定で被害が比較的少ないと想定されている場合や，都道府県の行政区域が広大で通常の想定では区域内の大部分の火葬場が稼働できない事態が想定されない場合であっても，想定を超える大規模災害が発生しないとは限らないこと等の事情にも留意する必要がある。

以上のことから，全ての都道府県において，広域火葬計画を策定していただく必要があると考えている。

2 広域火葬計画の内容

広域火葬計画は，独立した計画であることが望ましいが，地域防災計画の中で必要な内容を定めるものでも差し支えない。

他方，前記「広域火葬計画の策定について」においては，広域火葬計画には，

① 基本方針

② 広域火葬の実施のための体制

③ 被災状況の把握

④ 広域火葬の応援・協力の要請

⑤ 火葬場の選定

⑥ 火葬要員の派遣要請及び受入

⑦ 遺体保存対策

⑧ 遺体搬送手段の確保

⑨ 相談窓口の設置

⑩ 災害以外の事由による御遺体の火葬

⑪ 火葬状況の報告

⑫ 火葬許可の特例的取扱

⑬ 引取者のない焼骨の保管

を定めることとしている。

このうち，特に，③から⑧までの事項は，都道府県，市町村，火葬場，

関係事業者や関係団体及び国の相互間における情報伝達や各種要請の手順を定めるものであり，広域火葬計画において特に重要な意味を有するものである。ここでは，情報伝達（要請）の主体，伝達先（送付先の部署名），時期，様式（伝達事項）などを具体的に定めておく必要がある。

しかしながら，特に，各都道府県が，広域火葬計画として独立した計画の形ではなく，地域防災計画の中でその一部として規定した広域火葬に係る記載の中には，上記の事項が具体的に定まっていないものが散見される。上記の事項を具体的に定めない場合，大規模災害により多数の死亡者が発生し，被災地の火葬場の火葬能力が不足した場合に，円滑に広域火葬を行うことが困難となることもあり得るので，独立の広域火葬計画を策定する場合だけでなく，各都道府県が地域防災計画の中で必要な事項を定める場合にも，その中でこれらの事項を具体的に定めていただく必要がある。

また，都道府県によっては，多くの離島を有するなど，特有の地理的な条件を考慮する必要があると承知している。その場合，特に課題となる遺体搬送手段や資材搬送手段の確保については，ヘリコプター，船舶等必要な遺体搬送手段をあらかじめ関係機関や関係事業者の協力を得て確保いただきたいが，さらに，関係機関等との連携体制など御遺体の搬送方法を含め広域火葬計画に定めるなど，実効性のある広域火葬計画となるようにしていただきたい。

なお，既に策定されている広域火葬計画のうち，必要事項が網羅されている事例として，別添を示すので，広域火葬計画を策定する場合に参考とされたい。

3　広域火葬計画の策定の手続

広域火葬計画の策定手順の一例として，以下の手続を行うことが考えられる。

①　前記「広域火葬計画の策定について」の内容や他都道府県の事例を参照しつつ，既存の他の地方公共団体や関係事業者，関係団体との協定内

容等を踏まえ，墓地埋葬行政の所管部署で計画の案文を作成

② 都道府県内関係部局等（総務部局，防災部局，商工部局，警察等）に案文を送付・調整

③ 市町村や関係事業者，関係団体に案文を送付・調整

④ 担当部局内の決裁を経て計画を決定

これらのうち，②については，関係部局が広範囲にわたることから，必要に応じ，庁内で関係部局が一同に会する策定委員会を設置し，策定を進めることが考えられる。また，③については，市町村の火葬場担当部局及び火葬場との間で情報交換を行う既存の枠組み（「協議会」「打合会」など）があれば，その枠組みを活用することが考えられる。

また，都道府県内の火葬能力を超えた場合に火葬の依頼を行うことが想定される近隣の都道府県との間でも，事前に案文の調整を行っておくことが望ましい。

なお，厚生労働省においても，各都道府県における広域火葬計画の策定について，積極的に助言等を行っていきたいと考えているので，策定に際して必要がある場合には，以下まで御連絡願いたい。

連絡先（略）　　　　　　　　　　　　　　　※関連通知：(58)，(73)

(75)　一類感染症により死亡した患者の御遺体の火葬の取扱いについて

（平成27．9．24健感発0924第１号健衛発0924第１号
各都道府県，保健所設置市，特別区衛生主管部（局）長あて
厚生労働省健康局結核感染症課長，健康局生活衛生課長）

近年，海外における感染症の発生状況，国際交流の進展による人や物の移動の活発化及び迅速化，保健医療を取り巻く環境の変化に伴い，感染症対策の充実が要請されている。

このような中，「新型インフルエンザ等対策ガイドライン」（平成25年６月26日新型インフルエンザ等及び鳥インフルエンザ等に関する関係省庁対策会議）において「埋火葬の円滑な実施に関するガイドライン」が策定されてい

通知編

るところである。

　今般，一類感染症であるエボラ出血熱の近時の流行も踏まえ，「一類感染症により死亡した患者の御遺体の火葬の実施に関するガイドライン」を別添のとおり取りまとめたので，御了知の上，管内の市町村，医療機関，火葬場及び墓地の経営者，管理者その他の関係者に周知いただくとともに，各地方公共団体衛生主管部（局）におかれては，別添ガイドラインを参考に，体制整備等に万全を期されるよう，特段の御配慮をお願いする。

（別添）
一類感染症により死亡した患者の御遺体の火葬の実施に関するガイドライン

第1　一類感染症により死亡した患者の御遺体の火葬の実施に当たっての準備
　1　対応者の研修等
　　　本ガイドラインにおいて，保健所は大きな役割を担うものである。その一方で，一類感染症による死亡者が発生する事態において，医学的専門知識を有する職員のみでは対応が困難になることも想定されるため，関係し得る職員に対して必要な研修その他の機会を設けて，知識等の共有を行うことが望ましいこと。
　2　搬送事業者及び火葬場の選定等
　　　都道府県は，市町村（特別区を含む。以下同じ。）を包括する広域の地方公共団体として，火葬場の担当部局と特定感染症指定医療機関又は第一種感染症指定医療機関（以下「感染症指定医療機関」という。）の担当部局とで連携し，管内の感染症指定医療機関において死亡した御遺体の搬送を行う搬送事業者及び火葬を行う火葬場を市町村と連携してあらかじめ定めておくこと。選定する火葬場は，感染症指定医療機関からの距離等も考慮する必要があるが，点検口やデレッキ挿入口を開閉してのデレッキ作業が相対的に少なくて済む火葬炉を多く有するものが望ま

229

しいこと。

　また，当該搬送事業者及び火葬場とあらかじめ必要な調整（御遺体の火葬場への搬入方法，火葬の具体的な手順や注意事項，手袋や骨壺など搬送及び火葬に必要な物品の準備，廃棄方法等）をしておくことが望ましいこと。

第2　感染症指定医療機関において一類感染症患者が死亡した場合の対応
　1　対応の原則
　　(1)　感染症の予防及び感染症の患者に対する医療に関する法律（平成10年法律第114号。以下「感染症法」という。）第30条第2項の規定に基づき，一類感染症により死亡した患者の御遺体は，火葬しなければならないものとする。また，同条第3項の規定に基づき，御遺体は24時間以内に火葬するものとする。
　　(2)　火葬については，現場の状況次第ではあるが，それまでの間，当該患者に対応してきた保健所の職員が立ち会うことが望ましいこと。
　2　非透過性納体袋への収容等について
　　感染症指定医療機関の医療関係者は，御遺体について，全体を覆い密封し，御遺体から出た体液を一定の時間内部に留めることができる非透過性納体袋に収容し，袋の外側を消毒した上で，棺に納めること。なお，消毒は，「感染症に基づく消毒・滅菌の手引きについて」（平成16年1月30日健感発第0130001号厚生労働省健康局結核感染症課長通知）を参照して行うこと（5における「消毒」についても同じ。）。
　3　御遺族への対応
　　保健所は，御遺体からの感染を防ぐため，御遺族に次の事項を説明して理解を求めるものとする。
　　(1)　感染症法第30条第1項の規定に基づき，御遺体の火葬場以外の場所への移動を制限すること。
　　(2)　御遺体に触れることのないようにすること。
　　(3)　御遺体の搬送や火葬場における火葬に際しては，非透過性納体袋に

収容・密封し，棺に納めるとともに，そのままの状態で火葬しなければならないこと。

なお，御遺族が非透過性納体袋に収容・密封されていない状態の御遺体に直接対面することを要望され，これを認める場合には，感染症指定医療機関の病室内において対面させること。この場合においても，御遺族が御遺体に触れることのないように注意すること。

4　御遺体の搬送について

御遺体の搬送に当たって，保健所は，原則として，第1の2においてあらかじめ定めた搬送事業者を手配すること。その際に，一類感染症により死亡したこと及び御遺体が非透過性納体袋に収納されていることを必ず伝達すること。

御遺体の搬送作業に従事する者は，必ず手袋を着用すること。手袋は，原則として保健所が回収の上，適切に廃棄すること。なお，廃棄は「廃棄物処理法に基づく感染性廃棄物処理マニュアル」（環境省大臣官房廃棄物・リサイクル対策部）を参照して行うこと（5における「廃棄」についても同じ。）。

5　御遺体の火葬について

(1)　火葬場の手配・伝達事項について

保健所は，原則として，搬送事業者と同様に，第1の2においてあらかじめ定めた火葬場を手配し，一類感染症により死亡したこと及び御遺体が非透過性納体袋に収納されていることを必ず伝達すること。

(2)　御遺体の火葬作業に従事する者が留意すべき事項

ア　火葬する際に，血液，体液，分泌物，排泄物等が火葬作業に従事する者の身体に飛散する可能性がある場合には，手袋，不織布製マスク，フェイスシールド又はゴーグル及びエプロン等を使用するものとし，これらの器具が汚染された場合には単回使用のものは原則として保健所が回収の上，適切に廃棄し，再利用するものは適切な消毒を行うこと。また，火葬炉のデレッキ挿入口からデレッキ棒を

差し入れて作業を行った場合，適切に消毒を行う必要があること。

　イ　上記の留意事項を遵守し，御遺体が非透過性納体袋に収容され納棺された状態で火葬炉に搬入してそのままの状態で火葬を完了する限りにおいては，他の利用者の火葬場への入場を制限したり，他の御遺体の火葬を停止したりする等の措置を講ずる必要はないこと。

　ウ　火葬作業に従事する者は，火葬終了後，火葬炉内の燃焼室下部など体液が付着した箇所がある場合は，保健所が火葬場を管理する者に指示するところにより，適切に消毒すること（感染症法第27条第1項）。火葬作業に従事する者が適切かつ安全に消毒することが困難であると認められる場合は，保健所が消毒すること（同条第2項）。

第3　検疫所において一類感染症患者が死亡した場合の対応

　1　対応の原則

　　検疫法（昭和26年法律第201号）第14条第1項第4号の規定に基づき，御遺体は，検疫所長が火葬しなければならないものとする。また，感染症法第30条第3項の規定に基づき，御遺体は24時間以内に火葬するものとする。

　2　御遺体の搬送及び火葬について

　　検疫所が行う御遺体の搬送及び火葬については，第1及び第2に準じて対応するものとする。各地方公共団体におかれては，検疫所からの相談に応じていただくようお願いする。

第4　その他留意事項

　　火葬作業に従事する者その他の関係者は，100℃を超える温度にさらされた場合には一類感染症のウイルスは失活することについて，情報を共有しておくこと。

　　焼骨に触れることにより一類感染症に感染することはないため，墓地及び納骨堂の管理者は，一類感染症による死亡であることを理由として焼骨の埋蔵又は収蔵を拒むことはできないこと（墓地，埋葬等に関する

通知編

法律（昭和23年法律第48号）第13条）。

　また，御遺体の搬送及び火葬に要する費用の負担は，検疫所長の行政処分として搬送及び火葬が行われる第3の場合を除き，一般的に搬送及び火葬に要する御遺族の費用負担との均衡を考慮しつつ，事例に応じて関係者間で十分に相談して決めることが望ましいこと。

(76)　「平成30年の地方からの提案等に関する対応方針」を踏まえた火葬場の経営主体に関する取扱い等について

（平成31．1．11薬生衛発0111第1号　　　　　　　　　　　）
（各都道府県衛生主管部（局）長あて　　　　　　　　　　　）
（厚生労働省医薬・生活衛生局生活衛生課長通知）

　地方分権改革については，これまでの成果を基盤とし，地方の発意に根差した新たな取組を推進することとして，平成26年から地方分権改革に関する「提案募集方式」が導入されたところです。

　平成30年における地方からの提案等に関する対応については，別添1のとおり「平成30年の地方からの提案等に関する対応方針」（以下「対応方針」という。）が平成30年12月25日に閣議決定され，当該対応方針中「6　義務付け・枠付けの見直し等」【厚生労働省】(10)(i)及び(ii)のとおり，火葬場の経営許可については，民間事業者に許可する場合に留意すべき事項を地方公共団体に2018年度中に通知するとともに，火葬場の設置・運営に係る広域化・官民連携の推進については，火葬場を経営する市町村から都道府県に広域化等の相談があった場合，都道府県はその対応に特段の配慮を払うよう，地方公共団体に対して2018年度中に通知することとされました。

　これを踏まえ，下記のとおり通知しますので，貴職におかれては適切な運用に努めていただきますようお願いいたします。

　なお，管内市区町村に対する周知を併せてお願いいたします。

記

1　火葬場の経営主体に関する取扱い等について

233

火葬場の経営主体に関する取扱い等について，別添2のとおりＱ＆Ａをまとめましたので，内容を御了知願います。

2　火葬場の設置・運営に係る広域化・官民連携の推進について

都道府県におかれては，火葬場を経営する市区町村から火葬場の設置・運営に係る広域化等の相談があった場合には，可能な限り相談に応じるなど，その対応に特段の配慮をお願いします。

以上

［別添1］

平成30年の地方からの提案等に関する対応方針（平成30年12月25日閣議決定）（抜粋）

6　義務付け・枠付けの見直し等

【厚生労働省】

(10)　墓地，埋葬等に関する法律（昭23法48）

（ⅰ）　火葬場の経営許可（10条1項）については，民間事業者に許可する場合に留意すべき事項を地方公共団体に2018年度中に通知する。

（ⅱ）　火葬場の設置・運営に係る広域化・官民連携の推進については，火葬場を経営する市町村から都道府県に広域化等の相談があった場合，都道府県はその対応に特段の配慮を払うよう，地方公共団体に対して2018年度中に通知する。

また，火葬場の健全かつ安定的な経営の永続性を確保するため，火葬場の設置・運営に係る広域化・官民連携の取組事例等を地方公共団体に2019年度中に情報提供するとともに，定期的な調査等により，引き続き火葬場の設置・運営に係る広域化・官民連携の実態把握に努める。

通知編

［別添2］

墓地埋葬法に関するQ&A

No.	質問	回答
1	火葬場の経営主体については，国の通知によれば，地方公共団体のほか，公益法人又は宗教法人に限られるとされているが，これらに該当しない民間事業者を経営主体として許可することは可能ですか。	火葬場の経営主体としては，国からの通知において，地方公共団体，宗教法人，公益法人等とすることをお示ししておりますが，火葬場の経営の許可に関する事務は，自治事務であり，実際に火葬場の経営の許可をするか否かの裁量は，都道府県知事等にあります。 　国の通知はあくまで技術的助言であり，地域の実情に応じ，地域住民の理解を得た上で，民間事業者による経営を認めることが適当と都道府県知事等において判断するのであれば，民間事業者に経営の許可を与えることは可能と考えます。
2	民間事業者に火葬場の経営許可を与える際に留意すべきことはありますか。	火葬場については，誰もがこれを利用できるよう，その管理，運営が営利目的のためにゆがめられるなどにより利用者の保護の観点から支障が生じることがないようにするとともに，健全かつ安定的な運営を永続させる観点から，火葬場の経営主体には非営利性，永続性が求められているところです。 　このため，民間事業者に火葬場の経営の許可を与えるに当たっては，非営利性，永続性を実質的に担保する観点から，例えば利用料金を変更する場合にはあらかじめ都道府県知事等と協議するなどの条件を付すことや，火葬場の経営を継続的に行えることを確認するために財務諸表等を提出させることなどが考えられます。

(77) 海外で火葬した焼骨の埋蔵又は収蔵をするための許可について

(令和2. 11. 6薬生衛発1105第1号
各都道府県衛生主管部（局）長あて
厚生労働省医薬・生活衛生局生活衛生課長通知)

　海外で火葬した焼骨の埋蔵又は収蔵（以下「埋蔵等」という。）をするための許可については，昭和30年11月15日付け衛環第84号厚生省環境衛生課長回答（以下「回答」という。）において，焼骨の現に存する地の市町村長

235

（特別区の区長を含む。以下同じ。）が特例として墓地，埋葬等に関する法律（昭和23年法律第48号。以下「法」という。）第5条第1項に規定する改葬の許可（以下「改葬許可」という。）を行うこととしていますが，今般，当該市町村長とは異なる市町村長に対し改葬許可の申請や問合せがされ，その対応に係る事務負担が生じているとして，令和2年の地方分権改革に関する提案募集において，その取扱いの見直しや明確化を求める提案がありました。

ついては，申請者の利便性の向上及び市町村の事務負担の軽減の観点から，今後，回答にかかわらず，下記のとおり取り扱われるようご留意いただくとともに，管内の市町村に対し周知をお願いいたします。

記

1　海外で火葬した焼骨の埋蔵等をする場合には，これを法第2条第3項に規定する改葬とみなし，焼骨の現に存する地の市町村長又は死亡の届出を受理した市町村長が特例として改葬許可を行うこと。

2　1の改葬許可を行うに当たり，当該市町村長は，海外で火葬したことの事実を証する書面を発行し，これを墓地，埋葬等に関する法律施行規則（昭和23年厚生省令第24号）第2条第2項第1号に規定する墓地又は納骨堂（以下「墓地等」という。）の管理者の作成した埋蔵等の事実を証する書面に代えること。

3　墓地等の経営者及び管理者に対し，1及び2の取扱いについて遺漏のないよう周知いただくこと。

(78)　デジタル臨時行政調査会の「デジタル原則」への墓地，埋葬等に関する法律における対応について

> 令和6.3.29健生衛発0329第2号
> 各都道府県・各市町村・各特別区衛生主管部（局）長あて
> 厚生労働省健康・生活衛生局生活衛生課長通知

「デジタル原則に照らした規制の一括見直しプラン」（令和4年6月3日デジタル臨時行政調査会決定）及び「デジタル社会の実現に向けた重点計画」

通知編

（令和4年6月7日閣議決定）において，代表的なアナログ規制7項目（目視規制，定期検査・点検規制，実地監査規制，常駐・専任規制，書面掲示規制，対面講習規制，往訪閲覧・縦覧規制）に関する規制等の見直しが求められています。

これを受けて，今般，墓地，埋葬等に関する法律（昭和23年法律第48号。以下「法」という。）等に関し，法令上の解釈の明確化を図ることとされている事項等について，下記のとおり整理しましたので通知します。

なお，本通知は，地方自治法（昭和22年法律第67号）第245条の4第1項の規定に基づく技術的助言である旨申し添えます。

記

1　目視規制について

法第18条第1項の規定において，都道府県知事等は，必要があると認めるときは，職員に，火葬場に立ち入り，その施設，帳簿，書類その他の物件を検査させることができることとされている。

この立入検査については，検査の目的や検査対象，検査場所等を踏まえた効果的かつ適切な方法で実施されることが必要であるところ，デジタル技術を活用することが効果的かつ適切である場合には，例えば，オンライン会議システム等を活用したオンライン方式による手段を採ることも可能であるので，かかる手段の活用も検討願いたい。

また，法第18条第2項の規定において，立入検査を行う職員は，その身分を示す証票を携帯しなければならず，かつ関係人の請求があるときは，これを提示しなければならないとされているものの，デジタル技術を活用した立入検査を行う場合においては，関係人への提示をオンライン会議システム等の画面への投影により行うことも可能であるので，その旨了知されたい。

2　往訪閲覧規制について

法第15条第1項において備付けが義務付けられている図面，帳簿及び書類等を電子化（紙ファイルのPDFスキャンでも可）することにより，同

237

条第2項に基づく閲覧等を，電子メール等で請求から閲覧等までをインターネットで完結させる方法により実施することも可能であるので，貴管下の墓地，納骨堂又は火葬場の管理者に対し，可能な範囲で同方法も活用していただくよう奨励願いたい。なお，上記図面，帳簿又は書類等を電子化した場合であっても，引き続き紙で作成されたものが原本であるものについては，同条第1項により備付けが義務付けられる対象も，あくまで紙で作成された原本であることに留意されたい。

3　書面掲示規制について

　墓地，埋葬等に関する法律施行規則（昭和23年厚生省令第24号）第3条第2号に基づく死亡者の本籍及び氏名並びに墓地使用者等，死亡者の縁故者及び無縁墳墓等に関する権利を有する者に対し1年以内に申し出るべき旨の掲示については，市町村長の改葬の許可を受けようとする者の判断により，インターネットの利用その他適切な方法を用いて，上記内容を公衆の閲覧に供することを行うことも可能である。なお，この場合であっても立札の掲示を省略することはできないほか，閲覧に供する内容によっては個人情報の保護に関する法律（平成15年法律第57号）における個人情報の取扱いに従う必要がある場合も考えられるので，その旨了知されたい。

（79）　墓地，埋葬等に関する法律施行規則の一部を改正する省令の公布等について

> 令和6.11.1健生発1101第1号
> 各都道府県知事・各市町村長・各特別区長あて
> 厚生労働省健康・生活衛生局長通知

　墓地，埋葬等に関する法律施行規則の一部を改正する省令（令和6年厚生労働省令第150号。以下「改正省令」という。）が本日別添のとおり公布されましたが，改正省令の趣旨等は下記のとおりですので，御了知の上，適切な対応をお願いいたします。

　なお，本通知は，地方自治法（昭和22年法律第67号）第245条の4第1項

238

通知編

に基づく技術的な助言であることを申し添えます。

記

第1　改正省令の趣旨

　墓地，埋葬等に関する法律（昭和23年法律第48号）第5条又は第8条の規定による埋葬，火葬又は改葬の許可に関する事務は，地方公共団体情報システムの標準化に関する法律（令和3年法律第40号）第2条第1項に規定する標準化対象事務とされており（注1），各自治体が当該事務を処理するために利用する情報システム（以下「火葬等許可事務システム」という。）については，令和7年度末までに，同法第5条第2項第4号に規定する標準化基準に適合する情報システム（以下「標準準拠システム」という。）へ移行することが求められている（注2）。

　今般の改正省令は，墓地，埋葬等に関する法律施行規則（昭和23年厚生省令第24号。以下「規則」という。）に定める埋葬，火葬又は改葬の許可申請書に記載すべき事項や埋葬許可証，火葬許可証又は改葬許可証の様式等について，今後，火葬等許可事務システムの標準準拠システムへの移行を進めていくに当たり必要な見直し等を行うものである。

　また，官報の発行に関する法律（令和5年法律第85号）が令和5年12月6日に成立し，同月13日に公布されたところ，今般の改正省令は，同法の施行に伴う所要の改正も併せて行うものである。

（注1）地方公共団体情報システムの標準化に関する法律第二条第一項に規定する標準化対象事務を定める政令（令和4年政令第1号）第8号，地方公共団体情報システムの標準化に関する法律第二条第一項に規定する標準化対象事務を定める政令に規定するデジタル庁令・総務省令で定める事務を定める命令（令和4年デジタル庁・総務省令第1号）第7条第4号

（注2）地方公共団体情報システムの標準化に関する法律第8条第1項，地方公共団体情報システム標準化基本方針（令和5年9月8日閣議決定）第2の2．2(5)

239

第2 改正省令の内容

1 埋葬，火葬又は改葬の許可申請書に記載すべき事項について，規則第1条第3号中の「妊娠月数」を「妊娠週数」に，同条第5号中の「死亡年月日」及び「分べん年月日」を「死亡年月日時」及び「分べん年月日時」にそれぞれ改めるほか，用語の整理等を行うものであること。（規則第1条及び第2条第1項関係）

2 埋葬許可証，火葬許可証若しくは改葬許可証又は埋葬状況報告若しくは火葬状況報告の様式について，縦書きから横書きに改めた上で，埋葬，火葬又は改葬の許可申請書に記載すべき事項に合わせ，記載項目の見直し，用語の整理等を行うものであること。（規則別記様式第1号から第7号まで関係）

3 無縁墳墓等に埋葬等された死体等の改葬の許可申請書に添付すべき書類のうち，官報の写しを，官報を出力した書面又は官報の発行に関する法律第10条の規定により交付された当該官報に係る電磁的官報記録を記載した書面の写し（規則第3条第2号の公告を同法第11条第1項に規定する書面官報への掲載により行ったときは，同条第5項の規定により頒布された当該書面官報の写し）に改めるものであること。（規則第3条第3号関係）

4 その他所要の改正を行うものであること。（規則第3条柱書き及び第2号並びに第7条第1項第3号関係）

第3 施行期日等

1 施行期日

改正省令は，令和8年4月1日から施行するものであること。ただし，規則第3条第3号の改正規定及び改正省令附則第3条の規定は，官報の発行に関する法律の施行の日（令和7年4月1日。以下「官報発行法施行日」という。）から施行するものであること。（改正省令附則第1条関係）

2 経過措置

(1) 改正省令の施行の際現に行われている埋葬，火葬又は改葬の許可の

申請については，なお従前の例によること。この場合において，当該申請に係る埋葬許可証，火葬許可証又は改葬許可証については，改正省令による改正後の別記様式第1号から第5号までによるものを使用することができること。（改正省令附則第2条第1項関係）

(2) 改正省令の施行の際現にある改正省令による改正前の様式（以下「旧様式」という。）により使用されている書類は，改正省令による改正後の様式によるものとみなすこと。（改正省令附則第2条第2項関係）

(3) 改正省令の施行の際現にある旧様式による用紙については，当分の間，これを取り繕って使用することができること。（改正省令附則第2条第3項関係）

(4) 官報発行法施行日前に規則第3条第2号に規定する旨を官報に掲載した場合における改葬の許可の申請については，改正省令による改正後の同条第3号の規定にかかわらず，なお従前の例によること。（改正省令附則第3条関係）

第4 留意事項等

1 規則第1条第3号並びに別記様式第2号及び第5号中「妊娠月数」とあるのが「妊娠週数」に改められた一方で，墓地，埋葬等に関する法律第2条第1項及び第3条並びに規則第3条の規定においては，月数による表記が引き続き用いられること。なお，妊娠週数と妊娠月数の関係は別表のとおりであり，同法第2条第1項にいう「妊娠四箇月以上」及び規則第3条にいう「妊娠四月以上」は「妊娠満12週以上」に，同法第3条にいう「妊娠七箇月に満たない」は「妊娠満24週未満」にそれぞれ相当するものであること。

2 火葬等許可事務システムが標準準拠システムへ移行するに当たり準拠すべき標準仕様書を令和5年8月31日に策定したところ（令和5年8月31日付け生食発0831第17号厚生労働省大臣官房生活衛生・食品安全審議官通知「火葬等許可事務システム標準仕様書【第1.0版】の策定につい

て」参照），同標準仕様書においては，標準準拠システムへの移行後に火葬等許可事務システムを利用して埋葬許可証，火葬許可証又は改葬許可証を作成する場合においてこれらの許可証が満たすべき要件についても定めていること。なお，同要件については，標準仕様書の改定により，変更が生じる場合があること。

通知編

別表

満　　週	月
	数え
0 1 2 3	第1
4 5 6 7	2
8 9 10 11	3
12 13 14 15	4
16 17 18 19	5
20 21 22 23	6
24 25 26 27	7
28 29 30 31	8
32 33 34 35	9
36 37 38 39	10
40 41 42 43	11

資料編

I 現行法令

1 墓地，埋葬等に関する法律

$$\binom{昭和23年5月31日}{号外法律第48号}$$

沿　革

昭和25年　　3月28日法律第26号〔性病予防法等の一部を改正する法律10条による改正〕

昭和29年　　5月20日法律第120号〔土地区画整理法施行法16条による改正〕

昭和31年　　6月12日法律第148号〔地方自治法の一部を改正する法律の施行に伴う関係法律の整理に関する法律11条による改正〕

昭和37年　　9月15日号外法律第161号〔行政不服審査法の施行に伴う関係法律の整理等に関する法律80条による改正〕

昭和43年　　6月15日号外法律第101号〔都市計画法施行法7条の2による改正・註　この一部改正規定は，昭和44年6月3日号外法律38号により一部改正された〕

昭和44年　　6月3日号外法律第38号〔都市再開発法附則21条による改正〕

昭和45年　　4月1日号外法律第12号〔戸籍法の一部を改正する法律附則3項による改正〕

昭和50年　　7月16日号外法律第67号〔大都市地域における住宅地等の供給の促進に関する特別措置法附則4条による改正〕

昭和58年　　12月10日号外法律第83号〔行政事務の簡素合理化及び整理に関する法律13条による改正〕

平成2年　　6月29日号外法律第62号〔大都市地域における住宅地等の供給の促進に関する特別措置法の一部を改正する法律附則7項による改正〕

平成6年　　6月29日号外法律第49号〔地方自治法の一部を改正する法律の施行に伴う関係法律の整備に関する法律5条による改正〕

平成6年　　7月1日号外法律第84号〔地域保健対策強化のための関係法律の整備に関する法律24条・附則25条による改正〕

平成11年　　12月22日号外法律第160号〔中央省庁等改革関係法施行法600条による改正〕

平成18年　　6月7日号外法律第53号〔地方自治法の一部を改正する法律附則21条による改正〕

平成23年　　8月30日号外法律第105号〔地域の自主性及び自立性を高めるための

改革の推進を図るための関係法律の整備に関する法律24条による改正〕
令和4年　6月17日号外法律第68号〔刑法等の一部を改正する法律の施行に伴う
　　　関係法律の整理等に関する法律226条による改正〕

第1章　総　則

〔法律の目的〕

第1条　この法律は，墓地，納骨堂又は火葬場の管理及び埋葬等が，国民の宗教的感情に適合し，且つ公衆衛生その他公共の福祉の見地から，支障なく行われることを目的とする。

〔定　義〕

第2条　この法律で「埋葬」とは，死体（妊娠4箇月以上の死胎を含む。以下同じ。）を土中に葬ることをいう。

2　この法律で「火葬」とは，死体を葬るために，これを焼くことをいう。

3　この法律で「改葬」とは，埋葬した死体を他の墳墓に移し，又は埋蔵し，若しくは収蔵した焼骨を，他の墳墓又は納骨堂に移すことをいう。

4　この法律で「墳墓」とは，死体を埋葬し，又は焼骨を埋蔵する施設をいう。

5　この法律で「墓地」とは，墳墓を設けるために，墓地として都道府県知事（市又は特別区にあつては，市長又は区長。以下同じ。）の許可を受けた区域をいう。

6　この法律で「納骨堂」とは，他人の委託をうけて焼骨を収蔵するために，納骨堂として都道府県知事の許可を受けた施設をいう。

7　この法律で「火葬場」とは，火葬を行うために，火葬場として都道府県知事の許可をうけた施設をいう。

第2章　埋葬，火葬及び改葬

〔24時間内埋葬又は火葬の禁止〕

第3条　埋葬又は火葬は，他の法令に別段の定があるものを除く外，死亡又は死産後24時間を経過した後でなければ，これを行つてはならない。但

資料編／Ⅰ現行法令

し，妊娠 7 箇月に満たない死産のときは，この限りでない。

〔墓地外の埋葬又は火葬場外の火葬の禁止〕

第 4 条　埋葬又は焼骨の埋蔵は，墓地以外の区域に，これを行つてはならない。

2　火葬は，火葬場以外の施設でこれを行つてはならない。

〔埋葬・火葬又は改葬の許可〕

第 5 条　埋葬，火葬又は改葬を行おうとする者は，厚生労働省令で定めるところにより，市町村長（特別区の区長を含む。以下同じ。）の許可を受けなければならない。

2　前項の許可は，埋葬及び火葬に係るものにあつては死亡若しくは死産の届出を受理し，死亡の報告若しくは死産の通知を受け，又は船舶の船長から死亡若しくは死産に関する航海日誌の謄本の送付を受けた市町村長が，改葬に係るものにあつては死体又は焼骨の現に存する地の市町村長が行なうものとする。

第 6 条及び第 7 条　削除

〔許可証の交付〕

第 8 条　市町村長が，第 5 条〔埋葬・火葬又は改葬の許可〕の規定により，埋葬，改葬又は火葬の許可を与えるときは，埋葬許可証，改葬許可証又は火葬許可証を交付しなければならない。

〔市町村長の埋葬又は火葬の義務〕

第 9 条　死体の埋葬又は火葬を行う者がないとき又は判明しないときは，死亡地の市町村長が，これを行わなければならない。

2　前項の規定により埋葬又は火葬を行つたときは，その費用に関しては，行旅病人及び行旅死亡人取扱法（明治32年法律第93号）の規定を準用する。

　　　第 3 章　墓地，納骨堂及び火葬場

〔墓地・納骨堂又は火葬場の経営等の許可〕

第10条　墓地，納骨堂又は火葬場を経営しようとする者は，都道府県知事の

249

許可を受けなければならない。

2　前項の規定により設けた墓地の区域又は納骨堂若しくは火葬場の施設を変更し，又は墓地，納骨堂若しくは火葬場を廃止しようとする者も，同様とする。

〔他の法律による処分との調整〕

第11条　都市計画事業として施行する墓地又は火葬場の新設，変更又は廃止については，都市計画法（昭和43年法律第100号）第59条〔施行者〕の認可又は承認をもつて，前条の許可があつたものとみなす。

2　土地区画整理法（昭和29年法律第119号）の規定による土地区画整理事業又は大都市地域における住宅及び住宅地の供給の促進に関する特別措置法（昭和50年法律第67号）の規定による住宅街区整備事業の施行により，墓地の新設，変更又は廃止を行う場合は，前項の規定に該当する場合を除き，事業計画の認可をもつて，前条の許可があつたものとみなす。

〔管理者の届出〕

第12条　墓地，納骨堂又は火葬場の経営者は，管理者を置き，管理者の本籍，住所及び氏名を，墓地，納骨堂又は火葬場所在地の市町村長に届け出なければならない。

〔管理者の応諾義務〕

第13条　墓地，納骨堂又は火葬場の管理者は，埋葬，埋蔵，収蔵又は火葬の求めを受けたときは，正当の理由がなければこれを拒んではならない。

〔許可証のない埋蔵・収蔵又は火葬の禁止〕

第14条　墓地の管理者は，第8条〔市町村長の許可証交付〕の規定による埋葬許可証，改葬許可証又は火葬許可証を受理した後でなければ，埋葬又は焼骨の埋蔵をさせてはならない。

2　納骨堂の管理者は，第8条の規定による火葬許可証又は改葬許可証を受理した後でなければ，焼骨を収蔵してはならない。

3　火葬場の管理者は，第8条の規定による火葬許可証又は改葬許可証を受理した後でなければ，火葬を行つてはならない。

資料編／Ⅰ現行法令

〔図面・帳簿・書類の備付又は閲覧の義務〕

第15条　墓地，納骨堂又は火葬場の管理者は，省令の定めるところにより，図面，帳簿又は書類等を備えなければならない。

2　前項の管理者は，墓地使用者，焼骨収蔵委託者，火葬を求めた者その他死者に関係ある者の請求があつたときは，前項に規定する図面，帳簿又は書類等の閲覧を拒んではならない。

〔許可証の保存及び記入〕

第16条　墓地又は納骨堂の管理者は，埋葬許可証，火葬許可証又は改葬許可証を受理した日から，5箇年間これを保存しなければならない。

2　火葬場の管理者が火葬を行つたときは，火葬許可証に，省令の定める事項を記入し，火葬を求めた者に返さなければならない。

〔管理者の報告〕

第17条　墓地又は火葬場の管理者は，毎月5日までに，その前月中の埋葬又は火葬の状況を，墓地又は火葬場所在地の市町村長に報告しなければならない。

〔当該職員の立入検査〕

第18条　都道府県知事は，必要があると認めるときは，当該職員に，火葬場に立ち入り，その施設，帳簿，書類その他の物件を検査させ，又は墓地，納骨堂若しくは火葬場の管理者から必要な報告を求めることができる。

2　当該職員が前項の規定により立入検査をする場合においては，その身分を示す証票を携帯し，且つ関係人の請求があるときは，これを呈示しなければならない。

〔施設の整備改善その他の強制処分命令〕

第19条　都道府県知事は，公衆衛生その他公共の福祉の見地から必要があると認めるときは，墓地，納骨堂若しくは火葬場の施設の整備改善，又はその全部若しくは一部の使用の制限若しくは禁止を命じ，又は第10条〔墓地・納骨堂又は火葬場の経営許可〕の規定による許可を取り消すことができる。

251

第4章 罰 則

第20条 左の各号の一に該当する者は，これを6箇月以下の懲役又は5,000円〔2万円〕以下の罰金に処する。

一 第10条〔墓地・納骨堂若しくは火葬場の経営又はそれらの区域若しくは施設の変更若しくは廃止に関する許可〕の規定に違反した者

二 第19条〔墓地・納骨堂若しくは火葬場の施設の整備改善・使用制限・使用禁止又は許可の取消〕に規定する命令に違反した者

> 注 令和7年6月1日から施行
> 第20条 次の各号のいずれかに該当する者は，6月以下の拘禁刑又は2万円以下の罰金に処する。

第21条 左の各号の一に該当する者は，これを1,000円〔2万円〕以下の罰金又は拘留若しくは科料に処する。

一 第3条〔24時間内埋葬又は火葬の禁止〕，第4条〔墓地外の埋葬又は火葬場外の火葬の禁止〕，第5条第1項〔埋葬・火葬又は改葬の許可〕又は第12条から第17条まで〔管理者の届出・応諾義務・許可証のない埋蔵収蔵若しくは火葬の禁止・帳簿書類等の備付・閲覧義務・許可証の保存及び記入又は管理者の報告〕の規定に違反した者

二 第18条〔立入検査〕の規定による当該職員の立入検査を拒み，妨げ，若しくは忌避した者，又は同条の規定による報告をせず，若しくは虚偽の報告をした者

> 注 令和7年6月1日から施行
> 第21条 次の各号のいずれかに該当する者は，2万円以下の罰金又は拘留若しくは科料に処する。

〔両罰規定〕

第22条 法人の代表者又は法人若しくは人の代理人，使用人その他の従業者が，その法人又は人の業務に関し，前2条の違反行為をしたときは，行為者を罰する外，その法人又は人に対しても各本条の罰金刑を科する。

附 則

資料編／Ⅰ現行法令

〔施行期日〕

第23条　この法律は，昭和23年6月1日から，これを施行する。

〔命令の廃止〕

第24条　日本国憲法施行の際現に効力を有する命令の規定の効力等に関する法律（昭和22年法律第72号）第1条の4〔国会の議決により法律に改められたもの〕により法律に改められた左の命令は，これを廃止する。

　　墓地及埋葬取締規則（明治17年太政官布達第25号）

　　墓地及埋葬取締規則に違背する者処分方（明治17年太政官達第82号）

　　埋火葬の認許等に関する件（昭和22年厚生省令第9号）

〔処罰に関する経過措置〕

第25条　この法律施行前になした違反行為の処罰については，なお従前の例による。

〔従前の命令による経営の許可の効力〕

第26条　この法律施行の際現に従前の命令の規定により都道府県知事の許可をうけて墓地，納骨堂又は火葬場を経営している者は，この法律の規定により，それぞれ，その許可をうけたものとみなす。

〔納骨堂経営の許可申請の特例〕

第27条　従前の命令の規定により納骨堂の経営について都道府県知事の許可を必要としなかつた地域において，この法律施行の際現に納骨堂を経営している者で，この法律施行後も引き続き納骨堂を経営しようとするものは，この法律施行後3箇月以内に第10条〔墓地・納骨堂又は火葬場の経営許可〕の規定により都道府県知事に許可の申請をしなければならない。その申請に対して許否の処分があるまでは，同条の規定による許可を受けたものとみなす。

〔従前の命令による埋葬・改葬又は火葬の許可の効力〕

第28条　この法律施行の際現に従前の命令の規定に基いて市町村長より受けた埋葬，改葬若しくは火葬の認許又はこれらの認許証は，それぞれ，この法律の規定によつて受けた許可又は許可証とみなす。

253

附　則〔昭和25年3月28日法律第26号〕

この法律は，昭和25年4月1日から施行する。

附　則〔昭和29年5月20日法律第120号抄〕

1　この法律は，新法〔土地区画整理法＝昭和29年5月法律第119号〕の施行の日〔昭和30年4月1日〕から施行する。

附　則〔昭和31年6月12日法律第148号〕

1　この法律は，地方自治法の一部を改正する法律（昭和31年法律第147号）の施行の日〔昭和31年9月1日〕から施行する。

2　この法律の施行の際海区漁業調整委員会の委員又は農業委員会の委員の職にある者の兼業禁止及びこの法律の施行に伴う都道府県又は都道府県知事若しくは都道府県の委員会その他の機関が処理し，又は管理し，及び執行している事務の地方自治法第252条の19第1項の指定都市（以下「指定都市」という。）又は指定都市の市長若しくは委員会その他の機関への引継に関し必要な経過措置は，それぞれ地方自治法の一部を改正する法律（昭和31年法律第147号）附則第4項及び第9項から第15項までに定めるところによる。

附　則〔昭和37年9月15日法律第161号抄〕

1　この法律は，昭和37年10月1日から施行する。

2　この法律による改正後の規定は，この附則に特別の定めがある場合を除き，この法律の施行前にされた行政庁の処分，この法律の施行前にされた申請に係る行政庁の不作為その他この法律の施行前に生じた事項についても適用する。ただし，この法律による改正前の規定によつて生じた効力を妨げない。

3　この法律の施行前に提起された訴願，審査の請求，異議の申立てその他の不服申立て（以下「訴願等」という。）については，この法律の施行後も，なお従前の例による。この法律の施行前にされた訴願等の裁決，決定その他の処分（以下「裁決等」という。）又はこの法律の施行前に提起された訴願等につきこの法律の施行後にされる裁決等にさらに不服がある場

資料編／Ⅰ現行法令

合の訴願等についても，同様とする。

4　前項に規定する訴願等で，この法律の施行後は行政不服審査法による不服申立てをすることができることとなる処分に係るものは，同法以外の法律の適用については，行政不服審査法による不服申立てとみなす。

5　第3項の規定によりこの法律の施行後にされる審査の請求，異議の申立てその他の不服申立ての裁決等については，行政不服審査法による不服申立てをすることができない。

6　この法律の施行前にされた行政庁の処分で，この法律による改正前の規定により訴願等をすることができるものとされ，かつ，その提起期間が定められていなかつたものについて，行政不服審査法による不服申立てをすることができる期間は，この法律の施行の日から起算する。

8　この法律の施行前にした行為に対する罰則の適用については，なお従前の例による。

9　前8項に定めるもののほか，この法律の施行に関して必要な経過措置は，政令で定める。

　　　附　則〔昭和43年6月15日法律第101号〕

この法律は〔中略〕は，新法〔都市計画法＝昭和43年6月法律第100号〕の施行の日〔昭和44年6月14日〕から施行する。〔後略〕

　　　附　則〔昭和44年6月3日法律第38号抄〕

（施行期日）

第1条　この法律は，〔中略〕公布の日から施行する。

　　　附　則〔昭和45年4月1日法律第12号抄〕

（施行期日）

1　この法律は，公布の日から施行する。

（墓地，埋葬等に関する法律の一部改正に伴う経過措置）

4　この法律の施行前にした行為に対する罰則の適用については，なお従前の例による。

　　　附　則〔昭和50年7月16日法律第67号抄〕

255

（施行期日）

第1条　この法律は，公布の日から起算して1年を超えない範囲内において政令で定める日から施行する。

〔昭和50年10月政令305号により，昭和50・11・1から施行〕

　　　附　　則〔昭和58年12月10日法律第83号抄〕

（施行期日）

第1条　この法律は，公布の日から施行する。ただし，次の各号に掲げる規定は，それぞれ当該各号に定める日から施行する。

1　　第13条，第15条，第17条及び第18条の規定並びに第24条の規定（麻薬取締法第29条の改正規定を除く。）並びに附則第3条及び第15条の規定　昭和59年1月1日

　2〜7〔略〕

（その他の処分，申請等に係る経過措置）

第14条　この法律（附則第1条各号に掲げる規定については，当該各規定。以下この条及び第16条において同じ。）の施行前に改正前のそれぞれの法律の規定によりされた許可等の処分その他の行為（以下この条において「処分等の行為」という。）又はこの法律の施行の際現に改正前のそれぞれの法律の規定によりされている許可等の申請その他の行為（以下この条において「申請等の行為」という。）で，この法律の施行の日においてこれらの行為に係る行政事務を行うべき者が異なることとなるものは，附則第2条から前条までの規定又は改正後のそれぞれの法律（これに基づく命令を含む。）の経過措置に関する規定に定めるものを除き，この法律の施行の日以後における改正後のそれぞれの法律の適用については，改正後のそれぞれの法律の相当規定によりされた処分等の行為又は申請等の行為とみなす。

（再審査請求に係る経過措置）

第15条　第13条，第16条又は第20条の規定の施行前にされた行政庁の処分に係るこれらの規定による改正前の墓地，埋葬等に関する法律第19条の4，

256

資料編／Ｉ現行法令

興行場法第７条の３又はへい獣処理場等に関する法律第９条の３の規定に基づく再審査請求については，なお従前の例による。

　　　附　則〔平成２年６月29日法律第62号抄〕

（施行期日）

1　この法律は，公布の日から起算して６月を超えない範囲内において政令で定める日から施行する。

〔平成２年11月政令324号により，平成２・11・20から施行〕

　　　附　則〔平成６年６月29日法律第49号抄〕

（施行期日）

1　この法律中，第１章の規定及び次項の規定は地方自治法の一部を改正する法律（平成６年法律第48号）中地方自治法（昭和22年法律第67号）第２編第12章の改正規定の施行の日〔平成７年４月１日〕から〔中略〕施行する。

　　　附　則〔平成６年７月１日法律第84号抄〕

（施行期日）

第１条　この法律は，公布の日から施行する。ただし，〔中略〕附則第23条から第37条まで及び附則第39条の規定〔中略〕は平成９年４月１日から施行する。

（その他の処分，申請等に係る経過措置）

第13条　この法律（附則第１条ただし書に規定する規定については，当該規定。以下この条及び次条において同じ。）の施行前に改正前のそれぞれの法律の規定によりされた許可等の処分その他の行為（以下この条において「処分等の行為」という。）又はこの法律の施行の際現に改正前のそれぞれの法律の規定によりされている許可等の申請その他の行為（以下この条において「申請等の行為」という。）に対するこの法律の施行の日以後における改正後のそれぞれの法律の適用については，附則第５条から第10条までの規定又は改正後のそれぞれの法律（これに基づく命令を含む。）の経過措置に関する規定に定めるものを除き，改正後のそれぞれの法律の相当

257

規定によりされた処分等の行為又は申請等の行為とみなす。

（罰則に関する経過措置）

第14条　この法律の施行前にした行為及びこの法律の附則において従前の例によることとされる場合におけるこの法律の施行後にした行為に対する罰則の適用については，なお従前の例による。

（その他の経過措置の政令への委任）

第15条　この附則に規定するもののほか，この法律の施行に伴い必要な経過措置は政令で定める。

〔平成11年12月22日法律第160号抄〕

（処分，申請等に関する経過措置）

第1301条　中央省庁等改革関係法及びこの法律（以下「改革関係法等」と総称する。）の施行前に法令の規定により従前の国の機関がした免許，許可，認可，承認，指定その他の処分又は通知その他の行為は，法令に別段の定めがあるもののほか，改革関係法等の施行後は，改革関係法等の施行後の法令の相当規定に基づいて，相当の国の機関がした免許，許可，認可，承認，指定その他の処分又は通知その他の行為とみなす。

2　改革関係法等の施行の際現に法令の規定により従前の国の機関に対してされている申請，届出その他の行為は，法令に別段の定めがあるもののほか，改革関係法等の施行後は，改革関係法等の施行後の法令の相当規定に基づいて，相当の国の機関に対してされた申請，届出その他の行為とみなす。

3　改革関係法等の施行前に法令の規定により従前の国の機関に対し報告，届出，提出その他の手続をしなければならないとされている事項で，改革関係法等の施行の日前にその手続がされていないものについては，法令に別段の定めがあるもののほか，改革関係法等の施行後は，これを，改革関係法等の施行後の法令の相当規定により相当の国の機関に対して報告，届出，提出その他の手続をしなければならないとされた事項についてその手続がされていないものとみなして，改革関係法等の施行後の法令の規定を

258

資料編／Ⅰ現行法令

適用する。

（従前の例による処分等に関する経過措置）

第1302条　なお従前の例によることとする法令の規定により，従前の国の機関がすべき免許，許可，認可，承認，指定その他の処分若しくは通知その他の行為又は従前の国の機関に対してすべき申請，届出その他の行為については，法令に別段の定めがあるもののほか，改革関係法等の施行後は，改革関係法等の施行後の法令の規定に基づくその任務及び所掌事務の区分に応じ，それぞれ，相当の国の機関がすべきものとし，又は相当の国の機関に対してすべきものとする。

（罰則に関する経過措置）

第1303条　改革関係法等の施行前にした行為に対する罰則の適用については，なお従前の例による。

（政令への委任）

第1344条　第71条から第76条まで及び第1301条から前条まで並びに中央省庁等改革関係法に定めるもののほか，改革関係法等の施行に関し必要な経過措置（罰則に関する経過措置を含む。）は，政令で定める。

　　　附　　則〔平成11年12月22日法律第160号抄〕

（施行期日）

第1条　この法律（第2条及び第3条を除く。）は，平成13年1月6日から施行する。ただし，次の各号に掲げる規定は，当該各号に定める日から施行する。

　1　〔前略〕第1344条の規定　公布の日

　2　〔略〕

　　　附　　則〔平成18年6月7日法律第53号抄〕

（施行期日）

第1条　この法律は，平成19年4月1日から施行する。〔後略〕

　　　附　　則〔平成23年8月30日法律第105号抄〕

（施行期日）

259

第1条　この法律は，公布の日から施行する。ただし，次の各号に掲げる規定は，当該各号に定める日から施行する。

　1　〔略〕

　2　〔前略〕第23条から第27条まで〔中略〕の規定並びに附則第13条，第15条から第24条まで〔中略〕の規定　平成24年4月1日

　3～6　〔略〕

（墓地，埋葬等に関する法律の一部改正に伴う経過措置）

第17条　第24条の規定の施行前に同条の規定による改正前の墓地，埋葬等に関する法律（以下この条において「旧墓地，埋葬等に関する法律」という。）の規定によりされた許可等の処分その他の行為（以下この項において「処分等の行為」という。）又は第24条の規定の施行の際現に旧墓地，埋葬等に関する法律の規定によりされている許可の申請（以下この項において「申請の行為」という。）で，同条の規定の施行の日においてこれらの行為に係る行政事務を行うべき者が異なることとなるものは，同日以後における同条の規定による改正後の墓地，埋葬等に関する法律（以下この条において「新墓地，埋葬等に関する法律」という。）の適用については，新墓地，埋葬等に関する法律の相当規定によりされた処分等の行為又は申請の行為とみなす。

2　第24条の規定の施行前に旧墓地，埋葬等に関する法律の規定により地方公共団体の機関に対し報告をしなければならない事項で，同条の規定の施行の日前にその報告がされていないものについては，これを，新墓地，埋葬等に関する法律の相当規定により地方公共団体の相当の機関に対して報告をしなければならない事項についてその報告がされていないものとみなして，新墓地，埋葬等に関する法律の規定を適用する。

（罰則に関する経過措置）

第81条　この法律（附則第1条各号に掲げる規定にあっては，当該規定。以下この条において同じ。）の施行前にした行為及びこの附則の規定によりなお従前の例によることとされる場合におけるこの法律の施行後にした行

資料編／Ⅰ現行法令

為に対する罰則の適用については，なお従前の例による。

（政令への委任）

第82条　この附則に規定するもののほか，この法律の施行に関し必要な経過措置（罰則に関する経過措置を含む。）は，政令で定める。

〔令和4年6月17日法律第68号抄〕

（罰則の適用等に関する経過措置）

第441条　刑法等の一部を改正する法律（令和4年法律第67号。以下「刑法等一部改正法」という。）及びこの法律（以下「刑法等一部改正法等」という。）の施行前にした行為の処罰については，次章に別段の定めがあるもののほか，なお従前の例による。

2　刑法等一部改正法等の施行後にした行為に対して，他の法律の規定によりなお従前の例によることとされ，なお効力を有することとされ又は改正前若しくは廃止前の法律の規定の例によることとされる罰則を適用する場合において，当該罰則に定める刑（刑法施行法第19条第1項の規定又は第82条の規定による改正後の沖縄の復帰に伴う特別措置に関する法律第25条第4項の規定の適用後のものを含む。）に刑法等一部改正法第2条の規定による改正前の刑法（明治40年法律第45号。以下この項において「旧刑法」という。）第12条に規定する懲役（以下「懲役」という。），旧刑法第13条に規定する禁錮（以下「禁錮」という。）又は旧刑法第16条に規定する拘留（以下「旧拘留」という。）が含まれるときは，当該刑のうち無期の懲役又は禁錮はそれぞれ無期拘禁刑と，有期の懲役又は禁錮はそれぞれその刑と長期及び短期（刑法施行法第二十条の規定の適用後のものを含む。）を同じくする有期拘禁刑と，旧拘留は長期及び短期（刑法施行法第20条の規定の適用後のものを含む。）を同じくする拘留とする。

（裁判の効力とその執行に関する経過措置）

第442条　懲役，禁錮及び旧拘留の確定裁判の効力並びにその執行については，次章に別段の定めがあるもののほか，なお従前の例による。

（人の資格に関する経過措置）

第443条 懲役，禁錮又は旧拘留に処せられた者に係る人の資格に関する法令の規定の適用については，無期の懲役又は禁錮に処せられた者はそれぞれ無期拘禁刑に処せられた者と，有期の懲役又は禁錮に処せられた者はそれぞれ刑期を同じくする有期拘禁刑に処せられた者と，旧拘留に処せられた者は拘留に処せられた者とみなす。

2 拘禁刑又は拘留に処せられた者に係る他の法律の規定によりなお従前の例によることとされ，なお効力を有することとされ又は改正前若しくは廃止前の法律の規定の例によることとされる人の資格に関する法令の規定の適用については，無期拘禁刑に処せられた者は無期禁錮に処せられた者と，有期拘禁刑に処せられた者は刑期を同じくする有期禁錮に処せられた者と，拘留に処せられた者は刑期を同じくする旧拘留に処せられた者とみなす。

（経過措置の政令への委任）

第509条 この編に定めるもののほか，刑法等一部改正法等の施行に伴い必要な経過措置は，政令で定める。

附 則〔令和4年6月17日法律第68号抄〕

（施行期日）

1 この法律は，刑法等一部改正法〔刑法等の一部を改正する法律＝令和4年6月法律第67号〕施行日〔令和7年6月1日〕から施行する。ただし，次の各号に掲げる規定は，当該各号に定める日から施行する。

一 第509条の規定 公布の日

二 〔略〕

資料編／Ⅰ現行法令

2 墓地，埋葬等に関する法律施行規則

〔昭和23年7月13日号外〕
〔厚 生 省 令 第 24 号〕

沿　革

昭和25年　4月1日号外厚生省令第13号〔性病予防法施行規則等の一部を改正する省令10条による改正〕

昭和31年　9月22日厚生省令第41号〔第1次改正〕

昭和45年　4月1日号外厚生省令第12号〔第2次改正〕

昭和52年　1月18日厚生省令第1号〔環境衛生監視員証を定める省令附則3項による改正〕

昭和58年　12月23日厚生省令第45号〔墓地，埋葬等に関する法律施行規則等の一部を改正する省令1条による改正〕

平成元年　3月24日号外厚生省令第10号〔人口動態調査令施行細則等の一部を改正する省令30条による改正〕

平成10年　12月28日号外厚生省令第99号〔感染症の予防及び感染症の患者に対する医療に関する法律施行規則附則5条による改正〕

平成11年　1月11日号外厚生省令第4号〔建築物における衛生的環境の確保に関する法律施行規則及び墓地，埋葬等に関する法律施行規則の一部を改正する省令2条による改正〕

平成11年　3月29日厚生省令第29号〔第3次改正〕

平成15年　10月30日号外厚生労働省令第167号〔感染症の予防及び感染症の患者に対する医療に関する法律及び検疫法の一部を改正する法律の施行に伴う関係省令の整備に関する省令4条による改正〕

平成19年　3月30日号外厚生労働省令第50号〔第4次改正〕

平成20年　5月2日号外厚生労働省令第106号〔感染症の予防及び感染症の患者に対する医療に関する法律及び検疫法の一部を改正する法律の施行に伴う厚生労働省関係省令の整備に関する省令4条による改正〕

令和元年　5月7日号外厚生労働省令第1号〔元号の表記の整理のための厚生労働省関係省令の一部を改正する省令8条による改正〕

令和2年　12月25日号外厚生労働省令第208号〔押印を求める手続の見直し等のための厚生労働省関係省令の一部を改正する省令7条による改正〕

令和4年　12月9日号外厚生労働省令第165号〔感染症の予防及び感染症の患者に対する医療に関する法律等の一部を改正する法律の一部の施行に伴う厚生労働省関係省令の整備に関する省令6条による改正〕

令和6年　11月1日号外厚生労働省令第150号〔第5次改正〕

263

〔埋葬又は火葬の許可の申請〕

第1条　墓地，埋葬等に関する法律（昭和23年法律第48号。以下「法」という。）第5条第1項〔埋葬・火葬又は改葬の許可〕の規定により，市町村長（特別区の区長を含む。以下同じ。）の埋葬又は火葬の許可を受けようとする者は，次の事項を記載した申請書を，同条第2項〔市町村長の許可〕に規定する市町村長に提出しなければならない。

一　死亡者の本籍，住所，氏名（死産の場合は，父母の本籍，住所，氏名）

二　死亡者の性別（死産の場合は，死児の性別）

三　死亡者の出生年月日（死産の場合は，妊娠月数）

四　死因（感染症の予防及び感染症の患者に対する医療に関する法律（平成10年法律第114号）第6条第2項から第4項まで及び第7項に規定する感染症，同条第8項に規定する感染症のうち同法第44条の9第1項に規定する政令により当該感染症について同法第30条の規定が準用されるもの並びに同法第6条第9項に規定する感染症，その他の別）

五　死亡年月日（死産の場合は，分べん年月日）

六　死亡場所（死産の場合は，分べん場所）

七　埋葬又は火葬場所

八　申請者の住所，氏名及び死亡者との続柄

> 　　　注　令和8年4月1日から施行
> 〔埋葬又は火葬の許可の申請〕
> 第1条　墓地，埋葬等に関する法律（昭和23年法律第48号。以下「法」という。）第5条第1項の規定により，市町村長（特別区の区長を含む。以下同じ。）の埋葬又は火葬の許可を受けようとする者は，次の事項を記載した申請書を，同条第2項に規定する市町村長に提出しなければならない。
> 　一　死亡者の本籍，住所及び氏名（死産の場合は，父母の本籍，住所及び氏名）
> 　二　死亡者の性別（死産の場合は，死児の性別）
> 　三　死亡者の出生年月日（死産の場合は，妊娠週数）
> 　四　死因（感染症の予防及び感染症の患者に対する医療に関する法律（平成

資料編／Ⅰ現行法令

10年法律第114号）第6条第2項から第4項まで及び第7項に規定する感染症，同条第8項に規定する感染症のうち同法第44条の9第1項に規定する政令により当該感染症について同法第30条の規定が準用されるもの並びに同法第6条第9項に規定する感染症，その他の別）（死産の場合を除く。）

　　五　死亡年月日時（死産の場合は，分べん年月日時）

　　六　死亡の場所（死産の場合は，分べんの場所）

　　七　埋葬又は火葬の場所

　　八　申請者の住所，氏名及び死亡者との続柄（死産の場合は，申請者の住所及び氏名）

〔改葬の許可の申請〕

第2条　法第5条第1項の規定により，市町村長の改葬の許可を受けようとする者は，次の事項を記載した申請書を，同条第2項に規定する市町村長に提出しなければならない。

　　一　死亡者の本籍，住所，氏名及び性別（死産の場合は，父母の本籍，住所及び氏名）

　　二　死亡年月日（死産の場合は，分べん年月日）

　　三　埋葬又は火葬の場所

　　四　埋葬又は火葬の年月日

　　五　改葬の理由

　　六　改葬の場所

　　七　申請者の住所，氏名，死亡者との続柄及び墓地使用者又は焼骨収蔵委託者（以下「墓地使用者等」という。）との関係

　2　前項の申請書には，次に掲げる書類を添付しなければならない。

　　一　墓地又は納骨堂（以下「墓地等」という。）の管理者の作成した埋葬若しくは埋蔵又は収蔵の事実を証する書面（これにより難い特別の事情のある場合にあつては，市町村長が必要と認めるこれに準ずる書面）

　　二　墓地使用者等以外の者にあつては，墓地使用者等の改葬についての承諾書又はこれに対抗することができる裁判の謄本

265

三　その他市町村長が特に必要と認める書類

> 　　　注　令和8年4月1日から施行
> 〔改葬の許可の申請〕
> 第2条　法第5条第1項の規定により，市町村長の改葬の許可を受けようとする者は，次の事項を記載した申請書を，同条第2項に規定する市町村長に提出しなければならない。
> 　一　死亡者の本籍，住所，氏名及び性別（死産の場合は，父母の本籍，住所及び氏名並びに死児の性別）
> 　二　死亡年月日（死産の場合は，分べん年月日）
> 　三　埋葬又は火葬の場所
> 　四　埋葬又は火葬の年月日
> 　五　改葬の理由
> 　六　改葬の場所
> 　七　申請者の住所，氏名，死亡者との続柄及び墓地使用者又は焼骨収蔵委託者（以下「墓地使用者等」という。）との関係（死産の場合は，申請者の住所，氏名及び墓地使用者等との関係）

第3条　死亡者の縁故者がない墳墓又は納骨堂（以下「無縁墳墓等」という。）に埋葬し，又は埋蔵し，若しくは収蔵された死体（妊娠4月以上の死胎を含む。以下同じ。）又は焼骨の改葬の許可に係る前条第1項の申請書には，同条第2項の規定にかかわらず，同項第1号に掲げる書類のほか，次に掲げる書類を添付しなければならない。

一　無縁墳墓等の写真及び位置図

二　死亡者の本籍及び氏名並びに墓地使用者等，死亡者の縁故者及び無縁墳墓等に関する権利を有する者に対し1年以内に申し出るべき旨を，官報に掲載し，かつ，無縁墳墓等の見やすい場所に設置された立札に1年間掲示して，公告し，その期間中にその申出がなかつた旨を記載した書面

三　前号に規定する官報の写し及び立札の写真

四　その他市町村長が特に必要と認める書類

> 　　　注　令和7年4月1日から施行

資料編／Ⅰ現行法令

第3条　死亡者の縁故者がない墳墓又は納骨堂（以下「無縁墳墓等」という。）に埋葬し，又は埋蔵し，若しくは収蔵された死体（妊娠4月以上の死胎を含む。以下同じ。）又は焼骨の改葬の許可に係る前条第1項の申請書には，同条第2項の規定にかかわらず，同項第1号に掲げる書類のほか，次に掲げる書類を添付しなければならない。

　三　前号の官報を出力した書面又は官報の発行に関する法律（令和5年法律第85号）第10条の規定により交付された当該官報に係る電磁的官報記録（同法第5条第2項に規定する電磁的官報記録をいう。）を記載した書面の写し（同号の公告を同法第11条第1項に規定する書面官報への掲載により行つたときは，同条第五項の規定により頒布された当該書面官報の写し）及び立札の写真

　　　　注　令和8年4月1日から施行
第3条　死亡者の縁故者（死産の場合は，死児の縁故者。以下同じ。）がない墳墓又は納骨堂（以下「無縁墳墓等」という。）に埋葬し，又は埋蔵し，若しくは収蔵された死体（妊娠4月以上の死胎を含む。）又は焼骨の改葬の許可に係る前条第1項の申請書には，同条第2項の規定にかかわらず，同項第1号に掲げる書類のほか，次に掲げる書類を添付しなければならない。

一　無縁墳墓等の写真及び位置図
二　死亡者の本籍及び氏名（死産の場合は，父母の本籍及び氏名）並びに墓地使用者等，死亡者の縁故者及び無縁墳墓等に関する権利を有する者に対し1年以内に申し出るべき旨を，官報に掲載し，かつ，無縁墳墓等の見やすい場所に設置された立札に1年間掲示して，公告し，その期間中にその申出がなかつた旨を記載した書面

〔埋葬許可証等の様式〕

第4条　法第8条〔許可証の交付〕に規定する埋葬許可証は別記様式第1号又は第2号，改葬許可証は別記様式第3号，火葬許可証は別記様式第4号又は第5号によらなければならない。

〔焼骨の埋蔵又は収蔵の事実を証する書類の交付等〕

第5条　墓地等の管理者は，他の墓地等に焼骨の分骨を埋蔵し，又はその収蔵を委託しようとする者の請求があつたときは，その焼骨の埋蔵又は収蔵の事実を証する書類を，これに交付しなければならない。

2　焼骨の分骨を埋蔵し，又はその収蔵を委託しようとする者は，墓地等の

267

管理者に，前項に規定する書類を提出しなければならない。

3　前2項の規定は，火葬場の管理者について準用する。この場合におい
て，第1項中「他の墓地等」とあるのは「墓地等」と，「埋蔵又は収蔵」
とあるのは「火葬」と読み替えるものとする。

〔墓地，納骨堂及び火葬場の図面の備付け〕

第6条　墓地の管理者は，墓地の所在地，面積及び墳墓の状況を記載した図
面を備えなければならない。

2　納骨堂又は火葬場の管理者は，納骨堂又は火葬場の所在地，敷地面積及
び建物の坪数を記載した図面を備えなければならない。

〔墓地，納骨堂及び火葬場の備付け書類〕

第7条　墓地等の管理者は，次に掲げる事項を記載した帳簿を備えなければ
ならない。

　一　墓地使用者等の住所及び氏名

　二　第1条第1号，第2号及び第5号に掲げる事項並びに埋葬若しくは埋
　　蔵又は収蔵の年月日

　三　改葬の許可を受けた者の住所，氏名，死亡者との続柄及び墓地使用者
　　等との関係並びに改葬の場所及び年月日

2　墓地等の管理者は，前項に規定する帳簿のほか，墓地等の経営者の作成
した当該墓地等の経営に係る業務に関する財産目録，貸借対照表，損益計
算書及び事業報告書その他の財務に関する書類を備えなければならない。

3　火葬場の管理者は，次に掲げる事項を記載した帳簿を備えなければなら
ない。

　一　火葬を求めた者の住所及び氏名

　二　第1条第1号，第2号及び第5号に掲げる事項並びに火葬の年月日

　　　注　令和8年4月1日から施行
　〔墓地，納骨堂及び火葬場の備付け書類〕
　第7条　墓地等の管理者は，次に掲げる事項を記載した帳簿を備えなければな
　　らない。

資料編／Ⅰ現行法令

　　三　改葬の許可を受けた者の住所，氏名，死亡者との続柄及び墓地使用者等
　　　との関係（死産の場合は，改葬の許可を受けた者の住所，氏名及び墓地使
　　　用者等との関係）並びに改葬の場所及び年月日

〔火葬許可証への記入等〕

第8条　火葬場の管理者は，火葬を行つたときは，火葬許可証に火葬を行つ
　　た日時を記入し，署名し，印を押し，これを火葬を求めた者に返さなけれ
　　ばならない。

〔報告の様式〕

第9条　法第17条〔管理者の報告〕の規定による埋葬状況の報告は，別記様
　　式第6号，火葬状況の報告は別記様式第7号により，これを行わなければ
　　ならない。

〔環境衛生監視員〕

第10条　法第18条第1項〔当該職員の立入検査〕の規定による当該職員の職
　　権を行う者を，環境衛生監視員と称し，同条第2項〔証票の呈示〕の規定
　　によりその携帯する証票は，別に定める。

　　　附　　則

この省令は，公布の日から，これを施行する。

　　　附　　則〔昭和25年4月1日厚生省令第13号〕

この省令は，公布の日から施行する。

　　　附　　則〔昭和31年9月22日厚生省令第41号〕

この省令は，公布の日から施行する。

　　　附　　則〔昭和45年4月1日厚生省令第12号〕

この省令は，公布の日から施行する。

　　　附　　則〔昭和52年1月18日厚生省令第1号抄〕

（施行期日）

1　この省令は，昭和52年4月1日から施行する。

　　　附　　則〔昭和58年12月23日厚生省令第45号抄〕

1　この省令は，昭和59年1月1日から施行する。

269

附　　則〔平成元年3月24日厚生省令第10号抄〕

1　この省令は，公布の日から施行する。

2　この省令の施行の際この省令による改正前の様式（以下「旧様式」という。）により使用されている書類は，この省令による改正後の様式によるものとみなす。

3　この省令の施行の際現にある旧様式による用紙及び板については，当分の間，これを取り繕って使用することができる。

4　この省令による改正後の省令の規定にかかわらず，この省令により改正された規定であって改正後の様式により記載することが適当でないものについては，当分の間，なお従前の例による。

附　　則〔平成10年12月28日厚生省令第99号抄〕

（施行期日）

第1条　この省令は，平成11年4月1日から施行する。

（墓地，埋葬等に関する法律施行規則の一部改正に伴う経過措置）

第6条　この省令の施行の際現にある前条の規定による改正前の様式（次項において「旧様式」という。）により使用されている書類は，同条の規定による改正後の様式によるものとみなす。

2　この省令の施行の際現にある旧様式による用紙については，当分の間，これを取り繕って使用することができる。

附　　則〔平成11年1月11日厚生省令第4号〕

（施行期日）

1　この省令は，公布の日から施行する。

（経過措置）

2　この省令の施行の際現にあるこの省令による改正前の様式による用紙については，当分の間，これを取り繕って使用することができる。

附　　則〔平成11年3月29日厚生省令第29号〕

（施行期日）

1　この省令は，平成11年5月1日から施行する。ただし，第7条の改正規

270

資料編／Ⅰ現行法令

定については，平成11年10月1日から施行する。

（経過措置）

2　この省令の施行の際現に行っている改葬の許可の申請については，なお従前の例による。

3　この省令の施行の際現にあるこの省令による改正前の様式（以下「旧様式」という。）により使用されている書類は，この省令による改正後の様式によるものとみなす。

4　この省令の施行の際現にある旧様式による用紙については，当分の間，これを取り繕って使用することができる。

　　　附　　則〔平成15年10月30日厚生労働省令第167号抄〕

（施行期日）

1　この省令は，感染症の予防及び感染症の患者に対する医療に関する法律及び検疫法の一部を改正する法律（平成15年法律第145号）の施行の日（平成15年11月5日）から施行する。

　　　附　　則〔平成19年3月30日厚生労働省令第50号〕

この省令は，平成19年4月1日から施行する。

　　　附　　則〔平成20年5月2日厚生労働省令第106号抄〕

（施行期日）

第1条　この省令は，感染症の予防及び感染症の患者に対する医療に関する法律及び検疫法の一部を改正する法律〔平成20年5月法律第30号〕の施行の日〔平成20年5月12日〕から施行する。

　　　附　　則〔令和元年5月7日厚生労働省令第1号抄〕

（施行期日）

第1条　この省令は，公布の日から施行する。

（経過措置）

第2条　この省令による改正前のそれぞれの省令で定める様式（次項において「旧様式」という。）により使用されている書類は，この省令による改正後のそれぞれの省令で定める様式によるものとみなす。

271

2 旧様式による用紙については，合理的に必要と認められる範囲内で，当分の間，これを取り繕って使用することができる。

　　附　　則〔令和2年12月25日厚生労働省令第208号抄〕

（施行期日）

第1条　この省令は，公布の日から施行する。

（経過措置）

第2条　この省令の施行の際現にあるこの省令による改正前の様式（次項において「旧様式」という。）により使用されている書類は，この省令による改正後の様式によるものとみなす。

2　この省令の施行の際現にある旧様式による用紙については，当分の間，これを取り繕って使用することができる。

　　附　　則〔令和4年12月9日厚生労働省令第165号抄〕

（施行期日）

1　この省令は，感染症の予防及び感染症の患者に対する医療に関する法律等の一部を改正する法律〔令和4年12月法律第96号〕（以下この項及び附則第5項において「改正法」という。）附則第1条第1号に掲げる規定の施行の日〔令和4年12月9日〕から施行する。〔後略〕

　　附　　則〔令和6年11月1日厚生労働省令第150号〕

（施行期日）

第1条　この省令は，令和8年4月1日から施行する。ただし，墓地，埋葬等に関する法律施行規則第3条第3号の改正規定及び附則第3条の規定は，官報の発行に関する法律〔令和5年12月法律第85号〕の施行の日（令和7年4月1日。同条において「官報発行法施行日」という。）から施行する。

（経過措置）

第2条　この省令の施行の際現に行われている埋葬，火葬又は改葬の許可の申請については，なお従前の例による。この場合において，当該申請に係る埋葬許可証，火葬許可証又は改葬許可証については，この省令による改

資料編／Ⅰ現行法令

正後の別記様式第1号から第5号までによるものを使用することができる。

2　この省令の施行の際現にあるこの省令による改正前の様式（次項において「旧様式」という。）により使用されている書類は，この省令による改正後の様式によるものとみなす。

3　この省令の施行の際現にある旧様式による用紙については，当分の間，これを取り繕って使用することができる。

第3条　官報発行法施行日前に墓地，埋葬等に関する法律施行規則第3条第2号に規定する旨を官報に掲載した場合における改葬の許可の申請については，この省令による改正後の同条第3号の規定にかかわらず，なお従前の例による。

273

別記様式第一号〔第四条〕

第　　号死体埋葬許可証

死亡者の本籍	
死亡者の住所	
死亡者の氏名	
性　別	
出生年月日	
死　因	「一類感染症等」「その他」
死亡年月日時	
死亡場所	
埋葬場所	
申請者住所氏名及び死亡者との続柄	

令和　年　月　日

市町村長　　印

（注）　死因欄中第一条第四号に規定する感染症の際は「一類感染症等」に〇印を付すること。
そうでないときは「その他」に〇印を附すること。

別記様式第二号〔第四条〕

第　　号死胎埋葬許可証

父母の本籍	
父母の住所	
父母の氏名	
性　別	
妊娠月数	
分べん年月日時	
分べんの場所	
埋葬の場所	
申請者の住所氏名	

令和　年　月　日

市町村長　　印

資料編／Ⅰ現行法令

注　令和8年4月1日から施行
別記様式第一号〔第4条〕

死体埋葬許可証

第　　号

死亡者の本籍	
死亡者の住所	
死亡者の氏名	
死亡者の性別	
死亡者の出生年月日	
死　　　　因	「一類感染症等」「その他」
死亡年月日時	
死亡の場所	
埋葬の場所	

申請者の住所，氏名及び死亡者との続柄	住　　　所	
	氏　　　名	
	死亡者との続柄	

交付日：令和　　年　　月　　日

市町村長　　　　　㊞

(注) 死因欄中第1条第4号に規定する感染症の際は「一類感染症等」に○印を付すること。
　　　そうでないときは「その他」に○印を付すること。

別記様式第二号〔第4条〕

死胎埋葬許可証

第　　号

父母の本籍	
父母の住所	
父母の氏名	
死児の性別	
妊娠週数	
分べん年月日時	
分べんの場所	
埋葬の場所	

申請者の住所及び氏名	住所	
	氏名	

交付日：令和　　年　　月　　日

市町村長　　　　　㊞

別記様式第三号〔第四条〕

第　号改葬許可証

死亡者の本籍	
死亡者の住所	
死亡者の氏名	
死亡者の性別	
死亡年月日	
埋葬又は火葬の場所	
埋葬又は火葬の年月日	
改葬の理由	
改葬の場所	
申請者の住所、氏名、死亡者との続柄及び墓地使用者との関係	

令和　年　月　日　　市町村長　印

別記様式第四号〔第四条〕

第　号死体火葬許可証

死亡者の本籍	
死亡者の住所	
死亡者の氏名	
性別	
出生年月日	
死因「一類感染症等」「その他」	
死亡年月日時	
死亡の場所	
火葬の場所	
申請者の住所氏名及び死亡者との続柄	

令和　年　月　日　　市町村長　印

（注）死因欄中第一条第四号に規定する感染症の際は「一類感染症等」に〇印を付すること。そうでないときは「その他」に〇印を附すること。

資料編／Ⅰ現行法令

注　令和8年4月1日から施行

別記様式第三号〔第4条〕

改葬許可証

第　　号

死亡者の本籍 （死産の場合は，父母の本籍）			
死亡者の住所 （死産の場合は，父母の住所）			
死亡者の氏名 （死産の場合は，父母の氏名）			
死亡者の性別 （死産の場合は，死児の性別）			
死亡年月日 （死産の場合は，分べん年月日）			
埋葬又は火葬の場所			
埋葬又は火葬の年月日			
改葬の理由			
改葬の場所			
申請者の住所，氏名，死亡者との続柄及び墓地使用者等との関係 （死産の場合は，申請者の住所，氏名及び墓地使用者等との関係）	住　　　　所		
	氏　　　　名		
	死亡者との続柄 （死産の場合は，空欄）		
	墓地使用者等との関係		

交付日：令和　　年　　月　　日

市町村長　　　　　㊞

別記様式第四号〔第4条〕

死体火葬許可証

第　　号

死亡者の本籍	
死亡者の住所	
死亡者の氏名	
死亡者の性別	
死亡者の出生年月日	
死因	「一類感染症等」「その他」
死亡年月日時	
死亡の場所	
火葬の場所	
申請者の住所，氏名及び死亡者との続柄	住　　　　所
	氏　　　　名
	死亡者との続柄

交付日：令和　　年　　月　　日

市町村長　　　　　㊞

（注）死因欄中第1条第4号に規定する感染症の際は「一類感染症等」に○印を付すること。
　　そうでないときは「その他」に○印を付すること。

別記様式第五号〔第四条〕

第　号死胎火葬許可証

父母の本籍	
父母の住所	
父母の氏名	
性別	
妊娠月数	
分べん日時	
分べんの場所	
火葬の場所	
申請者の住所氏名	

令和　年　月　日　　　　　　市町村長　　印

注　令和8年4月1日から施行

別記様式第五号〔第4条〕

死胎火葬許可証

第　　号

父 母 の 本 籍		
父 母 の 住 所		
父 母 の 氏 名		
死 児 の 性 別		
妊 娠 週 数		
分べん年月日時		
分 べ ん の 場 所		
火 葬 の 場 所		
申請者の住所及び氏名	住所	
	氏名	

交付日：令和　　年　　月　　日

市町村長　　　　　印

278

資料編／Ⅰ現行法令

別記様式第六号〔第九条〕

埋葬状況報告（　月分）

令和　年　月　日

市町村長殿

何々墓地
所在地
管理者　氏　　　　名

一　死体

氏　名	性別	本　　籍	死亡地	生年月日	死因	埋葬日

二　死胎

父母の氏名	性別	本　　籍	死産地	分べん年月日	埋葬日

（注）　死体埋葬報告と死胎埋葬報告とは別紙にすること。

279

別記様式第七号〔第九条〕

火葬状況報告（　　月分）

令和　　年　　月　　日

市町村長殿

何々火葬場
所在地
管理者　氏　　名

一　死体

氏名	性別	本籍	死亡地	生年月日	死因	火葬日

二　死胎

父母の氏名	性別	本籍	死産地	分べん年月日	火葬日

（注）　死体火葬報告と死胎火葬報告とは別紙にすること。

資料編／I 現行法令

　　　　注　令和8年4月1日から施行
別記様式第六号〔第9条〕
　　　　　　　　　　　　埋葬状況報告（　　月分）

　　　　　　　　　　　　　　　　　　　　　　　令和　　年　　月　　日
市町村長殿
　　　　　　　　　　　　　　　何々墓地
　　　　　　　　　　　　　　　所在地
　　　　　　　　　　　　　　　管理者　氏　　　　名
1　死体

氏　　　名	性別	本　　　　　　籍	死亡の場所	出生年月日	死因	埋葬の年月日

2　死胎

父母の氏名	死児の性別	父　母　の　本　籍	分べんの場所	分べん年月日	埋葬の年月日

（注）死体埋葬報告と死胎埋葬報告とは別紙にすること。

別記様式第七号〔第9条〕
　　　　　　　　　　　　火葬状況報告（　　月分）

　　　　　　　　　　　　　　　　　　　　　　　令和　　年　　月　　日
市町村長殿
　　　　　　　　　　　　　　　何々火葬場
　　　　　　　　　　　　　　　所在地
　　　　　　　　　　　　　　　管理者　氏　　　　名
1　死体

氏　　　名	性別	本　　　　　　籍	死亡の場所	出生年月日	死因	火葬の年月日

2　死胎

父母の氏名	死児の性別	父　母　の　本　籍	分べんの場所	分べん年月日	火葬の年月日

（注）死体火葬報告と死胎火葬報告とは別紙にすること。

3 新型インフルエンザ等対策特別措置法第56条第2項の規定により特定都
　道府県知事が行う埋葬又は火葬の方法を定める告示

〔平 成 25 年 4 月 12 日〕
〔厚生労働省告示第142号〕

　新型インフルエンザ等対策特別措置法（平成24年法律第31号）第56条第2
項の規定に基づき，新型インフルエンザ等対策特別措置法第56条第2項の規
定により特定都道府県知事が行う埋葬又は火葬の方法を定める告示を次のよ
うに定め，新型インフルエンザ等対策特別措置法の施行の日（平成25年4月
13日）から適用する。

　　　新型インフルエンザ等対策特別措置法第56条第2項の規定により特
　　　定都道府県知事が行う埋葬又は火葬の方法を定める告示

　火葬を行うことが困難な状態にあることにより，死体の火葬が行われない
状態が続き，一時的な埋葬を行うことが必要と認められる場合において，特
定都道府県知事が，新型インフルエンザ等対策特別措置法（平成24年法律第
31号）第56条第2項の規定により埋葬又は火葬を行うときは，あらかじめ，
新型インフルエンザ等に起因して死亡したことを確認の上，遺族の意思を確
認するものとする。

資料編／Ⅰ現行法令

（参考）　墓地，埋葬等に関する法律の改正経緯

	法 令 名 公布年月日 法令 番号 施行年月日	概 要
第1次改正	性病予防法等の一部を改正する法律 昭和25年3月28日 法律第26号 昭和25年4月1日	保健所設置市の市長にも報告，立入検査，施設の整備改善命令権限等を付与。
第2次改正	土地区画整理法施行法 昭和29年5月20日 法律第120号 昭和30年4月1日	土地区画整理法の施行に伴う規定の整備。
第3次改正	地方自治法の一部を改正する法律の施行に伴う関係法律の整理に関する法律 昭和31年6月12日 法律第148号 昭和31年9月1日	指定都市においてはその市長が本法に基づく事務を行うこととする特例を設けた。
第4次改正	行政不服審査法の施行に伴う関係法律の整理等に関する法律 昭和37年9月15日 法律第161号 昭和37年10月1日	行政不服審査法（昭和37年法律第160号）の制定に伴い，保健所設置市等の市長が行った処分に関しては厚生大臣まで再審査請求をできるようにした。
第5次改正	都市計画法施行法 昭和43年6月15日（昭和44年6月3日改正） 法律第101号 昭和44年6月14日	都市計画法の施行に伴う規定の整備。 （注）　都市再開発法（昭和44年6月3日法律第38号）附則第21条により，昭和44年6月3日，都市計画法施行法に，本法を一部改正する規定が追加された結果，都市計画法施行法が施行された昭和44年6月14日，本法の一部が改正された。
第6次改正	戸籍法の一部を改正する法律 昭和45年4月1日 法律第12号 昭和45年4月1日	死亡の届出を，死亡者の本籍地又は届出人の所在地においてもできることとした戸籍法の改正を受けて，新たに死亡（死産）の届出を受理することとなる市町村長も埋葬又は火葬の許可を行うことができることとした。
第7次改正	大都市地域における住宅地等の供給の促進に関する特別措置法 昭和50年7月16日 法律第67号 昭和50年11月1日	大都市地域における住宅地等の供給の促進に関する特別措置法の施行に伴い，当該法律に規定する住宅街区整備事業の事業計画の認可をもって，墓地の新設等の許可となすこととした。

283

	法 令 名 公布年月日 法令 番号 施行年月日	概 要
第 8 次改正	行政事務の簡素合理化及び整理に関する法律 昭和58年12月10日 法律第83号 昭和59年 1 月 1 日	本法に規定する都道府県知事に属する事務を機関委任事務から団体委任事務とした。
第 9 次改正	大都市地域における住宅等の供給の促進に関する特別措置法の一部を改正する法律 平成 2 年 6 月29日 法律第62号 平成 2 年11月20日	大都市地域における住宅等の供給の促進に関する特別措置法の名称変更に伴う規定の整備。
第10次改正	地方自治法の一部を改正する法律の施行に伴う関係法律の整備に関する法律 平成 6 年 6 月29日 法律第49号 平成 7 年 4 月 1 日	地方自治法の一部改正による中核市制度の創設に伴い, 本法に規定する都道府県知事の権限に属する事務を中核市の長が行うものとする特例を設けた。
第11次改正	地域保健対策強化のための関係法律の整備に関する法律第24条による改正 平成 6 年 7 月 1 日 法律第84号 平成 6 年 7 月 1 日	地域保健対策強化のための関係法律の整備に関する法律の施行に伴い, 特別区にあっては, 区長が火葬場の立入検査, 墓地等の整備改善等を命ずることができることとした。
第12次改正	中央省庁等改革関係法施行法 平成11年12月22日 法律第160号 平成13年 1 月 6 日	中央省庁の再編に伴う用語の整理。
第13次改正	地方自治法の一部を改正する法律 平成18年 6 月 7 日 法律第53号 平成19年 4 月 1 日	地方自治法の一部改正に伴う用語の整備。
第14次改正	地域の自主性及び自立性を高めるための改革の推進を図るための関係法律の整備に関する法律 平成23年 8 月30日 法律第105号 平成24年 4 月 1 日	地域の自主性及び自立性を高めるための改革の推進を図るための関係法律の整備に関する法律による権限委譲により, 都道府県知事の権限について, 市又は特別区にあっては, 市長又は区長の権限とされた。
第15次改正	刑法等の一部を改正する法律の施行に伴う関係法律の整理等に関する法律 令和 4 年 6 月17日 法律第68号 令和 7 年 6 月 1 日	刑法等の一部を改正する法律（令和4 年法律第67号）により, 懲役刑及び禁錮刑に代わる新たな刑種として拘禁刑が導入されることに伴う罰則の整備。

資料編／Ⅱ廃止法令

Ⅱ　廃止法令

1　自葬の禁

$$\left(\begin{array}{l}\text{明治 5 年 6 月28日}\\\text{太政官布告第192号}\end{array}\right)$$

近来自葬取行者モ有之哉ニ相聞候処向後不相成候条葬儀ハ神官僧侶ノ内
ヘ可相頼候事

2　神職葬儀に関する件

$$\left(\begin{array}{l}\text{明治 5 年 6 月28日}\\\text{太政官布告第193号}\end{array}\right)$$

従来神官葬儀ニ関係不致候処自今氏子等神葬祭相頼候節ハ喪主ヲ助ケ諸
事可取扱候事

3　墓地の設置及取拡の制限に関する件

$$\left(\begin{array}{l}\text{明治 6 年10月23日}\\\text{太政官達第355号}\end{array}\right)$$

従来猥リニ墓地ヲ設ケ候儀ハ不相成候処今般私有地ノ証券相渡候上ハ心
得違ノ者モ難計ニ付耕地宅地ハ勿論林藪タリトモ許可ヲ得スシテ新ニ墓地
ヲ設ケ或区域ヲ取拡ケ候儀可令禁止就テハ忽墓地差支候郷村モ可有之候条
管下一般諸寺院境内ヲ始其他永久墓地ニ定ムヘキ場所取調図面ヲ副ヘ大蔵
省ヘ可伺出此旨相達候事但即今墓地差支候場所ハ相当ノ処分致シ置本文ノ
通至急取調可申尤管下総体一時取調出来兼候得者差向墓地差支郷村ヨリ取
掛リ逐次同省ヘ可伺出事

285

4 教導職の葬儀に関与するを認むる件

$$\left(\begin{array}{l}明治7年1月29日\\太政官布告第13号\end{array}\right)$$

葬儀ハ神官僧侶ノ内ヘ可相頼旨壬申六月第百九十二号布告候処自今教導職ノ輩ヘハ信仰ニ寄葬儀相頼候儀不苦候条此旨布告候事

5 僧侶の神葬祭兼行を停むる件

$$\left(\begin{array}{l}明治7年11月18日\\教部省布達第4号\end{array}\right)$$

僧侶神葬祭兼行ノ儀願出聞届置候向モ有之候処詮議之次第有之今後不相成候条此旨寺院ヘ布達スヘキ事

6 火葬の解禁

$$\left(\begin{array}{l}明治8年5月23日\\太政官布告第89号\end{array}\right)$$

明治六年七月第二百五十三号火葬禁止ノ布告ハ自今廃シ候条此旨布告候事

7 神職葬儀に関する件

$$\left(\begin{array}{l}明治15年1月24日\\内務省達乙第7号\end{array}\right)$$

自今神官ハ（教導職ノ兼補ヲ廃シ）葬儀ニ関係セサルモノトス此旨相達候事但府県社以下神官ハ当分従前之通

8 自葬の解禁

$$\left(\begin{array}{l}明治17年10月\\内務卿口達\end{array}\right)$$

明治五年第百九十二号布告ヲ以テ凡葬儀ハ神官僧侶ニアラサレハ執行ス

286

資料編／Ⅱ廃止法令

ルヲ許サス乃自葬ヲ禁止セラレタリ然ルニ嚮ニ教導職ヲ廃セラレタルニ付
テハ自今葬儀ヲ執行スルヲ得ルモノハ独神官僧侶ニ止マラス乃自葬ノ禁ハ
自ラ解除セリ故ニ自今以後葬儀ヲ依託スルハ一々喪主ノ信仰スル所ニ任セ
不可ナカルヘシ然レトモ其墓地取締及葬儀ヲ執行スル場所ノ如キハ則其取
締規則ニ依テ実地適当ノ警察ヲ施スヘシ

9　墓地及埋葬取締規則

$$\left(\begin{array}{l}\text{明治17年10月4日}\\\text{太政官布達第25号}\end{array}\right)$$

第一条　墓地及火葬場ハ管轄庁ヨリ許可シタル区域ニ限ルモノトス

第二条　墓地及火葬場ハ総テ所轄警察署ノ取締ヲ受クヘキモノトス

第三条　死体ハ死後二十四時間ヲ経過スルニ非サレハ埋葬又ハ火葬ヲナス
　　コトヲ得ス

　　但別段ノ規則アルモノハ此ノ限ニ在ラス

第四条　区長若クハ戸長ノ認許証ヲ得ルニ非サレハ埋葬又ハ火葬ヲナスコ
　　トヲ得ス

　　但シ改葬ヲナサントスルモノハ所轄警察署ノ許可ヲ受クヘシ

第五条　墓地及火葬場ノ管理者ハ区長若クハ戸長ノ認許証ヲ得タルモノニ
　　非サレハ埋葬又ハ火葬ヲ為サシムヘカラス又警察署ノ許可ヲ得タルモノ
　　ニ非サレハ改葬ヲ為サシムヘカラス

第六条　葬儀ハ寺堂若クハ家屋構内又ハ墓地若クハ火葬場ニ於テ行フヘシ

第七条　凡ソ碑表ヲ建設セント欲スル者ハ所轄警察署ノ許可ヲ受クヘシ其
　　許可ヲ得スシテ建設シタルモノハ之ヲ取除カシムヘシ

　　但墓地外ニ建設スルモノ亦之ニ準ス

第八条　此規則ヲ施行スル方法細則ハ警視総監，府知事（県令）ニ於テ便
　　宜取設ケ内務「卿」ニ届出ツヘシ

　　右布達候事

287

（参考）　墓地及埋葬取締規則の改廃経緯

	法　令　名 公布年月日 法　令　番　号 施行年月日	概　　要
制　定　時	墓地及埋葬取締規則 明17年10月4日公布 太政官布達第25号	(1)　墓地及び火葬場は管轄庁が許可した区域に限り，すべて所轄警察署の取締りを受けること。 (2)　埋火葬は死後24時間経過後行い得るものとし，区長若しくは戸長の認許を受けること。 (3)　碑表を建設する場合には，所轄警察署の許可を受けること。
第1次改正	刑死者ノ墓標祭祀写真等ニ関スル件 明24年7月27日公布 内務省令第11号	(1)　刑死者の墓標には法律で定める一定事項以外の事項の記入等を許さないこと。 (2)　刑死者の祭祀は警察署の許可なくして，公然これを行い得ないこと。（墓地及埋葬取締規則の補完）
第2次改正	日本国憲法施行の際現に効力を有する命令の規定の効力等に関する法律 昭22年4月18日公布 法律第72号 昭22年5月3日	法律と同一の効力を有するものとされた。
廃　　　止	墓地，埋葬等に関する法律 昭23年5月31日 法律第48号 昭23年6月1日	同法第24条により廃止された。

資料編／Ⅱ廃止法令

10 墓地及埋葬取締規則に違背する者処分方

$$\left(\begin{array}{l}\text{明治17年10月 4 日}\\\text{太政官達第82号}\end{array}\right)$$

　今般第二十五号ヲ以テ墓地及埋葬取締規則布達候ニ付此規則ニ違背スル

モノハ違警罪ノ刑ヲ以テ処分スヘシ此旨相達候事

　（参照）　刑法施行法第三十一条

11 墓地及埋葬取締規則施行方法細目標準

$$\left(\begin{array}{l}\text{明治17年11月18日内務省達乙第40号}\\\text{19年甲第 5 号，大正元年第22号改正}\end{array}\right)$$

警　視　庁　　府　　県

　本年第二十五号布達第八条ニ記載セル方法細目ハ左ノ条件ヲ標準トスヘ

シ

　此旨相達候事

第一条　墓地ハ従前許可セラレタルモノニ限ル

　但シ已ムコトヲ得サル事情アリテ之ヲ取拡メ又ハ新設スル場合ニ於テハ

　地方庁ニ願出ツヘシ

第二条　墓地ヲ新設スルハ国道県道鉄道大川ニ沿ハス人家ヲ隔ツルコト凡

　ソ六拾間以上ニシテ土地高燥飲用水ニ障ナキ地ヲ撰ムヘシ

第三条　墓地ハ種族宗旨ヲ別タス其町村ニ本籍ヲ有シ若クハ其町村ニ於テ

　死亡シタルモノハ何人ニテモ之ニ葬ルコトヲ得其ノ従前別段ノ習慣アル

　モノハ此限ニ在ラス

　但死刑ニ処セラレタル者ハ墓地ノ一隅ヲ区画シテ其ノ内ニ埋葬スルモノ

　トス

第四条　墓地ノ周囲 $\left(\begin{array}{l}\text{墓地ト墓地ニ非サル}\\\text{地トノ境界ヲ云フ}\end{array}\right)$ ニハ樹木ヲ栽ユヘシ墓地ノ内ニハ

　一丈以上ノ樹木塀墻ヲ存スヘカラサルモノトス

　但シ従前ヨリ現存スルモノハ此限ニ在ラス

第五条　墓地ハ清潔ヲ旨トシ掃除及修繕ヲ怠ルヘカラス

289

第六条　火葬場ハ人家及人民輻輳ノ地ヲ隔ル凡ソ百弐拾間以上ニシテ風上ニ位セサル地ヲ撰ヒ火炉煙筒ヲ備ヘ臭煙ヲ防クノ装置ヲナシ且周囲ニ塀墻ヲ設クヘシ

但山林原野等ニシテ人家ヲ隔タル場所ナルトキハ格別ナリトス

第七条　火葬ハ成ルヘク日没後之ヲ行フヘシ

第八条　壙穴ノ深サハ六尺以上タルヘシ若シ土地ニヨリ六尺ニ至リ難キモノ及ヒ火葬ノ遺骨ヲ埋蔵スルモノハ格別ナリトス

第九条　墓地火葬場ニハ必ス管理者ヲ置キ其ノ姓名ハ区役所又ハ戸長役場ニ届ケ置クヘシ

第十条　死者ノ姓名族籍官位勲爵法号及生死ノ年月日建立者ノ姓名ヲ記スルニ止リ誌銘伝賛等ノ碑文ヲ刻セサル墓標ハ所轄警察署ノ許可ヲ受クルノ限ニ在ラス

第十一条　死屍ヲ埋葬又ハ火葬セント欲スルモノハ主治医ノ死亡届書ヲ添ヘテ区長又ハ戸長ノ認許証ヲ乞フヘシ医師ノ治療ヲ受クルノ猶予ナクシテ死亡シタル者ヲ埋葬又ハ火葬セント欲スルトキハ医師ノ検案ヲ差出シ区長又ハ戸長ノ認許証ヲ乞フヘシ

妊娠四ケ月以上ノ死胎ニ係ルトキハ医師若クハ産婆ノ死産証ヲ差出シ区長又ハ戸長ノ認許証ヲ乞フヘシ

変死ニ係ルトキハ立会医師ノ検案書ニ検視官ノ検印ヲ乞ヒテ差出スヘシ

囚徒ノ死屍ヲ引取埋葬又ハ火葬セント欲スル者ハ獄医ノ死亡証明書写ニ司獄官ノ検印ヲ乞ヒテ差出スヘシ

第十二条　区戸長ハ前条ノ届書証書ヲ領収スルニアラサレハ埋火葬ノ認許証ヲ与フヘカラス

第十三条　管理者ハ葬主ヨリ領収シタル区戸長ノ認許証ヲ一年間保存シ警察官吏ノ求アルトキハ之ヲ提示スヘシ

第十四条　管理者ハ墓地ノ絵図及墓籍ヲ調製シ置クヘシ

資料編／Ⅱ廃止法令

12　教会所説教所等ノ葬儀ニ関スル件

$$\begin{pmatrix} 明治18年\ 5\ 月\ 23\ 日 \\ 社寺局通牒社甲第102号 \end{pmatrix}$$

　昨十七年太政官第二十五号ヲ以テ墓地及埋葬取締規則布達相成候処神仏
教院教会所説教所等ハ規則第六条家屋構内ニ含蓄シタル儀ト御心得可有之
此段申進候也

13　火葬場取締規則

$$\begin{pmatrix} 明治20年\ 4\ 月11日警視庁警察令第5号 \\ 昭和6年\ 8\ 月第37号改正 \end{pmatrix}$$

第一条　火葬場ハ市街外ニ於テ八箇所以内ヲ限リトス但西多摩郡南多摩郡
　　　及北多摩郡ニ係ルモノ竝公共団体ニ於テ設置スルモノハ此限ニアラス
第二条　火葬場ヲ新設若クハ改造セントスル者ハ其願書ニ建築改造トモ其
　　　落成期日ヲ記載シ場所（借地ナレハ地主連署）及ヒ構造ノ図面ヲ添ヘ所
　　　轄警察署ヲ経テ警視庁ニ差出シ免許ヲ受クヘシ但落成ノ上警視庁ノ検査
　　　ヲ受ケサレハ開業スルコトヲ得ス
　　　　火葬場ヲ譲渡セントスル者ハ譲受人連署ノ書面ヲ以テ所轄警察署ヲ経
　　　テ警視庁ニ願出免許ヲ受ク可シ
第三条　火葬場ヲ改修セントスル者ハ其旨警視庁ニ届出之カ為メ休業スル
　　　時ハ其落成期日ヲ届書ニ記載ス可シ
第四条　土地ノ状況ニ依リ又ハ構造設備ニシテ衛生風教其他公安ヲ害スル
　　　ノ虞アリト認メタルトキハ建物ノ移転改造其他必要ナル事項ヲ命スルコ
　　　トアル可シ
第四条ノ二　左ノ各号ノ一ニ該当スルトキハ業務ヲ停止シ又ハ免許ヲ取消
　　　スコトアル可シ
　　一　落成期日ヲ経過シ仍落成セサルトキ
　　二　正当ノ事由ナクシテ休業シタルトキ
　　三　本則又ハ本則ニ基キテ発スル命令ヲ犯シタルトキ

四　土地ノ状況ニ依リ又ハ構造設備ニシテ衛生風教其他公安ヲ害スルノ
　　虞アリト認メタルトキ

第五条　廃業セントスル者ハ其三日前ニ又ハ転居改氏名ヲ為シタル者ハ其
　都度所轄警察署ヲ経テ警視庁ニ届出ツ可シ

第六条　（削除）

第七条　火葬場ノ構造ハ左ノ各号ニ従フ可シ但土地ノ状況，特殊ノ構造其
　他特別ノ事由アルモノニシテ衛生風教其他公安ヲ害スルノ虞ナシト認ム
　ルモノハ此限ニアラス

　一　（削除）

　二　火葬場ノ周囲ハ塀柵又ハ樹木等ヲ以テ境界ヲ為スヘシ

　三　火葬場内ニ火葬室排泄物焼却所及ヒ消毒所ヲ設クヘシ

　四　火葬室ハ煉瓦ヲ以テ同時ニ二十五体以上ヲ焼クニ足ルヘキ構造ヲナ
　　シ高サ六十尺以上ノ烟筒ヲ付シ熱煙ノ装置ヲ為スヘシ

　五　排泄物焼却所ハ煉瓦ヲ以テ同時ニ四斗樽三十五箇以上ヲ焼クニ足ル
　　ヘキ構造ヲナシ高サ三十尺以上ノ煙筒ヲ付シ焼煙ノ装置ヲ為スヘシ
　　但煙筒ハ火葬室ノ煙筒ニ接続セシムルモ妨ナシ

　六　消毒所ハ浴室燻蒸室ノ二ニ区分スヘシ

第八条　火葬料ハ相当ノ額ヲ定メ予テ警視庁ノ認可ヲ受クヘシ其増減ヲ要
　スルトキ亦同シ

第八条ノ二　火葬場ニ於テ遺骨ノ容器ヲ販売セントスルトキハ其形状，大
　サ，品質及価格ヲ所轄警察署ヲ経テ警視庁ニ届出シ可シ其変更ヲ為サン
　トスルトキ亦同シ

第八条ノ三　警視庁ニ於テ必要アリト認ムルトキハ火葬料又ハ遺骨ノ容器
　ノ価格ノ変更ヲ命スルコトアル可シ

第八条ノ四　火葬料及遺骨ノ容器ノ価格ハ火葬場内睹易キ場所ニ之ヲ掲示
　ス可シ

第九条　火葬依託人アルトキハ埋葬認許証又ハ改葬許可証ヲ領置シ其裏面
　ニ火葬ノ年月日時ヲ記入シ署名捺印ノ上之ヲ返付ス可シ

資料編／Ⅱ廃止法令

第十条　火葬場ニハ帳簿ヲ備ヘ之ニ火葬依託人竝ニ死者ノ族籍住所氏名及ヒ火葬ノ年月日時ヲ登記スヘシ

第十一条　火葬ノ時間ハ日没ヨリ日出迄ヲ限リトス但臨時警視庁ヨリ指定シタルトキ又ハ特ニ警視庁ノ免許ヲ受ケタルトキハ此限ニアラス

第十二条　死屍ハ叮嚀ニ取扱ヒ且衣服ヲ脱却スル等ノ事ヲ為ス可ラス

第十三条　埋葬認許証又ハ改葬許可証ヲ確認スルニ非サレハ火葬ス可カラス埋葬認許証ヲ所持スルモ死亡後二十四時間ヲ経過セサルモノ亦同シ但伝染病ニ因ル死者，変死者等ニシテ警察署ノ許可ヲ得タルモノハ此ノ限ニアラス

第十四条　正当ノ事故ナクシテ火葬ノ需メヲ拒絶シ又ハ定料ノ外別ニ金銭ヲ請求スルコトヲ得ス

第十五条　火葬室煙筒其他場内ハ総テ不潔ナキ様常ニ掃除ヲ為ス可シ

第十六条　第二条，第三条，第五条，第八条，第八条ノ二，第八条ノ四乃至第十五条ノ規定ニ違反シ又ハ第四条，第八条ノ三ノ規定ニ基ク命令ニ違反シタル者ハ拘留又ハ科料ニ処ス

　　　附　　則

本令ノ規定ハ水上ニ於テ火葬設備ヲ為スモノニ之ヲ準用ス

本令ハ発布ノ日ヨリ之ヲ施行ス

14　刑死者ノ墓標及祭祀等ニ関スル件

$$\left(\begin{array}{l}明治24年7月27日\\内務省令第11号\end{array}\right)$$

第一条　刑死者ノ墓標ニハ氏名，法号，族籍，年齢，生死ノ年月日ヲ記入スルニ止メ他ノ事項ヲ記スルコトヲ得ス

　其墓標ハ遺骸埋葬地又ハ祖先塋域ノ外之ヲ建設スルコトヲ得ス

　異様ノ墓標ヲ建設シ及文字ニ彩色ヲ施スコトヲ得ス

第二条　所轄警察署ノ許可ヲ得スシテ刑死者ノ為メ公然祭祀ヲ行フコトヲ得ス但親族ノ香花ヲ供スルノ類ハ此限ニアラス

293

第三条　刑死者ノ写真其他肖像ヲ公然陳列シ又ハ販売スルコトヲ得ス

其他総テ刑死者ヲ賞揚哀悼スルコトヲ得ス

第四条　前各条項ニ違背シタル者ハ二円以上二十五円以下ノ罰金若クハ十一日以上二十五日以下ノ軽禁錮ニ処ス

第五条　犯罪ニ関シ現ニ捜査，起訴，勾留，服刑中ノ者若クハ捜査，起訴，勾留，服役中ニ死去シタル者及刑ヲ免レント欲シテ自殺シ或ハ犯罪現行ノ際殺害セラレタ者ニ付地方長官（東京府ハ警視総監）ハ安寧秩序ヲ保持スルニ必要ナリト認ムルトキハ特ニ命令ヲ下シ第一条第二条第三条ニ掲クル所為ヲ禁スルコトヲ得其命令ニ違背シタル者ハ第四条ニ拠リ処分ス

15　形像取締規則

$$\left(\begin{array}{l}\text{明治33年5月19日}\\\text{内務省令第80号}\end{array}\right)$$

第一条　官有地及公衆ノ往来出入スル地ニ於テ永久保存ノ目的ヲ以テ人物其他ノ形像ヲ建設，移転，改造又ハ除却セントスルモノハ東京市，京都市，大阪市ニ在テハ内務大臣其ノ他ノ地方ニ在テハ地方長官（東京府ハ警視総監以下同シ）ノ許可ヲ受クヘシ但墓地境内ニ於テ慣例ニ依リ礼拝ノ用ニ供スルモノハ此限リアラス

前項ニ依リ内務大臣ノ許可ヲ申請スルニハ地方長官ヲ経由スヘシ

第二条　形像ノ建設，移転，改造ノ許可申請書ニハ左ノ事項ヲ具シタル書面ヲ添付スヘシ

一　形像ノ位置ヲ表示セル地図

二　形像ヲ設置スヘキ土地ノ種目

三　地主又ハ其ノ土地若クハ形像ニ関スル権利ヲ有スル者アルトキハ其ノ承諾ノ有無

四　形像ノ物質，製作方法竝其ノ設計及図面

五　礎石其ノ他ノ部分ニ文字ヲ表ハストキハ其ノ文字

294

資料編／Ⅱ廃止法令

六　歴史上顕著ナラサル人物ノ形像ニ係ルトキハ其人ノ事蹟又寓意アル
　トキハ其ノ寓意

七　費用ヲ募集スルモノハ募集及支出ノ方法

八　形像ノ管理及維持方法

　形像ノ除却ノ許可申請書ニハ其ノ形像ノ来歴及除去ヲ要スル理由ヲ具シ
タル書面ヲ添付スヘシ

　第三条　内務大臣ニ於テ公共ノ安寧ヲ維持シ又ハ風俗ノ取締ヲ為スカ為メ
　必要ト認ムルトキハ既ニ建設シタル形像ノ移転，改造又ハ除却ヲ命スル
　コトアルヘシ

　許可ヲ得スシテ建設，移転，改造又ハ除却シタル形像ハ地方長官ニ於テ
　必要ナル措置ヲ命スルコトヲ得

16　死産ノ埋火葬認許証ニ特別番号ヲ付スルノ件

$$\begin{pmatrix}明治33年6月27日\\内務省訓令第21号\end{pmatrix}$$

　墓地及埋葬取締規則ニ依リ死産ニ関シ埋火葬認許証ヲ与フルトキハ其ノ
順序ニ従ヒ特別ニ番号ヲ付スヘシ

17　墓地設置及管理規則

$$\begin{pmatrix}大正6年7月26日\\東京府令第44号\end{pmatrix}$$

　第一条　墓地ノ新設変更又ハ廃止ハ知事ノ許可ヲ受クヘシ

　第二条　前条ノ許可ヲ受ケムトスル者ハ左ノ事項ヲ具シ且新設又ハ拡大ノ
　場合ニ在リテハ其ノ土地ノ土地台帳謄本竝ニ其ノ周囲ノ状況ヲ知ルニ足
　ルヘキ図面ヲ添付スヘシ

　一，新設変更又ハ廃止ノ事由

　二，土地ノ所在地地番及面積且地目アルトキハ其ノ地目

　第三条　墓地ノ新設又ハ拡大ハ左ノ制限ニ従フヘシ

295

一，国県道其ノ他ノ重要ナル道路鉄道河川ヲ距ルコト十間以上人家ヲ距ルコト六十間以上ナルコト

二，高燥ニシテ飲用水ニ関係ナキ土地ナルコト

三，前二条ノ外風教及公衆衛生上支障ナキ土地ナルコト

　前項第一号ノ規定ハ土地ノ状況ニ依リ多少斟酌スルコトアルヘシ

第四条　墓地ノ周囲ニハ樹木ヲ植栽シ又ハ土塀墻柵等ヲ設ケ其ノ区域ヲ明瞭ナラシムヘシ

第五条　墓地ハ種族宗旨ノ別ヲ問ハス其市町村在籍者若ハ其市町村内ニ於テ死亡シタルモノニ対シテハ総テ埋葬ノ求メニ応スヘキモノトス但シ特別ノ理由アル場合ハ此限ニ在ラス

第六条　知事ハ風教又ハ公衆衛生上必要アリト認ムルトキハ墓地ノ廃止ヲ命スルコトアルヘシ

第七条　知事ハ必要アリト認ムルトキハ墓地ノ修繕又ハ特別ノ設備ヲ命シ若ハ其ノ使用ノ停止ヲ命スルコトアルヘシ

第八条　墓地設置ノ許可ヲ受ケタル者ハ墓地管理者ヲ置クヘシ

第九条　墓地管理者ハ墓地ノ図面及墓籍ヲ調製スヘシ

　墓地ノ図面ニハ其所在地地番面積及許可ノ年月日ヲ記載スヘシ

　墓籍ニハ地目番号等級坪数使用料使用者又ハ持主ノ族籍住所氏名及使用許可ノ年月日ヲ記載シ置キ埋葬ノ都度死亡者ノ族籍氏名年齢病名死亡竝ニ埋葬ノ年月日時ヲ登記スヘシ

第十条　第六条又ハ第七条ノ命ニ従ハサル者ハ十日以下ノ拘留又ハ壱円九拾五銭以下ノ科料ニ処ス

第十一条　第四条，第五条，第八条又ハ第九条ニ違反シタル者ハ壱円九拾五銭以下ノ科料ニ処ス

　　　附　　則

本令ハ公布ノ日ヨリ之ヲ施行ス

墓地管理規定中第一条乃至第三条ヲ削除ス

資料編／Ⅱ廃止法令

18　墓地設置及管理規則施行手続

$$\left(\begin{array}{l}\text{大 正 8 年 1 月}\\\text{東京府訓令第3号}\end{array}\right)$$

第一条　本手続ニ於テ規則ト称スルハ墓地設置及管理規則ヲ謂フ

第二条　規則第一条ノ願書ヲ受理シタルトキハ同則第二条所定ノ具備事項添付書類図面等ヲ対照審査シ誤リナキヲ確メタル上所轄警察官署ノ意見書ヲ添付シ新設又ハ拡大ニ在リテハ願書受理後遅クモ十日内ニ意見書ヲ付シテ進達スヘシ

第三条　新設又ハ拡大ナルトキハ前条ニ依ルノ外仍吏員ヲ派シ左ノ事項ヲ実査セシムヘシ

一，規則第三条第一項ノ制限ニ適合スルヤ

二，規則第三条第一項ノ制限ニ適合セサルモ同条第二項ニ依リ多少酌酬スルヲ相当ト認ムルヤ

三，地主隣地及附近居住者ニ於テ故障ヲ唱フルカ如キコトナキヤ

第四条　左ノ場合ニハ理由ヲ具シ即報スヘシ

一，規則第六条ニ依リ墓地ノ廃止ヲ命スル必要アリト認ムルトキ

二，規則第七条ニ依リ墓地ノ修繕又ハ特別ノ設備ヲ命シ若クハ其使用ノ廃止ヲ命スル必要アリト認ムルトキ

19　納骨堂取締規則

$$\left(\begin{array}{l}\text{大正13年警視庁令第30号，昭和3年第31号，}\\\text{4年12月第45号，6年10月第49号改正}\end{array}\right)$$

第一条　本令ニ於テ納骨堂ト称スルハ他人ノ委託ヲ受ケ遺骨ヲ収蔵スル場所ヲ謂フ

第二条　納骨堂ハ寺院ノ境内墓地又ハ火葬場敷地内ニ非サレハ建設スルコトヲ得ス但シ公共団体及公益法人ニ於テ建設スル場合ハ此ノ限ニ在ラス

第三条　納骨堂ヲ建設セムトスルトキハ左ノ事項ヲ具シ警視庁ノ認可ヲ受クヘシ之ヲ改築，移転，修繕，変更又ハ廃止セムトスルトキ亦同シ

297

一 建設者ノ族籍，住所，職業，氏名，生年月日（法人ニ在リテハ其ノ
　名称，事務所所在地，代表者ノ住所氏名及定款写）

二 管理者ノ族籍，住所，職業，氏名，生年月日

三 建設ノ場所

四 敷地ノ地目，番号，坪数及附近ノ略図

五 建物坪数，図面，構造仕様書及其ノ配置図

六 維持ノ方法

七 落成期日

前項第三号乃至第七号ノ事項ヲ変更セムトスルトキハ警視庁ノ許可ヲ受
ケ第一号又ハ第二号ノ事項ニ変更アリタルトキハ十日以内ニ警視庁ニ届
出ツヘシ

工事落成シタルトキハ警視庁ニ届出テ検査証ヲ受クルニ非サレハ之ヲ使
用スルコトヲ得ス

第四条　納骨堂ハ左ノ制限ニ依ルヘシ但シ土地ノ状況又ハ建物ノ構造設備
ニ依リ斟酌スルコトアルヘシ

一 独立ノ建物ト為シ周囲ニ相当ノ空地ヲ存セシムルコト

二 外壁及屋根ハ耐火構造ト為スコト

三 内部地盤ハ石，煉瓦，「コンクリート」其ノ他警視庁ニ於テ適当ト
　認ムル材料ヲ以テ構造スルコト

四 堂内ノ設備ハ不燃材料ヲ用フルコト

五 出入口及窓ニハ二重防火戸ヲ設クルコト

六 出入口，窓及堂内納骨装置ニハ銷鑰ノ設備ヲ為スコト

第五条　納骨料其ノ他ノ料金ヲ徴収セムトスルトキハ其ノ額ヲ定メ警視庁
ノ認可ヲ受クヘシ之ヲ変更セムトスルトキ亦同シ

第六条　納骨堂ヲ継承シタル者ハ族籍，住所，職業，氏名及生年月日（法
人ニ在リテハ其ノ名称，事務所所在地，代表者ノ住所氏名及定款写）ヲ
具シ十日以内ニ警視庁ニ届出ツヘシ

第七条　管理者ヲ変更シタルトキハ第三条第一項第二号ノ事項ヲ具シ十日

資料編／Ⅱ廃止法令

以内ニ警視庁ニ届出ツヘシ

第八条　本令ニ依リ許可ヲ受ケタル納骨堂ニ非サレハ他人ノ委託ヲ受ケ遺骨ヲ収蔵スルコトヲ得ス但シ特別ノ事由ニ依リ所轄警察官署ノ許可ヲ受ケタルモノハ此ノ限ニ在ラス

第九条　管理者ハ納骨堂ノ前面ニ死者ノ氏名及死亡年月日ヲ明記シタル標札ヲ掲示スヘシ但シ本令第十二条ノ規定ニ依リ合納スル場合ハ其ノ事項ヲ帳簿ニ記載シ永久保存スヘシ

第十条　管理者ハ本令第五条ノ規定ニ依リ認可ヲ受ケタル料金ノ外名義ノ如何ニ拘ラス金品ヲ徴収スルコトヲ得ス

第十一条　管理者ハ納骨堂内外ノ清潔ヲ保持スヘシ

第十二条　管理ハ無縁者ノ遺骨ヲ合納セムトスルトキハ其ノ事由ヲ詳記シ所轄警察官署ノ許可ヲ受クヘシ委託者ヨリ合納ノ申請アリタルトキ亦同シ

第十三条　管理者ハ正当ノ事由ナクシテ納骨ノ委託ヲ拒ムコトヲ得ス

第十四条　管理者ハ毎年末現在納骨数ヲ翌年一月十五日迄ニ所轄警察官署ニ届出ツヘシ

第十五条　本令ニ依リ警視庁ニ提出スル願書ハ所轄警察官署ヲ経由スヘシ

第十六条　第三条第五条乃至第十四条ノ規定ニ違反シタル者ハ拘留又ハ科料ニ処ス

第十七条　法人ノ代表者又ハ其ノ雇人法人ノ業務ニ関シ本令ニ違反シタルトキハ本令ニ規定シタル罰則ヲ法人ノ代表者ニ適用ス

　　　　附　　則

本令施行前許可ヲ得テ現ニ納骨堂ヲ建設セルモノハ施行後二月以内ニ第三条第一号乃至第三号第六号及第五号ノ事項ヲ具シ警視庁ニ届出ツヘシ

前項ノ納骨堂ニシテ其ノ構造本令ニ適合セサルトキハ本令施行後二年以内ニ之ヲ改造スヘシ

前項ノ期間内ニ改造セサルトキハ許可ハ其ノ効力ヲ失フモノトス

本令第八条ノ規定ハ大正十四年一月一日ヨリ之ヲ施行ス

299

20 墓地及埋葬取締細則

$$\left(\begin{array}{l}\text{昭和7年10月1日}\\\text{警視庁令第33号}\end{array}\right)$$

第一条　墓地管理者又ハ使用者ハ常ニ墓地ノ清潔ヲ保持シ墳墓其ノ他附属建設物等ニシテ倒壊危険ノ虞アルトキハ速ニ修理ヲ為スヘシ

第二条　墓地ニハ塵芥其ノ他不潔物ヲ投棄スヘカラス

第三条　墓地内ニ於テ鳥獣ヲ捕獲シ又ハ濫リニ竹木ヲ伐採スヘカラス

第四条　墓碑其ノ他建設物及供物ヲ毀棄若ハ汚損スヘカラス

第五条　死屍$\left(\begin{array}{l}\text{死胎ヲ含ム}\\\text{以下之ニ倣フ}\end{array}\right)$及遺骨ハ墓地外ニ埋葬シ又ハ火葬場外ニ於テ火葬スルコトヲ得ス

第六条　碑表ヲ建設セムトスル者ハ其ノ図面竝誌銘伝賛等ノ文案ヲ添ヘ建設地所轄警察署ニ願出テ許可ヲ受クヘシ但シ他ノ法令ニ別段ノ定アルモノハ此ノ限ニ在ラス

第七条　東京市及八王子市内ノ墓地ニハ火葬ノ焼骨ノ外死屍ト遺骨トヲ問ハス総テ埋葬スヘカラス土地ノ状況又ハ特別ノ由緒アル墓地ニシテ前項ノ制限ニ依リ難キモノニ在リテハ墓地所有者又ハ管理者ヨリ左ノ事項ヲ具シ警視庁ニ願出テ許可ヲ受クヘシ

一，墓地所有者及管理者ノ住所，氏名

二，墓地所在地ノ地名番号面積及平面図$\left(\begin{array}{l}\text{六百分ノ一}\\\text{縮　　図}\end{array}\right)$

三，四隣ノ状況ヲ知ルニ足ルヘキ図面

四，出願事由ノ詳細

第八条　前条第二項ニ依リ許可シタル墓地ニシテ衛生上其ノ他公益ヲ害スル虞アリト認メタルトキハ其ノ許可ヲ取消スコトアルヘシ

第九条　墳墓ヲ発掘スルトキハ警察官吏ノ臨検ヲ受クヘシ

第十条　改葬ヲ為サムトスル者ハ願書ニ左ノ事項ヲ具シ墓地管理者ノ署名捺印ヲ受ケ墓地所在地所轄警察署ノ許可ヲ受クヘシ

一，出願者ノ住所氏名

二，墳墓所在地ノ地名，番号

資料編／Ⅱ廃止法令

三，改葬先ノ地名，番号

四，改葬ノ基教，法名，俗名及死亡年月日

五，土葬火葬，ノ別（土葬ノモノニアリテハ其
ノ病名ヲ併記スルコト）

六，改葬ノ事由

第十一条　無縁墳墓ノ改葬ヲ為サムトスルトキハ左ノ手続ヲ完了シ之ヲ証スヘキ書類ヲ前条ノ願書ニ添付スヘシ

一，墓地使用者及死者生前ノ本籍竝住所地ヲ管轄スル市区町村長ニ縁故者ノ有無ヲ照会スルコト

二，日刊新聞五種ニ各三日以上改葬広告ヲ為シ縁故者ノ申出期間ハ三箇月以上ト為スコト

三，現場ノ写真又ハ図面ヲ作製スルコト

前項ノ出願書類ハ正副二通ヲ提出スヘシ

願書ノ副本ハ許可証ト共ニ交付ス管理者ハ之ヲ永久保存スヘシ

第十二条　発掘シタル無縁墳墓ノ遺骨ハ左ノ方法ニ依リ之ヲ保管スヘシ

一，一基毎ニ別箇ノ容器ニ収メ法名，俗名，死亡及改葬年月日其ノ他必要事項ヲ明記スルコト

二，容器ハ陶器又ハ不朽性ノモノトスルコト

第十三条　明治元年以前ノ死亡者又ハ行旅死亡人其ノ他特殊ノ事由アル者ノ改葬ニ係ルトキハ墓地所在地所轄警察署ノ許可ヲ受ケ前二条ノ規定ニ依ラサルコトヲ得

第十四条　壙穴ノ深サハ二メートル以上ト為スヘシ但シ焼骨ノ埋葬ノ場合ハ此ノ限ニ在ラス

前項ノ制限ニ拠リ難キトキハ予メ墓地所在地所轄警察署ノ許可ヲ受クヘシ

第十五条　廃止ニ係ル墓地ノ遺骨，遺骸ハ之ヲ改葬スヘシ

第十六条　管理者ハ住所，氏名，生年月日ヲ管理開始ノ日ヨリ十日以内ニ墓地所在地所轄警察署ニ届出ツヘシ其ノ届出事項ニ変更アリタルトキ亦同シ

第十七条　管理者ハ埋葬前ニ埋葬認許証又ハ改葬許可証ヲ収受シ且壙穴ヲ検査スヘシ

第十八条　管理者ハ死者ノ親戚故旧ヨリ墓地ノ図面及墓籍ノ閲覧ヲ求メタルトキハ正当ノ理由ナクシテ之ヲ拒ムコトヲ得ス

第十九条　第一条乃至第七条，第十条乃至第十二条及第十四条乃至第十八条ニ違反シタル者ハ拘留又ハ科料ニ処ス

　　　附　　則

第二十条　本令ハ公布ノ日ヨリ之ヲ施行ス

第二十一条　明治二十四年八月警察令第十二号墓地及埋葬取締細則ハ之ヲ廃止ス

第二十二条　東京市ノ内麴町区，神田区，日本橋区，京橋区，芝区，麻布区，赤坂区，四谷区，牛込区，小石川区，本郷区，下谷区，浅草区，本所区，深川区及八王子市内ノ墓地ニシテ従来土葬ヲ認可又ハ認容セラレタルモノハ本令施行ノ日ヨリ三箇月以内ニ第七条第二項第一号乃至第三号ノ事項ヲ具シ警視庁ニ届出ツヘシ

　前項ニ依リ届出ヲ為シタルモノハ本令ニ依リ許可ヲ受ケタルモノト看做ス

第二十三条　第七条第一項ノ規定ハ東京市ノ内蒲田区，大森区，荏原区，品川区，目黒区，世田谷区，渋谷区，杉並区，中野区，淀橋区，板橋区，豊島区，滝野川区，王子区，荒川区，足立区，葛飾区，向島区，城東区，江戸川区ノ地域ニ限リ昭和八年十二月三十一日迄之ヲ適用セス

21　埋火葬の認許等に関する件

$$\left(\begin{array}{l} 昭和22年4月15日 \\ 厚生省令第9号 \end{array} \right)$$

第一条　埋火葬の認許等に関しては，この省令によるの外，墓地及埋葬取締規則の定めるところによる。

第二条　死体若しくは死胎を埋葬又は火葬しようとするものは，死亡地若

資料編／Ⅱ廃止法令

しくは死産地の市区町村長の認許を受けなければならない。

　埋葬又は火葬は，前項の認許を受ける以前に，これを行つてはならない。

第三条　市区町村長が前条の認許を与えるときは，埋葬又は火葬認許証（別記第一，第二様式）を交付する。

　前項の埋葬認許証は，正副二通これを交付する。

第四条　市区町村長は，死亡又は，死産の届出を受理した後でなければ，埋葬又は火葬認許証を交付してはならない。

第五条　墓地の管理者は，その墓地に死体若しくは死胎が埋葬されたときは，第三条第二項による埋葬認許証の副本に，埋葬の日時を記入の上署名して，埋葬後十日以内に，埋葬地の市区町村長に提出しなければならない。

第六条　火葬場の管理者は，毎月五日までに，その前月中の火葬状況（別記第三様式）を，火葬場所在地の市区町村長に報告しなければならない。

　　　附　則

この省令は，公布の日から，これを施行する。

〔別紙様式略〕

303

Ⅲ　助成措置等

1　と畜場等災害復旧費の国庫補助について（抄）〔火葬場関係〕

$$\begin{pmatrix}昭和51年 3 月19日，厚生省環第148号\\厚生事務次官から各都道府県知事あて\end{pmatrix}$$

改正第 1 次　昭和59.10.31厚生省生衛第159号

第 2 次　平成 2 . 3 .23厚生省生衛第196号

第 3 次　平成 7 . 3 . 2 厚生省生衛第172号

最　終　平成 7 . 3 .31厚生省生衛第333号

　標記の国庫補助金の交付については，別紙 1 と畜場等災害復旧費補助金交付要綱により行うこととされ，昭和50年 4 月 1 日より適用されることとされたので，通知する。なお，これに伴い昭和50年 2 月18日厚生省環第110号本職通知「廃棄物処理施設等災害復旧費の国庫補助について」の別紙「廃棄物処理施設等災害復旧費補助金交付要綱」の一部が別紙 2 のとおり改正されたので，あわせて通知する。

　おって，貴管下市町村に対しては，貴職からこの旨通知されたい。

別紙 1

と畜場等災害復旧費補助金交付要綱

（通則）

1　と畜場等災害復旧費補助金については，予算の範囲内において交付するものとし，補助金等に係る予算の執行の適正化に関する法律（昭和30年法律第179号），補助金等に係る予算の執行の適正化に関する法律施行令（昭和30年政令第255号）及び厚生省所管補助金等交付規則（昭和31年厚生省令第30号）の規定によるほか，この交付要綱の定めるところによる。

（交付対象）

2　この補助金の交付の対象となる事業は，別に定める災害により被害を受けたと畜場施設及び火葬場施設に係る災害復旧事業とする。

304

資料編／Ⅲ助成措置等

(1)　災害復旧事業とは，災害により被害を受けた施設を原形に復旧するこ
　　と（原形に復旧することが不可能な場合において，当該施設の従前の効
　　用を復旧するための施設を設置することを含む。）を目的とするもので
　　あり，災害により被害を受けた施設を原形に復旧することが著しく困難
　　又は不適当な場合において，これに代わるべき必要な施設を設置するこ
　　とを目的とするものは，災害復旧事業とみなすものとする。

(2)　補助対象となる事業は，地方公共団体（一部事務組合を含む。以下同
　　じ。）が設置したもので次の各号に掲げる施設の災害復旧事業とする。

　　ア　と畜場施設

　　　㋐　建物及び工作物

　　　　a　管理施設　　　b　けい留施設　　　c　検査施設
　　　　d　処理施設　　　e　懸肉施設　　　　f　病畜施設
　　　　g　冷蔵施設　　　h　汚物処理施設　　i　機械施設
　　　　j　汚水処理施設

　　　㋑　土地
　　　　上記㋐に定める施設と一体となっている区域であり，かつ，これを
　　　復旧しなければ当該施設の従前の効用が回復されないと認められるも
　　　の及び搬入路に限る。

　　イ　火葬場施設

　　　㋐　建物及び工作物
　　　　火葬を行うために必要な施設

　　　㋑　土地
　　　　火葬を行うために必要な施設と一体になっている区域であり，か
　　　つ，これを復旧しなければ当該施設の従前の効用が回復されないと認
　　　められるもの及び搬入路に限る。

(3)　補助対象から除外されるもの

305

ア　土地の買収に要する費用

イ　門，棚，塀及び公舎

ウ　1施設の復旧事業に要する経費が次の表に掲げる限度額未満のもの

エ　災害復旧事業以外の事業の工事施工中に生じた災害に係るもの

施　設　名	限　　度　　額
と 畜 場 施 設 火 葬 場 施 設	都道府県及び市にあっては60万円 町村にあっては30万円

オ　明らかに設計の不備又は工事施工の粗漏に起因して生じたものと認められる災害に係るもの

（交付額の算定方法）

3　この補助金の交付額は，別に通知する「と畜場等災害復旧費国庫補助対象事業限度額表」に定める額の範囲内において，補助対象事業に係る実支出額と総事業費から当該事業のための寄附金，その他の収入額を控除した額とを比較していずれか少ない方の額に2分の1（阪神・淡路大震災に対処するための特別の財政援助及び助成に関する法律（平成7年法律第16号）第19条又は20条の規定に基づき補助する場合にあっては3分の2）を乗じて得た額とする。

ただし，算出された合計額に1,000円未満の端数が生じた場合には，これを切り捨てるものとする。

（交付の条件）

4　この補助金の交付の決定には，次の条件が付されるものとする。

(1)　事業の内容を変更する場合には，厚生大臣の承認を受けなければならない。

(2)　事業を中止し，又は廃止する場合には，厚生大臣の承認を受けなければならない。

(3)　事業が予定の期間内に完了しない場合又は事業の遂行が困難となった場合には，すみやかに厚生大臣に報告してその指示を受けなければならない。

　　　　　　　　　　　　　　　　　　　　　　資料編／Ⅲ助成措置等

(4)　事業により取得し，又は効用の増加した不動産及びその従物並びに事業により取得し，又は効用の増加した価格が単価50万円以上の機械及び器具については，補助金等に係る予算の執行の適正化に関する法律施行令第14条第1項第2号の規定により厚生大臣が別に定める期間を経過するまで厚生大臣の承認を受けないでこの補助金の交付の目的に反して使用し，譲渡し，交換し，貸し付け，又は担保に供してはならない。

(5)　厚生大臣の承認を受けて財産を処分することにより収入があった場合は，その収入の全部又は一部を国庫に納付させることがある。

(6)　事業により取得し，又は効用の増加した財産については，事業完了後においても善良な管理者の注意をもって管理するとともに，その効率的な運営を図らなければならない。

(7)　補助金と事業に係る予算及び決算との関係を明らかにした別紙様式(1)による調書を作成し，これを事業完了後5年間保管しなければならない。

（申請手続等）

5　この補助金の交付の申請及び事業実績の報告については，それぞれ別紙様式(2)及び別紙様式(3)に基づき作成し，都道府県知事を経由して，これを厚生大臣に提出して行うものとする。

6　この補助金の交付申請は，別に定める期日までに厚生大臣に提出して行うものとする。

7　この補助金の事業実績報告は，事業完了後1ヵ月以内（4の(2)により事業の中止，又は廃止の承認を受けた場合には，当該承認通知を受理した日から1ヵ月以内）又は，翌年度4月10日までのいずれか早い期日までに厚生大臣に提出して行わなければならない。

（その他）

8　特別の事情により，3，5，6及び7に定める算定方法，手続きによることができない場合には，あらかじめ厚生大臣の承認を受けてその定めるところによるものとする。

（別紙様式〔略〕）

Ⅳ　統計等

1　主要統計

1　墓地数の推移

		大正14年	昭和5年	昭和15年	昭和35年	昭和55年	平成12年	平成17年	平成22年	平成27年	令和2年	令和5年
1	北海道	1,608	1,724	1,806	1,731	1,845	1,967	1,938	1,943	1,968	1,991	1,996
2	青森	2,502	2,542	2,580	2,521	2,660	2,481	2,644	2,623	2,628	2,588	2,607
3	岩手	2,110	2,099	2,102	2,428	2,680	3,233	3,184	3,218	3,246	4,163	4,209
4	宮城	1,749	1,782	1,787	1,496	2,158	2,487	2,474	(注2) 805	2,303	2,306	2,315
5	秋田	13,204	12,551	12,565	10,720	11,784	13,174	13,039	13,053	13,049	13,050	13,063
6	山形	2,856	2,933	2,944	3,835	3,852	4,305	4,354	4,371	4,391	4,399	4,401
7	福島	7,205	6,973	6,953	7,127	7,450	7,717	7,721	(注2) 6,789	7,844	8,281	8,302
8	茨城	27,790	22,997	22,686	25,226	26,939	27,476	27,907	27,869	27,441	27,412	27,483
9	栃木	15,289	15,589	14,366	13,651	16,410	17,104	17,706	17,722	18,169	18,175	18,146
10	群馬	35,117	35,606	36,637	34,370	35,795	42,124	42,119	41,608	44,243	44,191	44,184
11	埼玉	30,347	30,706	30,730	29,315	33,174	33,508	32,724	33,339	33,583	33,440	33,394
12	千葉	31,213	31,175	31,043	24,989	10,329	8,818	21,655	21,504	21,780	21,252	21,696
13	東京	14,804	14,347	13,682	11,719	10,555	9,783	9,728	9,684	9,681	9,554	9,471
14	神奈川	23,192	23,724	23,667	19,092	18,466	21,029	20,082	18,137	18,116	18,040	17,981
15	新潟	32,077	28,678	27,799	36,170	28,465	29,472	28,138	28,370	28,437	28,466	28,412
16	富山	3,213	3,508	3,368	5,616	5,453	3,290	3,481	4,411	2,750	2,321	2,818
17	石川	6,520	6,484	5,941	10,912	3,615	10,059	9,656	9,701	9,735	10,469	10,462
18	福井	4,626	4,423	4,256	2,245	2,302	2,019	2,032	2,048	2,125	2,166	2,179
19	山梨	2,500	2,357	2,386	2,194	2,336	2,496	2,435	2,538	2,572	2,574	2,575
20	長野	61,300	61,996	62,328	89,081	91,786	93,604	83,400	83,769	83,924	83,973	83,955
21	岐阜	5,312	4,945	4,880	10,203	10,315	10,441	10,557	10,550	10,571	11,008	10,799
22	静岡	17,175	17,273	16,836	14,189	13,844	12,490	19,575	19,551	18,522	18,757	18,709
23	愛知	11,072	8,841	6,791	8,899	12,183	13,096	13,106	13,002	13,033	13,056	13,005
24	三重	5,531	5,579	5,548	4,409	4,334	4,533	4,575	4,688	4,854	4,621	4,913
25	滋賀	3,070	2,967	2,743	2,799	4,421	4,782	4,669	4,647	4,683	4,695	4,658
26	京都	11,870	11,959	11,859	8,909	13,531	13,703	14,197	14,105	14,122	14,153	14,171
27	大阪	2,087	2,168	2,175	2,860	2,823	2,873	2,992	3,003	3,090	3,125	3,105
28	兵庫	38,863	38,737	37,817	38,730	26,221	21,498	21,506	20,827	20,971	20,998	21,100
29	奈良	4,218	4,220	4,261	3,913	4,279	4,204	4,111	4,122	4,942	4,935	4,916
30	和歌山	12,048	10,291	10,423	10,193	9,730	10,846	10,121	11,055	10,497	9,892	9,955

308

資料編／Ⅳ統計等

31 鳥取	24,951	24,354	23,838	25,384	26,192	14,736	15,888	15,206	14,255	14,593	15,098
32 島根	83,684	83,676	82,767	83,187	93,391	93,764	95,539	96,675	97,102	97,250	97,024
33 岡山	101,660	101,392	101,008	104,733	106,304	108,843	107,272	106,284	107,251	107,991	108,372
34 広島	71,325	81,615	80,650	68,232	63,094	65,240	67,541	71,845	68,291	66,213	66,079
35 山口	13,707	3,523	3,546	3,698	3,124	3,304	3,377	3,249	3,350	3,377	3,398
36 徳島	3,034	3,037	3,080	6,271	20,358	17,391	17,414	17,424	17,430	17,433	16,537
37 香川	8,590	9,607	9,669	7,170	3,327	2,982	2,550	2,715	2,714	2,706	2,715
38 愛媛	28,780	31,076	27,041	8,301	5,018	5,655	7,033	7,282	12,582	12,539	12,315
39 高知	56,002	56,703	57,745	46,417	28,340	5,014	6,422	7,409	9,457	9,893	9,671
40 福岡	37,003	36,859	35,805	31,518	36,956	34,335	29,860	29,298	28,892	26,051	26,022
41 佐賀	15,077	14,931	14,954	13,294	11,939	11,896	12,089	10,942	11,400	11,075	11,233
42 長崎	17,988	16,638	15,874	14,339	15,436	15,990	16,055	16,342	16,355	17,752	17,763
43 熊本	29,403	29,406	25,887	23,836	24,460	20,871	20,824	21,172	4,202	4,157	4,195
44 大分	14,538	17,488	17,450	22,306	26,013	4,955	4,623	924	778	745	747
45 宮崎	9,797	9,832	9,668	9,709	9,338	9,479	9,552	9,709	9,448	9,452	9,451
46 鹿児島	10,131	10,103	9,484	11,686	11,384	9,323	9,587	9,623	8,718	8,742	9,633
47 沖縄	9 (34,009)	386 (31,503)	386 (33,428)	—	2,846	5,038	5,989	8,639	10,223	14,279	19,967
合　計	990,156	981,933	965,239	919,623	907,255	863,428	873,441	873,790 ^(注2)	865,718	868,299	875,200

（注1）沖縄県のカッコ内数値は旧慣墓地数

（注2）東日本大震災の影響により，宮城県のうち仙台市以外の市町村，福島県の相双保健福祉事務所管轄内の市町村が含まれていない。

資料　厚生労働省「衛生行政報告例」

2 納骨堂数の推移

		大正14年	昭和5年	昭和15年	昭和35年	昭和55年	平成12年	平成17年	平成22年	平成27年	令和2年	令和5年
1	北海道	—	—	—	1,442	1,628	1,742	1,756	1,755	1,783	1,743	1,873
2	青森	—	—	—	1	11	31	45	37	39	41	48
3	岩手	—	—	—	9	34	28	33	31	26	30	31
4	宮城	—	—	—	8	27	62	74	28	92	96	102
5	秋田	—	—	—	57	43	27	19	21	21	22	24
6	山形	—	—	—	7	19	45	46	39 (注)	41	52	71
7	福島	—	—	—	32	24	46	52	53 (注)	60	75	76
8	茨城	—	—	—	55	64	82	84	93	84	90	108
9	栃木	—	—	—	108	26	40	43	47	57	67	72
10	群馬	—	—	—	33	127	123	146	145	155	158	160
11	埼玉	—	—	—	17	27	84	91	115	128	136	144
12	千葉	—	—	—	12	36	73	75	87	103	113	128
13	東京	—	—	—	97	158	287	310	347	397	442	459
14	神奈川	—	—	—	16	56	156	112	120	130	137	146
15	新潟	—	—	—	19	63	70	75	77	73	68	70
16	富山	—	—	—	5	20	16	13	16	19	20	35
17	石川	—	—	—	14	15	71	69	71	91	99	106
18	福井	—	—	—	146	138	165	165	164	173	170	174
19	山梨	—	—	—	—	4	13	15	19	26	33	32
20	長野	—	—	—	24	28	48	53	60	72	87	99
21	岐阜	—	—	—	15	44	72	73	83	102	138	159
22	静岡	—	—	—	31	61	72	94	114	131	149	170
23	愛知	—	—	—	27	107	150	155	177	209	240	277
24	三重	—	—	—	9	21	44	58	63	59	75	84
25	滋賀	—	—	—	11	21	35	28	36	50	58	68
26	京都	—	—	—	61	84	121	132	125	157	161	173
27	大阪	—	—	—	65	85	148	166	194	247	297	313
28	兵庫	—	—	—	75	74	144	161	137	224	282	335
29	奈良	—	—	—	2	7	16	21	24	46	57	64
30	和歌山	—	—	—	16	18	31	37	28	35	33	34

資料編／Ⅳ統計等

31	鳥取	—	—	—	—	100	110	160	174	153	62	141	93
32	島根	—	—	—	—	9	21	41	42	48	52	98	106
33	岡山	—	—	—	—	34	52	84	84	94	115	151	175
34	広島	—	—	—	—	57	109	136	153	181	194	253	270
35	山口	—	—	—	—	15	121	171	186	212	241	293	347
36	徳島	—	—	—	—	12	20	43	43	42	44	24	54
37	香川	—	—	—	—	50	32	48	39	47	58	68	91
38	愛媛	—	—	—	—	38	29	46	47	32	41	58	112
39	高知	—	—	—	—	108	117	39	51	60	73	68	74
40	福岡	—	—	—	—	857	2,543	3,263	3,274	3,007	2,988	2,936	2,978
41	佐賀	—	—	—	—	148	510	540	583	560	548	563	603
42	長崎	—	—	—	—	89	151	160	177	212	246	439	472
43	熊本	—	—	—	—	18	1,230	1,231	1,259	1,168	747	1,103	1,124
44	大分	—	—	—	—	20	239	263	291	312	337	304	312
45	宮崎	—	—	—	—	20	145	184	189	200	200	218	226
46	鹿児島	—	—	—	—	17	921	1,061	1,006	1,116	1,052	1,073	1,014
47	沖縄	—	—	—	—	—	6	38	42	60	75	79	81
	合計	—	—	—	—	4,006	9,426	11,550	11,841	(注)11,810	11,903	13,038	13,767

(注) 東日本大震災の影響により、宮城県のうち仙台市以外の市町村、福島県の相双保健福祉事務所管轄内の市町村が含まれていない。

資料 厚生労働省「衛生行政報告例」

3 火葬場数の推移

	大正14年	昭和5年	昭和15年	昭和35年	昭和55年	平成12年	平成17年	平成22年	平成27年	令和2年	令和5年
1 北海道	1,066	1,001	1,183	1,199	592	195	186	181	180	178	173
2 青森	297	229	286	230	110	37	39	39	37	36	36
3 岩手	305	305	320	73	40	38	34	32	35	31	31
4 宮城	128	139	143	44	36	28	27	1	27	27	27
5 秋田	291	279	287	129	86	30	29	28	25	25	25
6 山形	929	940	949	889	83	26	27	27	27	27	24
7 福島	870	803	810	98	38	29	28	22 (注)	26	25	26
8 茨城	147	158	79	42	26	33	31	32	32	31	32
9 栃木	408	411	171	93	14	13	13	13 (注)	13	13	13
10 群馬	563	396	450	31	20	19	19	19	20	19	19
11 埼玉	654	524	444	35	21	20	21	21	23	22	22
12 千葉	579	587	594	61	34	30	29	29	29	30	28
13 東京	174	147	139	18	21	24	23	27	27	28	28
14 神奈川	403	370	244	30	20	25	22	21	20	20	21
15 新潟	3,243	2,982	2,988	2,771	1,615	332	173	39	39	37	37
16 富山	1,570	1,576	1,588	1,425	1,280	24	20	18	18	16	16
17 石川	1,837	1,840	1,798	1,824	1,414	558	443	438	415	440	441
18 福井	1,613	1,596	1,575	1,334	1,017	839	836	828	914	865	856
19 山梨	243	208	201	16	11	12	11	13	13	13	13
20 長野	1,012	919	900	350	231	27	27	27	26	26	26
21 岐阜	1,315	1,270	1,117	1,084	830	421	313	273	260	251	160
22 静岡	1,295	1,285	1,197	759	47	38	38	37	37	36	35
23 愛知	1,742	1,699	1,604	1,334	875	267	180	120	59	43	40
24 三重	1,136	1,142	1,164	1,001	892	975	848	887	695	659	651
25 滋賀	159	169	181	154	175	46	35	30	21	20	16
26 京都	73	80	77	55	55	23	23	23	23	24	16
27 大阪	599	571	514	522	201	213	211	190	155	108	131
28 兵庫	1,723	1,606	1,365	1,276	107	57	49	64	64	65	51
29 奈良	369	373	334	131	183	150	150	148	38	33	33
30 和歌山	440	505	457	409	173	230	228	104	78	57	53

No.	都道府県											
31	鳥取	471	486	484	394	397	192	95	76	72	55	53
32	島根	1,018	1,017	899	588	244	32	27	28	28	27	27
33	岡山	1,190	1,197	1,128	103	631	313	286	279	278	279	185
34	広島	3,295	3,004	2,993	3,007	2,628	1,542	172	188	167	138	127
35	山口	1,289	1,217	1,158	597	244	101	52	47	51	44	40
36	徳島	113	107	89	65	25	20	20	19	19	19	18
37	香川	1,314	1,267	1,269	644	370	55	51	46	46	43	41
38	愛媛	682	318	316	211	172	55	53	46	45	43	40
39	高知	6	5	4	11	12	14	14	14	14	14	14
40	福岡	453	487	521	329	126	46	46	46	40	38	38
41	佐賀	87	91	99	82	34	25	16	17	15	16	16
42	長崎	755	801	748	353	70	41	40	35	32	35	35
43	熊本	312	257	210	89	52	32	27	31	30	31	30
44	大分	414	602	608	457	74	38	36	30	24	23	23
45	宮崎	32	31	21	16	12	12	12	13	10	12	12
46	鹿児島	5	10	17	22	34	36	34	35	36	35	35
47	沖縄	3	2	8	—	18	23	18	24	24	25	22
	合計	36,652	35,012	33,731	24,385	15,393	7,338	5,117	(注)4,704	4,307	4,082	3,836

(注) 東日本大震災の影響により、宮城県のうち仙台市以外の市町村、福島県の相双保健福祉事務所管轄内の市町村が含まれていない。

資料 厚生労働省「衛生行政報告例」

4　埋火葬数の推移

		大正14年 埋葬	火葬	昭和5年 埋葬	火葬	昭和15年 埋葬	火葬	昭和35年 埋葬	火葬	昭和45年 埋葬	火葬	昭和55年 埋葬	火葬
1	北海道	10,760	41,568	9,240	42,929	6,063	48,940	1,816	41,561	316	39,987	30	39,098
2	青森	15,423	4,456	15,360	5,050	14,397	7,002	6,895	7,050	3,188	8,483	1,370	10,647
3	岩手	19,664	2,389	19,311	2,917	17,845	5,141	8,643	7,787	5,339	6,706	1,776	9,212
4	宮城	22,387	2,822	15,521	5,897	24,258	7,563	8,643	7,787	5,093	9,140	2,363	14,486
5	秋田	16,540	3,787	16,339	4,168	14,595	5,955	6,511	5,938	2,852	8,100	832	9,072
6	山形	13,165	9,218	11,887	10,438	10,445	11,896	3,353	9,299	1,573	9,941	527	10,703
7	福島	28,862	4,343	24,912	4,822	24,792	9,213	15,252	6,045	9,418	9,096	5,241	11,292
8	茨城	26,507	2,356	26,420	3,475	24,780	3,520	15,930	3,889	13,108	7,078	7,739	11,010
9	栃木	18,796	3,176	17,055	3,557	15,215	5,514	10,540	4,469	7,392	6,636	4,051	9,135
10	群馬	21,905	3,670	18,088	4,504	19,348	5,715	11,735	4,472	5,809	9,010	1,497	12,332
11	埼玉	31,439	2,151	27,347	2,983	28,502	5,689	14,329	2,717	10,016	17,030	2,597	23,755
12	千葉	31,730	3,574	29,434	3,801	27,470	6,873	13,135	7,692	10,049	14,618	4,567	22,316
13	東京	17,097	62,550	15,252	66,996	11,310	98,613	1,429	38,029	1,933	70,905	161	66,001
14	神奈川	17,489	13,019	13,576	15,241	11,257	21,893	7,409	20,625	5,404	29,423	1,279	32,173
15	新潟	9,055	35,231	6,823	31,359	5,924	33,363	2,598	20,125	955	21,694	151	19,258
16	富山	26	19,101	10	18,445	7	19,051	4	9,690	—	9,460	1	8,702
17	石川	207	19,774	127	17,741	254	17,617	15	9,536	4	8,862	—	8,526
18	福井	3,940	11,889	3,898	11,898	2,576	12,080	955	7,209	441	5,903	251	6,081
19	山梨	11,725	1,105	10,443	1,331	10,998	2,104	6,335	1,512	5,761	2,096	745	3,862
20	長野	26,304	4,943	23,961	6,111	20,924	8,109	11,935	7,447	6,651	11,976	2,300	14,601
21	岐阜	13,816	1,315	13,266	11,657	11,103	12,637	6,262	9,029	3,545	9,567	2,129	12,150
22	静岡	20,230	15,548	17,583	17,029	13,237	20,941	6,494	18,498	2,529	22,932	377	22,715
23	愛知	23,670	29,218	17,897	33,162	7,312	34,079	6,603	26,200	2,387	36,489	633	35,204
24	三重	17,032	9,804	14,938	9,302	12,669	10,252	6,791	7,972	4,399	9,169	3,069	9,627
25	滋賀	12,296	5,259	10,046	3,875	8,070	4,033	5,165	3,531	3,924	4,303	2,744	5,398
26	京都	13,931	16,239	12,671	17,153	10,251	18,516	5,677	13,482	3,272	15,145	1,317	17,056
27	大阪	6,362	57,009	6,176	61,890	4,790	73,166	1,592	42,945	475	51,677	137	53,119
28	兵庫	21,905	30,289	20,405	30,614	17,421	34,220	9,957	23,715	5,778	30,370	2,526	33,441
29	奈良	9,620	3,568	8,488	3,698	7,314	4,236	3,341	4,719	1,939	5,511	1,108	6,752
30	和歌山	9,599	6,130	8,960	6,405	7,790	7,768	3,666	2,723	2,787	6,944	1,741	6,709

	1	2	3	4	5	6	7	8	9	10	11	12
31 鳥取	4,530	935	4,237	2,348	2,626	4,227	2,879	6,200	2,387	8,479	7,960	1,894
32 島根	6,113	1,997	4,607	3,724	3,428	7,350	2,773	12,621	1,861	14,972	14,781	2,216
33 岡山	13,016	2,393	10,723	4,869	7,578	9,506	8,053	15,719	5,495	17,897	19,708	5,120
34 広島	19,141	159	20,623	550	20,356	1,599	30,259	2,954	26,994	4,933	4,692	25,515
35 山口	13,305	338	13,641	1,245	12,579	3,271	16,082	7,036	12,489	10,071	10,655	1,289
36 徳島	6,344	320	6,868	1,286	5,809	2,424	8,212	6,895	6,740	7,476	9,407	6,342
37 香川	7,087	569	6,748	1,508	5,820	2,229	10,404	4,819	8,368	5,604	5,822	8,713
38 愛媛	11,449	800	11,369	3,542	8,593	7,221	9,516	12,330	7,655	14,843	15,706	6,273
39 高知	4,187	2,819	3,812	4,972	1,463	6,579	2,907	10,152	1,707	14,645	14,830	825
40 福岡	34,196	31	31,708	110	33,997	3,084	44,348	11,033	34,060	18,936	19,705	28,331
41 佐賀	7,412	111	7,234	467	7,064	2,556	5,846	7,302	4,352	11,493	11,888	3,507
42 長崎	12,703	1,271	11,619	3,810	10,167	7,216	11,953	12,571	8,956	15,025	14,627	7,057
43 熊本	13,819	2,325	10,609	5,237	6,333	11,862	7,067	17,394	4,576	21,338	21,662	3,735
44 大分	10,222	349	9,993	1,822	7,277	6,094	7,968	13,425	6,183	13,951	14,223	5,519
45 宮崎	8,526	742	5,346	4,711	3,198	8,403	2,592	12,544	398	10,238	11,954	337
46 鹿児島	15,710	1,519	10,142	8,667	5,058	13,949	2,980	27,103	810	28,700	27,398	646
47 沖縄	5,055	428	—	—	—	—	556	9,669	63	8,394	7	128
小 計	737,248 (91.1%)	72,365 (8.9%)	667,530 (79.2%)	175,205 (20.8%)	512,958 (63.1%)	300,542 (36.9%)	730,094 (55.7%)	579,689 (44.3%)	593,052 (47.2%)	662,354 (52.3%)	726,683 (56.8%)	551,838 (43.2%)
合 計	809,613 (100%)	809,613 (100%)	842,735 (100%)	842,735 (100%)	813,500 (100%)	813,500 (100%)	1,309,783 (100%)	1,309,783 (100%)	1,255,406 (100%)	1,255,406 (100%)	1,278,521 (100%)	1,278,521 (100%)

資料　厚生労働省「衛生行政報告例」

		平成2年 火葬	平成 埋葬	平成12年 火葬	平成 埋葬	平成17年 火葬	平成 埋葬	平成22年 火葬	平成 埋葬	平成27年 火葬	平成 埋葬	令和2年 火葬	令和 埋葬	令和5年 火葬	令和 埋葬
1	北海道	40,563	1	45,922	5	51,676	6	57,931	2	63,090	—	67,548	2	77,952	2
2	青森	11,829	295	14,304	84	15,709	87	16,891	31	17,942	12	18,508	13	21,584	21
3	岩手	11,333	630	13,045	79	15,290	18	19,236	1	17,405	—	17,855	1	20,268	1
4	宮城	15,604	38	19,511	2	20,426	—	(注)8,536	—	23,709	—	24,875	1	29,048	1
5	秋田	10,729	324	12,673	118	13,745	13	15,303	13	16,160	7	15,772	1	17,936	—
6	山形	11,418	109	12,396	30	13,604	2	15,416	5	15,285	5	16,041	8	17,518	—
7	福島	15,251	2,219	19,192	327	22,117	90	(注)17,904	15	24,174	3	25,086	2	28,751	1
8	茨城	17,627	3,319	23,379	271	26,518	44	30,020	18	31,486	2	33,728	2	38,248	12
9	栃木	13,212	1,726	16,099	316	18,398	93	20,125	13	20,966	5	21,993	4	26,483	4
10	群馬	15,245	213	19,536	28	20,524	21	21,667	3	22,475	5	23,786	6	28,881	4
11	埼玉	34,322	289	41,490	261	48,512	39	58,111	17	64,057	43	73,181	18	85,201	8
12	千葉	30,301	1,059	38,195	215	44,967	28	55,386	16	60,154	2	71,671	1	77,784	4
13	東京	76,033	81	86,206	23	95,556	14	109,422	21	113,089	15	125,307	12	139,366	12
14	神奈川	41,640	421	51,058	446	60,642	302	71,168	145	77,309	107	86,964	256	99,111	357
15	新潟	19,152	15	22,123	9	24,659	2	28,000		29,200		30,531	—	31,744	1
16	富山	9,017	—	10,493	—	11,512	—	12,696		13,168		13,695	—	14,665	—
17	石川	8,531		10,526	0	10,799	—	12,315		12,676	18	12,803	—	15,444	—
18	福井	6,539	124	7,167	11	8,247	—	8,821	1	9,354		9,521	1	10,468	—
19	山梨	5,985	1,597	7,364	351	8,823	50	9,765	10	9,926	4	10,085	1	11,336	3
20	長野	18,008	1,239	19,685	160	21,914	97	25,050	24	25,699	14	26,799	3	30,397	4
21	岐阜	13,872	812	17,528	78	19,125	17	21,769	1	22,473	1	22,653	1	27,125	1
22	静岡	25,639	95	29,809	12	31,051	16	38,006		39,962		43,422	—	48,445	3
23	愛知	41,065	129	49,263	16	53,899	108	62,242	2	67,513	2	72,822	19	82,738	7
24	三重	12,925	1,691	15,685	627	15,686	200	18,835	68	20,634	1	21,267	1	24,184	—
25	滋賀	7,068	1,401	9,227	333	10,933	80	11,944	4	12,749	1	13,642	1	15,738	—
26	京都	19,521	389	20,742	74	22,482	29	24,849	13	42,980	7	29,139	1	33,424	1
27	大阪	62,823	76	66,965	7	74,170	46	85,738		90,389		104,783	—	115,324	1
28	兵庫	38,353	616	42,962	75	46,328	21	53,602	8	56,189	4	60,765	1	66,512	1
29	奈良	9,139	734	10,295	313	11,621	171	13,705	81	13,993	21	15,264	3	17,650	1
30	和歌山	8,719	825	9,721	247	11,347	12	12,275	2	13,005	28	13,185	3	15,308	1

資料編／Ⅳ統計等

No.	県														
31	鳥取	298	5,800	63	5,816	16	6,400	6	7,204	1	7,003	—	7,131	1	8,192
32	島根	744	6,784	204	7,790	17	8,351	26	9,594	20	9,519	10	9,601	—	10,267
33	岡山	611	16,554	70	18,872	29	19,598	33	21,921	5	22,917	5	23,264	—	26,681
34	広島	50	22,124	15	23,660	21	29,092	9	28,736	2	31,400	—	31,396	—	36,936
35	山口	31	13,751	3	15,718	2	16,552		17,552	3	17,128	—	19,030	—	19,976
36	徳島	132	7,529	20	8,121	8	9,242	1	9,035	1	10,138	—	10,273	1	11,538
37	香川	186	8,569	46	9,320	37	9,531	29	11,398	9	11,732	—	11,813	1	13,355
38	愛媛	143	12,265	50	13,120	—	15,885		17,261		17,464	2	18,193	—	20,034
39	高知	1,578	12,694	296	8,317	122	8,845	29	10,371	8	9,986		9,964	3	11,732
40	福岡	4	36,053	8	39,211	1	43,208	9	48,688	1	51,083	—	54,924	—	64,343
41	佐賀	52	8,501	8	8,879	—	9,210		10,216		10,046	1	10,232	2	11,304
42	長崎	522	12,773	62	13,553	8	14,760	7	17,119	4	17,131	—	18,106	—	20,069
43	熊本	284	14,962	350	16,603	66	18,092	24	20,163	18	21,381	5	21,692	1	24,775
44	大分	50	10,727	21	11,425	2	12,288		13,949	2	13,959	—	15,500	—	16,854
45	宮崎	110	9,743	9	10,076	2	11,811		12,854	4	13,855	11	13,969	—	16,407
46	鹿児島	443	16,510	132	17,760	34	19,288	6	21,332	12	21,364	4	22,176	3	24,079
47	沖縄	253	6,806	80	8,453	64	9,745	40	11,677	4	12,556	3	13,885	—	16,373
	小計	25,958 (2.9%)	867,608 (97.1%)	5,956 (0.6%)	999,255 (99.4%)	1,989 (0.2%)	1,112,178 (99.8%)	732(注) (0.1%)	1,245,798 (99.9%)	403 (0.03%)	1,345,873 (99.97%)	393 (0.03%)	1,429,840 (99.97%)	461 (0.03%)	1,621,548 (99.97%)
	合計	893,566 (100%)		1,005,211 (100%)		1,114,167 (100%)		1,246,530 (100%)		1,346,276 (100%)		1,430,233 (100%)		1,622,009 (100%)	

(注) 埋火葬には死胎を含む。

(注) 東日本大震災の影響により、宮城県のうち仙台市以外の市町村、福島県の相双保健福祉事務所管轄内の市町村及びいわき市が含まれていない。

2 墓地に関する世論調査（総理府）

Ⅰ　調　査　の　概　要

1　調 査 の 目 的　都市における墓地に関する意識を調査し，今後の施策の参考とする。

2　調 査 項 目　(1)　墓地に関する意識と墓地の所有

(2)　新形式墓地等に関する新しい考え方

(3)　墓地等の各施設への協力

(4)　新聞公告の周知度

3　調 査 対 象　(1)　母 集 団　　人口30万人以上の都市に居住する20歳以上の者

(2)　標 本 数　　3,000人

(3)　抽出方法　　層化2段無作為抽出法

4　調 査 時 期　平成2年7月5日〜15日

5　調 査 方 法　調査員による面接聴取

6　調査実施委託機関　社団法人　中央調査社

7　回 収 結 果　(1)　有効回収数（率）　　2,061人（68.7%）

(2)　調査不能数（率）　　939人（31.3%）

ー不能内訳ー

転　　居　67　長期不在　63　一時不在　432

住所不明　25　拒　　否　334　その他　　18

資料編／Ⅳ統計等

8　性・年齢別回収結果

性・年　齢	標本数	回収数	回収率	性・年　齢	標本数	回収数	回収率
			％				％
20～29歳	266	157	59.0	20～29歳	270	151	55.9
30～39歳	250	159	63.6	30～39歳	273	216	79.1
男　40～49歳	372	218	58.6	女　40～49歳	374	278	74.3
50～59歳	298	200	67.1	50～59歳	308	243	78.9
60～69歳	203	149	73.4	60～69歳	203	156	76.8
70歳以上	84	70	83.3	70歳以上	99	64	64.6
計	1,473	953	64.7	計	1,527	1,108	72.6

Ⅱ　調 査 結 果 の 概 要

1　墓地に関する意識と墓地の所有

(1)　墓地不足の認識

　　　現在，都市では墓地の不足が深刻な社会問題となっていることを知っ
ているか聞いたところ，知っていると答えた者の割合は65.8％，知らな
いと答えた者の割合は34.2％となっている。

　　　都市規模別に見ると，知っていると答えた者の割合は東京都区部で高
くなっている。（図1）

図1　墓地不足の認識

	（該当者数）	知っている	知らない
総　　　　　　数	（2,061人）	65.8	34.2
［都 市 規 模］			
東 京 都 区 部	（327人）	80.4	19.6
政 令 指 定 都 市	（762人）	62.2	37.8
人口50万人以上の市	（238人）	66.4	33.6
人口30万人以上の市	（734人）	62.8	37.2

0　　　20　　　40　　　60　　　80　　　100（％）

(2)　自分の墓地を持っているか

　　　将来自分自身が利用する墓地を持っているか聞いたところ，持ってい

319

ると答えた者の割合は61.8％，持っていないと答えた者の割合は35.7％となっている。

　年齢別に見ると，持っていると答えた者の割合は50歳代以上で高くなっている。

　住居の形態別に見ると，持っていると答えた者の割合は1戸建の者で高くなっている。（図2）

図2　自分の墓地を持っているか

	（該当者数）	持っている	わからない 2.5	持っていない
総　　　数	（ 2,061 人）	61.8		35.7
［年　　齢］				
20 ～ 29 歳	（ 308 人）	38.3	10.7	51.0
30 ～ 39 歳	（ 375 人）	57.9	1.6	40.5
40 ～ 49 歳	（ 496 人）	54.8	1.0	44.2
50 ～ 59 歳	（ 443 人）	67.0	0.9	32.1
60 歳 以 上	（ 439 人）	84.1	0.9	15.0
［住居の形態］				
集 合 住 宅	（ 696 人）	51.3	2.9	45.8
1 　戸　　建	（ 1,365 人）	67.1	2.3	30.5

0　　　20　　　40　　　60　　　80　　　100（%）

(3)　現在墓地を捜しているか

　現在墓地を捜しているか聞いたところ，捜していると答えた者の割合は4.8％（「お骨があるので捜している」0.8％＋「お骨はないが捜している」3.9％），「捜していない」と答えた者の割合は93.7％となっており，9割以上の者は現在墓地を捜していない。

　都市規模別に見ると，差はあまり見られない。（表1）

320

資料編／Ⅳ統計等

表1　現在墓地を捜しているか

	該当者数	捜している	お骨があっての捜している	お骨はないが捜している	捜していない	その他	わからない
	人	％	％	％	％	％	％
総　　　　数	2,061	4.8	0.8	3.9	93.7	0.2	1.3
〔都市規模〕							
東京都区部	327	3.7	－	3.7	96.0	－	0.3
政令指定都市	762	5.6	1.6	4.1	92.5	0.5	1.3
人口50万人以上の市	238	6.7	0.8	5.9	92.9	－	0.4
人口30万人以上の市	734	3.7	0.4	3.3	94.1	0.1	2.0

(4)　お墓参りの頻度

　　普段お墓参りをどの程度するか聞いたところ，「年に1～2回位」と答えた者の割合が42.7％と最も高く，以下「年に3～5回位」31.7％，「ほとんど行かない」15.2％，「月に1～2回位」7.9％，「週に1～2回位」1.1％，「ほぼ毎日」0.4％の順となっている。

　　都市規模別に見ると，「月に1～2回位」と答えた者の割合は人口50万人以上の市で，「年に1～2回位」は政令指定都市で，「ほとんど行かない」は東京都区部でそれぞれ高くなっている。

　　性別に見ると，「年に1～2回位」，「ほとんど行かない」と答えた者の割合は男性で高く，「年に3～5回位」と答えた者の割合は女性で高くなっている。

　　年齢別に見ると，「年に1～2回位」，「ほとんど行かない」と答えた者の割合は20歳代，30歳代で高く，「月に1～2回位」，「年に3～5回位」と答えた者の割合は50歳代，60歳以上で高くなっている。

　　また，自分の墓地の有無との関連で見ると，「週に1～2回位」，「月に1～2回位」，「年に3～5回位」と答えた者の割合は，将来自分自身が利用する墓地を持っていると答えた者で高くなっている。（表2）

表2　お墓参りの頻度

	該当者数	ほぼ毎日	週2に回1位〜	月2に回1位〜	年5に回3位〜	年2に回1位〜	行かないほとんど	その他	いわからな
	人	％	％	％	％	％	％	％	％
総　　　　　　　数	2,061	0.4	1.1	7.9	31.7	42.7	15.2	0.4	0.6
〔都　市　規　模〕									
東 京 都 区 部	327	―	0.3	8.0	34.3	38.5	19.0	―	―
政 令 指 定 都 市	762	0.3	0.3	7.9	28.3	46.3	16.1	0.4	0.4
人口50万人以上の市	238	―	0.4	13.0	33.2	39.5	13.4	―	0.4
人口30万人以上の市	734	0.8	2.5	6.1	33.7	41.8	13.2	0.8	1.1
〔　　　性　　　〕									
男　　　　　　　性	953	0.5	0.7	6.9	26.7	46.4	17.8	0.1	0.8
女　　　　　　　性	1,108	0.3	1.4	8.7	36.1	39.5	13.0	0.7	0.4
〔年　　　　　齢〕									
20 ～ 29 歳	308	0.6	―	3.9	14.6	50.0	28.6	0.3	1.9
30 ～ 39 歳	375	0.3	0.8	4.8	22.4	50.7	20.3	0.3	0.5
40 ～ 49 歳	496	0.2	0.4	6.9	29.2	45.4	17.1	0.2	0.6
50 ～ 59 歳	443	0.2	1.8	11.1	40.2	36.3	9.7	0.5	0.2
60 歳 以 上	439	0.7	2.1	11.2	46.0	34.2	5.0	0.9	―
〔自分の墓地の有無〕									
持 っ て い る	1,273	0.4	1.6	11.0	39.4	38.8	8.5	0.2	0.1
持 っ て い な い	736	0.4	0.3	2.4	19.4	49.3	26.2	0.7	1.2

(5)　墓地に誰と入るか

　　自分自身は，1つの区画の墓地に一緒に入るのはどういう人が望ましいと思うか聞いたところ，「配偶者」を挙げた者の割合が86.8％と最も高く，以下「子供」71.0％，「自分の両親」47.6％，「配偶者の両親」30.3％，「親戚」7.6％，「親しい人」2.1％，「墓地は個人単位であるべきだ」1.7％の順となっている。（複数回答）

　　性別に見ると，「自分の両親」，「親戚」を挙げた者の割合は男性で高く，「配偶者の両親」を挙げた者の割合は女性で高くなっている。（図3）

資料編／Ⅳ統計等

図3　墓地に誰と入るか

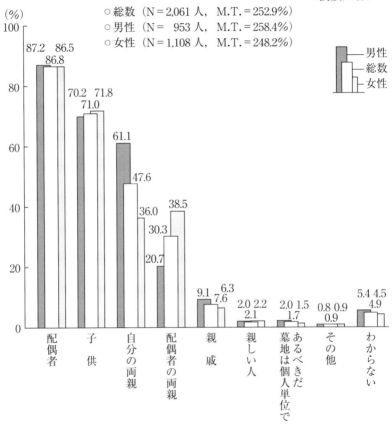

（複数回答）

2　新形式墓地等に関する新しい考え方

(1)　新形式墓地の評価

　　都市の墓地不足を解消し、土地を有効に活用するため、①～④（P294〜297参照）の新形式の墓地などが考えられるが、これらについて、図①～④（P292〜294参照）を提示した上で、どう思うか聞いたところ、次のような結果となった。（図4）

図4 新形式墓地の評価

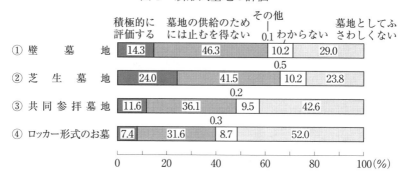

図① 壁　墓　地

　　　個々の墓石をメジなどにより接続し，連続した壁を形成する平面型の墓地

図② 芝生墓地

　　　芝生の上にプレート型の墓石などを配し，個々の墳墓の境界が明確ではない平面型の墓地

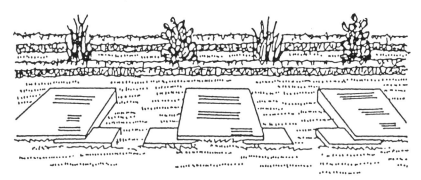

図③ 共同参拝墓地

　　　花や芝生などで形作られた大きな花壇のようなところに共同で埋葬し，墓参者は離れたところから参拝する墓地

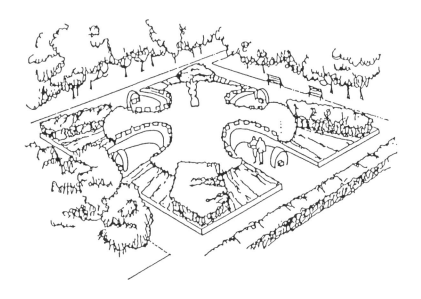

図④　ロッカー形式のお墓

　　　建物内をロッカー形式に区分した，お骨を入れる施設

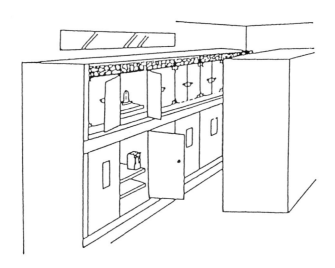

① 壁　墓　地

　壁墓地について，「墓地の供給のためには止むを得ない」と答えた者の割合が46.3％と最も高く，「墓地としてふさわしくない」と答えた者の割合は29.0％，「積極的に評価する」と答えた者の割合は14.3％となっている。

　都市規模別に見ると，「墓地の供給のためには止むを得ない」と答えた者の割合は東京都区部で高くなっている。

　年齢別に見ると，「墓地の供給のためには止むを得ない」と答えた者の割合は20歳代で高く，「墓地としてふさわしくない」と答えた者の割合は60歳以上で高くなっている。（図5）

資料編／Ⅳ統計等

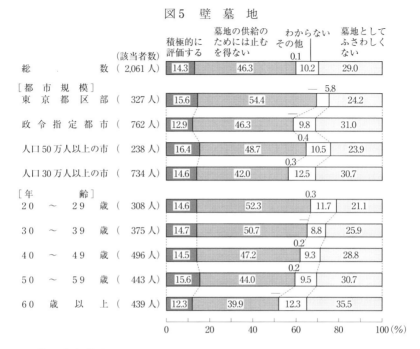

② 芝生墓地

　芝生墓地について、「墓地の供給のためには止むを得ない」と答えた者の割合が41.5％と最も高く、「積極的に評価する」と答えた者の割合は24.0％、「墓地としてふさわしくない」と答えた者の割合は23.8％となっている。

　都市規模別に見ると、「墓地の供給のためには止むを得ない」、「積極的に評価する」と答えた者の割合は東京都区部で高く、「墓地としてふさわしくない」と答えた者の割合は政令指定都市で高くなっている。

　年齢別に見ると、「墓地の供給のためには止むを得ない」と答えた者の割合は20歳代、30歳代で高く、「墓地としてふさわしくない」と答えた者の割合は60歳以上で高くなっている。（図6）

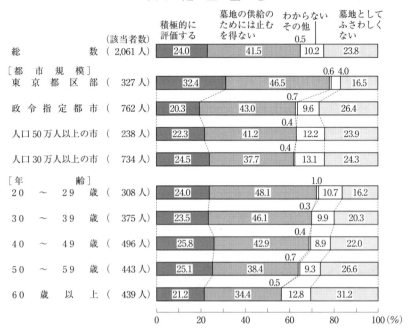

③ 共同参拝墓地

共同参拝墓地について,「墓地としてふさわしくない」と答えた者の割合が42.6%と最も高く,「墓地の供給のためには止むを得ない」と答えた者の割合は36.1%,「積極的に評価する」と答えた者の割合は11.6%となっている。

都市規模別に見ると,「積極的に評価する」と答えた者の割合は人口50万人以上の市で高くなっている。

年齢別に見ると,あまり差は見られない。(図7)

資料編／Ⅳ統計等

図7　共同参拝墓地

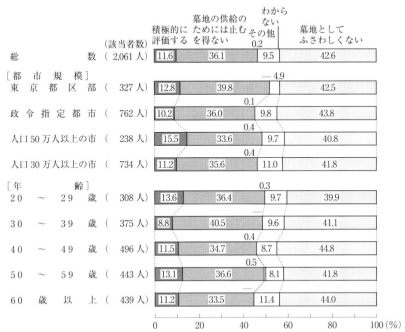

④　ロッカー形式のお墓

ロッカー形式のお墓について,「墓地としてふさわしくない」と答えた者の割合が52.0％と最も高く,「墓地の供給のためには止むを得ない」と答えた者の割合は31.6％,「積極的に評価する」と答えた者の割合は7.4％となっている。

都市規模別に見ると,「墓地の供給のためには止むを得ない」,「積極的に評価する」と答えた者の割合は政令指定都市で高く,「墓地としてふさわしくない」と答えた者の割合は人口30万人以上50万人未満の市で高くなっている。

年齢別に見ると,「墓地としてふさわしくない」と答えた者の割合は40歳代で高く,「墓地の供給のためには止むを得ない」と答えた者の割合は50歳代で高くなっている。（図8）

329

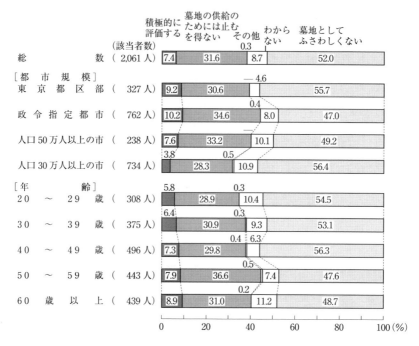

図8 ロッカー形式のお墓

(2) 公営墓地の使用期間を限るべきか

　都市の墓地不足を解消するため，公共的な財産である公営墓地については，更新を認めつつも使用期間を限るべきだという意見があるが，これについてどう思うか聞いたところ，「墓地の永代使用の習慣にそぐわず，ふさわしくない」と答えた者の割合が38.0％と最も高く，以下「公共財産を有効に活用する上から，止むを得ない」30.7％，「公共財産を有効に活用する上から，積極的に進めるべきである」12.7％となっている。

　性別に見ると，「公共財産を有効に活用する上から，積極的に進めるべきである」と答えた者の割合は男性で高くなっている。

　年齢別に見ると，「公共財産を有効に活用する上から，止むを得ない」と答えた者の割合は20歳代，30歳代で，「墓地の永代使用の習慣にそぐ

わず,ふさわしくない」と答えた者の割合は60歳以上で,それぞれ高くなっている。(図9)

図9 公営墓地の使用期間を限るべきか

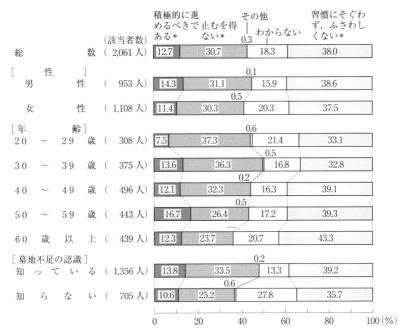

(3) 葬法として散骨を認めるか

現在諸外国では,墓地などにお骨を埋葬しないで粉にして,墓地の一定の区画,山林,河川,海,空などに散布することが葬法として認められている場合があるが,このような葬法を認めてもよいと思うか聞いたところ,葬法として認めるべきではないと思うと答えた者の割合が56.7%,葬法として認めてもよいと思うと答えた者の割合が21.9%,どちらともいえないと答えた者の割合が16.1%となっている。

性別に見ると,葬法として認めてもよいと思うと答えた者の割合は男性で高くなっている。

年齢別に見ると,葬法として認めてもよいと思うと答えた者の割合は

20歳代，30歳代で高く，葬法として認めるべきではないと思うと答えた者の割合は50歳代以上で高くなっている。（図10）

図10　葬法として散骨を認めるか

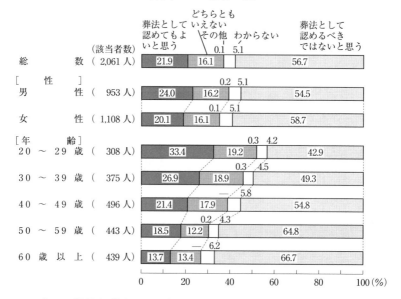

次に，散骨を葬法として認めてもよいと思うと答えた者（452人）に，このような葬法が我が国で認められるとしたら，自分自身はこのような方法で葬られることを希望するか聞いたところ，希望すると答えた者の割合は41.2％，希望しないと答えた者の割合は38.1％となっている。（図11）

資料編／Ⅳ統計等

図11　葬法として散骨を希望するか
（散骨を葬法として認めてもよいと思うと答えた者452人に）

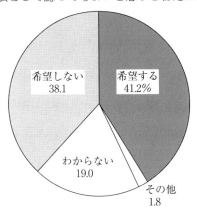

3　墓地等の各施設への協力

　仮に①〜④のような各施設が住まいの周辺にできることになった場合，どのように考えるか聞いたところ，次のような結果となった。（図12）

図12　墓地等の各施設への協力

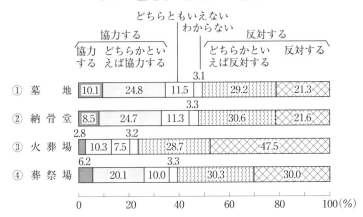

　また①〜④とも，都市規模別に見ると，協力する（「協力する」+「どちらかといえば協力する」）と答えた者の割合は東京都区部で高く，反対する（「どちらかといえば反対する」+「反対する」）と答えた者の割合は人口

333

30万人以上50万人未満の市で高くなっており，性別に見ると，協力する（「協力する」＋「どちらかといえば協力する」）と答えた者の割合は男性で高くなっている。

4　新聞公告の周知度

　　縁故者の不明な墓地を移す際，2つ以上の新聞に3回以上の公告を載せることになっているが，この新聞公告を見たことがあるか聞いたところ，見たことがあると答えた者の割合が13.3％，見たことがないと答えた者の割合が86.7％となっており，9割近くの者が見たことがないと答えている。（図13）

図13　新聞公告の周知度

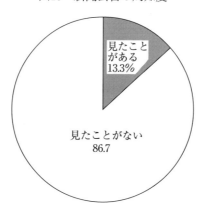

資料編／Ⅳ統計等

3 墓地行政の今後の在り方等について

$$\begin{pmatrix} 平 成 2 年 4 月 \\ 墓地問題等検討会 \end{pmatrix}$$

墓地問題等検討会の設置と本報告書の概要

1 墓地問題の発生——需要増と供給不足——

(1) 近年，生活水準の向上，人口の増加，核家族化の進展等に加え，生前に墓地を取得するいわゆる生前墓の考え方の普及など国民の墓地観や家族観の変化等に伴い，墓地の需要は大きく増加するとともに多様化してきている。

(2) 大都市地域においては，市街化の進行や人口の集中等に伴い，新たな墓地用地の確保は極めて困難な状況となってきており，深刻な墓地不足の状況にある。また，地価の高騰に起因する個々の墓地価格の高額化により，今や大都市地域においては，墓地を入手することは極めて困難であると言わざるを得ない。

こうした墓地不足を背景として，新たな墓地用地の確保や既存の墓地用地の有効活用に加え，一層の墓地供給の拡大を図るため，各地で従来型墓地に代わって，いわゆる壁墓地などの新形式の墓地が検討されてきている。

(3) 一方，人口の減少している地域においては，無縁墳墓の増加，人口流出に伴う墓地経営基盤の脆弱化，墓地の荒廃などが指摘されている。

(4) また，墓地の需給の不均衡等を反映して，市街地から離れた地域に大規模な墓地が整備されるなど墓地需給の広域化が進展しているほか，長期的経営・管理計画が不十分なため，墓地の管理面の問題が生じているところもある。

2 墓地問題等検討会の設置

このような今日における墓地を取り巻く環境の変化に対応し，今後の墓地

行政の在り方等を検討するため，昭和63年9月，墓地問題等検討会が厚生省生活衛生局企画課に設置された。本報告書は，約1年8月にわたる検討結果を中間的に取りまとめたものである。

3　報告書の概要

(1)　本報告書においては，第1章において今日の墓地を取り巻く需要面と供給面における現状と問題点を分析した。墓地の需要面においては，我が国における人口構造，家族形態等の変化や，火葬率等墓地に係る基本的指標の変化について触れ，墓地需要の地域性，広域性に関する問題などを検討した。墓地の供給面においては，本検討会として行った大規模墓地経営実態調査や現地調査等の結果を踏まえて，経営・管理面の問題，墓地用地の確保難の問題，行政上の体制の問題などを検討した。

(2)　第2章においては，今後，優良な墓地の安定的供給を確保するため，当面対処すべき4つの行政課題について，次のように具体的な提言を行った。

①　墓地の経営・管理面

・墓地管理者等の資質の向上を図るため，墓地管理者等の資格制度の創設

・長期的な展望の下に適切な経営・管理の確保を図り，併せて今後増加することが予想されるいわゆる無縁墳墓の管理などにも対応するため，墓地使用契約時において将来の管理を保障するために必要な資金を積み立てる墓地管理基金制度の導入

・墓地契約上の紛争を未然に防止し，同時にいわゆる無縁墳墓の増加に伴う問題の発生を事前に防止するため，墓地使用期間の有期限化等を盛り込んだ標準契約約款の策定，など

②　墓地整備の在り方

・地域の特性等に配慮し，今後の望ましい墓地形態を示す「日本墓地標準」（仮称）の策定

資料編／Ⅳ統計等

・大都市の土地の有効活用を図り，墓地供給の拡大に資すると考えられるいわゆる壁墓地等新形式墓地の積極的検討

・公的融資制度の充実，国庫補助制度創設の検討，など

③　行政上の対応

・国の関係行政機関相互の連携，都道府県・市町村間相互の連携等総合的墓地行政の推進

・行政担当者の資質向上のため，研修機会等の確保，など

④　無縁墳墓の改葬問題

・国民の祝日に関する法律において「祖先をうやまい，なくなった人々をしのぶ」日とされている秋分の日等における一斉公告による無縁墳墓改葬手続の簡素化，など

はじめに

　本検討会は，今日の墓地を取り巻く環境の変化に対し，今後，国民が祖先をしのぶ場としてふさわしい優良な墓地を安定的に供給していくためにはどのように対応していくべきか，という観点から，昭和63年9月以来，墓地を取り巻く諸問題について検討を重ねてきたところである。本報告書は，約1年8月にわたる検討結果を中間的に取りまとめたものである。

　本報告書によって，国民の墓地に関する認識が高められ，同時に，今日の墓地問題に関する議論がさらに深まることを期待する。

第1　墓地を取り巻く現状と問題点

1．墓地の需要面について

⑴　人口構造等の変化

①　人口構造の高齢化等

　我が国の人口構造は，墓地，埋葬等に関する法律（以下「墓地埋葬法」という。）が制定された昭和23年当時と比べて大きく変化している。すなわち，当時は，0歳から14歳未満の若年人口が全人口の35％以上を占め，65歳以上の高齢者人口が，わずか1％程度を占めるいわゆるピラミッド型の人口構造を有していたが，今日，若年人口が全人口の約20％

337

であるのに比し，高齢者人口が約11％を占めており，各世代の人口が概ね等しい人口構造をなしている。

このような人口構造の高齢化は，21世紀に向けて，今後とも進展していくことが予想されている。

② 地域性の顕在化

以上のような我が国の人口構造の変化は，必ずしも我が国の全ての地域において共通に見られた現象ではなく，各地域における地域性を伴ったものであることを注視する必要がある。我が国における出生率，死亡率等は，各地域において大きな差異があり，このことが各地域における人口構造の変化となって表われている。また，近年における人口の大都市地域への集中は，大都市地域における若年人口，生産年齢人口の増加をもたらす一方，地方都市における高齢者人口の相対的増加をもたらしていることが知られている。

このような人口構造の地域性の顕在化は，墓地の需要を考える上においても極めて重要な問題であると考える。

(2) 家族形態等の変化

① 高齢者世帯の増加

今日，高齢者人口の増加等に伴い，高齢者世帯の増加が見られる。昭和63年においては，全世帯数3,903万世帯のうち高齢者世帯が373万世帯，9.6％を占めている。今後，21世紀における本格的な高齢化社会への移行に伴い，さらに，社会の高齢化現象は，進行していくことが予想されている。

② 核家族世帯の増加

核家族世帯については，昭和63年において2,381万世帯となっており，全世帯数の61.0％を占めている。核家族世帯については，今後においても，その増加傾向は，継続していくものと考えられている。

③ 三世代世帯の減少

三世代世帯については，昭和63年において546万世帯となっており，

全世帯数の14.0％を占めている。三世代世帯については，核家族世帯や単独世帯の増加等に伴い，大きく減少してきており，今後とも，こうした傾向は続いていくものと予想されている。

④　単独世帯の増加

単独世帯については，昭和63年において，759万世帯となっており，全世帯数の19.5％を占めている。単独世帯については，人口の高齢化，家族観の多様化等に伴い，その数は増加し，現在では，三世代世帯を大きく上回る状態となっている。なお，今日，単独世帯の約19％が65歳以上の高齢者世帯となっている。

⑤　平均世帯人員の減少

平均世帯人員については，昭和63年において全世帯ベースの値で，3.12人となっている。平均世帯人員については，三世代世帯の減少，単独世帯及び核家族世帯の増加等に伴い，近年，減少してきている。

(3)　墓地等を取り巻く環境の変化

①　基本的指標の変化

墓地の需要を取り巻く環境の変化を考えるに当たって，これまで，最も大きく変化してきた指標として，火葬率の上昇を挙げることができる。統計を開始した大正末期（大正14年）においては，我が国の火葬率は埋葬率（いわゆる土葬率）を下回り，43.2％を記録していた。

しかしながら，埋葬に関する公衆衛生上の配慮等による行政当局からの指導等により，埋葬率は順次減少し，昭和10年代においては，火葬率が埋葬率を上回り，昭和63年においては，96.2％にまで達している。

また，このような火葬率の上昇などを反映して，納骨堂の設置数も経年的に増加してきており，昭和63年においては，10,357箇所の納骨堂が全国で経営許可されている。また，大都市地域における墓地用地の確保難等に伴い，いわゆる立体墓地等の従来の形態と異なった多様な形態の納骨堂が建設されている。

②　墓地需要の地域性の顕在化等

各地域における人口構造，家族形態等の変化や国民の家族観，墓地観の変化等に伴い，墓地の需要は，大きく多様化してきている。

　すなわち，核家族世帯や単独世帯の多い大都市地域等においては，従来我が国の各地で見られた「○○家先祖代々の墓」といった墓地のほか，個人名等を墓石に刻んだ個人用の墓地が見られるようになってきている。また，一方で，家族形態等の変化を反映して，夫婦のそれぞれの両親らも利用するための墓地など複数の世帯が同一の墓地を利用するといった形態も見られる。

　一方，人口の減少している地域においては，墓地需要の減少等に伴い，無縁墳墓の増加や墓地の荒廃などが見られる。

　また，近年の核家族化や単独世帯の増加等に加え，国民の家族観や墓地観の多様化を反映して，今後，無縁墳墓の増加が予想される。昭和63年に全国の国政モニターから寄せられた意見においても，「将来の墓地の無縁化が心配」とする意見が数多く寄せられている。また，既に将来の墓地の無縁化を前提とした墓地使用契約が各地で検討されている。

　このように墓地の需要については，各地域における人口構造，家族形態等の変化に加え，家族観や墓地観の変化などにより，今後とも多様化していくことが予想されることから，墓地行政の推進に当たっては，各地域の実情に応じたきめ細かな需要を把握していくことが，一層重要となってくるものと考えられる。

③　広域性に配慮した対応の必要性

　従来，墓地については，その多くが日常生活に密着したものとして，生活の場から比較的遠くない場所に設置されてきたが，近年，大都市地域を中心とした墓地用地の確保難等に加え，鉄道，高速道路の整備等に伴う交通条件の改善，国民の墓地観の変化等により，墓地は郊外の地域にも設置されてきている。このため，墓地需要は，従来の狭い領域の需要のみならず，都道府県全域の需要，さらには，都道府県の区域を越えた広域的な需要についてもその実態を把握し，分析する必要がある。

資料編／Ⅳ統計等

2　墓地の供給面について

⑴　墓地供給の現状

①　墓地数の推移等

　昭和63年末においては，884,731箇所の墓地が墓地埋葬法の経営許可を受けて経営されている。

　我が国における墓地数は，大正14年においては990,156箇所であったが，その数は以降減少してきている。これは，各地に点在していた小規模な墓地が統廃合され，比較的大きな墓地が整備されるようになってきたことや，近年，墓地経営の効率化，合理化等により大規模な墓地が整備されるようになってきたことなどの事情が考えられる。今後とも，墓地の箇所数について小規模な墓地が次第に減少していき，大規模な墓地が増加していくことが予想される。

②　大規模墓地経営実態調査

　大規模な墓地については，その整備資金，経営・管理費用等の規模も大きく，経営・管理上も高度な識見を必要とすることから，今後の墓地供給を考える上で十分検討を進めていく必要がある。

　当検討会においては，こうした観点から，平成元年4月時点における我が国の1ha（1万㎡，約3千坪）以上の墓地について，その実態を調査した。

　同調査結果によれば，平成元年4月において，全国で1ha以上の規模を有する墓地の数は，1,053箇所あり，全墓地数の0.12％を占めている。1ha以上の墓地のうち，542箇所，51.5％が地方公共団体の経営によるものであり，次いで417箇所，39.6％が宗教法人経営，58箇所，5.5％が財団法人・社団法人経営，36箇所，3.4％がその他の者による経営である。これを昭和60年4月時点において行った同様の調査と比較してみると，1ha以上の墓地数は当時899箇所であったことから，約17％増加している。経営主体別では，地方公共団体経営が517箇所，58％であり，墓地数の上では増加しているものの，相対的には減少している。ま

341

た，宗教法人経営によるものが，307箇所，34％であり，これは墓地数において増加している他，構成割合も増加している。なお，財団法人・社団法人経営は57箇所，7％であり，この間における大きな変化は見られていない。こうした調査結果から，過去4年間における変化としては，宗教法人を中心とする大規模な墓地の整備が進行したということができる。

全墓地数に占める1ha以上の大規模墓地の割合は，各地域においても差異があり，北海道地域においては全国平均を大きく上回って最も大きく，次いで，東北地域となっている。一方，中国地域においては，極めて低い値を示している他，北関東・南九州の各地域においては，低い値を示している。

(2) 経営・管理

① 経営・管理面における問題点

今日，墓地をめぐって多くの問題が発生し，それらが社会的な問題として関心を集めている。これらのうち，原因が墓地自体の経営・管理上の問題に起因するものも少なくない。

事実，一部の墓地においては，地域の中長期的墓地需要の見込みが不十分であったため，多くの墓地のいわゆる売残りが発生し，経営危機に陥っているところもあり，また，長期的収支計画が不十分な状態で墓地使用権の販売促進を図る観点からその価格を低く設定し，そのため，多額の負債を抱え，将来における管理が行えないようなところも見られる。さらに，墓地使用権の販売等において不動産業者等への名義貸しを行い，長期的経営・管理計画も不十分な状態で，経営自体が空洞化しているところも見られる。また，墓地使用者との契約内容が不明確であるため，使用者との間で契約上の紛争等が発生しているところもある。

② 経営・管理基盤の充実・強化の必要性

墓地は常に永続性，公共性，公益性等が確保されなければならない。墓地については，一度，その経営・管理面に問題が生じることとなる

342

資料編／Ⅳ統計等

と，直ちに墓地自体の永続性，公共性等の確保に支障を生じることとなるおそれがある。このため，墓地の経営・管理の基盤は常に健全な形で確保されていなくてはならない。

墓地埋葬法においては，墓地に関する問題の発生に際しては，都道府県知事による必要な報告聴取，改善命令等が行われ，最悪の場合には，当該墓地の経営許可の取消しが行われることとなる。しかしながら，こうした事態は，墓地の永続性等を確保するという墓地行政の基本理念からは極力避けなければならないことである。このため，そのような事態に陥らないように事前に墓地の経営・管理の基盤の充実・強化を日頃から図っていくことが重要である。

(3) 墓地用地の確保等

① 大都市地域等における墓地用地の確保難

今日，東京都を中心とする大都市地域においては，都市化の進展等に加え，地価の著しい高騰等に伴い，新たな墓地用地を確保することは極めて困難な状況となってきている。また，大都市地域においては，人口の集中，核家族化の進行，いわゆる生前墓の考え方の普及など墓地観の多様化等に伴い，墓地の需要が大きく増加していることから，墓地不足の状況は深刻な事態となってきている。

ちなみに，東京都においては，こうした背景などから，近年，都営霊園の募集における競争倍率が，大きく上昇してきており，平成元年においては30倍を超える競争率を記録した霊園もあることが知られている。また，昭和63年に全国の国政モニターから寄せられた意見においても，「公営墓地を申し込んでもなかなか抽選で当たらない」という意見が数多く見られる。

このため，東京都をはじめとする大都市地域においては，新たな墓地用地の確保や従来の既存墓地用地の有効な活用の他，いわゆる壁墓地等の新形式墓地の整備を進めることにより，新たな墓地需要に対応しようとしているところも見られる。

343

いわゆる壁墓地などの新形式墓地については，大都市地域の土地の有効な活用を図り，墓地供給の拡大に資するものと考えられることから，今後，その位置付けを積極的に検討すべき時期にきていると考える。

　また，大都市地域における墓地用地の確保難や地価の高騰等の下で，必要な墓地需要に対応すべく，十分な緑地等を確保せず，また，個々の墳墓の区画も小規模な墓地が増加するおそれが生じている。こうした墓地は墓地内の優良な環境の確保という観点から適切でないと考える。

　また，とりわけ，こうした墓地については，それが一部地域の居住者からは，いわゆる迷惑施設として認識されていることから，居住者からの反対により，必要な墓地の整備が停滞しているという事例も各地で見られる。昭和63年に全国の国政モニターから寄せられた意見においては，近隣での墓地の整備について，「賛成」又は「仕方ない」という意見が2割程度であったのに対し，「反対」という意見も1割程度あった。残りの意見は，「公園化」，「施設の整備」などの条件が整えば，「賛成」というものであった。今後，墓地の整備については，都市化の進展等に伴い，墓地内の環境への配慮に加え，墓地の外観にも十分に配慮したものとして行われることが益々求められてくるものと考えられる。

② 　無縁墳墓の問題

　上記①のとおり，新たな墓地用地の確保は，大都市地域において深刻な状況となっているが，こうした状況を反映して，今後，無縁墳墓の存在が問題となってくるものと考える。

　無縁墳墓については，その使用者，縁故者が不明であり，管理料等の支払いがなされないこととなるものである。また，このような墓地は，我が国の人口構造等の変化や家族観の多様化等に伴い，今後増加することが予想されている。今後におけるこうした墓地の増加は，管理料収入の減少に伴う墓地経営の基盤の脆弱化をもたらす可能性があるばかりでなく，既存墓地用地の有効な活用を阻害し，墓地需要の増加に適切に対応できなくなるおそれもある。

資料編／Ⅳ統計等

さらに，大都市地域ばかりでなく，地方都市における墓地においても，個々の墓地区画の整理を行うに当たって，こうした墓地の存在が問題となることがある。

⑷　行政上の体制等

①　指導・監督体制

墓地行政は，墓地の供給主体に対して指導・監督等を行うことにより，墓地の経営・管理等が国民の宗教的感情や公共の福祉に適合することを確保することとしている。このため，墓地に対する行政上の指導・監督等が適切に行われることは極めて重要である。

現在，個々の墓地に対する指導・監督は，墓地埋葬法により都道府県知事において行われることが原則となっている。一方，墓地の経営主体に対する指導・監督は，財団法人・社団法人については，民法の規定によりその事業活動の範囲が一の都道府県内であるものについては，当該都道府県知事が，複数の都道府県にわたるものについては厚生大臣が，それぞれ行うこととなっている。また，宗教法人についても，宗教法人法に基づき，その事業活動の範囲が一の都道府県内であるものについては，当該都道府県知事が，複数の都道府県にわたるものについては文部大臣が，それぞれ行うこととなっている。さらに，墓地の整備においては，都市計画，土地区画整理等とも密接にかかわることから，こうした行政分野からの指導等も行われている。

このように，墓地に対する行政側の指導・監督体制は，複数の系統から個別に行われているのが現状であり，必ずしも，墓地の永続性，公共性，公益性等を確保し，その適切な経営・管理等を維持向上させるという観点から総合的な指導・監督が行われているとは言えない現状である。このことは，墓地経営主体にとっても，混乱をまねくおそれがあるほか，かえって，適切な経営・管理等に支障の生じることとなる可能性もある。

②　都道府県・市町村間の連携

345

現在，墓地埋葬法においては，墓地の経営許可や指導・監督等は，原則として都道府県知事によって行われており，個々の墓地の利用に係るところの埋火葬の許可等については，市町村長によって行われている。埋火葬等については，墓地埋葬法において，墓地の経営・管理と同様，公衆衛生や国民の宗教的感情，公共の福祉に対して十分配慮しなくてはならないこととされているが，そのためには，埋火葬等の行われる墓地等の状況についても市町村長は，可能な限り，把握しておくことが必要であると考える。このため，今後，都道府県・市町村間の連絡を密に図っていくことが重要である。

　また，前節において述べたとおり，近年，墓地の整備は，市街地から離れた郊外の地域においても行われる傾向があり，こうした墓地は都道府県の区域をも越えた需要を想定している場合も見られる。このため，こうした墓地については，経営許可等に関する都道府県知事の指導・監督等においても，より広域的な観点からの判断が必要とされることから，今後，各都道府県間においても連絡を密に図っていくことが重要である。

　また，墓地の経営・管理等に対する指導・監督を適切に実施するためには，各地方公共団体の墓地行政の担当者が墓地に関する十分な識見を有していることも重要である。

第2　当面対処すべき課題

1．経営・管理面の対応

　(1)　基本的考え方

　　墓地の経営・管理は，墓地埋葬法の趣旨に従い，適切に行われなければならないが，その際，行政としても墓地の経営・管理の適正を確保するため，種々の指導・監督を行うことは，当然必要である。しかしながら，個々の墓地における経営・管理の在り方については，基本的にその墓地を経営・管理する者に大きく依存しているのが現状である。したがって，今後，墓地経営者・管理者の資質の向上を図ることが極めて重要

資料編／Ⅳ統計等

である。

　また，墓地の永続性，平穏等に配慮し，適切な経営・管理を確保するため，長期的視野に立った経営が行われることが必要である。

　さらに，墓地の適切な維持・管理を確保するためには，十分な管理体制を確保することに加えて，個々の墓地利用者の理解と協力が不可欠である。このため，墓地を使用する国民の一人一人が墓地の適切な管理のための認識をより深めることが重要である。

⑵　具体的施策の在り方

　上記の基本的考え方を踏まえ，墓地等の経営・管理に携わる者の資質の向上を図るため，現在，墓地埋葬法においてすべての墓地等に配置することとされている墓地管理者等の資質の向上を図る必要がある。このため，墓地管理者等について，その資質の向上を図るため，新たに資格制度を創設する必要がある。

　また，長期的な展望の下に適切な経営・管理の確保を図り，併せて今後の家族形態や墓地観の変化等により増加することが予想されるいわゆる無縁墳墓の管理などにも対応するため，例えば，墓地の使用契約時などにおいて将来にわたる管理を保証するために必要な資金を積み立てることとする等の墓地の管理経費に関する基金制度の導入についても検討する必要がある。

　さらに，個々の墓地使用者との契約上の紛争を未然に防止し，同時に，いわゆる無縁墳墓の増加に伴う問題の発生を事前に防止するなどのため，墓地使用契約の有期限化等を盛り込んだ標準となる契約約款の策定等についても今後検討を進めることが必要である。

２．墓地整備の在り方

⑴　基本的考え方

　墓地の整備における基本的な考え方は，一定の地域における墓地の需要を満たすため，優良な墓地が安定的に供給されなければならないということである。

前章において指摘したとおり，近年，大都市地域を中心とした地価の高騰等に伴い，新たな墓地用地の確保は極めて困難な状況となってきているが，こうした状況の下において，墓地の経営を維持していくため，必要な緑地等を十分確保せず，また，個々の墳墓の区画も小規模な墓地が増加することは，墓地内の優良な環境の確保という観点から好ましいことではない。このことは，周辺住民からこうした墓地がいわゆる迷惑施設として考えられる一因ともなることが予想される。

　また，優良な墓地の整備・供給を図るためには，墓地の無秩序な整備を防止し，墓地内の環境の確保に加えて，その外観にも十分配慮されたものである必要がある。

　さらに，墓地の安定的な整備・供給を確保するためには，大都市地域を中心とした墓地需要の多い地域において，墓地の円滑な整備が可能となる施策を講ずることが必要である。

(2)　具体的施策の在り方

①　優良な墓地の供給

　優良な墓地の整備・供給を図るためには，無秩序な墓地の整備を防止し，墓地内の環境及びその外観に十分配慮された整備の促進を図ることが重要であることから，今日における墓地を取り巻く環境を踏まえ，地域の特性等に配慮した今後における墓地として望ましい形態を「日本墓地標準」（仮称）として明確に示し，今後整備される墓地については，これに添ったものとなるよう指導していくことが必要である。

　また，その際，墓地の不足が深刻な状況となっている大都市地域については，土地の有効な活用を図り，墓地供給の拡大を図る観点から，いわゆる壁墓地等の新形式墓地の在り方等に関して，その位置付けを積極的に検討することが必要である。

②　安定的な墓地の供給に対する支援等

　基本的考え方を踏まえ，土地の有効な活用を図るなどの施策の検討を行うとともに，安定的な墓地の供給に資するため，次のような支援を図

資料編／Ⅳ統計等

っていくことが必要である。

　まず，公営墓地の安定的な整備・供給を確保するため，現在，公営墓地の整備における援助措置として地方債の制度が知られているが，今後，その制度の充実を推進する必要がある。

　また，民間墓地の安定的な整備・供給を確保するためには，現在，民間墓地の整備に対する公的融資制度として，年金福祉事業団による融資制度があるが，今後，同制度を含め墓地の整備を支援するための公的融資制度の充実強化を図ることが必要である。その際には，上記の「日本墓地標準」を基準として公的融資を行い，民間墓地の整備を促進することが望ましい。

　なお，当検討会において行った「大規模墓地経営実態調査」によれば，年金福祉事業団融資制度は，現在，ほとんどの墓地関係者に知られていないことから，その有効活用を図る必要がある。

　さらに，今後における墓地供給の必要性等を踏まえ，優良な墓地等の整備に対する国庫補助制度の創設についても検討を行う必要がある。

3．行政上の対応

　(1)　基本的考え方

　　前章において指摘したとおり，今日，墓地を取り巻く環境は墓地の需要面においても，また，墓地の供給面においても急速に進展している。

　　また，墓地の需要面，供給面における状況の変化は，大都市地域を中心に広域化という特徴を示していると同時に，各地域における社会経済情勢と密接に関わり，各地域の特徴を顕在化させており，めまぐるしい多様化の様相をも呈している。

　　このような今日における墓地を取り巻く環境の変化に行政の立場から適切に対応していくためには，墓地行政がこうした墓地を取り巻く環境の変化の急速性，広域性，地域的多様性に対し，国民の宗教的感情，公衆衛生，公共の福祉に配慮しつつ，機動的，かつ，効率的に運用されていかなければならない。今日，こうした墓地を取り巻く環境の変化に対

349

応するために必要な行政体制の確保が極めて重要である。

(2) 総合的墓地行政の推進

　今日の墓地を取り巻く環境の変化に適切に対応していくためには，墓地行政が公益法人行政，宗教法人行政，都市計画行政等他の行政分野との連携を確保し，総合的な墓地行政として推進されることが重要である。

　そのためには，まず，国レベルにおいて関係行政機関相互の連携を確保するとともに，各地方公共団体においても墓地行政担当部局と他の行政部局との必要な情報交換等を緊密に行うことが肝要である。

　また，墓地の需給の地域的多様化にきめ細かく対応するため，市町村においては，可能な限り，各地域の墓地の需給に関する実情の把握に努めるとともに，都道府県においては，市町村との連携を確保した墓地行政を推進する必要がある。

　さらに，大都市地域を中心とした墓地需給の広域化に対応するため，各都道府県間における情報の交換等を図ることも必要である。

　その際，墓地需給の把握を円滑かつ効率的に実施できるよう国において統一的な需要把握の手法を検討することが求められる。

(3) 行政担当者の資質の向上

　今日の墓地を取り巻く大きな環境の変化に墓地行政が適切に対応していくためには，上記のような総合的な行政の展開と併せて，個々の墓地行政の実務に携わる担当者の資質の向上を図ることが極めて重要である。

　このため，国や各都道府県においては，墓地行政に携わる担当者の資質の向上を図るため，研修等の機会を確保することが必要である。

4. 無縁墳墓の改葬問題

(1) 現行制度の考え方等

　墓地は，国民の宗教的感情，公衆衛生，公共の福祉に適合するように管理・運営されなければならない。現在，墓地埋葬法においては，墓地

資料編／Ⅳ統計等

の改葬等に際して，改葬を行おうとする者の申請により，市町村長が国民の宗教的感情，公衆衛生，公共の福祉への適合の有無を審査し，適切と認める場合には，許可を与えることとなっている。

無縁墳墓についても，当然この考え方が該当するものであるが，とりわけ，無縁墳墓については，その使用者，縁故者が判明しない場合であることから，①使用権不存在の確認，②在籍調査，③新聞公告という，通常の改葬手続よりもより慎重な手続が要求されているところである。今日，墓地使用者の存在等が明らかでないと考えられる墓地について，上記の在籍調査及び新聞公告のみを行うことによって，無縁墳墓としての改葬が可能となると考えている墓地関係者が多く見られることから，本制度の趣旨をより一層徹底する必要がある。

また，例えば，江戸時代以前から存在している墓地については，一般的に，その使用権の不存在を確認することが困難であることから，今後，そうした墓地の使用権の考え方等について検討する必要がある。

さらに，墓地使用期間の有期限化の問題と関連して，使用期限の到来した無縁墳墓の改葬の在り方等についても検討を行うことが必要である。

⑵　手続簡素化の必要性

前章において指摘したとおり，近年，大都市地域を中心とした墓地不足は深刻な状況となっており，また一方で，人口の減少している地域においては，墓地の経営基盤の脆弱化等により，墓地の荒廃等が指摘されている。

無縁墳墓の改葬手続については，墓地の永続性，平穏，安定等を確保する観点から，通常の改葬手続に比しより慎重な手続を要求しているが，このことが一方では，無縁墳墓の改葬を困難なものとし，公共施設としての墓地用地の有効な活用を阻害している面も考えられる。したがって，近年の墓地を取り巻く環境の変化を踏まえ，無縁墳墓の改葬手続を見直す必要があると考える。

351

なお，無縁墳墓の改葬手続を見直すに当たっては，墓地の永続性，平穏，安定等国民の宗教的感情，公共の福祉等に十分配慮するという視点が重視されなくてはならない。手続の簡素化によって，安易な改葬が進められ，国民の宗教的感情や公共の福祉等に支障が生じることとなってはならないことは言うまでもない。

(3) 手続見直しに係る基本的な考え方

　無縁墳墓の改葬手続については，今回実施した大規模墓地経営実態調査においても様々な意見が示されているが，とりわけ，縁故者等への新聞公告については，その簡素化を求める意見として，

　　ア）新聞公告の費用が高額であり，円滑な改葬が困難であること

　　イ）一件当たりの公告掲載スペースが狭く実際上実効性が少ないこと

という回答が多く見られたが，一方，慎重な対応を求める意見として

　　ウ）2種類の新聞での公告では，公知性に乏しいこと

　　エ）いたずらな改葬を防止するため，要件を加重すべきであること

という回答も見られた。

　以上の考え方を総合的に勘案し，無縁墳墓の改葬手続については，以下のとおり取り扱うことが適当である。

① 　無縁墳墓の改葬手続は，墓地の永続性，平穏，安定等を確保する観点から，引き続き，通常の改葬手続に比しより慎重な手続が必要である。

② 　しかしながら，近年の墓地を取り巻く環境の変化を踏まえ，従来の改葬手続とは別に，簡素な手続を可能とする方途を講ずることが必要である。

　　新聞公告については，現在，2種以上の新聞に3回以上の公告を行うこととされているが，例えば，年一回，国民の祝日に関する法律において「祖先をうやまい，なくなった人々をしのぶ」日とされている秋分の日等において一斉に無縁墳墓改葬に係る公告を行うことにより，現在の公告の実効性を大きく高め，それによりその回数を減少さ

資料編／Ⅳ統計等

せることが可能となると考えられる。

なお，無縁墳墓として改葬された焼骨などの祭祀等その取扱いについては，国民の宗教的感情などに反することなく，将来にわたって適切に行われなければならないことは言うまでもない。

おわりに

本報告書においては，今日の墓地を取り巻く環境の変化に対し，今後，優良な墓地を安定的に供給していくために必要と考える事項について，当面対処すべき課題として，①墓地の経営・管理面，②墓地整備の在り方，③行政上の対応，④無縁墳墓の改葬問題という4分野について，具体的な提言を行った。当検討会としたは，これらの提言が今後の墓地行政に可能な限り反映されていくことを要請する。

また，今日の墓地問題は行政のみによって解決できる問題ではなく，国民の一人一人が祖先をしのぶ場としての墓地に関する認識を深め，問題解決に向かって努力することが重要である。

なお，本報告書において取り上げることのできなかった墓地等に関するその他の問題等については，今後，墓地等を取り巻く環境の変化を踏まえて，引き続き，所要の検討を進める必要がある。

参考資料

墓地問題等検討会委員名簿

磯部 　力	東京都立大学法学部教授
浦川道太郎	早稲田大学法学部教授
及川 　由助	財団法人日本墓園顧問
○金光 　克己	社団法人全日本墓園協会理事長
塩見 　戎三	産経新聞社論説委員
鈴木 　宏	藤沢市大庭台墓園管理事務所長
西山 　一廣	東京都衛生局環境衛生部長

藤井　正雄　　　大正大学文学部教授

○：座長

墓地問題等検討会審議経過

第1回　（昭和63年9月21日）

　①検討会の設置について

　②今後の進め方について

第2回　（昭和63年10月27日）

　○関係地方公共団体からのヒアリング（墓地問題についての報告徴収）

　　大阪府，大阪市，仙台市

第3回　（昭和63年12月6日）

　①墓地等施設視察

　　藤沢市大庭台墓園，横浜市久保山霊堂・久保山墓地

　②関係地方公共団体からのヒアリング（墓地問題についての報告徴収）

　　神奈川県，横浜市

第4回　（平成元年2月20日）

　○検討項目の整理について

第5回　（平成元年4月3日）

　○墓地埋葬行政の基本的在り方について（墓地経営の基本理念である非営利性，公共性，永続性等について）

第6回　（平成元年5月10日）

　①東京都新霊園等構想委員会検討内容のまとめ（中間の報告）について

　②墓地の需給をめぐる諸問題について（墓地需給の把握，墓地に対する助成策，墓地等の経営主体，墓地計画標準）

第7回　（平成元年6月16日）

　①経営許可基準について

　②都道府県による指導監督体制の整備について

　③消費者保護のための対策及び墓地管理従事者の資質の向上について

354

資料編／Ⅳ統計等

第 8 回　（平成元年10月11日）

　①大規模墓地の経営実態調査について

　②米国の墓地制度について

　③ワーキング・グループにおける主な論点等について

第 9 回　（平成元年11月15日）

　①年金福祉事業団による融資制度について

　②墓地管理講習会について

　③無縁墳墓の改葬手続きについて

第10回　（平成 2 年 1 月19日）

　○中間とりまとめ案について

第11回　（平成 2 年 2 月26日）

　○中間とりまとめ案について

第12回　（平成 2 年 4 月25日）

　①中間とりまとめ案について

　②東京都新霊園等構想委員会報告書について

大規模墓地経営実態調査結果の概要

○　調　査　対　象；1 ha 以上の規模を有する墓地

○　調査基準年月日；平成元年 4 月 1 日

　1　調査対象墓地数

	公　営	宗　教	公　益	他	計
件　　数	542	417	58	36	1,053
割　合（％）	51.5	39.6	5.5	3.4	100.0

　（注）　公営，宗教，公益は，それぞれ地方公共団体，宗教法人，民法上の公益法
　　　　人を表す（以下同様）。

　上記1,053墓地のうち，墓地，埋葬等に関する法律第11条の規定による墓地経営

	公　営	宗　教	公　益	他	計
件　　数	168	10	2	1	181

355

2 墓地の用途別面積割合

	公 営	宗 教	公 益	他	計
墳墓地（％）	45.5	60.5	47.2	50.6	51.2
他 （％）	54.5	39.5	52.8	49.4	48.8

（注） 墓地計画標準においては，墓所の墓地面積に対する割合は，土地の状況，墓地の種類及び管理経営の便を考慮して定めるものとし，墓所面積を全墓地面積の3分の1以下とすることとされている。

3 墳墓地1区画当たりの平均面積の分布

	公 営		宗 教		公 益		他		全 体	
2 m² 未満（％）		4.9		13.6		5.0		3.4		7.2
2 m² 以上 3 m² 未満（％）	21.6	3.5	43.4	12.0	28.7	5.6	30.6	9.9	28.4	6.2
3 m² 以上 4 m² 未満（％）		13.2		17.8		18.1		17.2		15.0
4 m² 以上 5 m² 未満（％）		30.8		31.8		28.1		29.7		30.8
5 m² 以上 6 m² 未満（％）	78.4	10.3	56.6	10.9	71.3	16.8	69.4	13.3	71.6	11.2
6 m² 以上 10 m² 未満（％）		26.7		9.6		20.2		21.4		21.3
10 m² 以上（％）		10.6		4.3		6.2		5.0		8.3

（注） 墓地計画標準においては，1墓所の面積は 4 m² 以上とすることとされている。

4 園路幅平均

	公 営	宗 教	公 益	他	全 体
幹線園路 （m 以上）	5.5	4.4	6.3	6.1	5.2
支線園路 （m 以上）	3.1	2.4	3.1	2.7	2.9
墓域内通路 （m 以上）	1.5	1.1	1.1	1.2	1.3

（注） 墓地計画標準においては，幹線となる主要園路の幅員は，6 m 以上とし，必要な箇所には自動車の回転し得る広場を設けること，支線園路は幅員3 m 以上とすること，墓域内通路は幅員2 m 以上とすることとされている。

資料編／Ⅳ統計等

5　年金福祉事業団の融資制度（以下「年福融資」という。）について

	宗　教	公　益	他	計	（割合％）
年福融資を知っている	25	13	1	39	（9.7）
年福融資を知らない	314	32	18	364	（90.3）

（注）　年福融資を何によって知ったかという質問に対する主な回答
- 年福融資を受けている霊園から
- 全日本墓園協会の情報交換会議で
- 墓地，埋葬等に関する法律逐条解説書から
- 監督官庁から
- 霊園ガイドから
- 年金福祉事業団の業務案内から

6　年福融資の利用状況
　年福融資を知っている墓地経営者のうち，

	宗　教	公　益	他	全　体
年福融資を利用している	0	3	0	3
年福融資を利用していない	25	10	1	36

7　年福融資を知っていながら融資を利用していない理由（複数回答可，実数36）

	宗　教	公　益	他	計
①資金需要が無かった	16	2	1	19
②施設基準が厳しい	1	4	0	5
③担保の設定が困難	2	4	0	6
④他	1	2	0	3

8　今後，年福融資を利用する予定の有無について

	宗　教	公　益	他	計	（割合％）
有　り	51	12	2	65	（19.3）
無　し	234	24	13	271	（80.7）

9　年福融資についての意見
　　主な回答
- 基準の緩和　・資料が欲しい

357

10 墓地管理料未払いの場合の取扱いについて

	公営	宗教	公益	他	計（割合％）
①管理料未納により使用権消滅	21	36	7	6	70（14.6）
②管理料未納により使用契約解除	93	102	25	6	226（47.2）
③管理規定なし	68	64	4	2	138（28.8）
④他（注）	27	8	6	4	45（9.4）

（注）　④のうちの典型的な意見
　　　　・再催促　・檀家である限り使用させる　・経営者の管理に移管

11 墓地使用期間の今後の取扱いに関する意見について

	公営	宗教	公益	他	計（割合％）
①永代使用とすることが望ましい	406	300	42	21	769（84.5）
②期間を限定することが望ましい	36	44	9	1	90（9.9）
③他（注）	30	17	3	1	51（5.6）

（注）　③のうちの典型的な意見
　　　　・現在は永代使用としているが，今後，検討が必要と考える。
　　　　・契約者の生存期間中。ただし，更新可能。

12 無縁墳墓の改葬について（昭和59年度〜63年度）

		公営	宗教	公益	他	計
①無縁墳墓改葬数		1,744	1,133	1	37	2,915
②①のうち収用法等による収用例		217	712	0	0	929
③①のうち同一墓地内改葬墳墓数		389	187	0	0	576
④無縁焼骨用施設の有無	有　り	137	115	8	6	266
	無　し	279	227	41	18	565

資料編／Ⅳ統計等

13　無縁墳墓と考える要件について

	公営	宗教	公益	他	計（割合％）
①管理料滞納（請求の有無を問わず）	44	76	11	7	138（16.4）
②管理料請求に対する音信不通	83	154	36	10	283（33.7）
③他（注）	243	156	15	6	420（49.9）

（注）　③のうちの典型的な意見
- 使用者が死亡した日から起算し，5年（3年等）経過しても祭祀を承継する者がないとき
- 使用者が住所不明となって7年（10年等）を経過したとき
- 長期間音信不通の場合
- 7年以上墓参及び管理等が行われていない場合

14　無縁墳墓の改葬手続き（その1　市町村への照会関係）（昭和59年度～63年度）

		公営	宗教	公益	他	計
①市町村への縁故者照会件数		5,846	670	6	4	6,526
②①のうち収用法等による収用例		0	0	0	0	0
③①のうち	a 縁故者有りの回答有り	2,604	98	6	3	2,711
	b 縁故者無しの回答有り	434	519	0	0	953
	c 縁故者の有無の回答無し	902	53	0	1	956
④市町村への照会実施主体数		22	10	3	2	37

15　無縁墳墓の改葬手続き（その2　新聞公告関係）（昭和59年度～63年度）

		公営	宗教	公益	他	全体
①新聞公告件数		448	84	0	0	532
②①のうち収用法等による収用例		12	1	0	0	13
③①のうち	a 縁故者からの申し出有り	50	5	0	0	55
	b 問い合わせ有り	4	3	0	0	7
	c 全く反応無し	394	76	0	0	470
新聞公告実施主体数		10	3	0	0	13

359

16 無縁墳墓の改葬手続きに関する意見について

		公営	宗教	公益	他	計(割合%)
①縁故者の定義について	a 明確である	216	231	26	11	484(67.9)
	b 明確でない	131	79	15	4	229(32.1)
②新聞公告の実効性について	a 大きい	165	128	13	10	316(52.1)
	b 小さい	137	135	17	2	291(47.9)

（注1） 縁故者の定義が明確でないと考える主な理由
- そもそも法律上定義されていない。
- 親族に限るべきか，単につきあいがあっただけの者も含むのか不明である。
- （親族に限定されていることを前提としつつ）何親等までを含むのか不明である。
- 祭祀承継の意思の無い者も縁故者といえるのか疑問である。

（注2） 新聞公告に実効性が無いと考える主な理由
- 公告以前の手続き（墓地，埋葬等に関する法律施行規則第3条第1号の照会）によっても縁故者が発見されなかった場合，新聞公告によって新たに縁故者が発見される蓋然性は低い。
- 2種以上の新聞では公知性に乏しい。
- 当該新聞を購読していたとしても，掲載スペースが小さいため公告に気づかない。
- たとえ公告を見たとしても，名乗りでない。

17 無縁墳墓の改葬手続きについての意見
　　主な回答
- 手続きの簡素化を図るべきである（主として新聞公告手続きについて）
- 現状で良い（他に適当な手段が無い）
- さらに用件を加重すべきである（公知性（公示）の徹底）
- 現行制度の下では事実上改葬ができない（新聞公告の費用）

資料編／Ⅳ統計等

4　これからの墓地等の在り方を考える懇談会報告書

$$\left(\begin{array}{l}平\,成\,10\,年\,6\,月 \\ 厚生省生活衛生局\end{array}\right)$$

はじめに

　今年は，墓地，埋葬等に関する法律（以下「墓地埋葬法」という。）が戦後間もない昭和23年に制定されてから50年となる。今日，我が国は戦後の混乱期，高度経済成長期を経て，世界の主要国としての地位を築いた。

　このような経済の発展は，同時に，社会構造や家族の形態を大きく変貌させ，人々の生活様式や生活意識をも著しく変化させるものであった。

　墓地については，都市化の進展，核家族化の進行，高齢人口の増加，火葬率の上昇等の社会的要因や家意識の稀薄化，葬送の自由の主張等の国民意識の変化の影響を受けている。

　墓地は優れて人々の生活の営み即ち文化を反映するものであり，墓地行政は土地の習俗や人々の宗教的感情を尊重しつつ，社会情勢に即して展開されなければならない。

　50年の月日の経過は墓地行政の見直しを要求し，また，今後予想される少子高齢化の進行は，来るべき社会に適合した墓地等の在り方を求めている。

　本懇談会はこのような認識の下に，墓地を利用する者の視点に立って，これからの墓地等の在り方について検討を行い，現段階における見解を以下のようにまとめた。

第1　墓地を巡る現在の状況

1　総説

　今日の墓地埋葬等を取り巻く社会環境は，墓地埋葬法の制定当時に比べて，大きく変貌を遂げている。

　第一は火葬率の上昇である。昭和25年当時において5割強にすぎなかった火葬率が平成8年には99％弱にまで上昇した。しかし，火葬率の上昇は火葬場の増加にはつながらず，逆に昭和35年には約24,000か所の火葬場が平成7

361

年には約8,500か所に減少している。つまり，火葬が増加する一方で火葬場の統廃合が進み，その近代化・整備が行われてきた。法制定当時においては，土葬や火葬場に対する公衆衛生の確保が重要な任務であった。しかし，公衆衛生の確保の重要性に変化はないものの，土葬の減少や火葬場の近代化・整備が進行した今日においては，公衆衛生の観点からの規制だけでなく，生活環境に配慮した墓地や火葬場の量的整備や質的な水準の向上等について，地方自治体が基本的な住民サービスの行政として積極的に取り組むことが求められている。

第二は，高度経済成長の下での急激な人口移動による都市の過密化・農村の過疎化と核家族化の進行，更には少子化の進展という社会環境の変化である。大都市では急激な人口の増加及び世帯数の増加によって墓地の需要が増大し，墓地需要に対する対応がこれまでの墓地行政の重要な課題となってきた。現在でも，地域的な偏差があるものの，墓地不足の状況は解決されていない。

また，急激な人口移動によって生じてくるのは，「墓地不足」だけではない。人口移動によって祭祀承継者のいない墳墓が増加し，その墳墓の改葬問題（いわゆる「無縁墳墓」）も社会問題となってきた。

元来，死者の祭祀は私的な問題であり，国民の宗教的感情を尊重する意味からも承継者のいない墳墓の改葬については慎重な手続が課せられている（墓地埋葬法施行規則第3条）。しかし，承継者のいない墳墓の増加が墓地の管理及び経営を圧迫する要因になり，他方では改葬公告を2種以上の日刊新聞に3回以上公告することを義務づけた改葬手続の不合理性が指摘されるようになってきた（注1）。

また，近年の子どもの減少，更に昭和49年以降の人口置換水準を下回る合計特殊出生率の低下，少子化の進行とともに，墓地承継者の不在がより深刻になってきた。つまり，墓地承継者の不在は，都市化や過疎化という人口移動の要因だけでなく，家族構造の変化に根ざした問題として広く認識されるようになってきた。

資料編／Ⅳ統計等

このような段階における承継者のいない墳墓の改葬問題は，墓地経営の観点からだけでなく，国民の宗教的平穏を確保するために，そこに葬られている人あるいはそこに葬られるであろう墓地使用者の利益を守るという観点からも，その対応について考える必要があるだろう。具体的には，墓地使用の有期限化や多様な墓地の在り方についての検討が求められる。

さらに，現在の人口構造から見ても，これから死亡者の数が増大し，祭祀承継者を確保することができない人々が増大するであろう。そうであるとすれば，行旅病人及行旅死亡人取扱法（明治32年），生活保護法（昭和25年），老人福祉法（昭和38年）等の規定による対応だけではなく，今後，これらの人々の必要に応じてより多様な葬送のサービスを提供するシステムの整備が必要である。

第三は，葬送に関する国民意識の変化である。高度経済成長期の墓地需要の増加の背景には死者のための墓地の確保のためだけではなく，将来「私」が入るための墓地の確保であったといわれている。「私」の死後を子孫に全面的に委ねるのではなく，自らが「死後の住処（すみか）」を求めている傾向は以前から顕著に見られる現象であった。この傾向が今日ではより積極的に展開し，「私」の死後を私の意思によって決定したいという考え方（「葬送の自由」）が自己決定権の具体的表現として主張されるようになった。その表現形態は多様であるが，散骨という葬送の選択もその一つである。伝統的な慣習からの解放や価値観の多様化を背景とした「葬送の自由」の要求は尊重されるべきものであろう。しかし，葬送に関して法律が想定していない状況も生まれてきたからには，新しい時代の葬送に適合するような法の体系の整備が求められる。

2 墓地需要の増大

（都市化の進展）

戦後における経済成長は，産業化の進展の成果であり，産業化は労働力として多くの人々を地域社会から離脱させ，都市の住人とした。

我が国の人口は，高度経済成長以降，都市圏への人口の集中が進んだが，

今後も都市圏の人口の増大が見込まれている（注2）。新たに都市住民となった人々の多くは，そこを故郷とするようになり，自らの墓と死者を弔うための墓を求めるため，墓地需要は大きく伸びることとなった。例えば，東京都の都立霊園の応募状況を見てみると，壁型墓地などを増設し，納骨堂を新設した後の平成5年度以降は4倍程度の公募倍率であるが，それ以前は10倍を大きく超える倍率であった（注3）。

このため，意識調査（注4）においても，人口流入が顕著な都市部を中心に墓地の不足を指摘する数値が高い。すなわち，12大都市においては，4割強の人が墓地は不足していると認識しており，4人に1人が実際に自分自身が利用できる墓を持っていないと答えている。

（高齢人口の増加）

また，今後，高齢者数の絶対的増大が見込まれるが，このことは，死亡者数の増大を意味するものであり，墓地需要増大の要因として位置づけられる。死亡者数の推移は，平成8年に約90万人であったものが，最大時平成48年の約175万人に達するまで増加し続ける見込みである（注5）。

（供給の停滞）

以上のような要因から，墓地需要は増大しているが，墓地は一般にいわゆる「迷惑施設」として受け止められることなどから，人の居住する地域の近隣では新たな立地が困難な場合が多く，供給も滞りがちになる傾向がある。

3　承継者のいない墓の増加

（家族像の変化）

都市化の過程で，人口が流出し，過疎化した地域においては，世帯数が減少し，あるいは跡継ぎ世帯が流出し，一部の地域においては墓地の無縁化が進んでいる。

また，核家族世帯数は，昭和50年に1,930万世帯であったものが，平成8年には2,580万世帯に増加するなど，核家族化の進展と家族規模の縮小がみられ，墓を守ることが期待される子どもの数が減少している。少子化の進行はこの傾向に拍車をかけるものとなっている。

364

資料編／Ⅳ統計等

さらに，夫婦のみの世帯及び単独世帯の数は，それぞれ昭和60年に520万世帯，790万世帯であったものが，平成7年には760万世帯，1,120万世帯に増加するなど世帯に子どもがいない人も増加の傾向にあり，これらの人も墓を求める場合が多いものと予想すれば，承継者のいない墓が増えていくことが見込まれる。

人々の意識においても，いわゆる家意識の後退とともに，「先祖の祭祀を祭ることは子孫の義務である」と考えることが若年層ほど徐々にではあるが希薄化する傾向にある（注6）。

これらのことは，将来において無縁化する墓の増加を示しており，承継者のいない墓の取扱いは今後の墓地問題の一つの焦点となろう。

なお，現在においても，無縁墳墓については，その改葬手続が煩瑣で，かつ，実効性がないという強い批判があり，その改善が求められている。

4　事業型墓地の増加

（墓地事業の展開）

都市人口の増大とともに，都市に定住する人々が墓を購入するようになると，宗派を問わず一般公衆が利用可能な事業型墓地が出現するようになった。

1ha以上の大規模墓地は，全国で，昭和60年に約900か所（厚生省：全国主要墓地経営実態調査）であったものが，平成9年には約1,400か所（（社）全日本墓園協会：大規模墓地経営実態調査）に及んでいる。

事業型墓地の経営主体は地方自治体以外は公益法人又は宗教法人に限定する行政方針（注7）が示されている。これは，墓地の永続性と非営利性の確保を図るためであるが，この趣旨を達成するためには，墓地事業を営む公益法人あるいは宗教法人においても安定的な財政運営が必要である。

また，墓地の利用者は自分の死後においても適切な管理を望んでいるのであるから，墓地の経営，管理の方法について，利用者の期待権保護のための適切な対策が講ぜられなければならない。

さらに，墓地の経営者は，このような墓地の利用者の意思や期待に誠実に

365

こたえるよう，高い職業倫理が求められている。

5　散骨の出現

（法の態度）

　墓地埋葬法が想定していない葬法として，焼骨を粉末状にして，墓地又は墓地以外の場所に焼骨を散布する散骨を行う人々が現れた。

　墓地埋葬法は，本来，伝統的な葬法である埋葬・火葬の取締法規であり，葬法の在り方自体を直接的に規制するものではない。また，刑法の遺骨遺棄罪は社会的な習俗，倫理に関するものであり，相当の節度をもって行う場合は，散骨を処罰の対象とすることはできないと解されている。

　現在，死後に自然に帰るという志向等を背景に，「自然葬」と称して散骨を行う市民団体が結成され，その普及活動も行われ，葬儀会社の中には事業として散骨を行う例も現れてきている。

　時の経過とともに新しい葬法である散骨を容認する人々も増加の傾向にある。散骨を葬法として容認する人の割合は，平成2年の調査では2割強であったが（注8），本年（平成10年）の調査では7割を超え（注9），散骨についての理解が進んでいることが伺える。

　しかし，一方で散骨の方法によっては紛争が生じる可能性がある。平成6年には，東京都所有の水源林の区域に散骨が実施され，地域住民から苦情が出ており，地元市町村が東京都に対して散骨を容認しないことを求める要請書を提出している。

　意識調査の結果でも街中，水源地，公園などでは散骨を行うべきではないという意見が8割から9割を占めている（注10）。

　したがって，散骨については，その実施を希望する者が適切な方法によって行うことは認められようが，その方法については公認された社会的な取決めが設けられることが望ましい。

第2　今後の墓地の在り方

1　経営主体の適格性

資料編／Ⅳ統計等

（営利企業）

　墓地の経営については，永続性と非営利性の確保の観点から，株式会社などの営利企業が経営主体となることは適当ではないという国の行政方針が提示されている。

　墓地埋葬法の墓地の経営許可権限は団体委任事務として都道府県等の権限であるが，各都道府県等においても国の行政方針を概ね尊重して行政運営がなされている。

　この点，多様なサービスを提供するという観点から，また，規制緩和の観点から，営利企業に墓地経営を認めてもよいのではないかという議論がある。

　この問題については，墓地に対する国民の意識を踏まえて考えるべきであろう。多くの人が自らの死後も長期にわたって墓が守られていくことを望み，そのことは保護に値する価値と考えられる。一方，営利企業は，「解散の自由」があり，かつ，他の事業で失敗すれば倒産の危険もある。また，意識調査においても，営利企業が経営する墓地を利用したくないとする人が6割を超える結果となっている（注11）。したがって，事業の性格から永続性の確保が基本的に求められる墓地の経営については，現状では，行政方針に示されているように，営利企業を墓地の経営主体として認めることは適当ではないと考えられる。

　民間資本を墓地事業に活用する方策としては，公益信託の制度が考えられる。公益信託は公益法人制度に比較して現在あまり活用されていないが，英国では街並み保存などにも利用されている。墓地経営に公益信託を利用することができれば，民間資本を活用しつつ，信託による安定した経営管理を確保し，併せて，いわゆる名義貸し防止の副次的効果も期待することができるので，制度活用のための積極的努力を関係者に期待したい。

（地方自治体）

　墓地の公益性にかんがみると，老人ホームや学校などと同様に地方自治体が基礎的な住民サービスとして積極的な提供を図ることが望ましく，現状を

把握し，将来の需要を見通した行政の計画的な対応が必要である。

（宗教法人）

　宗教法人が宗教活動の一環として信徒のために墓地経営を行う場合は特に問題はないが，公益事業として宗派を問わない墓地の経営を行う場合，営利企業等が経営の実権を握るいわゆる名義貸しの事例があることが指摘されている。名義貸しが行われた場合は，実質的な経営主体の営利企業等に収入を簒奪されるなどの危険があり，経営責任を果たせない事例が生じる可能性が高い。

　このようなことを防止するためには，墓地埋葬法上の墓地経営の許可に当たって，都道府県等の行政事務当局において宗教法人所轄部局と墓地埋葬法担当部局が密接な連携を保ち，許可申請をする宗教法人が，宗教法人としての活動実績があるか，実質的に墓地経営を行う能力があるか等について精査すべきである。

（公益法人）

　公益法人が経営する墓地についても的確な財政運営がなされているか十分に監督が行われなければならない。したがって，公益法人設立の認可に当たっての審査が十分に行われることに加えて，墓地埋葬法上の監督と法人監督が密接に連携し，一体となって行われることが望ましい。これらの権限が分離されることになる大臣認可の墓地事業を目的とする公益法人は，原則として今後認めないことが適当であろう。

（個人墓地）

　個人墓地も，設置をする場合は，都道府県知事等の許可が必要であるが，これを広く認めることとすると，墓地の乱開発を招き，小規模の墓地が各地に多数散在することとなり，快適な生活環境を求める国民の感情にそぐわないばかりか，公衆衛生の見地からも望ましいとはいえない。また，墓地の存在が土地等の取引価格に大きく影響することなどから，土地取引における紛争の原因ともなりかねない。

　したがって，個人墓地の新設については，これまで，既存の墓地を利用で

368

資料編／Ⅳ統計等

きないような例外的な場合を除き，原則として墓地埋葬法による許可を行わない行政方針（注12）が採られてきたところであるが，引き続きこのような運用が行われることが適当であると考えられる。また，無許可の個人墓地が設けられないよう地方自治体の適正な行政運営が求められる。

2　利用者保護の充実

（情報の提示・開示）

　墓の購入は生涯に一度の体験であることが多く，しかも高額になる場合が少なくない。意識調査においても墓地の価格の高騰が墓地問題の一番の問題であるとして挙げられている（注13）。また，供給側と購入側の情報量の格差も著しい。消費者契約の適正化を求める動きがある中で，墓地の選択に資するような墓地に関する情報を広く提供するシステムの整備が望まれる。

　事業型墓地にあっては，特定の階層にとどまらない多数の利用者を予定している事業の公共性にかんがみ，墓地使用契約の内容について利用者保護の観点から契約内容の明確化等を図るべきである。例えば，標準的な契約約款を作成することなども望ましいといえよう。特に，墓地の使用に際しての料金体系については，墓地使用の権利を取得するための「（永代）使用料」と墓地の共用部分を管理するための「（年間）管理料」が徴収されているが，これらの料金に対応する権利の内容は統一されていないだけでなく，一般に周知されておらず，また，種々の名目で多くの費用を徴収される場合もある。このような料金の内容の明確化と合理的な価格体系の整備が必要であろう。

　また，墓地の経営者団体等においては，事業型墓地についての経営情報を積極的に開示するなど利用者の信頼を維持獲得する活動を行うことが望まれる。

（契約の解除）

　墓地使用契約の解除についても，利用者の保護が求められる。墓地使用契約の解除において，既に支払済みの永代使用料の取扱い，解除に至るまでの利用期間についての最低保障など利用者の権利保護に十分な配慮が行われる

369

必要があろう。墓地使用契約の解除によって，墓地管理者が改葬を行うことは認められようが，実行する場合は，利用者との紛争を防ぐ観点から，利用者の改葬承諾書を添付させるなど厳格な手続によるものとする等制度の整備が必要であるほか，焼骨等を引き取らない場合には，合葬式の共同墓，壁型墓地又は納骨堂を改葬先として用意することが望まれる。

　事業型墓地にあっては，転居等により墓を改葬したことにより，墓地使用権が不要になった利用者に対しては，管理者の承認の下に有償での譲渡又は経営者に対する買取り請求が可能となるような仕組みの導入についても考える余地があろう。これは，墓地の有効利用の観点からも有益であると考えられる。

　（墓地の多様化）

　利用者の多様な要望にこたえることも必要であろう。人々の墓に対する意識の変化が進めば，合葬式の共同墓，壁型墓地や芝生墓地などの新しい形式の墓地や納骨堂の活用などは，高価な墓石の費用を縮減することができるので，低廉な価格で提供が可能であり，また，大規模な土地開発を伴わないため，都市部において今後発展することが考えられよう。これらの墓地においては使用権の在り方も多様になるため，それらについても十分に検討する必要がある。

　散骨を希望する者が増加すれば，諸外国の例に見られるように，墓地の中の一定の区域を散骨場所として提供することも考えられよう。

3　経営の安定と管理の合理化

　（墓地経営の安定）

　墓地には永続性が求められ，墓地の経営主体から営利企業を排している主な理由もこの点にある。しかし，その趣旨をより確かにするためには，日常の経営が適切に行われるような仕組みが必要であると考えられる。

　都道府県知事等が墓地の経営許可を行うに当たっては，十分な基本財産を有していることを審査するとともに，許可の条件として，将来にわたって安定した経営を行うために計画的に永代使用料等を原資とする管理基金を造成

370

すること，監査法人による財務監査を受検すること，財務諸表を公開することなどの条件を付することが望ましい。

経営内容についての情報を公開することは，いわゆる名義貸しを防止する効果があると考えられる。

（墓地使用契約の有期限化）

事業型墓地にあっては，墓地の使用権について有期限更新制を採用している場合がある。墓地の使用権は無期限であるべきであるという考え方もあるが，更新できるのであれば有期限であってもよいと考える人々も多い。意識調査によれば，東京都区部では6割近い人々が有期限更新制を認容する態度を示している（注14）。承継者を期待できない独身者が墓地を入手することができないという事例に対応するためにも死者を追悼するのにふさわしい相当期間を保障し，期限経過後は合葬墓に改葬することとすれば利用者の要望に合致するとともに，墓の無縁化を防止し，墓地の管理の合理化にも資するであろう。

（管理の合理化）

墓地の管理（経理を含む。）の質の向上を図るためには，墓地の管理についての指針の策定とその普及が必要である。特に現在の墓地使用者の確認と死亡者を把握しておくための墓籍簿の整備などについては現行法令上も規定が設けられており，こうした記録の管理を確実に行うこと，墓地管理者の研修の充実を図ることが望まれる。

墓地の日常的な管理については，コストの低減に努めるべきであり，必要に応じて管理業務の外部委託等も考えられてよい。管理業務の合理化については，墓地の経営者団体が指導力を発揮する事柄であろう。

墓地の経営者団体においては，各種共同事業の実施，公益的事業の展開など事業型墓地経営の信頼性の確保，向上に努めることを期待したい。

なお，業務の外部化については，いわゆる名義貸しの手段とならないよう，明確な委託関係に基づくことが必要である。

（無縁墳墓の改葬）

無縁墳墓の改葬手続は改める必要がある。現行制度は，２紙以上の新聞に３回以上の公告を求めているが，この公告手続が今日では高額の費用がかかりながら実効性が薄いことは，総務庁の「あっせん」が指摘するとおりである。本懇談会は，現行の公告手続に代わる方法として次のような方法を提案する。

- 官報で公告する。

　（理由）　公的な手続として一般的であり，廉価である。

- 無縁墳墓として改葬する墳墓に立札を立て，一年間維持する。

　（理由）　最も原初的ではあるが，社会常識に合致すると考えられる。

- 公的な団体が公告内容を永久保存し，当該団体の事務所で公衆の閲覧に供する。それとともに，当該団体のインターネット上のホームページに公告する。

　（理由）　墓地経営者の公的団体が自らの責任で公告内容を保存することは望ましく，また，インターネット上の公告は，最も今日的な伝達方法であり，全国から用意にアクセスが可能である。さらに，永久的な記録保存という要請にこたえられる。

4　散骨についての考え方

（散骨）

　散骨は，墓地埋葬法の立法当時，社会的事実がなかったためにあえて規定しなかったものと考えられる。

　散骨が公衆衛生上の問題を生じたり，社会通念上国民の宗教的感情を損なうような形で行われるのでなければ，現行法上特に規制の対象にする必要がないというのが現在の行政の考え方であり，これは是認できるものである。

　しかし，死者の遺志を尊重した散骨が認められるとしても，それは無制限のものではない。現行法のままでも，公衆衛生上又は国民の宗教的感情上の問題を生じるような方法で散骨が行われる場合には，墓地埋葬行政として当然規制の対象となる。

　他の権利行使と同様に，「散骨の自由」も公共の福祉による制約を受ける

資料編／Ⅳ統計等

のは当然である。公衆衛生上危険であったり，又は国民の宗教的感情に反するような葬送行為が公共の福祉により制約されるのは，いわゆる「権利の内在的制約」によるものである。

（規制の方法）

散骨については，街中や水源地など人々の日常生活に密接な関係のある場所において行うことは妥当ではないという人々が圧倒的に多数である。散骨を希望する者が適切な方法により散骨を行う自由を前提にした上で必要な規制を行うことが適当であると考えられる。

規制の方法については，国民の習俗に関する重要な事項に関わるものであるので，議会が制定する法規である法律又は条例によることが必要であろう。

法律によるべきか条例によるべきかについては，葬送方法には強い地域差があると考えられること，また，墓地埋葬に関する規制権限は地方自治法上，団体委任事務とされている（地方分権推進計画においては，地方自治体の本来的事務である自治事務として整理されている。）ことから，それぞれの地方の実情を踏まえて，地方自治体の条例で定めることが適当であると考えられる。

国としては，散骨の定義，散骨が許容される区域等を定める基準，行為規制の態様，制裁の程度など条例の準則を示すことが考えられよう。

おわりに

本懇談会においては，墓地埋葬法とその運用について，制定から50年を経過した現在の社会環境と国民の生活意識の変化をもとに見直す作業を行った。

その作業を通して，法制度に関しては墓地埋葬法全体を改正する必要はないものの，いくつかの補正を必要とする部分が生じていることが明らかになった。

その一つは，無縁墳墓の改葬手続（墓地埋葬法施行規則第３条）である

が，これは既に述べたような形に簡易化することが早急に望まれる。また，事業型墓地における墓地契約関係解消に伴う改葬手続についても，従来明確でなかったため，法令上明らかにすることが必要である。

第二に，散骨に関しては，それを望む者が存在し，国民の意識でも肯定的にとらえる者の数が増えてきているが，不適切な方法で行うことによりトラブルが発生しないように，その実施方法等について，法制度として明確な基準を設けることが望ましい。

墓地埋葬法の運用に関しては，墓地の安定供給，墓地使用者の保護，墓地経営の安定化のための施策等に関して，多くの課題が存在していることが明らかになった。

第一に，墓地の安定供給については，今後も地方自治体の墓地供給への努力が望まれるが，国の行政としては，地方自治体に対して必要な情報提供等の支援を行うほか，民間の事業型墓地を経営する公益法人に対する適切な監督，新たな事業型墓地を供給するための公益信託の開発の支援等を進めることが望まれる。

第二に，墓地使用者の保護と承継者のいない墓地の出現に対応するために，事業型墓地の経営者が現在使用している墓地使用契約の内容の見直しと適正化が必要である。墓地経営者団体等が中心となって積極的にこの作業を行うことが望まれる。

第三に，近年になって多く開設された事業型墓地については，その適正な管理と墓地経営の安定化が今後の課題となるが，この面でも，ガイドラインの作成等の国による協力・支援策が必要である。

以上述べてきたように，制定後50年を迎えた墓地埋葬法を巡っては法制度と運用の面で多くの解決すべき問題がある。墓地は社会にとって必要な施設であり，人々の最終的な安住の場所でもある。本懇談会の報告書は，国の墓地行政について提言するものであるが，この報告書が契機となって，多くの人がもう一度，墓地について考えていただければ幸いである。

注1：平成8年，総務庁が国民の意見を行政にあっせんする制度により，厚

資料編／Ⅳ統計等

生省に対し，現行の無縁墳墓改葬手続が不合理であるとする意見を「あっせん」した。

注 2 ：四全総総合的点検中間報告「人口減少，高齢化の進展と活力ある地域づくり」（国土審議会調査部会地域社会専門委員会，平成 5 年 6 月）国土庁計画・調整局試算

注 3 ：東京都調査

都立霊園の公募状況の推移

	公募数	申込数	倍　率	うち一般，芝生墓地		うち新形式墓地	
				公募数	倍　率	公募数	倍　率
元年度	750	14,292	19.1	750	19.1	――	――
2 年度	750	14,463	19.3	750	19.3	――	――
3 年度	1,000	14,652	14.7	550	22.1	450	5.6
4 年度	1,350	14,249	10.6	350	29.7	1,000	3.9
5 年度	4,250	16,528	3.9	300	31.6	3,950	1.8
6 年度	3,350	14,145	4.2	350	24.8	3,000	1.8
7 年度	2,700	13,360	4.9	320	25.5	2,380	2.2

（備考）　1　東京都建設局資料より作成。
　　　　　2　「新形式墓地」とは壁型墓地と多摩霊園みたま堂の合計であり，壁型墓地は平成 3 年度より，多摩霊園みたま堂は平成 5 年度より供給を開始した。
　　　　　3　一般墓地及び芝生墓地は，その多くが再貸付けである。

注 4 ：平成10年，厚生科学研究「墓地に関する意識調査」（主任研究者：森謙二）

注 5 ：平成 9 年，国立社会保障・人口問題研究所「日本の将来推計人口」（中位推計）

注 6 ：前掲厚生科学研究

注 7 ：墓地，納骨堂又は火葬場の経営の許可の取扱について（昭和43年 4 月 5 日厚生省環衛第8058号）

注 8 ：総理府調査「墓地に関する世論調査」

　　なお，平成 5 年東京都調査『都政モニターアンケート「東京都の霊園行政」』では，容認する人の割合は62.2％となっている。

375

また，平成7年東京都調査『都市型墓地に関する意識調査』では，散骨を容認する人の割合は69.1％となっている。

注9：前掲厚生科学研究

注10：前掲厚生科学研究

注12：個人墓地の疑義について（昭和27年10月25日厚生省衛発第1025号）

注13：前掲厚生科学研究

注14：前掲厚生科学研究

〔附属資料〕これからの墓地等の在り方を考える懇談会委員名簿（◎：座長）

　石井　幸一（第1回～第3回）

　　　　　　　　　　元東京都建設局公園緑地部霊園課長

　磯部　　力　　　東京都立大学法学部教授

◎浦川道太郎　　　早稲田大学法学部教授

　大澤　秀行　　　財団法人墓園普及会専務理事

　甲斐　麗子　　　主婦連合会参与

　金光　克己　　　社団法人全日本墓園協会理事長

　木村　　潔（第1回～第4回）

　　　　　　　　　　前千葉市保健福祉局保健衛生部生活衛生課長

　塩見　戎三　　　産経新聞社客員論説委員

　長江　曜子　　　聖徳大学短期大学部助教授

　橋本　泰子　　　大正大学人間学部教授（前西南女学院大学教授）

　藤井　正雄　　　大正大学文学部教授

　増田　聖三（第5回～第12回）

　　　　　　　　　　千葉市保健福祉局保健衛生部生活衛生課長

　松浦いづみ（第11回～第12回）

　　　　　　　　　　東京都建設局公園緑地部霊園課長

　森　　謙二　　　茨城キリスト教大学文学部教授（前シオン短期大学教授）

　森田　紘一（第4回～第10回）

　　　　　　　　　　前東京都建設局公園緑地部霊園課長

資料編／Ⅳ統計等

5　墓地埋葬等に関する住民の意識調査（抄録）

出典：公益社団法人全日本墓園協会（報告書「地域における墓地埋葬行政をめぐる
　　　課題と地域と調和した対応に関する研究（厚生労働科学研究費補助金厚生労
　　　働科学研究特別事業／平成26年3月））より

調　査　概　要

1．調査目的

　　墓地埋葬や散骨等の住民の意識を把握することを目的とする。

2．調査の設計

(1)　調査地域　埼玉県（さいたま市），愛知県（名古屋市），大阪府（大阪
　　　　　　　市），岡山県（岡山市）福岡県（福岡市）

(2)　調査対象　満40歳以上の男女

(3)　回収数　　1,115人

(4)　抽出方法　株式会社ネオマーケティングが運営するアンケート専門サ
　　　　　　　イト「アイリサーチ」登録モニター

(5)　調査方法　株式会社ネオマーケティングが運営するアンケート専門サ
　　　　　　　イト「アイリサーチ」を活用したWEB調査

(6)　調査期間　平成25年11月15日〜11月21日

3．集計結果の数字の見方

(1)　結果は百分率（％）で表示し，小数点以下第2位を四捨五入して算出
　　した結果，個々の比率が合計100％にならないことがある。
　　　また，複数回答（2つ以上の回答）では，合計が100％を超える場合
　がある。

(2)　図表中の「n（number of cases の略）」は，質問に対する回答者の
　　総数（該当者質問では該当者数）を示し，回答者の比率（％）を算出す
　るための基数である。

(3)　一部の分析軸項目（居住地別・続柄別・墓地の所有別）においては，
　　結果の傾向把握を容易とするために回答肢を再分類（とりまとめて）掲

377

載している。

4．回答者の構成

(1) 性別

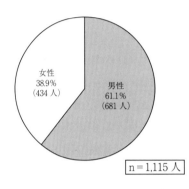

(2) 年齢

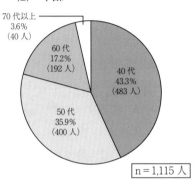

(3) 居住地

(4) 居住年数

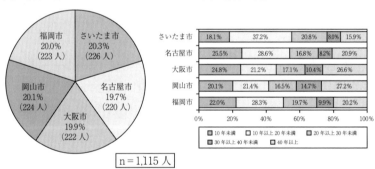

全体	さいたま市	名古屋市	大阪市	岡山市	福岡市
1,115	226	220	222	224	223

(人)

資料編／Ⅳ統計等

(5) 続柄　　　　　　　　　(6) 墓地の所有

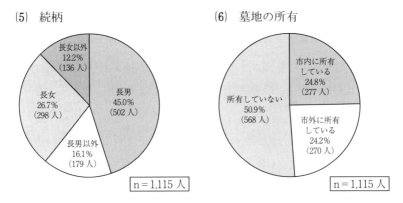

(7) 所有している墓地の種類

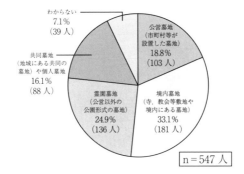

調 査 結 果

15. 新たに墓地が新設された場合の居住地から受け入れられる範囲

> 問21 墓地が新たに新設される場合，あなたの現在の居住地から受け入れられるのはどの範囲ですか。（お答えは１つ）

【全体結果】

新たに墓地が新設された場合の居住地から受け入れられる範囲の割合では，「居住地の隣接地でも構わない」（51.1％）が最も多く，次いで，「そもそも，つくられること自体，認め難い」（35.6％），「居住地から数ｍまたは数十ｍ以上離れたところであれば構わない」（10.4％）となっている。

図15.1　新たに墓地が新設された場合の居住地から受け入れられる範囲

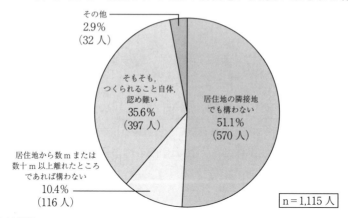

【居住地別】

居住地別では，「居住地の隣接地でも構わない」と「居住地から数ｍまたは数十ｍ以上はなれたところであれば構わない」と合わせると，大阪市（66.7％）が最も多い。

全体	さいたま市	名古屋市	大阪市	岡山市	福岡市
1,115	226	220	222	224	223

（人）

資料編／Ⅳ統計等

【続柄別】

続柄別の「そもそも，つくられること自体，認め難い」では，長女（43.0
％）が最も多い。

全体	長男	長男以外	長女	長女以外
1,115	502	179	298	136

（人）

【墓地の所有別】

墓地の所有別では，特に大きな差は見られない。

全体	市内に所有している	市外に所有している	所有していない
1,115	277	270	568

（人）

16. 新たに新設される墓地ごとの居住地から受け入れられる範囲

> 問22　あなたの現在の居住地から受け入れられる範囲に，新たに新設さ
> れる墓地について墓地ごとに，「受け入れられる範囲」をお答え
> ください。（お答えはそれぞれ１つ）

【全体結果】

新たに新設される墓地ごとの居住地から受け入れられる範囲の「居住地の
隣接地でも構わない」と「居住地から数ｍまたは数十ｍ以上離れたところ
であれば構わない」の構わない計の割合で最も多いのは，【境内墓地】（寺，
教会等敷地や境内にある墓地）（57.1％）で，次いで，【公営墓地】（市町村
等が設置した墓地）（55.2％）で，【霊園墓地】（公営以外の公園形式の墓地）
（44.3％）となっている。

381

図16.1 新たに新設される墓地ごとの居住地から受け入れられる範囲

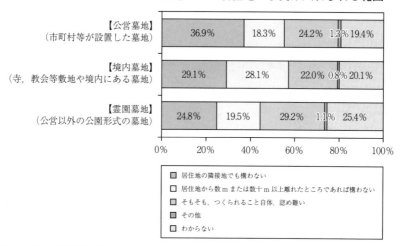

	居住地の隣接地でも構わない	居住地から数mまたは数十m以上離れたところであれば構わない	そもそも,つくられること自体,認め難い	その他	わからない	<構わない>計
【公営墓地】(市町村等が設置した墓地)	36.9% (411人)	18.3% (204人)	24.2% (270人)	1.3% (14人)	19.4% (216人)	55.2%
【境内墓地】(寺,教会等敷地や境内にある墓地)	29.1% (324人)	28.1% (313人)	22.0% (245人)	0.8% (9人)	20.1% (224人)	57.1%
【霊園墓地】(公営以外の公園形式の墓地)	24.8% (277人)	19.5% (217人)	29.2% (326人)	1.1% (12人)	25.4% (283人)	44.3%

n=1,115人

資料編／Ⅳ統計等

17. 受け入れられる範囲に新設される墓地の希望内容

> **問24** あなたの現在の居住地から受け入れられる範囲に，新たに新設される墓地について優先して欲しいものの順位をお答えください。
> （お答えはそれぞれ１つ）

【全体結果】

　受け入れられる範囲に新設される墓地の希望内容で１位から３位の合計の割合で見ると，最も多いのは「お彼岸など，お墓参りのシーズン時の交通渋滞の対策を行なってほしい」（83.1％）で，次いで，「墓地内に緑地を充分に確保し墓地使用者以外の地元の者にもオープンスペースとして開放してほしい」（72.4％），「霊園周辺を緑地帯で囲みお墓が見えない様にしてほしい」（71.6％）となっている。１位で最も多いのは「霊園周辺を緑地帯で囲みお墓が見えない様にしてほしい」（44.6％）で，２位では「墓地内に緑地を充分に確保し墓地使用者以外の地元の者にもオープンスペースとして開放してほしい」（35.0％），３位では「お彼岸など，お墓参りのシーズン時の交通渋滞の対策を行なってほしい」（34.5％）となっている。

図17.1　受け入れられる範囲に新設される墓地の希望内容

383

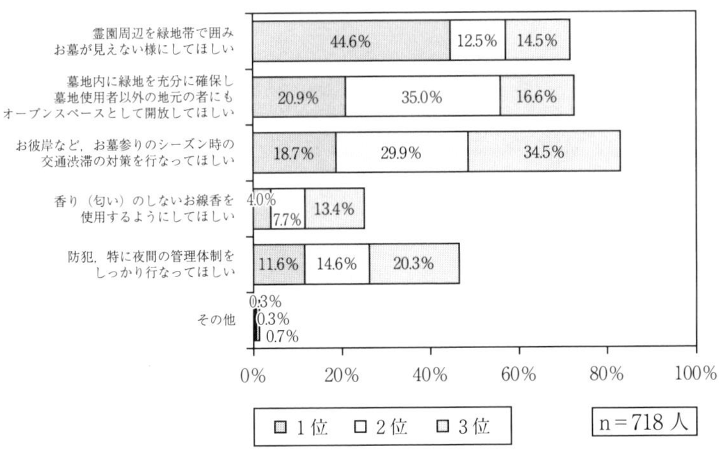

		1位	2位	3位	1位～3位の計
1	霊園周辺を緑地帯で囲みお墓が見えない様にしてほしい	44.6% (320人)	12.5% (90人)	14.5% (104人)	71.6%
2	墓地内に緑地を充分に確保し墓地使用者以外の地元の者にもオープンスペースとして開放してほしい	20.9% (150人)	35.0% (251人)	16.6% (119人)	72.4%
3	お彼岸など，お墓参りのシーズン時の交通渋滞の対策を行なってほしい	18.7% (134人)	29.9% (215人)	34.5% (248人)	83.1%
4	香り（匂い）のしないお線香を使用するようにしてほしい	4.0% (29人)	7.7% (55人)	13.4% (96人)	25.1%
5	防犯，特に夜間の管理体制をしっかり行なってほしい	11.6% (83人)	14.6% (105人)	20.3% (146人)	46.5%
6	その他	0.3% (2人)	0.3% (2人)	0.7% (5人)	1.3%

18. 散骨葬法の認知

問25　散骨という葬法についてご存じですか。（お答えは1つ）

【全体結果】

　散骨という葬法の認知の割合は，「名前も方法も，両方知っている」は47.4%であり，「名前のみ知っている」は41.0%。一方で「知らない」という回答も1割をこえた（11.6%）。

　散骨は平成元年頃からマスメディアでも大きく取り上げたことから始まり，その後，この葬法は，テレビ，新聞，雑誌など，様々な媒体を通して，よく取り上げられているが，「名前も方法も両方知っている」という割合は過半数をこえていないという結果であった。

資料編／Ⅳ統計等

図18.1 散骨葬法の認知

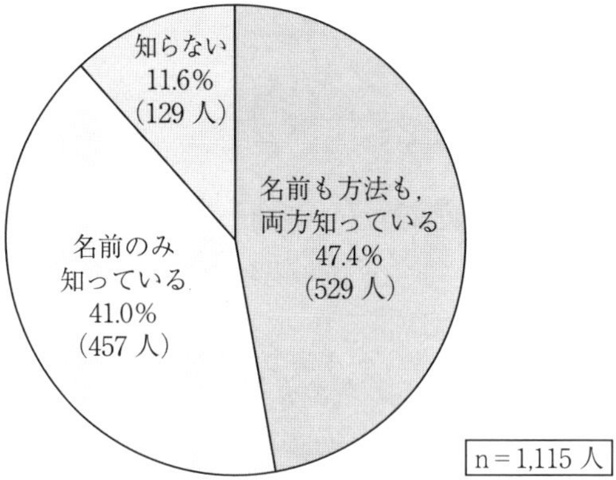

知らない
11.6%
(129人)

名前も方法も,
両方知っている
47.4%
(529人)

名前のみ
知っている
41.0%
(457人)

n＝1,115人

【居住地別】

居住地別では，特に大きな差は見られない。

全体	さいたま市	名古屋市	大阪市	岡山市	福岡市
1,115	226	220	222	224	223

(人)

【続柄別】

続柄別では，特に大きな差は見られない。

全体	長男	長男以外	長女	長女以外
1,115	502	179	298	136

(人)

【墓地の所有別】

墓地の所有別では，特に大きな差は見られない。

全体	市内に所有している	市外に所有している	所有していない
1,115	277	270	568

(人)

385

19. 身近な人の散骨経験の有無

問26　身近な人が，実際に散骨を行ったことがありますか。（お答えは1つ）

【全体結果】

先の問「問25－散骨葬法の認知」の設問に対して，これを認知している者986人に対して，身近な人の散骨経験の有無を尋ねたところ，97.8％が「経験無し」と答えている。

加えて，ここで「行なったことがあると答えた2.2％，22人のうち，次の設問「問27－『身近に行なった人』との具体的な関係」を尋ねると，2.2％，22人のうち，8件－4割近くが「知人」「会社の人」「友人」などからの伝聞的なもので占められていることが明らかとなっている。

伝聞的なものを除き，今般の調査対象者数全体の割合に置換えると，〔(22－8)÷986＝〕1.4％となる。

図19.1　身近な人の散骨経験の有無と関係

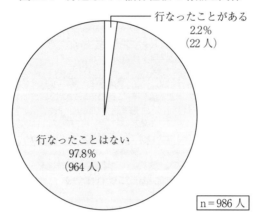

【居住地別】

居住地別では，特に大きな差は見られない。

資料編／Ⅳ統計等

全体	さいたま市	名古屋市	大阪市	岡山市	福岡市
986	201	194	191	204	196

（人）

【続柄別】

続柄別では，特に大きな差は見られない。

全体	長男	長男以外	長女	長女以外
986	424	163	276	123

（人）

【墓地の所有別】

墓地の所有別では，特に大きな差は見られない。

全体	市内に所有している	市外に所有している	所有していない
986	251	247	488

（人）

22. ご自身のご遺骨の散骨希望

> **問29　あなた自身のご遺骨（焼骨）の散骨についてお答えください。**
> **（お答えは１つ）**

【全体結果】

　自身の散骨希望の割合は，「すべての焼骨を散骨してしまってほしい」と「一部の焼骨だけを散骨してほしい」を合わせた散骨希望計は34.5％となっていて，「散骨はしてほしくない」は22.2％で，「遺族の判断に委ねる」は42.4％となっている。

　しかし，実際には前述問「問26」の結果のとおり，身近な人が実際に散骨を行ったことがある割合は少ないものとなっており，乖離している。

図22.1　ご自身のご遺骨の散骨希望

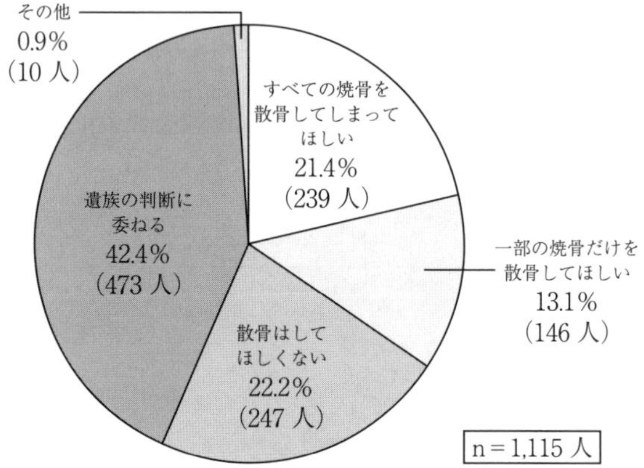

その他
0.9%
（10人）

すべての焼骨を
散骨してしまって
ほしい
21.4%
（239人）

一部の焼骨だけを
散骨してほしい
13.1%
（146人）

遺族の判断に
委ねる
42.4%
（473人）

散骨はして
ほしくない
22.2%
（247人）

n＝1,115人

【居住地別】

　居住地別の「すべての焼骨を散骨してしまってほしい」の割合では，名古屋市（26.4％）が最も多く，次いで，さいたま市（24.8％），大阪市（19.4％），福岡市（18.8％），岡山市（17.9％）となっている。

全体	さいたま市	名古屋市	大阪市	岡山市	福岡市
1,115	226	220	222	224	223

（人）

【続柄別】

　続柄別の「すべての焼骨を散骨してしまってほしい」の割合では，長女以外（30.9％）が最も多く，次いで，長女（24.8％），長男以外（19.0％），長男（17.7％）となっている。

全体	長男	長男以外	長女	長女以外
1,115	502	179	298	136

（人）

【墓地の所有別】

　続柄別の「すべての焼骨を散骨してしまってほしい」の割合では，所有していない（23.8％）が最も多く，次いで，市外に所有している（20.4％），

388

資料編／Ⅳ統計等

市内に所有している（17.7％）となっている。

全体	市内に所有している	市外に所有している	所有していない
1,115	277	270	568

（人）

6　散骨に関するガイドライン（散骨事業者向け）

（令和 2 年度厚生労働科学特別研究事業）
（「墓地埋葬をめぐる現状と課題の調査研究」研究報告書）

1　目的

　本ガイドラインは，散骨が関係者の宗教的感情に適合し，かつ公衆衛生等の見地から適切に行われることを目的とする。

2　定義

　本ガイドラインにおける用語の定義は次のとおりとする。

⑴　散骨　墓埋法に基づき適法に火葬された後，その焼骨を粉状に砕き，墓埋法が想定する埋蔵又は収蔵以外の方法で，陸地又は水面に散布し，又は投下する行為

⑵　散骨事業者　業として散骨を行う者

⑶　散骨関係団体　散骨事業者を会員とする団体

3　散骨事業者に関する事項

⑴　法令等の遵守

　散骨事業者は，散骨を行うに当たっては，墓地，埋葬等に関する法律（昭和23年法律第48号），刑法（明治40年法律第45号），廃棄物の処理及び清掃に関する法律（昭和45年法律第137号），海上運送法（昭和24年法律第187号），民法（明治29年法律第89号）等の関係法令，地方公共団体の条例，ガイドライン等を遵守すること。

⑵　散骨を行う場所

　散骨は，次のような場所で行うこと。

①　陸上の場合　あらかじめ特定した区域（河川及び湖沼を除く。）

389

② 海洋の場合　海岸から一定の距離以上離れた海域（地理条件，利用状況等の実情を踏まえ適切な距離を設定する。）

(3) 焼骨の形状

焼骨は，その形状を視認できないよう粉状に砕くこと。

(4) 関係者への配慮

散骨事業者は，散骨を行うに当たっては，地域住民，周辺の土地所有者，漁業者等の関係者の利益，宗教感情等を害することのないよう，十分に配慮すること。

(5) 自然環境への配慮

散骨事業者は，散骨を行うに当たっては，プラスチック，ビニール等を原材料とする副葬品等を投下するなど，自然環境に悪影響を及ぼすような行為は行わないこと。

(6) 利用者との契約等

① 約款の整備

散骨事業者は，あらかじめ散骨に関する契約内容を明記した約款を整備し，公表するとともに，利用者の求めがある場合には，約款を提示すること。

② 利用者の契約内容の選択

散骨事業者は，約款に定める方法により，利用者の契約内容に関する選択に応じること。

③ 契約の締結

・　契約内容の説明

散骨事業者は，契約の締結に当たっては，必要な教育訓練を受けた職員にあらかじめ適切な説明を行わせ，利用者の十分な理解を得ること。

・　契約の方法

散骨に係る契約の方法は，文書によること。

・　費用に関する明細書

資料編／Ⅳ統計等

散骨事業者は，契約の締結に当たっては，費用に関する明細書を契約書に添付すること。

④　契約の解約

散骨事業者は，約款に定めるところにより，利用者の解約の申し出に応じること。

⑤　散骨証明書の作成，交付

散骨事業者は，散骨を行った後，散骨を行ったことを証する散骨証明書を作成し，利用者に交付すること。

(7)　安全の確保

散骨事業者は，散骨を行うに当たっては，次のような措置を講ずるなど，参列者の安全に十分に配慮すること。

①　陸上の場合　歩道，安全柵等，必要な施設の設置等

②　海洋の場合　必要な教育訓練を受けた従事者及び補助者の配置，ライフジャケット等の安全装具の確保等

(8)　散骨の実施状況の公表

散骨事業者は，自らの散骨の実施状況（散骨の件数，散骨の場所等）を年度ごとに取りまとめ，自社のホームページ等で公表すること。

公表あるいは事業の紹介，PR においては，亡くなった人を含め，個人情報の取り扱いには十分に配慮すること。

4　散骨関係団体に関する事項

(1)　散骨関係団体の役割

散骨関係団体は，会員事業者やその職員に対する研修会の開催等，散骨が適切に行われるための取組みに努めること。

(2)　散骨の実施状況の公表

散骨関係団体は，会員の散骨の実施状況（散骨の件数，散骨の場所等）を年度ごとに取りまとめ，自団体のホームページ等で公表すること。また地方公共団体の求めがあれば提出すること。

7 身寄りのない方が亡くなられた場合の遺留金等の取扱いの手引（改訂版）

令和 3 年 3 月（令和 5 年 7 月改訂）
厚生労働省医薬・生活衛生局生活衛生課
厚生労働省社会・援護局保護課
法 務 省 民 事 局 民 事 第 一 課
法 務 省 民 事 局 商 事 課
法 務 省 民 事 局 参 事 官 室

1．手引の趣旨

高齢化の進展等に伴い，単身の高齢者等が増加傾向にある中で，今後，身寄りのない方がお亡くなりになるケースが増えることが予想されます。

身寄りのない方が亡くなったときに所持していた金銭等や物品（以下「遺留金品」という。）については，葬祭費用等の必要な費用に充てた上で，なお残るものがある場合には，民法（明治29年法律第89号）の規定により，

- 利害関係人等からの申立てにより家庭裁判所が相続財産清算人（民法等の一部を改正する法律（令和 3 年法律第24号。施行日：令和 5 年 4 月 1 日）により「相続財産管理人」から名称が改められた。）を選任し，選任された相続財産清算人が相続財産の管理・清算を行う方法（相続財産清算制度）
- 供託所（法務局）に遺留金を供託する方法（弁済供託制度）

等により処理をすることが考えられます。

遺留金品の取扱いについては，自治体から，「相続人調査の事務負担が重い」，「非協力的な相続人への対応の負担が重い」といった声がありました。

今般，上記の実態を踏まえて，自治体における事務の円滑化に資する観点から，身寄りのない方が亡くなられた場合の対応や，相続財産清算制度・弁済供託制度の活用の流れ等をまとめましたので，各自治体においては，当該事務が発生した際の参考にしていただきますと幸いです。

（※）墓地，埋葬等に関する法律（昭和23年法律第48号。以下「墓埋法」という。）及び行旅病人及び行旅死亡人取扱法（明治32年法律第93号。以下「行旅法」という。）に基づく事務についても記載していますが，これらの

資料編／Ⅳ統計等

事務は自治事務であるため，各市町村で定める手続があれば，この手引に記載されている内容にかかわらず，各市町村で定める手続に則って適切な事務を行ってください。

2. 身寄りのない方が亡くなったときの対応の流れ（例）（※1）

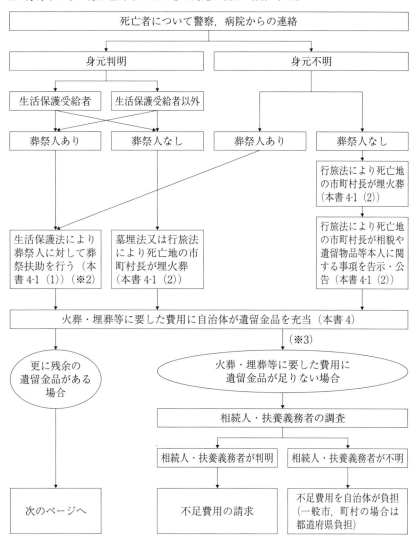

※1 このフローチャートは、身寄りのない方が亡くなったときの対応の流れの一例を示したものであり、個別の事案に応じて、これとは異なる対応の流れとなる場合があります。
※2 生活保護法第18条第2項により以下の場合に行った葬祭扶助に限り、遺留金品を充当することができます。
・生活保護受給者が亡くなった場合で、その葬祭を行う扶養義務者がいないとき。
・亡くなった方の葬祭を行う扶養義務者がいない場合で、当該亡くなった方の遺留金品で葬祭に必要な費用を満たすことができないとき。
※3 墓埋法又は行旅法により埋火葬した場合に限ります。

資料編／Ⅳ統計等

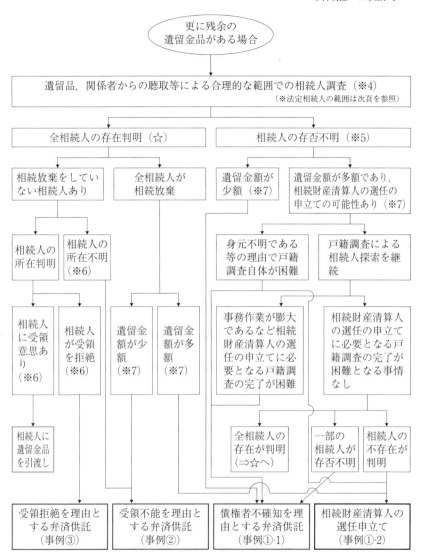

※4　債権者不確知を理由とする弁済供託をするために行う調査については，後記の「6．事例集」の事例①-1における【よくあるご質問】Q2を参照。
※5　「存否不明」には，ある相続人の存在は判明しているが，その他の相続人の存否が不明である場合も含みます。
※6　複数の相続人がいる場合については，後記の「6．事例集」の事例②における【よくあるご質問】Q2及び事例③における【よくあるご質問】Q2を参照。
※7　遺留金額が少額か多額かは，遺留金額が相続財産清算人の選任を申し立てるために必要と見込まれる予納金の額を超えているか否かなどを参考にして判断されます。

○ 法定相続人の範囲

民法上の法定相続人は，被相続人 の配偶者 と
　　第一順位　子及び代襲相続人
　　第二順位　両親等の直系尊属 （ がいない場合のみ）
　　第三順位　兄弟姉妹及び代襲相続人 （ 及び がいない場合のみ）
です。

（例）

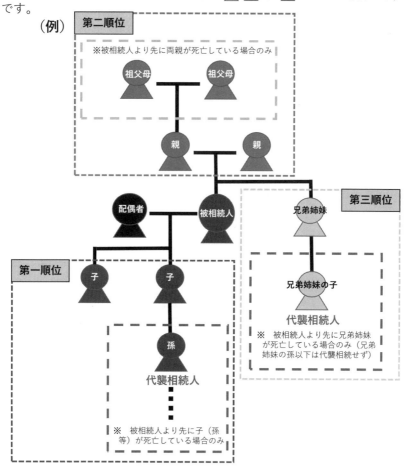

資料編／Ⅳ統計等

3．遺体等の取扱い

　⑴　遺体等の引取者がある場合

○　身元が判明している方が亡くなった場合で，遺体や所持品等（以下「遺体等」という。）の引取者があるときは，墓埋法，各自治体の条例等で定める手続に則って，引取者が遺体の埋葬又は火葬（以下「火葬等」という。）を行うことになります。

　⑵　遺体等の引取者がない場合（自治体に引き渡される場合）

○　身元が判明している方（行旅中の方（※）を除く。）が亡くなった場合で，遺体等の引取者がいないときは，死亡地の市町村が遺体の火葬等を行うことになります（墓埋法第9条）。

○　行旅中の方や身元が不明の方が亡くなった場合で，遺体等の引取者がいないときは，死亡地の市町村が遺体の火葬等を行うことになります（行旅法第7条）。

（※）生活圏外に旅行中の方

4．火葬・葬祭等費用の取扱い

4－1火葬・葬祭等費用の取扱いの流れ

　⑴　火葬等の実施者がいる場合（生活保護法の葬祭扶助が適用される場合）

○　扶養義務者等のいない方（身元不明の方を含む。）が亡くなった場合で，その方の葬祭を行う方（※）がいるときは，葬祭を行う方からの申請により，葬祭等に要した費用を生活保護法の葬祭扶助として支給することになります（生活保護法第18条）。

（※）自治体以外の一般の方が自発的に葬祭を行う場合をいい，自治体が民生委員等に依頼して葬祭を行う場合等は含まれません。

○　生活保護法第18条第2項に基づき，葬祭扶助費（※）を支給したときは，亡くなった方の遺留の金銭や有価証券（以下「遺留金」という。）を葬祭扶助費に充当し，なお足りないときは，その方の遺留の物品（以下「遺留物品」という。）を売却してその代金を充当することができます（生

397

活保護法第76条第1項)。

（※）生活保護受給者が亡くなった場合で，その者の葬祭を行う扶養義務者がいないとき，又は亡くなった方の葬祭を行う扶養義務者がいない場合で，当該亡くなった方の遺留金品で葬祭に必要な費用を満たすことができないときに行った葬祭扶助に限ります。

○ 市町村は，遺留金を葬祭費用に充当することができるとする規定（生活保護法第76条第1項）により，相続人に優先して遺留金を葬祭費用に充当することができます。

　亡くなった方の預貯金を現金化したものも「遺留金」に含まれるため，市町村は，葬祭費用への充当を目的とした預貯金の引き出しも（それ以外の遺留金と同様に），生活保護法第76条第1項に基づき，当然に相続人に優先して行うことができます。

　また，遺留金を葬祭費用に充当することができるとする生活保護法の規定においては，亡くなった方の預貯金の引き出しの手続に関しては何ら特別な定めがなく，引き出しに当たって相続人への意思確認を求めているものではないため，引き出しに当たって相続人への意思確認は不要です。

○ 預貯金については，金融機関に各種の証明書等を提出して現金化することとなります。提出を求められる書類は各金融機関で異なりますが，主には以下のような書類（自治体の長の名義）の提出を求められます。やりとりの多い金融機関との間では，予めどのような書類の提出が必要であるかについて取り決めをしておくことも方法の一つとして考えられます。

- ・ 預貯金の払出しを求める旨の文書
- ・ 預金払戻請求書
- ・ 死亡の事実を証する書面
- ・ 葬儀費用明細書
- ・ 自治体職員であることを証する職員証
- ・ 自治体職員個人の本人確認書類
- ・ その他（後日，正当権利者が判明し同人による返還請求があった場合

資料編／Ⅳ統計等

に，自治体がこれに応じる責任を有する旨の書類など）

　また，現金化に当たっては，逸失・不正防止等の観点から，口座振込（自治体口座宛，葬儀社等口座宛）の形態とすることが望ましいと考えられます。

⑵　火葬等の実施者がいない場合（墓埋法又は行旅法が適用される場合）

○　扶養義務者等のいない方（身元不明の方を含む。）が亡くなった場合で，扶養義務者以外にも火葬等を行う方がいないときは，その方の死亡地の市町村が火葬等を行い，その費用を肩代わりすることになります。火葬等の費用を肩代わりしたときは，亡くなった方の遺留金を火葬等に要した費用に充当することになります（行旅法第7条，第11条。墓埋法第9条第2項において行旅法を準用する場合を含む。）。

○　遺留金を充当しても，十分に費用の弁償を得ることができないときは，亡くなった方の相続人，扶養義務者の順に費用の弁償を求める（※）ことになります（行旅法第11条。墓埋法第9条第2項において行旅法を準用する場合を含む。）。

（※）墓埋法及び行旅法に基づく事務は自治事務であることから，当該事務を行う市町村や当該市町村を管轄する都道府県の判断として，以下のような場合は，費用弁償請求先としてふさわしくない又は費用弁償が期待できない相続人又は扶養義務者であるとして，当該相続人又は扶養義務者を費用弁償請求先から除外し，後述のとおり，市町村から都道府県に当該費用の負担を求めることも可能です。

【費用弁償請求先としてふさわしくないと思われる相続人・扶養義務者の例】

　　・収入等の状況に鑑みて費用弁償が期待できない

　　・亡くなった方からDVや虐待等の被害を受けていた

　　・亡くなった方から縁を切られている

　　・一定期間（例えば10年程度）音信不通である等亡くなった方との交流が断絶している

399

・その他費用弁償を請求する先として不適当であると認められる場合

○　なお，亡くなった方が身元不明人の場合には，並行して相貌や遺留物品等の本人の認識に必要な事項を市町村の掲示板等へ告示し，官報等による公告を行うことになります。これにより，亡くなった方の身元が明らかになったときは，相続人（相続人が不明の場合は扶養義務者又は同居する親族）又は都道府県（一般市及び町村の場合に限る。）に対して通知することになります（行旅法第 9 条，第10条）。

○　また，官報等による公告後60日を経過しても費用の弁償を得ることができない場合（※ 1 ）は，遺留物品を売却して火葬等に要した費用に充当することができます（※ 2 ）（行旅法第13条。墓埋法第 9 条第 2 項において行旅法を準用する場合を含む。）。

（※ 1 ）身元が判明しており公告を行わなかった方や，公告により相続人や扶養義務者が明らかになった方の場合で，相続人や扶養義務者から費用の弁償を得ることができなかったときは，直ちにその遺留物品を売却することができます。

（※ 2 ）預貯金の取扱いについては，(1)と同様に，市町村は，行旅法第11条（墓埋法第 9 条第 2 項において行旅法を準用する場合を含む。）を根拠として相続人に優先して遺留金を火葬等の費用に充当することができます。また，行旅法及び墓埋法において，亡くなった方の預貯金の引き出しの手続に関しては何ら特別な定めがなく，引き出しに当たって相続人への意思確認を求めているものではないため，引き出しに当たって相続人への意思確認は不要です。

○　それでもなお，十分に費用の弁償を得ることができない場合は，当該市町村が繰替支弁し，都道府県に不足分の負担を求める（指定都市・中核市については，自市で負担する）ことになります（行旅法第15条。墓埋法第 9 条第 2 項において行旅法を準用する場合を含む。）。

　　この場合，一般市及び町村については，当該管轄の都道府県との協議や予め行った取決めに従うことが必要です。

400

資料編／Ⅳ統計等

コラム１：市町村における遺留金，相続人等の調査（墓埋法又は行旅法が適用される場合）

○　墓埋法及び行旅法に基づく事務は自治事務であり，亡くなった方の遺留金及び費用弁償先となる相続人等の調査については，各自治体で必要な範囲でご対応いただいています。

○　この手引（「身寄りのない方が亡くなられた場合の遺留金等の取扱いの手引について」（令和３年３月31日厚生労働省医薬・生活衛生局生活衛生課・社会・援護局保護課連名事務連絡））にてお示ししていますが，遺留金については，多くの市町村で警察，施設等から引渡しを受けた範囲で把握をしており，その他にも市町村職員の調査により把握をしている例もあります。

○　このうち，市町村職員が調査を行う場合は，関係者からの聞き取りや，市町村の内規等に基づく複数職員での住居への立入り（相続人，大家，施設管理者等，職員以外の関係者の立会いの下）の方法がとられています。

○　また，相続人等については，多くの市町村が，警察，施設等からの情報提供，市町村職員の戸籍法（昭和22年法律第224号）等に基づく戸籍調査（戸籍謄抄本の公用請求（※））等により把握しています。

（※）地方公共団体の機関は，法令の定める事務を遂行するために必要がある場合には，戸籍法第10条の２第２項に基づき，当該請求の任に当たる権限を有する職員が，その官職，当該事務の種類及び根拠となる法令の条項並びに戸籍の記載事項の利用の目的を明らかにして戸籍謄抄本の公用請求を行うことができます。根拠となる法令の条項については，以下の規定が考えられます。

　　・生活保護法第18条第２項
　　・行旅法第７条第１項，第11条，第14条
　　・墓埋法第９条

　　なお，生活保護法18条第２項第１号を適用する場合は，同法第29条第１項に基づき，戸籍謄抄本の請求を行うことも可能です。

○　亡くなった方の遺留金及び相続人等に係る必要な調査範囲については，戸籍調査によって全ての相続人等を把握するまでに相当の期間を要する場合があること，仮に相続人等が判明しても，連絡が取れない場合や受取を拒否される場合もあることなどに留意して，各自治体において判断いただくこととなります。

○　なお，取扱費用は都道府県，指定都市又は中核市が支出することから，遺体を取り扱うのが一般市や町村である場合には，亡くなった方の遺留金及び相続人等に係る必要な調査範囲について，都道府県との協議や予め定めた取り決め

401

に従って対応していただくこととなります。

コラム2：死亡届の届出人がいない場合又は届出人からの届出を期待することのできない場合における死亡届の手続

○ 死亡届は，原則として，法定の届出義務者又は届出資格者から行う必要があります（戸籍法第87条，第89条，第90条，第92条，第93条）。

○ ただし，死亡届の届出義務者がいない場合又は届出義務者からの届出を期待することができない場合において，福祉事務所の長及びこれに準ずる者からの職権記載を促す申出であって，届出事件本人と死亡者との同一性に疑義がないものについては，市区町村長に対し，あらかじめ戸籍法第44条第3項及び第24条第2項に規定する管轄法務局又は地方法務局の長の許可を包括的に与えることとし，市区町村長限りで死亡事項の職権記載をして差し支えない取扱いとされています（平成25年3月21日付け法務省民一第285号法務省民事局民事第一課長通知）。

4－2遺留物品の売却の方法等について

○ 火葬・葬祭等に要した費用又は葬祭扶助費へ充当するために遺留物品の売却を行うときは，地方自治法（昭和22年法律第67号）第234条第1項又は生活保護法施行規則第22条第1項の規定に基づき，一般競争入札，指名競争入札，随意契約又はせり売りの方法により契約を締結することになります。

○ 通常は，一般競争入札の契約方法によることになりますが，地方自治法施行令（昭和22年政令第16号）の規定に適合する場合には，指名競争入札や，随意契約，せり売りにより物品の売却を行うこともできます。例えば，随意契約については，遺留物品の売却予定価格が，同令別表第五の「六　前各号に掲げるもの以外のもの」の項の下欄に定める額（都道府県及び指定都市は100万円，市町村は50万円）の範囲内において自治体の規則で定める額を超えない場合等に行うことができることとされています（地方自治法施行令第167条，第167条の2，第167条の3，別表第5の6の項）。

○ また，火葬・葬祭等に要した費用又は葬祭扶助費が全て弁償された後，なお残余の遺留物品があるときは，基本的には民法上の相続財産清算制度

資料編／Ⅳ統計等

を活用することによる相続財産の管理・清算や弁済供託制度を活用しての財産整理が行われることになります。各制度の利用前に，市町村が保管している物品が滅失又はき損のおそれがあるときや，保管に不相当の費用や手数を要するとき（※）は，これを売却し，棄却することができます（生活保護法施行規則第22条第2項及び第3項，行旅法第12条（墓埋法第9条第2項において行旅法を準用する場合を含む。））。

（※）生活保護法施行規則（昭和25年厚生省令第21号）第22条第3項に規定される「滅失若しくはき損のおそれがあるとき」や行旅法第12条（墓埋法第9条第2項において行旅法を準用する場合を含む。）に規定される「滅失若ハ毀損ノ虞アルトキ」の具体例としては，生鮮食料品や生花等が想定されます。

　また，同様に「その保管に不相当の費用若しくは手数を要するとき」や「其ノ保管ニ不相当ノ費用若ハ手数ヲ要スルトキ」の具体例としては，期限の定めのある金券類（商品券など）や生活用品等の換金価値がない又は保管に要する費用よりも低いと思われるものや保管に著しい手間がかかるものが想定されます。

　個々の物品を売却又は棄却することが適切か否かは個別の事例や各地方自治体の実情に応じて判断いただくこととなります。

コラム3：生活保護法施行規則の改正①（施行日：令和2年12月9日）

○　生活保護の葬祭扶助を適用した場合における遺留物品の売却については，従前は，競争入札に付さなければならないこととされており，見積価格1000円未満の物品等については，その他の方法により売却することも可能という取扱いが規定されていました（改正前の生活保護法施行規則第22条第1項）。

○　この生活保護法施行規則の規定を改正し，地方自治関係法令において随意契約等の競争入札によらない方法での売却が可能とされている場合について，費用充当事務においても，同様の方法で売却を行って差し支えないこととしました。

5．残余の遺留金品の取扱い

○　4－1により，火葬・葬祭等に要した費用又は葬祭扶助費に充当して

403

も，なお残余の遺留金品が生じる場合には，民法上，相続財産清算制度（民法第951条〜第959条）や供託制度（民法第494条〜第498条）を利用することが考えられます。

○ 生活保護法施行規則第22条においては，保護の実施機関が遺留金品の処分を適切に行うことができるようにするために，その基本的な取扱いを定めており，生活保護法第18条第2項に基づく葬祭扶助を適用した場合については，亡くなった方の相続人保護の観点から，相続財産清算人の選任によりがたい場合に弁済供託を行うことができることとしています。

この「相続財産清算人の選任によりがたい場合」とは，相続財産清算人の選任の要件を満たさない（例えば，亡くなった方の相続人の存在が判明しているケース）又はその立証が難しい場合（例えば，亡くなった方の身元が不明であり，相続財産清算人の選任に必要な戸籍謄本等の資料が整えられないケース）はもとより，仮にその要件を満たすとしても，実際上，相続財産清算人を選任してまで管理・清算すべき財産がないような場合（例えば，遺留金品が少額であるケース）や，調査対象者が多数であるため戸籍調査が著しく困難であるケースも含まれます（※）。いずれにしても，各自治体の実情や個々のケースに応じて判断いただくこととなります。

なお，相続人の存在が判明していても受取りを拒否している又はその所在が不明である場合は，相続財産清算人の選任によらずに，弁済供託によることが考えられますが，弁済供託の要件を満たしている必要があります。（後記5－1）

（※）相続財産清算制度を用いる場合は，裁判所の選任した相続財産清算人により清算手続が行われますので，相続人の捜索等のための公告手続が行われ，相続財産が全般的に管理・清算されますが，その反面，手続が終了するまでに一定の時間がかかり，相続財産清算人の報酬を含む費用の予納を要することが一般的です。相続財産清算制度の概要については，後記14ページ（編集注：406頁）をご参照ください。

資料編／Ⅳ統計等

○ その他の場合（墓埋法が適用される場合や行旅死亡人の場合）の残余の遺留金品の取扱いについては，相続財産清算人の選任と弁済供託のどちらを利用するかに関する規定はありませんが，この場合も相続人保護の観点から，相続財産清算人の選任によりがたい場合に弁済供託制度を利用していただくことが望ましいと考えられます。

○ なお，残余の遺留金は原則として相続財産清算制度又は弁済供託によって処分することが望ましいですが，様々な事情によりこれらの方法によって処分できない場合は，生活保護法第76条第1項又は行旅法第12条（墓埋法第9条第2項において行旅法を準用する場合を含む。）を根拠に，地方自治法第235条の4第3項に規定される歳入歳出外現金として保管することが可能です（※）。

（※）残余遺留金を歳入歳出外現金として保管できる根拠の考え方

　○ 生活保護法を適用する場合：第76条第1項

　　生活保護法第76条第1項は，残余遺留金が生じた場合に地方自治体においてそれを保管することを当然に予定しており，生活保護法施行規則第22条第2項はその旨を明確化した規定と解されるため，生活保護法第76条第1項が歳入歳出外現金として保管できる根拠になります。

　○ 行旅法を適用する場合：第12条

　　行旅法第12条における「遺留物件」には残余遺留金も含まれると解されるため，行旅法第12条が歳入歳出外現金として保管できる根拠になります。

　○ 墓埋法を適用する場合：第9条第2項

　　上述のとおり行旅法第12条における「遺留物件」には残余遺留金も含まれると解されるため，行旅法を準用している墓埋法第9条第2項が歳入歳出外現金として保管できる根拠になります。

コラム4：生活保護法施行規則の改正②（施行日：令和2年12月9日）

○ 生活保護の葬祭扶助を適用した場合における残余の遺留金品の取扱いについては，従前は，相続財産管理制度を活用して相続財産の管理・清算を行ってい

405

> ただくこととしていました（改正前の生活保護法施行規則第22条第2項）。
> ○　しかし，相続財産管理人の選任には，予納金（数十万円〜100万円程度）が必要となる場合が多く，亡くなった方の遺留金品が当該費用に満たない場合等には，事実上，選任を申し立てることができず，残余の遺留金品の処理を行うことができない事例がありました。
> ○　このため，生活保護法施行規則を改正し，相続財産管理人の選任によりがたい場合には，弁済供託制度を活用することもできることとしました。
> ○　令和3年民法改正により，相続財産管理人は「相続財産清算人」と名称が改められましたが，生活保護法施行規則上の取扱いに変更はありません。

5－1　相続財産清算制度

○　相続人のいない財産を清算する手続として，民法は，相続財産清算制度を設けています（民法第951条〜第959条）。この制度においては，相続人のあることが明らかでないときは，相続財産は法人とされ，利害関係人又は検察官の請求により，家庭裁判所が相続財産清算人を選任することとされています。

○　相続財産清算人が選任されるためには，以下の要件を満たすことが必要とされています。

①　相続の開始

②　相続財産の存在

③　相続人のあることが明らかでないこと

○　相続財産清算人は，相続人を捜索しつつ，相続財産を管理・清算し，なお残余財産があるときは，その財産は国庫に帰属することとされています。

○　相続財産の清算手続については，令和3年民法改正によって見直しがされています。具体的には，家庭裁判所が行う相続財産清算人の選任公告と相続人の捜索の公告を統合して，一つの公告で同時で行うこととし，これと並行して，相続債権者等に対し請求の申出をすべき旨の公告を行うことを可能とすることにより，3回必要であった公告が2回となり，権利の確定に最低限必要な期間が合計10か月間から6か月間に短縮されました。

資料編／Ⅳ統計等

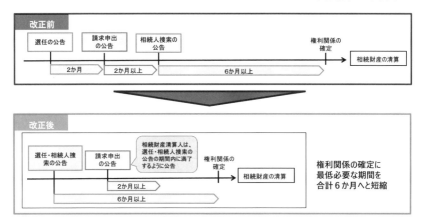

【よくあるご質問】

Q1：自治体が相続財産清算人の選任の申立てをするには，申立書のほか，どのような添付資料が必要ですか。

A　亡くなった方の出生時から死亡時までの戸籍謄本をはじめ，その方に相続人がないことを示す戸籍謄本等の以下の資料が必要になります。

- 亡くなった方の出生時から死亡時までのすべての戸籍（除籍，改製原戸籍）謄本
- 亡くなった方の父母で死亡している方がいらっしゃる場合，その出生時から死亡時までのすべての戸籍（除籍，改製原戸籍）謄本
- 亡くなった方の子（及びその代襲者。民法第887条）で死亡している方がいらっしゃる場合，その子（及びその代襲者）の出生時から死亡時までのすべての戸籍（除籍，改製原戸籍）謄本
- 亡くなった方の直系尊属の死亡の記載のある戸籍（除籍，改製原戸籍）謄本
- 亡くなった方の兄弟姉妹（及びその代襲者としてのおい・めい。民法第889条第2項）で死亡している方がいらっしゃる場合，その兄弟姉妹（及びその代襲者としてのおい・めい）の出生時から死亡時までのすべての戸籍（除籍，改製原戸籍）謄本

- 亡くなった方の住民票除票又は戸籍附票
- 相続財産の存在を証する資料（残余の遺留金の保管証明書等。その他，存在が判明している財産がある場合には，登記事項証明書や通帳の写し等）
- 自治体が利害関係を有することを証する資料（残余の遺留金の保管証明書等）
- 相続財産清算人の候補者がある場合にはその住民票又は戸籍附票

Ｑ２：身元不明の行旅死亡人の場合でも，相続財産清算人の選任請求はできますか。

Ａ：　身元不明の行旅死亡人であっても，「相続人のあることが明らかではないとき」に当たる場合には，相続財産清算人の選任請求は可能と解されます。

　　身元不明の行旅死亡人についてどのような場合に「相続人があることが明らかではないとき」に当たるかは事案ごとの裁判所の判断になりますが，申立人において，関係者への聴取や遺留物品の確認等によってもその身元が不明であることを示す資料を提出することで選任請求が可能となることがあると考えられます。

Ｑ３：相続財産清算人が選任されるための要件の一つに「相続財産の存在」がありますが，市町村及び保護の実施機関（都道府県知事，市長及び社会福祉法に規定する福祉に関する事務所を管理する町村長）が選任申立てをする場合，保管している引取者のない死亡人の遺留金品以外の財産について調査する義務はありますか。

Ａ：　家事事件手続法（平成23年法律第52号）上，市町村等が相続財産清算人の選任申立てをするために相続財産を調査する権限について一般的に定めた規定はなく，市町村等が当該申立てをするに当たり，保管している引取者のない死亡人の遺留金品以外の財産の調査を行う義務はありません。

　　もっとも，家事事件手続法第56条第２項において，家事審判手続の当

資料編／Ⅳ統計等

事者は事実の調査等に協力するものとされ，また，家事事件手続規則（平成24年最高裁判所規則第8号）第37条第3項において，家庭裁判所は，家事審判の申立人等に対し，手続の円滑な進行を図るために必要な資料の提出を求めることができるとされています。そのため，申立人による財産調査が一般に不要であるわけではなく，事案に応じ，上記の法令の規定に沿って，可能な範囲での財産調査が行われることが円滑な審理に資するものと考えられます。

Q4：相続財産清算人の選任を申し立てる場合の予納金の額は，どの程度かかるのですか。

A： 予納金の額は，数十万円から100万円程度である場合が多いとの指摘がありますが，相続財産の内容や相続財産清算人の職務内容など個別の事情に照らして，事案に応じて裁判所において判断されます。

Q5：残余の遺留金が，相続財産清算人の選任を申し立てるために必要と見込まれる予納金の額を超えている場合には，常に相続財産清算人の選任申立ての方法によらなければならないのですか。

A： 民法上は，いずれの制度についても利用可能です。

　　他方で，生活保護法に基づく葬祭扶助を適用した場合については，亡くなった方の相続人保護の観点から，相続財産清算人の選任によりがたい場合には弁済供託を行うことができることとされています。

　　相続財産清算人の選任によりがたい場合に当たるかどうかについては，遺留金の額の多寡だけでなく，相続財産清算制度を用いることとする場合の地方自治体の負担（相続人が多数に上るケースにおける戸籍調査の負担を含む。）も勘案しつつ，相続財産清算人を選任して相続財産の管理・清算をすべきかどうかといった観点から，地方自治体においてその実情も踏まえて個別的に判断されることになるものと考えられます。

Q6：利害関係人が存在する場合であっても，検察官が相続財産清算人の選任請求の申立てをすることはありますか。

409

A：　　法律上，相続財産清算人の選任請求権者は利害関係人及び検察官とされており，両者に法律的な優劣関係はありませんが，一般的には，利害関係人によって選任の請求がされています。行旅死亡人などのように相続人保護の要請が高い場合（※）などにおいては，検察官が選任請求を行うこともできます。

　　（※）行旅死亡人は，警察等の調査で事後的に身元が判明した場合を除き，市町村等が戸籍調査等をすることができないため，相続人の有無について調査することができず，相続人保護の必要性が高いと考えられます。

相続財産清算人の選任の申立てについての詳細は，裁判所のホームページをご参照ください。
https://www.courts.go.jp/saiban/syurui/syurui_kazi/kazi_06_15/index.html

コラム5：令和3年民法改正（施行日：令和5年4月1日）
○　令和3年改正前の民法では，相続財産が相続人によって管理されない場合について，①相続人が相続の承認又は放棄をするまでの段階（改正前の民法第918条第2項），②限定承認がされた後の段階（改正前の民法第926条第2項），③相続の放棄後，次順位者が相続財産の管理を始めることができるまでの段階（改正前の民法第940条第2項）の各段階において，相続財産の管理人の選任など相続財産の保存に必要な処分をすることができる旨を規定していました。

　　しかし，④共同相続人が相続の単純承認をしたが遺産分割前で遺産共有状態にある場合や，⑤相続人のあることが明らかではない場合については，相続財産の保存に関する規定はありませんでした。

　　そこで，上記の改正では，相続が開始すれば，相続の段階にかかわらず，いつでも，相続財産の管理人の選任その他の相続財産の保存に必要な処分をすることができる旨の規定が新設されました（民法第897条の2）。
○　また，相続財産の保存を目的として選任される「相続財産の管理人」と異なる目的を有するものを区別するため，限定承認及び相続人不分明の場合に相続財産の清算を目的として選任される「相続財産の管理人」の名称が「相続財産の清算人」に変更されました（民法第936条第1項，第952条第1項）。

5－2　弁済供託制度

資料編／Ⅳ統計等

○　弁済供託制度について

　　弁済供託制度とは，債権者が弁済の受領を拒んだ場合等に，弁済者が債権者のために弁済の目的物を供託所に寄託してその債務を免れる制度です（民法第494条）。

　　自治体は，保管している残余の遺留金を亡くなった方の相続人に返還する義務を負いますが，相続人の存否や所在がわからない場合や，返還を申し出たものの相続人が受領を拒絶している場合に，これを返還することは容易ではありません。

　　自治体は，そのような場合に，残余の遺留金を供託することで，相続人に対する残余の遺留金の返還義務を免れることができます。

　　弁済供託には，大きく分けて，

①　債権者不確知を理由とする弁済供託（→事例①－１）

②　受領不能を理由とする弁済供託（→事例②）

③　受領拒絶を理由とする弁済供託（→事例③）

があります。

　　後記の「６．事例集」では，具体的な事例に即して，どのような場合にこれらの方法によって残余の遺留金を供託することができるのかを説明していますので，参考としてください。

○　供託所について

　　供託事務は，法務局若しくは地方法務局又はその支局が供託所として取り扱っており，弁済供託は債務の履行地にある供託所にしなければなりません（民法第495条）。債務履行地の市町村内に供託所がない場合には，債務履行地の都道府県内にある最寄りの供託所に供託することになります。

　　自治体が過失なく債権者（相続人）を知ることができないとして弁済供託をする場合の供託所は，亡くなった方の住所地が基準になります（亡くなった方の住所地が不明の場合には，自治体の所在地が基準になります。）。

　　供託所の一覧は，こちらをご覧下さい（http://www.moj.go.jp/con-

411

tent/001212581.pdf)。

　なお，供託手続に関しては，債務履行地の供託所のほか，お近くの供託所でも相談することができます。

○　弁済供託の必要書類について

　供託をするには，①供託書（用紙は供託所で配布しています。），②委任状（代理人がする場合に必要となります。），③封筒及び郵便切手（被供託者に供託通知書の発送を希望する場合）が必要となります。

　なお，相続人調査に係る資料等を提出する必要はありません。

　また，供託の手続は，書面申請だけでなく，オンライン申請が可能です。

　(http://www.moj.go.jp/MINJI/minji67.html)

○　供託金の納入方法について

　供託所に供託書などを提出した後に供託金を納入することになります。

　納入方法については，①現金を直接供託所の窓口で取り扱う供託所と②日本銀行又はその代理店に納めていただく供託所があります（現金のほかに，電子納付を選択することもできます。）。

　供託金の納入により，供託手続は完了となります。

○　供託書類の記載方法について

　後記の「6．事例集」において，弁済供託の各類型における記載例を掲載しておりますので，ご参照ください。

【よくあるご質問】

Ｑ１：自治体で既に保管している遺留金を弁済供託することは可能ですか。

Ａ：　今後新たに自治体が保管を開始することとなる遺留金だけではなく，既に自治体で保管している遺留金についても，所定の要件を満たしていれば，弁済供託による処理をすることは可能です。

Ｑ２：弁済供託された遺留金は，最終的にはどのように処理されるのですか。

Ａ：　弁済供託がされた後，相続人が供託所に対して払渡請求をすれば，相

続人に対して払い渡されることになります。

なお，払渡請求権が時効消滅した場合には，供託金は国庫に帰属することになります。

Q3：自治体が遺留金品の管理を開始した場合に，亡くなった方の相続人の氏名や所在を調査した上で相続人に管理を開始した旨の通知をする必要がありますか。

A：　自治体が遺留金品の管理を開始し，それが民法上の事務管理に該当する場合には，事務管理を始めたことを遅滞なく本人（亡くなった方の相続人）に通知しなければならないのが原則（民法第699条）ですが，その氏名や所在を知ることができない場合には，通知義務はないと解されています。

したがって，相続人の氏名や所在を知ることができない場合において，遺留金品の管理を開始したことを通知するためにその氏名や所在を調査する必要はないと考えられます。

Q4：弁済供託の申請書等を提出した後，現金以外の方法で供託金を納入する場合の期限について教えてください。

A：　納入期限については，実務上，供託を受理した日から8日目など（供託事務取扱手続準則（昭和47年3月4日法務省民事甲第1050号法務省民事局長・法務大臣官房会計課長通達）第37条本文）としているところですが，自治体での会計処理の実情に鑑み，自治体から申出があった場合には，その期限まで延長します。

6．事例集

> **事例①−1（債権者不確知を理由とする供託による遺留金の処理）**
> 生活保護受給者が居住している無料低額宿泊所で死亡し，施設の職員から自治体がその遺留金品を引き継いだ。
> 亡くなった方の葬祭等を行う扶養義務者はいなかったが，亡くなった方と親しかった無料低額宿泊所の居住者が葬祭等を行うこととなった。

自治体は，葬祭人に対して葬祭扶助を行った上で，亡くなった方の遺留金品を換価して葬祭扶助費に充当したが，さらに残余の遺留金が生じたので，その遺留金の保管を開始した。

　自治体は関係者への聞き取りや亡くなった方の遺留物品等の調査を実施したが，相続人の存否等について把握することができなかった。残余の遺留金の額は相続財産清算人の選任の申立てに必要と見込まれる予納金の額に満たなかったため，自治体は，債権者不確知を理由とする弁済供託の方法により，残余の遺留金を処理することを検討している。

【説明】

　上記の事例においては，亡くなった方の遺留物品等を調査したものの相続人の存否が不明であり，また，残余の遺留金の額が少額であり，実際上も相続財産清算人の選任が困難であると思われることから，自治体は，残余の遺留金について，債権者不確知を理由とする供託をすることができると考えられます。

【よくあるご質問】

Ｑ１：債権者不確知を理由とする弁済供託をする際の供託書の記載方法について教えてください。

Ａ：　記載例１を参照してください。

　　なお，亡くなった方が行旅死亡人の場合には記載例２をご参照ください。

　　また，相続人の一部しか判明しない場合には記載例３をご参照ください。

Ｑ２：債権者不確知を理由とする弁済供託をする際には，どのような調査をする必要があるのですか。

Ａ：　一般に，債権者が誰であるかを供託者が事実上知り得ない場合であれば，「過失なく債権者を知ることができない」場合に該当すると考えられています。

資料編／Ⅳ統計等

　最終的には事案ごとの判断となりますが，例えば，自治体が把握している関係者への聞き取りや遺留物品の確認等の合理的な範囲での調査をしても相続人の存否やその氏名・住所が判明しなかった場合には，更に戸籍による調査を遂げなくても，原則として，「過失なく債権者を知ることができない」場合に当たるものと考えられます（特に，亡くなった方の身元が不明であるため戸籍による調査が困難であるような場合や，他の自治体から戸籍を取り寄せなければ相続人の存否等を知ることができないような場合には，更に戸籍による調査をしなくてもよい場合が多いと考えられます）。

　相続人の存否やその氏名・住所が判明しなかった場合として，次のような例を挙げることができます。

- 　関係者への聞き取りや遺留物品の確認等によっても，相続人の存否やその氏名等に関する情報が全く得られなかった場合
- 　関係者への聞き取りや遺留物品の確認等により，相続人とも思われる人の存在が判明したが，その氏名が判明しなかった場合

　なお，供託官は，債務者が債権者を確知することができなかったことにつき過失がないことについて審査を行いますが，その審査は供託書の記載のみに基づいて行われます。

　したがって，供託書の記載に基づく限りで債務者に過失がないと判断される場合には供託をすることができますが，後に裁判で供託の有効性が争われた場合にはこれと異なる判断がされる場合があります。仮に，後に供託の有効性が否定された場合には，返還義務は消滅していなかったことになり，自治体は改めて返還義務を履行する必要があります（その場合，遅延損害金を付加する必要があります。）が，供託した金銭については取り戻すことができます。

Q３：亡くなった方の遺留物品等を調査した結果，相続人の一部についてはその氏名や所在が判明したものの，そのほかに相続人がいるかどうか分

415

からない場合に，残余の遺留金を供託することはできますか。

A： そのような場合には，氏名が判明している相続人に対しても返還すべき残余の遺留金の額（法定相続分に応じて決まる）が不明であるため，残余の遺留金の全部について，債権者不確知を理由とする供託をすることができると考えられます。

Q4：亡くなった方の遺留物品等を調査した結果その氏名が判明した相続人が相続放棄の手続をしており，そのほかに相続人がいるかどうかわからない場合に，残余の遺留金を供託することはできますか。

A： そのような場合には，相続放棄の手続をした相続人に対しては遺留金を返還する義務はなくなり，そのほかに残余の遺留金を返還すべき相続人の存否が不明であるということになるため，債権者不確知を理由とする供託をすることができると考えられます。

Q5：遺留金品について，現金のほかに物品等が残ってしまった場合に，これらの物品等を弁済供託することはできますか。

A： 物品については，法務局若しくは地方法務局又はその支局を供託所として供託することはできず，法務大臣が指定した倉庫営業者が供託所となって，供託事務を取り扱います（供託法（明治32年法律第15号）第5条）。

しかしながら，物品供託が認められるためには，供託物が倉庫営業者の保管義務（「その営業の部類に属する物」であり，かつ「保管可能な数量」）の範囲内であることなどの要件が必要であるほか，物品供託所の指定を受けている倉庫営業者がほとんどないこと，供託者が保管料を負担する必要がある場合があることなどの事情から，事実上，この供託を行うことは困難となっています。

ただし，物品が供託に適しないときや，上記のように物品を供託することが困難な事情があるときには，裁判所の許可を得て物品を競売し，その代金を供託することができます（民法第497条）。

416

資料編／Ⅳ統計等

事例①－2 （相続財産清算人の選任申立てによる処理）

　　事例①－1のケースで，残余の遺留金の額が多額であり，相続財産清算人の選任を申し立てるために必要と見込まれる予納金の額を超えることが予想される場合に，自治体が亡くなった方に関する戸籍調査を開始したところ，戸籍上相続人が存在しないことが確認されたため，相続財産清算人の選任の申立てをし，残余の遺留金の処理をすることを検討している。

【説明】

　上記の事例のように，生活保護の葬祭扶助を適用した場合であって，残余の遺留金の額が多額で相続財産清算人の選任を申し立てるために必要と見込まれる予納金の額を超えることが予想されるなど，他に相続財産清算人の選任の方法によりがたい事情がないときには，自治体は，相続財産清算人の選任を申し立てる方法により，残余の遺留金を処理することになります。

　その相続財産清算人の選任の申立てに当たっては，亡くなった方に関する戸籍調査を行い，相続人が存在しないことを確認する必要があります。

【よくあるご質問】

Q：亡くなった方に関する戸籍調査をした結果，相続人がいることが判明した場合には，相続財産清算人の選任の方法による遺留金の処理はできないのですか。

A：　そのような場合には，相続財産清算人の選任の方法によることはできず，相続人に対して残余の遺留金を返還しなければなりません。

　　なお，そのような場合で，相続人の所在が不明で遺留金を返還することができないときについては，後記の事例②の受領不能を理由とする供託に関する説明を，相続人が受領を拒絶しているために遺留金を返還することができないときについては，後記の事例③の受領拒絶を理由とする供託に関する説明をご参照ください。

事例② （受領不能を理由とする供託による処理）

417

事例①－１のケースで，自治体は，亡くなった方の遺留物品等から唯
　一の相続人である配偶者の存在とその氏名を把握したが，その所在が不
　明であるため，弁済供託の方法により残余の遺留金を処理することを検
　討している。

【説明】

　　上記の事例のように，相続人が判明している場合は，相続財産清算人を選
任することができませんが，弁済供託をすることによって残余の遺留金を処
理することができる場合があります。

　　受領不能を理由とする弁済供託は，債権者が弁済を受領することができな
いときに行うことができるものですが（民法第494条第１項第２号），債権者
の所在が不明であり，弁済を行うことができない場合も，この受領不能に該
当すると考えられています。

　　したがって，上記の事例のように，亡くなった方の遺留物品等から相続人
の存在や氏名を自治体が把握したものの，その所在がわからず，残余の遺留
金を返還することができない場合には，受領不能を理由とする弁済供託をす
ることができます。

【よくあるご質問】

Ｑ１：受領不能を理由とする弁済供託をする際の供託書の記載方法について
　　　教えてください。

Ａ：　記載例４をご参照ください。

Ｑ２：亡くなった方の遺留物品等の調査により複数の相続人がいることが判
　　　明したものの，そのうちの一人のみ所在が判明せず，そのほかの相続人
　　　については所在が判明している場合に，残余の遺留金を供託することは
　　　できますか。

Ａ：　そのような場合には，所在が判明しない相続人に対して返還すべき残
　　　余の遺留金の額を確定させた上で（法定相続分に応じて決まる），その
　　　額についてのみ，受領不能を理由とする供託をすることができます。具

418

資料編／Ⅳ統計等

体的な例でいえば，残余の遺留金の額が50万円で，所在が判明しない相続人の法定相続分が2分の1であるとすると，遺留金のうち25万円分についてのみ，受領不能を理由とする供託をすることができます。

　所在が判明している相続人に対しては，同様に返還すべき残余の遺留金の額を確定させた上で，その額の遺留金をそれぞれ返還しなければなりません。所在が判明している相続人が遺留金の受領を拒絶する場合については，後記の事例③の受領拒絶を理由とする供託に関する説明をご参照ください。

事例③（受領拒絶を理由とする供託による処理）

　アパートで死亡している者が大家に発見され，警察による捜査の後，自治体がその遺体及び遺留金品を引き継いだ。

　その身元は判明していたものの，身寄りがなく，葬祭等を行う方がいなかったため，自治体が火葬を行い，遺留金品を換価してその一部をその火葬費用に充てた後，残余の遺留金の保管を開始した。

　自治体が亡くなった方の遺留物品等の調査を行ったところ，相続人の氏名及び所在が判明し，連絡を取ることができた。もっとも，当該相続人が，残余の遺留金を返還する旨の申し出を拒否したため，受領拒絶を理由とする弁済供託の方法により残余の遺留金を処理することを検討している。

【説明】

　事例②と同様に，相続人が判明している場合は，相続財産清算人の選任の申立てをすることはできませんが，弁済供託をすることによって遺留金を処理することができる場合があります。

　受領拒絶を理由とする弁済供託は，債務者が弁済の提供をした場合において，債権者がその受領を拒んだときにすることができます（民法第494条第1項第1号）。

　自治体が相続人に対して残余の遺留金の返還を申し出た場合に，相続人が

419

その申出を拒絶した場合には，自治体は，残余の遺留金について，債権者の受領拒絶を理由とする弁済供託をすることができると考えられますので，上記の事例においては，受領拒絶を理由とする弁済供託の方法により，残余の遺留金を供託することが考えられます。

【よくあるご質問】

Q1：受領拒絶を理由とする弁済供託をする際の供託書の記載方法について教えてください。

A： 記載例5をご参照ください。

Q2：亡くなった方の遺留物品等の調査により複数の相続人がいることが判明したものの，そのうちの一人のみが遺留金の受領を拒み，そのほかの相続人については遺留金を受領する意向を示しているときに，残余の遺留金について，受領拒絶を理由とする弁済供託をすることはできますか。

A： そのような場合には，受領を拒絶している相続人に対して返還すべき遺留金の額を確定させた上で（法定相続分に応じて決まる），その額についてのみ，受領拒絶を理由とする供託をすることができます。

そのほかの遺留金を受領する意向を示している相続人に対しては，同様に返還すべき遺留金の額を確定させた上で，その額の遺留金をそれぞれ返還しなければなりません。

（参考1）参照条文

【生活保護法（昭和25年法律第144号）（抄）】

（葬祭扶助）

第十八条　葬祭扶助は，困窮のため最低限度の生活を維持することのできない者に対して，左に掲げる事項の範囲内において行われる。

一　検案

二　死体の運搬

三　火葬又は埋葬

四　納骨その他葬祭のために必要なもの

2　左に掲げる場合において，その葬祭を行う者があるときは，その者に対して，前項各号の葬祭扶助を行うことができる。

資料編／IV統計等

　　一　被保護者が死亡した場合において，その者の葬祭を行う扶養義務者がないとき。

　　二　死者に対しその葬祭を行う扶養義務者がない場合において，その遺留した金品で，葬祭を行うに必要な費用を満たすことのできないとき。

　（遺留金品の処分）

第七十六条　第十八条第二項の規定により葬祭扶助を行う場合においては，保護の実施機関は，その死者の遺留の金銭及び有価証券を保護費に充て，なお足りないときは，遺留の物品を売却してその代金をこれに充てることができる。

　2　都道府県又は市町村は，前項の費用について，その遺留の物品の上に他の債権者の先取特権に対して優先権を有する。

【生活保護法施行規則（昭和25年厚生省令第21号）（抄）】

　（遺留金品の処分）

第二十二条　保護の実施機関が法第七十六条第一項の規定により，遺留の物品を売却する場合においては，地方自治法（昭和二十二年法律第六十七号）第二百三十四条第一項に規定する一般競争入札，指名競争入札，随意契約又はせり売りの方法により契約を締結しなければならない。

　2　保護の実施機関が法第七十六条の規定による措置をとつた場合において，遺留の金品を保護費に充当して，なお残余を生じたときは，保護の実施機関は，これを保管し，速やかに，供託を行い，又は相続財産管理人の選任を家庭裁判所に請求し，選任された相続財産管理人にこれを引き渡さなければならない。ただし，これによりがたいときは，民法第四百九十四条の規定に基づき当該残余の遺留の金品を供託することができる。

　3　前項の場合において保管すべき物品が滅失若しくはき損のおそれがあるとき，又はその保管に不相当の費用若しくは手数を要するときは，これを売却し，又は棄却することができる。その売却して得た金銭の取扱については，前項と同様とする。

【墓地，埋葬等に関する法律（昭和23年法律第48号）（抄）】

第九条　死体の埋葬又は火葬を行う者がないとき又は判明しないときは，死亡地の市町村長が，これを行わなければならない。

　2　前項の規定により埋葬又は火葬を行つたときは，その費用に関しては，行旅病人及び行旅死亡人取扱法（明治三十二年法律第九十三号）の規定を準用する。

【行旅病人及び行旅死亡人取扱法（明治32年法律第93号）（抄）】

第一条　此ノ法律ニ於テ行旅病人ト称スルハ歩行ニ堪ヘサル行旅中ノ病人ニシテ療養ノ途ヲ有セス且救護者ナキ者ヲ謂ヒ行旅死亡人ト称スルハ行旅中死亡シ引取者ナキ者ヲ謂フ

　　住所，居所若ハ氏名知レス且引取者ナキ死亡人ハ行旅死亡人ト看做ス

421

前二項ノ外行旅病人及行旅死亡人ニ準スヘキ者ハ政令ヲ以テ之ヲ定ム

第七条　行旅死亡人アルトキハ其ノ所在地市町村ハ其ノ状況相貌遺留物件其ノ他本人ノ認識ニ必要ナル事項ヲ記録シタル後其ノ死体ヲ埋葬又ハ火葬ヲ為スヘシ

　　墓地若ハ火葬場ノ管理者ハ本条ノ埋葬又ハ火葬ヲ拒ムコトヲ得ス

第九条　行旅死亡人ノ住所，居所若ハ氏名知レサルトキハ市町村ハ其ノ状況相貌遺留物件其ノ他本人ノ認識ニ必要ナル事項ヲ公署ノ掲示場ニ告示シ且官報若ハ新聞紙ニ公告スヘシ

第十一条　行旅死亡人取扱ノ費用ハ先ツ其ノ遺留ノ金銭若ハ有価証券ヲ以テ之ニ充テ仍足ラサルトキハ相続人ノ負担トシ相続人ヨリ弁償ヲ得サルトキハ死亡人ノ扶養義務者ノ負担トス

第十二条　行旅死亡人ノ遺留物件ハ市町村之ヲ保管スヘシ但シ其ノ保管ノ物件滅失若ハ毀損ノ虞アルトキ又ハ其ノ保管ニ不相当ノ費用若ハ手数ヲ要スルトキハ之ヲ売却シ又ハ棄却スルコトヲ得

第十三条　市町村ハ第九条ノ公告後六十日ヲ経過スルモ仍行旅死亡人取扱費用ノ弁償ヲ得サルトキハ行旅死亡人ノ遺留物品ヲ売却シテ其ノ費用ニ充ツルコトヲ得其ノ仍足ラサル場合ニ於テ費用ノ弁償ヲ為スヘキ公共団体ニ関シテハ勅令ノ定ムル所ニ依ル

【行旅病人死亡人等ノ引取及費用弁償ニ関スル件（明治32年勅令第277号）（抄）】

第一条　行旅病人及行旅死亡人取扱法第五条及第十三条ノ公共団体ハ行旅病人行旅死亡人若ハ其ノ同伴者ノ救護又ハ取扱ヲ為シタル地ノ道府県トス

②　前項ノ規定ニ拘ラズ行旅病人行旅死亡人若ハ其ノ同伴者ノ救護又ハ取扱ヲ為シタル地方自治法（昭和二十二年法律第六十七号）第二百五十二条ノ十九第一項ノ指定都市ハ地方自治法施行令（昭和二十二年政令第十六号）第百七十四条ノ三十ノ定ムル所ニ依リ行旅病人及行旅死亡人取扱法第五条及第十三条ノ公共団体トス

③　第一項ノ規定ニ拘ラズ行旅病人行旅死亡人若ハ其ノ同伴者ノ救護又ハ取扱ヲ為シタル地方自治法第二百五十二条ノ二十二第一項ノ中核市ハ地方自治法施行令第百七十四条ノ四十九ノ六ノ定ムル所ニ依リ行旅病人及行旅死亡人取扱法第五条及第十三条ノ公共団体トス

【地方自治法（昭和22年法律第67号）（抄）】

（現金及び有価証券の保管）

第二百三十五条の四　（略）

2　債権の担保として徴するもののほか，普通地方公共団体の所有に属しない現金又は有価証券は，法律又は政令の規定によるのでなければ，これを保管することができない。

3　法令又は契約に特別の定めがあるものを除くほか，普通地方公共団体が保管する前項の現金（以下「歳入歳出外現金」という。）には，利子を付さない。

資料編／Ⅳ統計等

【民法（明治29年4月27日法律第89号）（抄）】
（供託）
第四百九十四条　弁済者は，次に掲げる場合には，債権者のために弁済の目的物を供託することができる。この場合においては，弁済者が供託をした時に，その債権は，消滅する。
　一　弁済の提供をした場合において，債権者がその受領を拒んだとき。
　二　債権者が弁済を受領することができないとき。
2　弁済者が債権者を確知することができないときも，前項と同様とする。ただし，弁済者に過失があるときは，この限りでない。
（供託の方法）
第四百九十五条　前条の規定による供託は，債務の履行地の供託所にしなければならない。
2　供託所について法令に特別の定めがない場合には，裁判所は，弁済者の請求により，供託所の指定及び供託物の保管者の選任をしなければならない。
3　前条の規定により供託をした者は，遅滞なく，債権者に供託の通知をしなければならない。
（供託物の取戻し）
第四百九十六条　債権者が供託を受諾せず，又は供託を有効と宣告した判決が確定しない間は，弁済者は，供託物を取り戻すことができる。この場合においては，供託をしなかったものとみなす。
2　前項の規定は，供託によって質権又は抵当権が消滅した場合には，適用しない。
（供託に適しない物等）
第四百九十七条　弁済者は，次に掲げる場合には，裁判所の許可を得て，弁済の目的物を競売に付し，その代金を供託することができる。
　一　その物が供託に適しないとき。
　二　その物について滅失，損傷その他の事由による価格の低落のおそれがあるとき。
　三　その物の保存について過分の費用を要するとき。
　四　前三号に掲げる場合のほか，その物を供託することが困難な事情があるとき。
（供託物の還付請求等）
第四百九十八条　弁済の目的物又は前条の代金が供託された場合には，債権者は，供託物の還付を請求することができる。
2　債務者が債権者の給付に対して弁済をすべき場合には，債権者は，その給付をしなければ，供託物を受け取ることができない。

（子及びその代襲者等の相続権）

第八百八十七条　被相続人の子は、相続人となる。

2　被相続人の子が、相続の開始以前に死亡したとき、又は第八百九十一条の規定に該当し、若しくは廃除によって、その相続権を失ったときは、その者の子がこれを代襲して相続人となる。ただし、被相続人の直系卑属でない者は、この限りでない。

3　前項の規定は、代襲者が、相続の開始以前に死亡し、又は第八百九十一条の規定に該当し、若しくは廃除によって、その代襲相続権を失った場合について準用する。

（直系尊属及び兄弟姉妹の相続権）

第八百八十九条　次に掲げる者は、第八百八十七条の規定により相続人となるべき者がない場合には、次に掲げる順序の順位に従って相続人となる。

　一　被相続人の直系尊属。ただし、親等の異なる者の間では、その近い者を先にする。

　二　被相続人の兄弟姉妹

2　第八百八十七条第二項の規定は、前項第二号の場合について準用する。

（配偶者の相続権）

第八百九十条　被相続人の配偶者は、常に相続人となる。この場合において、第八百八十七条又は前条の規定により相続人となるべき者があるときは、その者と同順位とする。

（相続財産法人の成立）

第九百五十一条　相続人のあることが明らかでないときは、相続財産は、法人とする。

（相続財産の清算人の選任）

第九百五十二条　前条の場合には、家庭裁判所は、利害関係人又は検察官の請求によって、相続財産の清算人を選任しなければならない。

2　前項の規定により相続財産の清算人を選任したときは、家庭裁判所は、遅滞なく、その旨及び相続人があるならば一定期間内にその権利を主張すべき旨を公告しなければならない。この場合において、その期間は、六箇月を下ることができない。

（不在者の財産の管理人に関する規定の準用）

第九百五十三条　第二十七条から第二十九条までの規定は、前条第一項の相続財産の清算人（以下この章において単に「相続財産の清算人」という。）について準用する。

（相続財産の清算人の報告）

第九百五十四条　相続財産の清算人は、相続債権者又は受遺者の請求があるとき

は，その請求をした者に相続財産の状況を報告しなければならない。

（相続財産法人の不成立）

第九百五十五条　相続人のあることが明らかになったときは，第九百五十一条の法人は，成立しなかったものとみなす。ただし，相続財産の清算人がその権限内でした行為の効力を妨げない。

（相続財産の清算人の代理権の消滅）

第九百五十六条　相続財産の清算人の代理権は，相続人が相続の承認をした時に消滅する。

2　前項の場合には，相続財産の清算人は，遅滞なく相続人に対して清算に係る計算をしなければならない。

（相続債権者及び受遺者に対する弁済）

第九百五十七条　第九百五十二条第二項の公告があったときは，相続財産の清算人は，全ての相続債権者及び受遺者に対し，二箇月以上の期間を定めて，その期間内にその請求の申出をすべき旨を公告しなければならない。この場合において，その期間は，同項の規定により相続人が権利を主張すべき期間として家庭裁判所が公告した期間内に満了するものでなければならない。

2　第九百二十七条第二項から第四項まで及び第九百二十八条から第九百三十五条まで（第九百三十二条ただし書を除く。）の規定は，前項の場合について準用する。

（権利を主張する者がない場合）

第九百五十八条　第九百五十二条第二項の期間内に相続人としての権利を主張する者がないときは，相続人並びに相続財産の清算人に知れなかった相続債権者及び受遺者は，その権利を行使することができない。

（特別縁故者に対する相続財産の分与）

第九百五十八条の二　前条の場合において，相当と認めるときは，家庭裁判所は，被相続人と生計を同じくしていた者，被相続人の療養看護に努めた者その他被相続人と特別の縁故があった者の請求によって，これらの者に，清算後残存すべき相続財産の全部又は一部を与えることができる。

2　前項の請求は，第九百五十二条第二項の期間の満了後三箇月以内にしなければならない。

（残余財産の国庫への帰属）

第九百五十九条　前条の規定により処分されなかった相続財産は，国庫に帰属する。この場合においては，第九百五十六条第二項の規定を準用する。

【戸籍法（昭和22年12月22日法律第224号）（抄）】

第十条の二　前条第一項に規定する者以外の者は，次の各号に掲げる場合に限り，戸籍謄本等の交付の請求をすることができる。この場合において，当該請求をす

る者は，それぞれ当該各号に定める事項を明らかにしてこれをしなければならない。

一　自己の権利を行使し，又は自己の義務を履行するために戸籍の記載事項を確認する必要がある場合　権利又は義務の発生原因及び内容並びに当該権利を行使し，又は当該義務を履行するために戸籍の記載事項の確認を必要とする理由

二　国又は地方公共団体の機関に提出する必要がある場合　戸籍謄本等を提出すべき国又は地方公共団体の機関及び当該機関への提出を必要とする理由

三　前二号に掲げる場合のほか，戸籍の記載事項を利用する正当な理由がある場合　戸籍の記載事項の利用の目的及び方法並びにその利用を必要とする事由

2　前項の規定にかかわらず，国又は地方公共団体の機関は，法令の定める事務を遂行するために必要がある場合には，戸籍謄本等の交付の請求をすることができる。この場合において，当該請求の任に当たる権限を有する職員は，その官職，当該事務の種類及び根拠となる法令の条項並びに戸籍の記載事項の利用の目的を明らかにしてこれをしなければならない。

3～6　（略）

【供託事務取扱手続準則（昭和47年3月4日法務省民事甲第1050号法務省民事局長・法務大臣官房会計課長通達）（抄）】

第三十七条　規則第十八条第一項及び第十九条第一項の納入期日は，供託を受理した日から一週間以後の日でなければならない。ただし，法令の規定により供託の期限が定められている場合は，この限りでない。

（参考2）地方自治体で残余遺留物品の保管・廃棄に関する基準を策定している例

※　残余遺留物品の保管・廃棄にあたっては，各自治体の実情や個々のケースに応じて取り扱っていただいているところです。以下は，総務省行政評価局が行った「遺留金等に関する実態調査」によって把握された事例の一部を参考として紹介するものです。

資料編／Ⅳ統計等

No.	保管期間	内容	保管期間の設定根拠	法律
1	場合によっては直ちに廃棄	換金価値のない遺留物品については，直ちに廃棄して差し支えない。ただし，廃棄に際しては複数職員で対応することとし，廃棄した物品・経過を記録する。	生活保護法及び同法施行規則において，葬祭費用への充当のため換金価値のある遺留物品については市区町村で保管することとされていると認識しているが，換金価値のないものをやむを得ず引き取った場合に市区町村が保管すべき規定はないため，取扱いに苦慮した結果規定したもの	生
2	60日	保管開始から60日経過後に廃棄する。ただし，減失・毀損のおそれがあるとき，又はその保管に不相当な費用・手数を要するときは保管期間にかかわらず廃棄可能とする。	規程は他市区町村のものを参考にしているが，保管期間については，過去の遺留金品の保管例や保管スペースの広さに照らし独自に検討したもの	生
3	6か月	預金通帳等は，記録を取り，担当課が管理する金庫に保管。その他の遺留物品は，原則として相続人への引渡しが完了するまでの間，散逸しないように取りまとめて保管する。ただし，保管後6か月が経過した場合，保管すべき物品が減失又は毀損のおそれがある場合，その保管に不相当の費用又は手数を要する場合若しくは金銭的価値がないと見込まれる場合は，その旨記録し，決裁の上，廃棄することができる。	運用として6か月程度で廃棄していたものを，令和3年3月に手引が示されたことを契機として，規程の内容を見直し追記したもの	生

427

No.	保管期間	内容	保管期間の設定根拠	法律
4	1年	遺留金品をもって取扱費用を弁償してなお余りある場合，有価証券及び遺留物品については，おおむね1年間保管する。	遺骨の保管期間を1年（1年を経過したものについては合葬）としていることに倣ったもの	行
5		遺留品は相続人等が現れることを考慮して，1年程度保管した後，廃棄	年に1回行われる産業廃棄物の廃棄の機会に合わせたもの	生
6		換金価値がない場合，1年間保管後，廃棄するものとする。ただし，保管することが困難な衣類や生活用品，所属長が保管を不適当とするものについては1年未満でも廃棄できるものとする。	他市区町村の要領，マニュアル等を参考としたもの	行墓生
7	最低1年以上	換金価値がなく，葬祭費に充当できなかった遺留物品は，相続人に引き渡す場合を除き，最低1年以上保管の上，課長決裁をとり処分する。	都道府県が発出した行旅死亡人の取扱いに係る規程に倣ったもの	行墓生
8	5年	遺留物品の保管期間は，福祉施設等から引き継いだ後5年とする。	遺骨の保管期間を5年（5年を経過したものについては合葬）としていることに倣ったもの	行
9		換金価値のない遺留物品は，所定の倉庫において，保管日の属する年度の翌年度の4月1日から原則として5年間保管し，期間経過後に決裁の上，これを廃棄する。	行旅死亡人等に係る文書の保存年限に倣ったもの	行墓生
10	1年又は10年	保管期間を，保管することが物理的に困難な衣類，生活用品等で，その換金価値が認められないもの又は管理責任者が保管を不相当とするものは1年，他の物品については10年と定めている。	民法第166条第1項第2号(注3)の債権の消滅時効に倣ったもの。規定を設ける際，顧問弁護士に相談し法的に問題がない旨回答を得ている。	墓

資料編／Ⅳ統計等

No.	保管期間	内容	保管期間の設定根拠	法律
11	3年又は10年	遺骨の保管期間（葬祭を行う者がいない場合は3年，葬祭を行う者が判明しない場合は10年）と同期間保管する。	遺骨の保管期間に倣ったもの なお，遺骨の保管期間は，警察における身元が分からない遺体の情報検索が過去12年分できるため，この期間に準じている。	墓 生
12	10年	遺骨の保管期間（10年）と同期間保管する。	遺骨の保管期間に倣ったもの なお，遺骨の保管期間は，警察における身元が分からない遺体の情報検索が過去12年分できるため，この期間に準じている。	行

（注）　1　「遺留金に関する実態調査結果報告書」（令和5年3月　総務省行政評価局）より抜粋。

　　　　2　「法律」欄の「行」は行旅法，「墓」は墓埋法，「生」は生活保護法を表す。

　　　　3　民法第166条第1項第2号には，債権は，権利を行使することができる時から10年間行使しないとき，時効によって消滅すると定められている。

供託書記載例

供託書（記載例１）
（雑）

| 申請年月日 | 令和○○年○○月○○日 | 供託所の表示 | ○○（地方）法務局 | 供託カード番号 （ ） カード利用の方は記入してください。 |

供託者の住所氏名
住所 （〒○○○－○○○○）
○○市○○区○○町○丁目○番○号
氏名・法人名等 ○○ 印
代表者等又は代理人住所氏名
代表者 ○○市長 ○○○○
□別添のとおり
ふりがなからは安田罫線罫線用紙に記載してください。

被供託者の住所氏名
住所 （〒 ）
●●県●●市●●区●●町●丁目●番●号
氏名・法人名等 Ａ の 相続人
□別添のとおり
ふりがなからは安田罫線罫線用紙に記載してください。
□供託通知書の発送を請求する。

供託金額
億 千 百 十 万 千 百 十 円

法令条項 民法第４９４条第２項

供託の原因たる事実
供託者は、令和○年○月○日に死亡したＡ（住所：○○市○○町○丁目○番○号）に対し生活保護法第１８条第２項に基づく葬祭扶助を支給し、同法第７６条第１項に基づきＡの遺留金品を葬祭費用に充てたところ、なお残余の遺留金○円が生じたので、この残余遺留金をＡの相続人に対して引き渡すべき債務（支払日：定めなし、支払場所：被供託者（住所地）を負っている。
この残余遺留金を引き渡すため、Ａの相続人を調査したが、Ａの相続人の氏名及び住所が不明であり、債務者に過失なくして債権者を確知することができないので供託する。

備考
□ 供託により消滅すべき質権又は抵当権
□ 反対給付の内容

供託書（記載例2）
（雑）

申請年月日	令和 ○○年○○月○○日	供託所の表示	○○（地方）法務局	供託カード番号 （　　） カード利用の方は記入してください。

供託者の住所氏名
住所 （〒○○○-○○○○）
○○市○○区○○町○丁目○番○号
氏名・法人名等 ○○市
代表者名等又は代理人住所氏名
代表者 ○○市長 ○○○○
□記述のとおり　ふりがなは必ず別紙振り仮名欄に記載してください。

被供託者の住所氏名
住所 （〒　　）
最後の住所 不明
氏名・法人名等
亡○○の相続人
□別紙のとおり　ふりがなは必ず別紙振り仮名欄に記載してください。
□供託通知書の発送を請求する。

供託の原因たる事実　供託の原因　記載のとおり　行旅死亡人　死亡

供託金額
億 十億 億 千 百 十 万 千 百 十 円

法令条項　民法第494条第2項

供託の原因たる事実
供託者は、行旅病人及び行旅死亡人取扱法第14条により下記行旅死亡人の相続人に対し、遺留金の円を引き継ぐべき債務を負っている。
供託者は、この行旅死亡人の遺留金について、引き渡すべき相続人を探すため調査した上で、告示（令和○○年○月○日付）及び官報公告（令和○○年○月○日付）を行ったが、相続人が現れることはなく、その相続人の氏名及び住所が不明であり、供託者の過失なくして債権者を確知することができないので供託する。
なお、被供託者の住所が不明であることから、供託者の最寄りの供託所に供託する。

記
行旅死亡人の年齢・性別
人相・特徴
　容貌　上衣
　　　　下衣
死亡日時　令和○○年1月頃
死亡場所　○○市○○区○丁目○番○○

備考
□供託により質権又は抵当権は消滅
□反対給付の内容

供託者氏名 カナ氏名

供託書（記載例３）
（雑）

| 申請年月日 | 令和〇〇年〇〇月〇〇日 | 〇〇（地方）法務局 | 供託カード番号（　　　　）カード利用の方は記入してください。 | | 法令条項 | 民法第４９４条第２項 |

供託者の住所氏名

住所（〒〇〇〇－〇〇〇〇）
〇〇市〇〇区〇〇町〇丁目〇番〇号
氏名・法人名等　〇〇印
代表者又は代理人住所氏名
代表者　〇〇市長　〇〇〇〇

□例話のとおり
ふりがなくらいは別個親横用紙に記載してください。

被供託者の住所氏名

住所（〒　　）
●●県●●●市●●区●●●町●丁目●番●号
氏名・法人名等　[A]の[相続人][Ｂ]

☑例話のとおり
ふりがなくらいは別個親横用紙に記載してください。
□供託加害者の発送を請求する。

供託の原因たる事実

供託者は、令和〇〇年〇月〇日に死亡したＡ（住所：〇〇市〇〇町〇丁目〇番〇号）に対し生活保護法第１８条第２項に基づく葬祭扶助を支給し、同法第７６条第１項に基づきＡの遺留金を葬祭費品を充てたので、この残余金〇円が生じたので、この残余金をＡの相続人に対して引き渡す債務（支払日：定めなし。支払場所：被供託者（住所地））を負っている。
この残余金遺留金を返すため、Ａの相続人を調査したが、Ａの相続人の氏名及び住所がＢ以外不明であり、債務者に過失なくして債権者を確知することができないので供託する。

供託により消滅すべき質権又は抵当権　□
反対給付の内容　□

備考

供託金額

十億	千	百	十	万	千	百	十	円
〇	〇	〇	入	千	〇	〇	〇	〇

供託者
カナ
氏名

資料編／Ⅳ統計等

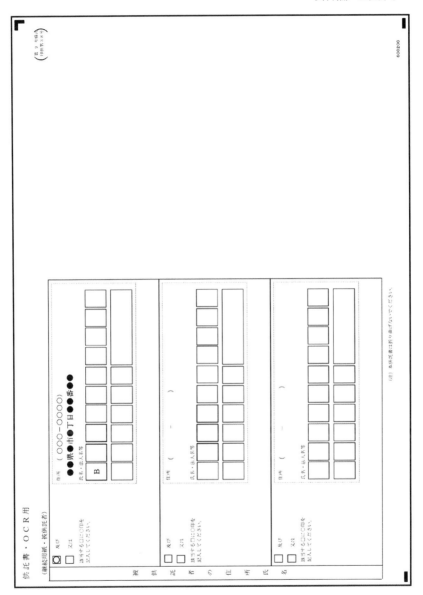

433

供託書（記載例４）
（雑）

申請年月日	令和　○○年○○月○○日	供託カード番号 （カード利用の方は記入してください。）	法令条項	民法494条1項2号
供託所の表示	○○（地方）法務局			

供託者の住所氏名	住所　（〒○○○-○○○○） 　　○○市○○区○○町○丁目○番○号 氏名・法人名等　○○○印 代表者等又は代理人住所氏名 　　代表者　○○市長　○○○○	□別紙のとおり ふたりめからは別供託書続用紙に記載してください。
被供託者の住所氏名	住所　（〒　　　　） 　最後の住所　●●県●●●市●●●区●●●町●丁目●番●号 氏名・法人名等　●●●●●	□別紙のとおり ふたりめからは別供託書続用紙に記載してください。 □被供託者の発送を請求する。

供託の原因たる事実	供託者は、令和○年○月○日に死亡したＡ（住所：○○市○○町○丁目○番○号）に対し生活保護法第18条第2項に基づく葬祭扶助を支給し、同法第76条第1項に基づきＡの遺留金品を葬祭扶助に要した費用に充てたところ、なお残余の金○円が生じたので、この残余の遺留金をＡの相続人である被供託者に対して引き渡すべき債務（支払日：定めなし。支払場所：被供託者住所地）を負っている。 　供託者は、この債務を履行しようとしたところ、被供託者は数年来その所在が不明であり、連絡をとることもできず、その所在を調査したところこれらを確認することができなかったため、受領させることができないので供託する。

□ 供託により消滅すべき質権又は抵当権
□ 反対給付の内容

備考

供託金額	百億	十億	億	千万	百万	十万	万	千	百	十	円
							¥				○

供託書（記載例５）
（雑）

申請年月日	令和 ○○年○○月○○日		供託カード番号		法令条項	民法494条第1項郵1号

供託所の表示　○○（地方）法務局

供託者の住所氏名
住所（〒○○○-○○○○）
○○市○○区○○町○丁目○番○号
氏名・法人名等
○○㊞

代表者又は代理人住所氏名
（代表者又は代理人住所氏名）
代表者　○○市長　○○○○

被供託者の住所氏名
住所（〒　　　）
●●県●●市●●区●●町○丁目●番●号
氏名・法人名等
●●　●●㊞

供託金額

法令条項欄の本文（縦書き）：

供託者は、令和○年○月○日に死亡したA（住所：○○県○○市○○町○丁目○番○号）に対し生活保護法第18条第2項に基づく葬祭扶助に要した費用を支給し、同法第76条第1項に基づく残余の遺留金○円が生じたので、この残余遺留金を定めなし。Aの相続人である残供託者に対して引き渡すべき債務を負っている。

供託の原因たる事実：
供託者は、この債務について、令和○年の○月○日、債務履行地である故供託者住所地において、被供託者に弁済のため供託者住所地に提供し、被供託者に受領を催告したが、被供託者は、受領を拒否されたので供託する。残余遺留金○円を現実に提供し、被供託者に受領を催告したが、残余遺留金○円を現実に提供し、受領を拒否されたので供託する。

供託により消滅すべき質権又は抵当権
□　反対給付の内容

備考

8 埋火葬の円滑な実施に関するガイドライン

（令和 6 年 8 月 30 日）
（内閣感染症危機管理監決裁）

第1章 はじめに

　今日の我が国における葬法（埋葬及び火葬等）は，火葬の割合がほぼ100％を占めているが，病原性の高い新型インフルエンザ等の感染が拡大し，全国的に流行した場合には，死亡者の数が火葬場の火葬能力を超える事態が起こり，火葬の円滑な実施に支障を生ずるとともに，公衆衛生上，火葬を行うことができない遺体の保存対策が大きな問題となる可能性がある。

　他方，感染症の予防及び感染症の患者に対する医療に関する法律（平成10年法律第114号。以下「感染症法」という。）第30条第3項においては，墓地，埋葬等に関する法律（昭和23年法律第48号。以下「墓埋法」という。）第3条に規定する24時間以内の埋火葬禁止規定の特例として，新型インフルエンザ等によって死亡した者については，感染防止の観点から24時間以内の埋火葬が認められているとともに，感染症法第30条第2項において，このような病原体に汚染され，又は汚染された疑いがある遺体は，原則として火葬することとされている。

　そのため，対応期において死亡者が多数に上った場合も，速やかに火葬を行うことのできる体制をあらかじめ整備しておくことが必要となる。

　また，新型インフルエンザ等に感染した遺体の保存や埋火葬に当たっては，感染拡大を防止する観点から一定の制約が課せられることになるが，他方で，地域の葬送文化や国民の宗教的感情等にも十分配慮することが望ましい。そのため，感染拡大防止対策上の支障等がない場合には，できる限り遺族の意向等を尊重した取扱いをする必要がある。

　本ガイドラインは，新型インフルエンザ等が全国的に流行した際に，各地域において埋火葬ができる限り円滑に実施されるよう，地方公共団体や関係機関において講ずることが適当と考えられる措置を中心に取りまとめ

資料編／Ⅳ統計等

たものである。

　なお，実際に発生した新型インフルエンザ等の特性や有効な感染防止策に関してその時点で得られている最新の知見や具体的な発生状況等に応じ，例えば，搬送作業及び火葬作業に従事する者の感染防止策に係る留意事項など，本ガイドライン上の措置について見直しが図られる場合があることにも留意する必要がある。

(参考) 既に，厚生労働省防災業務計画（平成13年2月14日厚生労働省発総第11号）第1編第4章第1節において，「都道府県は，近隣都道府県等と協力し，広域的な観点から災害時における遺体の円滑な火葬を支援するための火葬場の火葬能力，遺体の搬送・保存体制等を記した広域的な火葬に関する計画の策定に努める。」とされているところであり，その計画を一つの参考とすることが適当である。

第2章　各段階における対応

1．関係機関の役割

　都道府県は，市町村の意見を聞いた上で，域内における火葬体制の整備等必要な体制の整備や調整を図るほか，市町村が行う個別の埋火葬に係る対応及び遺体の保存対策等を広域的な視点から支援・調整する役割を担うものとする。

　市町村は，墓埋法において，埋火葬の許可権限等，地域における埋火葬の適切な実施を確保するための権限が与えられていることから域内における火葬の適切な実施を図るとともに，個別の埋火葬に係る対応及び遺体の保存対策等を講ずる主体的な役割を担うものとする。

　医療機関等は，遺体が新型インフルエンザ等の病原体に汚染され又は汚染された疑いのある場合，プライバシーの保護にも十分配慮した上で，感染拡大防止の観点から，遺体の搬送作業及び火葬作業に従事する者にその旨が伝わるよう留意する。

　遺体の搬送作業及び火葬作業に従事する者は，対応期においては火葬場の火葬能力を超える死亡者が出ることも考えられるため，都道府県の行う調整の下，市町村と連携し効率的な遺体の搬送及び火葬に努めるものとす

437

る。

　国は，死亡者が増加し，公衆衛生上の問題が生じるおそれが高まった場合，都道府県の要請に応じて必要な支援を行うものとする。

2．準備期までの対応

(1)　現状の把握

　　都道府県は，市町村の協力を得て，火葬場における稼働可能火葬炉数，平時及び最大稼働時の一日当たりの火葬可能数，使用燃料の種別，その備蓄量及び職員の配置状況等の火葬場の火葬能力並びに公民館，体育館及び保冷機能を有する施設など一時的に遺体を安置することが可能な施設（以下「臨時遺体安置所」という。）数について調査し，その結果について，域内の市町村及び近隣の都道府県との情報の共有を図るものとする。

(2)　火葬体制の構築

①　都道府県は，調査の結果を踏まえ，市町村の意見を聞いた上で，対応期に備えた火葬体制の整備を行うものとする。その際には，遺体搬送手段の確保のため必要に応じて遺体の搬送作業に従事する者と協定を締結するほか，都道府県警察等関係機関と必要な調整を行うものとする。

　　また，都道府県は，遺体の搬送作業及び火葬作業に従事する者の感染防止のために必要となる手袋，不織布製マスク，新型インフルエンザ等が全国的に流行した際に火葬場の火葬能力を最大限に発揮できるようにするための消耗品（火葬の際に必要となる棺又はこれに代わる板等）等の物資を確保できるよう準備するものとする。

　　あわせて，火葬業務の実施体制に関しては，緊急時に火葬業務への協力が得られる火葬業務経験者等をリスト化しておくことも有用である。

②　市町村は，都道府県の火葬体制を踏まえ，域内における火葬の適切な実施ができるよう調整を行うものとする。その際には戸籍事務担当部局等の関係機関との調整を行うものとする。

(3)　近隣都道府県との連携体制の構築

438

資料編／Ⅳ統計等

遺体は，できる限り都道府県域内で火葬することが望ましい。しかしながら，対応期に火葬場の火葬能力を超える死亡者が一時的に出ることも考えられるため，都道府県は災害時の広域火葬に係る相互扶助協定等を活用するなどして，近隣の都道府県と遺体を保存するための資器材や火葬に使用する燃料の融通を迅速に行えるよう連携体制を整備するものとする。

3．初動期における対応

⑴　資器材等の備蓄

①　都道府県は，遺体の搬送作業及び火葬作業に従事する者の感染防止のために必要となる手袋，不織布製マスク，新型インフルエンザ等が全国的に流行した際に火葬場の火葬能力を最大限に発揮できるようにするための消耗品（火葬の際に必要となる柩又はこれに代わる板等）等の物資を確保するものとする。このほか，火葬場に対し，火葬場における使用燃料の備蓄量の増強を要請するものとする。

また，都道府県は，遺体の保存のために必要な保存剤（ドライアイス）及び遺体からの感染を防ぐために必要な非透過性納体袋等の物資を確保できるよう，域内の火葬能力に応じて準備をするものとする。なお，その際準備する非透過性納体袋については，可能な限り，顔の部分が透明のものとしたり，アウターを開ければ顔を見ることができるようインナーを透明のものとしたりするなど，対応期に使用する際においても感染防止に支障のない形で遺族等が遺体の顔を見ることが可能となるよう配慮する。

②　市町村は，都道府県の協力を得て，新型インフルエンザ等が全国的に流行して火葬場の火葬能力の限界を超える事態が起こった場合に備え，遺体を一時的に安置するため，流行が予想される時期の季節等も勘案しながら，臨時遺体安置所を確保できるよう準備するものとする。あわせて遺体の保存作業に必要となる人員等の確保についても準備を進めるものとする。

4．対応期における対応

(1) 情報の把握

都道府県は，随時，火葬場の火葬能力について最新の情報を把握するとともに，市町村及び近隣の都道府県との情報の共有を図るものとする。

(2) 資材等の確保

都道府県は，市町村と連携して，確保した手袋，不織布製マスク，非透過性納体袋等を，域内における新型インフルエンザ等の発生状況を踏まえ，遺体の搬送作業及び火葬作業に従事する者の手に渡るよう調整するものとする。

なお，非透過性納体袋については，都道府県が病院又は遺体の搬送作業に従事する者に必要な数量を配布するものとする。

(3) 円滑な火葬及び遺体保存の実施

市町村は，遺体の搬送作業及び火葬作業に従事する者と連携し，円滑な火葬が実施できるよう努めるものとする。また，火葬場の火葬能力に応じて，臨時遺体安置所として準備している場所を活用した遺体の保存を適切に行うものとする。

(4) 搬送作業及び火葬作業に従事する者の感染防止策に係る留意事項

ア) 遺体との接触等について

① 遺体の搬送や火葬場における火葬に際しては，遺体からの感染を防ぐため，遺体について全体を覆う非透過性納体袋に収容・密封するとともに，遺族等の意向にも配意しつつ，極力そのままの状態で火葬するよう努めるものとする。

② また，遺体の搬送に際し，遺体が非透過性納体袋に収容，密封されている限りにおいては，特別の感染防止策は不要であり，遺体の搬送を遺族等が行うことも差し支えない。

③ 他方，継続的に遺体の搬送作業及び火葬作業に従事する者にあっては，必ず手袋を着用し，遺体の血液・体液・分泌物・排泄物などが顔

に飛散するおそれのある場合には，不織布製マスク，眼の防護具（フェイスシールド又はゴーグル）を使用するものとする。また，これらの器具が汚染された場合には，単回使用のものは適切に廃棄し，再利用するものは適切な消毒を行う。

④　火葬に先立ち，遺族等が遺体に直接触れることを希望する場合には，手袋等を着用させる。

イ）消毒措置について

　　万が一，一時的に密閉状態がなくなった場合など，消毒を行う必要が生じた場合には，消毒に用いる薬品は，消毒用エタノール，次亜塩素酸ナトリウム製剤（濃度200〜1,000ppm），70v/v％イソプロパノール等とし，消毒法は，消毒薬を十分に浸した布又はペーパータオル等で当該箇所をムラなく拭く方法が望ましい。消毒剤の噴霧は不完全な消毒や病原体の舞い上がりを招く可能性があり，推奨しない。また，エタノールやイソプロパノール等の可燃性のある消毒薬の使用については火気のある場所で行わない。

ウ）手指衛生について

　　手指衛生は，感染防止策の基本であり，遺体に接触，あるいは消毒措置を講じた際等には，手袋を外した後に流水・石けんによる手洗い又は速乾性擦式消毒用アルコール製剤による手指衛生を実施する。

(5)　感染拡大等によって火葬体制が逼迫している場合等の措置

　　感染拡大等によって火葬体制が逼迫している場合など，必要に応じ以下の措置を講ずる。

ア）火葬体制の整備

①　都道府県は，市町村に対し，火葬場の経営者に可能な限り火葬炉を稼働させるよう要請するものとする。

②　また，都道府県は，市町村，遺体の搬送作業及び火葬作業に従事する者と連携を図りつつ，遺体の搬送及び火葬作業に当たる者の感染防止のために必要となる手袋，不織布製マスク等の物資を確保すること

に引き続き努めるとともに，火葬場の火葬能力を最大限に発揮させるため，速やかに体制の整備や物資の配備に努めるものとする。

③　都道府県は，市町村及び近隣の都道府県と連携し，遺体の埋葬及び火葬について，墓地，火葬場等に関連する情報を広域的かつ速やかに収集し，市町村の区域内で火葬を行うことが困難と判断されるときは，他の市町村及び近隣都道府県に対して広域火葬の応援・協力を要請し，広域的な火葬体制を確保するとともに，遺体の搬送の手配等を実施するものとする。

イ）遺体の保存対策

①　死亡者が増加し，火葬場の火葬能力の限界を超えることが明らかになった場合には，市町村は，都道府県の協力を得て，遺体を一時的に安置するため，臨時遺体安置所を直ちに確保するものとする。あわせて，都道府県は，臨時遺体安置所における遺体の保存のために必要な保存剤（ドライアイス），非透過性納体袋等の物資を確保するとともに，市町村は，遺体の保存作業のために必要となる人員等を確保するものとする。

②　遺体安置所等における遺体の保存及び搬送に当たっては，可能な限り，新型インフルエンザ等に感染した遺体とそうでない遺体とを判別できるよう留意するとともに，感染した遺体の速やかな火葬について配意するものとする。

ウ）埋葬の活用等

①　万が一，臨時遺体安置所において収容能力を超える事態となった場合には，市町村は，臨時遺体安置所の拡充について早急に措置を講ずるとともに，都道府県から火葬場の火葬能力について最新の情報を得て，円滑に火葬が行われるよう努めることとする。

②　さらに，新型インフルエンザ等緊急事態において，死亡者の数に火葬場の火葬能力が追いつかず，火葬を行うことが困難な状態にあり，火葬の実施までに長期間を要し，公衆衛生上の危害の発生を防止する

資料編／Ⅳ統計等

ため緊急の必要があると認められるときは，特定都道府県は，新型イ
ンフルエンザ等に感染した遺体に十分な消毒等を行った上で墓地に一
時的に埋葬することを考慮するものとする。その際，都道府県知事
は，あらかじめ，新型インフルエンザ等に起因して死亡したことを確
認の上，遺族の意思を確認するものとする。また，近隣に埋葬可能な
墓地がない場合には，転用しても支障がないと認められる公共用地等
を臨時の公営墓地とした上で当該墓地への一時的な埋葬を認めるな
ど，公衆衛生を確保するために必要となる措置について，状況に応じ
て検討するものとする。

③　特定都道府県は，埋葬又は火葬を迅速に行うため必要があると認め
るときは，上記の事務の一部を特定市町村に行わせるものとする。

エ）遺体の見分について

都道府県警察は，多数の遺体の見分に当たり，十分な感染防止策を
講じた上，医師及び関係機関等と緊密な連携を図る。

オ）墓埋法の手続の特例

新型インフルエンザ等緊急事態において，埋葬又は火葬を円滑に行
うことが困難となった場合において，公衆衛生上の危害の発生を防止
するため緊急の必要があるときは，厚生労働大臣が定める地域や期間
においてはいずれの市町村においても埋火葬の許可を受けられるとと
もに，公衆衛生上の危害を防止するために特に緊急の必要があると認
められるときは埋火葬の許可を要しない等の特例が設けられるので，
市町村は，当該特例に基づき埋火葬に係る手続を行うものとする。

443

墓地，埋葬等に関する法律に係る行政の仕組み

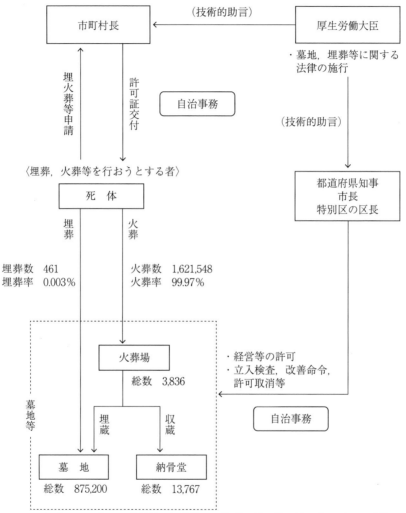

※ 一旦埋葬した死体又は墓地等へ埋蔵等した焼骨を他の墓地等に移す場合（改葬）には，当該墓地等の所在地を所管する市町村長に改葬申請を行い，許可を得ることが必要（墓地の使用者以外の者が改葬申請を行う場合には，墓地の使用者の承諾が必要。令和5年度の改葬件数は166,886件）。

統計資料：厚生労働省「衛生行政報告例」（令和5年度）

サービス・インフォメーション
―――――――――――――――――――――通話無料―――

①商品に関するご照会・お申込みのご依頼
　　　　　TEL 0120 (203) 694／FAX 0120 (302) 640
②ご住所・ご名義等各種変更のご連絡
　　　　　TEL 0120 (203) 696／FAX 0120 (202) 974
③請求・お支払いに関するご照会・ご要望
　　　　　TEL 0120 (203) 695／FAX 0120 (202) 973

●フリーダイヤル（TEL）の受付時間は、土・日・祝日を除く
　9：00〜17：30です。
●FAXは24時間受け付けておりますので、あわせてご利用ください。

新訂　逐条解説 墓地、埋葬等に関する法律〔第4版〕

2025年3月25日　初版発行

　監修者　　生活衛生法規研究会
　発行者　　田　中　英　弥
　発行所　　第一法規株式会社
　　　　　　〒107-8560　東京都港区南青山 2-11-17
　　　　　　ホームページ　https://www.daiichihoki.co.jp/

墓地（新4版）　ISBN978-4-474-07956-4　C2032 (6)